沈正东 ◎ 主编

支持高中学生核心素养培育的"学习场"构建

XUEXICHANG GOUJIAN

上海社会科学院出版社
SHANGHAI ACADEMY OF SOCIAL SCIENCES PRESS

图书在版编目(CIP)数据

支持高中学生核心素养培育的"学习场"构建 / 沈正东主编 .— 上海 : 上海社会科学院出版社，2024
 ISBN 978 - 7 - 5520 - 4249 - 8

Ⅰ.①支… Ⅱ.①沈… Ⅲ.①素质教育—教学研究—高中 Ⅳ.①G632.0

中国国家版本馆 CIP 数据核字(2023)第 188565 号

支持高中学生核心素养培育的"学习场"构建

主　　编：沈正东
责任编辑：王　芳
封面设计：裘幼华
出版发行：上海社会科学院出版社
　　　　　上海顺昌路 622 号　邮编 200025
　　　　　电话总机 021 - 63315947　销售热线 021 - 53063735
　　　　　https://cbs.sass.org.cn　E-mail:sassp@sassp.cn
照　　排：南京展望文化发展有限公司
印　　刷：上海新文印刷厂有限公司
开　　本：787 毫米×1092 毫米　1/16
印　　张：22
字　　数：465 千
版　　次：2024 年 5 月第 1 版　2024 年 5 月第 1 次印刷

ISBN 978 - 7 - 5520 - 4249 - 8/G · 1277　　　　定价：98.00 元

版权所有　翻印必究

本书编委会

主　编

沈正东

编　委

赵文秀　方其林　孙伟兰
保晓青　陈伟时　汪大勇

引言　让学校成为突破时空的立体"学习场"

党的二十大将教育、科技、人才定位为全面建设社会主义现代化国家的基础性、战略性支撑,要求"加快建设高质量教育体系",这是我国教育发展从规模扩张走向内涵发展的历史转折点。普通高中是高质量教育体系建设中的关键一环,高中教育高质量发展,从本质上来讲,就是构建更高水平的育人体系,说到底就是指向育人的高质量。育人的高质量,就是要解决"培养什么人、怎样培养人、为谁培养人"的教育根本问题,从人才强国战略的高度思考培养人的深刻意蕴,聚焦于人才培养质量的提升。

在这样一个高中教育发展的时代背景下,每所高中都有自己的任务,都有自己的使命,我们的任务、我们的使命都要放在时代的背景下来思考,只有具有时代性视角的思考才能成就学生更好地发展,才能真正回答好"培养什么人、怎么样培养人、为谁培养人"的问题,使普通高中在引导基础教育变革,助力高等教育高质量发展方面起到应有的作用。在此背景下,高桥中学在创建市实验性示范性高中的进程中,在力求体现"实验性、示范性"的同时,不断寻求学校发展方式和育人方式的转变,以构建突破时空的立体"学习场"为载体、以培育高中生核心素养为目标,探索助力学校找到自身高质量发展的独特路径,以优质教育资源带动区域教育高位均衡发展,牢记为党育人、为国育才的初心使命。

一、体现价值引领的"学习场"

从本质来上说,在新时代推进高质量教育体系建设、推进高中育人方式变革的宏观背景下,创建市实验性示范性高中的意义并非只体现在"实验性、示范性"特征上,其更重要的价值在于促进高中"多样化、有特色"发展,让每一所普通高中找到自身高质量发展的独特路径,以优质教育资源带动区域教育高位均衡发展,牢记为党育人、为国育才的初心使命,既培养德智体美劳全面发展的社会主义建设者和接班人,又孕育未来社会的适应者、创造者与引领者,为国家发展和社会进步服务。

面向未来的高中学校,"学习场"构建要基于社会政治经济文化转型、科技进步和人的自由而全面发展的客观需要,基于学校特有的办学历史、学校文化、发展理念以及地域特色,以关注学生当下的情怀、培养未来人才的视野为出发点,塑造办学愿景,寻求发展路径。高桥中学力图以构建"学习场"为突破口,通过挖掘自身特色、抢抓区位优势、创新改革路径,找到自身高质量发展的独特路径,实现学校的多样化有特色发展;通过承担帮扶薄弱学校、推广办学经验的社会责任,成立"高桥中学教育集团",共享优质教育资源,带动区域教育优质均衡发展;肩负推进新时代普通高中育人方式改革的重大使命,聚焦新时代人才培养,力争成为"人才的摇篮""思想的沃土""生命的家园",为培养有理想、有本领、有担当的时代新人积蓄能量。

二、满足师生需求的"学习场"

教师和学生是"学习场"的实际使用者、真实体验者,这意味着教师与学生对"学习场"的感应度对"学习场"的实际效应具有重要影响。因此,"学习场"构建需要考虑学生的生命成长需求,遵循学生认知发展规律和身心发展规律,结合课程建设和教学改革,满足教师的课堂教学需要。

高桥中学以《普通高中课程方案》以及各学科课程标准等为指南,坚持"五育并举、融合育人"的视野,基于"为学以理、积学精业"的办学理念,结合培养"现代君子"的育人目标,着重从两个方面把握课程建设和创新走向:其一是,聚焦于"理",在若干"理"的探寻下,引领学生全面认识世界,追求全面发展;其二是,落实于"积",突出对学生的"积"——也就是对学生实践与体验过程的关注,促进学生在做中学,做中体验、反思和发展。进而,我们逐步形成了高桥中学"理趣——立交桥课程"建设思路与课程图谱,"为学以理、理趣相融,为每一位学生架起通往未来之桥",因理而生,由理出发,暗扣学校办学理念,明联高桥中学校名中的"桥",实则通过课程为学生发展搭建多元化、可选择、有层次、能融通的"立交桥"。

课程教学改革深化行动的"最后一公里"在课堂。落实"双新",每一位教师必须从自己的学科做起,提高教学设计站位,即从关注单一的知识点、课时转变到指向学科核心素养的大单元设计,实现教学设计与素养目标的有效对接。我们深知,无论多好的课程改革理念、教学设计方案,只有在每一节课中落地落实,最终才能催生学生学科核心素养发展。任何课程改革只有触动课堂层面,才算真正进入深水区。基于此,我们围绕新时期学校发展的新战略,在认真总结学校课堂文化、教学特色的基础上,聚焦课堂教学实践,提出了探索"理趣——原动力课堂",试图整体重构学科育人新形态。在我们看来,"理趣——原动力课堂",不仅是学生成长的重要场域,让学生在学习过程中的主体地位得到凸显,原动力、能动性得以激活,也是教师成长的重要场域,让教师发展逐步具有深度的凝聚力、自觉性与专业性。

三、融合信息技术的"学习场"

教育数字化是我国开辟教育发展新赛道和塑造教育发展新优势的重要突破口。随着社会的不断发展,数字化、信息化已逐渐成为人类生存与实践的主导方式,互联网、大数据、云计算、人工智能和区块链等技术不仅对人类的生产、生活、思维方式带来重大变革,也深刻影响着教育系统的发展。为此,在办学条件上,我校近年来重点加强"互联网+网络教育"平台构建,实现线下线上有机融合,促进学校教育教学迈向"数字化"高质量发展。

对接智能时代,高桥中学力图打破对教师和教材的依赖,通过信息技术的介入,建构数字学习资源,建立以问题解决为中心的学习资源支持模式,接入教室、图书馆、阅览室、自习室、工坊以及实验室,使学生可以在课堂内外及时根据学习进度和问题难点,查阅资料,自主学习,解决问题。建立独立学习室、专业阅览室等服务特殊需求的专门学习空间,打造沉浸式、智慧型、人本化的新型学习中心;利用廊道空间和亭台楼阁进行图书和图景布置,打造无边学习阅览空间,营造无处不在、无处不能的学习氛围。

2022年,学校启动了浦东新区第三批"智慧校园"试点学校工作,我们围绕促进高中学生素养培育的数字化"学习场"构建,围绕育人模式和学习方式的转变,聚焦核心素养,结合"学习场"实验项目和"理趣——原动力课堂"建设,构建数字化网络学习空间。我校的智慧校园建设主要内容表述为"3+3+1",即主要涵盖三大学习场景构建("理趣——原动力课堂"场景、拓展性研究性学习场景和智慧体育场景)、三类支撑工具打造(数字资源支撑工具、教师发展支撑工具和评价与诊断支撑工具)和一个数字化学习社区创设三个板块,重点培养学生的创造力、意志力、责任感以及问题解决能力,为其终身学习打下基础。另外,新疆部通过思政大课堂、丰富多彩的人文、艺术、体育类拓展课程及城市景观研学、自然教育拓展、文化古迹探寻等主题实践活动,打造适合新疆班学生特点的学习场,让学生的学习随时随地真实发生,把所学的学科知识转化为解决实际问题的能力和责任意识,促进学生形成真实的生命感悟。

四、彰显书院生态的"学习场"

113年来,高桥中学景观未毁、文脉不绝,存有被称为国内现存第一块航运御碑的明朝永乐御碑、被列入上海古树名录的枫杨树、4处区级保护文物等,亭台楼阁、小桥流水,师生如同置身于古代书院,在历史古今纵横间埋下读书报国的壮志雄心。书院,是古代精神资源的宝库,其中学术创新、文化传承、社会担当方面,今天尤其值得重视与发扬。在优秀传统文化日渐复兴的今天,走过百年的高桥中学,原本就具备悠久的书院式文脉、保存"民国风"书院式校园环境,理应充分发挥连通传统与现代的优势,开拓出综合素养培育和创新人才培养的新路径。

高桥中学在借鉴古代书院"师生共处,学生互助"模式的基础上,以追求知识和道德完善及社会性发展为目的,构建书院式"学习场",试行书院式学习与生活的运行模式,探索形成全程全方位的书院式学习与生活导师制度,探索形成学生自主、自治的管理运行体系;建设充分体现书院式生态学校理念的园林式老校区和现代化新校区,建设服务学生自主探究的自然科学创新实验中心和艺术人文创新活动中心;重构现有图书馆形态,打造沉浸式、智慧型、人本化的新型阅读空间;丰富拓展满足学生多元需求的室内外非正式学习空间;创设依托中国(上海)自贸区、高桥古镇、书院文化研学旅行等的综合实践活动学习空间。

展望普通高中多样化、有特色、高质量发展的未来,改革与创新仍是一切教育行动不变的内核。秉持"苟日新、又日新、日日新"的精神,指向中国式教育现代化建设、高质量发展下的高中建设,高桥中学将始终坚持党建引领,始终坚持为党育人、为国育才,进一步健全立德树人根本任务的落实机制,进一步彰显"学习场"实验项目与教育科研的引领作用,进一步提升课程与教学改革的育人载体功能,进一步优化学校治理体系与文化生态,进一步有效推进高中育人方式改革,全方位、全要素、全过程引领学生在突破时空的立体"学习场"中感悟知识本质、自然规律和人生真谛,逐步形成正确价值观念、必备品格和关键能力,成为德智体美劳全面发展的社会主义建设者和接班人。

目　　录

引言　让学校成为突破时空的立体"学习场" / 1

第一章　确立"学习场"项目，规划改革新愿景 / 1
　　第一节　研判学校发展基础与现状 / 3
　　　　一、学校概况 / 3
　　　　二、学校发展经验与优势 / 4
　　　　三、学校发展机遇与挑战 / 6
　　第二节　擘画学校高质量发展蓝图 / 7
　　　　一、廓清学校发展价值 / 7
　　　　二、重塑学校办学理念 / 8
　　　　三、定位学校培养目标 / 9
　　第三节　分解学校发展主要任务 / 11
　　　　一、落实立德树人，构建三全育人德育体系 / 11
　　　　二、对标国家方案，优化学校课程建设 / 12
　　　　三、围绕核心素养，深化课堂教学改革 / 13
　　　　四、分层分类培养，促进教师能力转型 / 14
　　　　五、聚焦实践问题，提升教育科研水平 / 15
　　　　六、立足智能时代，推动技术深度融合 / 16
　　　　七、注重文化引领，健全学校治理机制 / 17
　　第四节　确定学校重点实验项目 / 18
　　　　一、剖析项目内涵 / 19
　　　　二、把脉项目目标 / 20
　　　　三、明确项目内容 / 21

第二章　溯源"学习场"基础，盘活发展新条件 / 23
　　第一节　构建特色生态课程群，培育高中生生态素养的实践研究 / 25

　　　　一、基于普通高中生态素养培育的自主体验式德育课程群建设 / 26

　　　　二、基于普通高中生态素养培育的以环保创新为核心的科技课程群建设 / 36

　　　　三、基于普通高中生态素养培育的以铸牢民族共同体意识为核心的民族文化(家国情怀)课程群建设 / 39

　　第二节　支持生态素养培育的高中书院式学习环境建设研究 / 49

　　　　一、基于生态素养培育书院式教育的基础理论研究 / 50

　　　　二、基于问题解决的全员导师制实践研究 / 54

　　　　三、高桥中学教育集团清溪书院助力教师成长的实践研究 / 57

　　　　四、基于民族教育的"以文化为引领　拓展学习空间　激发教育活力"研究 / 60

　　　　五、基于书院式环境的"高桥好家风"特色研究 / 63

第三章　树立"学习场"理念，创新育人新方式 / 67

　　第一节　全面梳理文献，解读"学习场"理念内涵 / 69

　　　　一、"核心素养"的已有研究 / 70

　　　　二、"学习场"的已有研究 / 79

　　　　三、已有研究的启示 / 84

　　第二节　多元方式驱动，凝聚"学习场"理念共识 / 84

　　　　一、专家培训 / 85

　　　　二、读书分享 / 86

　　　　三、教育沙龙 / 102

　　　　四、小微课题研究 / 105

第四章　构建"学习场"物质，打造学习新空间 / 127

　　第一节　重构物理空间，建设书院式"学习场" / 129

　　　　一、高桥中学校史馆 / 129

　　　　二、数学、化学、物理——三大研学角 / 133

　　　　三、光伏发电站、水质处理站——两大科普站 / 139

　　　　四、校园环境监测研究站——一个创新实验室 / 142

　　第二节　着力突破课程，开发"理趣——立交桥课程" / 155

　　　　一、"理趣——立交桥课程"体系开发的校本逻辑 / 155
　　　　二、"理趣——立交桥课程"目标设计 / 156
　　　　三、"理趣——立交桥课程"结构图谱 / 159
　　　　四、"理趣——立交桥课程"实施方式 / 161
　　　　五、"理趣——立交桥课程"评价与保障 / 167
　　第三节　打造教改品牌,推进"理趣——原动力课堂" / 178
　　　　一、"理趣——原动力课堂"的理念系统 / 178
　　　　二、"理趣——原动力课堂"的主要路径 / 180
　　　　三、"理趣——原动力课堂"的典型案例 / 181
　　　　四、"理趣——原动力课堂"的推进保障 / 266
　　第四节　依托新疆班建设,铸牢中华民族共同体意识 / 269
　　　　一、坚持立德树人,建立健全三全育人民族教育特色育人体系 / 269
　　　　二、对标国家方案,优化新疆部课程规划与实施 / 272
　　　　三、围绕核心素养,着力于教学规范与改革 / 281
　　　　四、相互守望陪伴,用心浇灌民族团结之花 / 286

第五章　加注"学习场"智能,拓展空间新功能 / 289
　　第一节　教育数字化转型的历史、现状与未来 / 291
　　　　一、教育数字化转型的发展溯源与内涵辨析 / 291
　　　　二、教育数字化转型的理论与实践框架建构 / 293
　　　　三、教育数字化转型的发展机遇与趋势分析 / 296
　　第二节　教育数字化转型背景下的学校实践 / 297
　　　　一、立足"优"字,优化信息化基础设施设备 / 297
　　　　二、构建数字化网络学习空间,建设智慧校园 / 299
　　　　三、开展基于大数据的学校管理和深度教研,推进技术深度融合 / 301

第六章　保障"学习场"活力,建立治理新模式 / 317
　　第一节　以"理"为纲,形成高桥特色的管理治理机制 / 319
　　　　一、完善治理结构,科学办学 / 319
　　　　二、坚持科学管理,依法办学 / 320
　　　　三、坚持强师兴校,活力办学 / 331

		四、坚持广开言路,民主办学 / 334

		五、坚持共同治理,开门办学 / 334

	第二节　以"文"化之,滋养美丽高桥园 / 335

		一、以传承"高桥好家风"为主线,坚持做好学校家园文化系列活动 / 335

		二、以"君子六艺"系列活动为载体,厚实高桥学子传统优秀文化因子 / 335

		三、充分挖掘和发挥红色资源和校友资源,赓续红色血脉 / 336

	第三节　以"景"为题,学习场效应凸显 / 336

		一、"活用""用活"校景资源,传承历史名校文化 / 336

		二、弘扬百年高桥光荣革命精神,场致效应不断显现 / 336

后记 / 339

第一章 确立"学习场"项目,规划改革新愿景

随着中国特色社会主义进入新时代,我国普通高中的整体办学水平得到逐步提升,已经迈入以内涵发展和质量提升为重点的新阶段,这就要求普通高中学校必须把握好方向定位,建立健全立德树人根本任务的落实机制,以育人方式改革为抓手,对学校教育进行全面、系统和整体性设计,深度推动办学变革,进一步激发办学活力,全面提升育人水平。承载新时代使命,有着 100 余年历史的高桥中学,期待取得创新性、突破性、可持续的高质量发展,把学校办得更有品质、更有品格、更有品位,成为引领浦东、示范上海、走向全国的现代化品牌高中。为此,高桥中学以《中国教育现代化 2035》《上海教育现代化 2035》《浦东教育现代化 2035》等为指导纲领,以《国务院办公厅关于新时代推进普通高中育人方式改革的指导意见》《普通高中课程方案(2017 年版 2020 年修订)》以及各学科课程标准等为行动指南,贯彻落实国家、上海关于高中教育改革的政策精神,在综合研判本校发展基础与现状,广泛征询学生、家长、教师、专家、政府等建议的基础上,结合本校的现实条件和发展需求,并注重学校文化的传承与创新、发展主题的延续与拓展,尝试谋划学校的整体发展蓝图,确立发展重点项目和条线工作,以此规划学校教育改革的新愿景。

第一节　研判学校发展基础与现状

俗语有云："盘清家底，对症施策。"一般而言，以校长为核心的学校管理团队在制定学校发展规划时，通常会借鉴管理学中的SWOT分析法，即了解、分析学校的优势（strengths）、劣势（weaknesses）、面临的机会（opportunities）和威胁（threats），以此对学校发展基础和现状进行综合研判和系统分析。高桥中学从创立至今一直坐落在人文底蕴深厚、自然环境优美的"民国时期高桥公园"旧址。目睹浦东乃至上海社会经济发展的加速转变和繁荣昌盛，高桥人一直在探寻适应社会经济发展需求的教育发展方式转变，并持续不断地随着时代变迁而丰富育人理念，孕育了学校的勃勃生机。本节内容主要围绕高桥中学的学校概况、学校发展经验与优势、学校发展机遇与挑战三部分展开。

一、学校概况

高桥中学始建于1911年，始终地处中国历史文化名镇高桥镇的核心区域，毗邻中国（上海）自由贸易试验区。1946年成为上海市市立高桥中学，时列18所市立中学之一；1960年被评为上海市重点中学；1986年被评为川沙县重点中学（编者注：1993年川沙县的建制撤销，成立了浦东新区）；1993年被评为浦东新区重点中学；2006年被评为浦东新区实验性示范性高级中学；2019年成立高桥中学教育集团；2020年顺利通过创建上海市实验性示范性高中规划论证评审，2022年顺利通过创建上海市实验性示范性高中规划实施中期评审，2023年顺利通过创建上海市实验性示范性高中总结性评审，2024年3月被正式命名为"上海市实验性示范性高中"。

高桥中学在长达百余年的办学历程中，一直秉承高质量育人的使命，办学质量持续提升，办学特色日渐鲜明，品牌效应不断扩大，始终保持着旺盛的发展势头。学校现有校区占地面积约46 200平方米，建筑面积约24 410平方米；正在规划建设的森兰国际校区，对标中国未来学校建设和《上海市教育信息化2.0行动计划（2018—2022）》，占地面积30 201平方米，建筑面积61 980平方米。

学校现有42个教学班，1 776名在校学生，其中，包括6个新疆班，共210名新疆学生。作为区实验性示范性高中，相较于"入口"时的中等生源状态，通过高中三年对学习品质与学习能力的进一步挖掘和培育，高桥学子整体表现出了勤奋、踏实、上进的共同特征，成长步幅较大。近年来学校共有709名学生获全国、市、区级学科竞赛一、二等奖；本科上线率连续多年稳定在近99%，综评达线率超过50%，被"985"和"211"高校录取率超过20%。

学校现有教职工152人，在编专任教师145人，平均年龄41岁，45岁及以下教师占比

50%；硕士研究生50人、本科95人，硕士研究生学历（学位）教师占比34.5%；具有高级专业技术职务教师42人、中级专业技术职务教师50人，中高级职称教师占比63.4%。其中，特级教师2名、正高级教师2名，国家级骨干教师、上海市名师后备、市级学科导师9名，区学科带头人、区骨干教师12名。近三年（2021—2023）招录教师36人（含社会录用），其中"985""211"院校毕业生23人。

学校荣获全国生态文明教育特色学校、上海市教育系统三八红旗集体、市文明单位、市安全文明校园、市行为规范示范校、市德育工作先进集体、市体育先进单位、市花园单位、市职工最满意的事业单位、市普教系统十大校园文化新景观提名奖等50余项市级及以上荣誉称号，获得浦东新区五四特色团组织、区艺术特色学校、区教育（体育）系统党建工作示范点、党建品牌项目、模范退管会等140项区级荣誉称号。

二、学校发展经验与优势

历经百余年的集聚和培育，高桥中学的办学文化积淀日益深厚，发展优势日趋明显，在文化培育、课程建设、师资队伍、教育科研等方面都已形成独特的、富有成效的工作模式，各项工作有序展开、稳步推进、持续提升。具体而言，高桥中学所积淀的发展经验与优势主要体现在：

（一）以百年校史为文化基因，人文底蕴厚重绵长

跨越两个世纪的高桥中学，景观未毁、文脉不绝，存有被称为国内现存第一块航运御碑的明朝永乐御碑、被列入上海古树名录的枫杨树、4处区级保护文物等，亭台楼阁、小桥流水，师生如同置身于古代书院，在历史古今纵横间埋下读书报国的壮志雄心。而且，一批批名师大家的驻足耕耘，熔炼出一种永不磨灭的担当精神，著名历史学家程应镠担任新中国成立后学校的第一任校长，西泠印社社员金石书法家王京簠、担任过吴宓助理的燕京大学毕业生高长山、金陵女子大学毕业生张尚琼等众多名家才俊先后来校任职任教。同时，学校拥有光荣的革命传统，1947年起中国共产党人就在高桥中学展开了秘密革命活动，校内同时独立存在教委地下党支部、学委地下党支部、地下党外围组织等3个早期党组织，"有国才有家，为祖国为人民"的爱国情怀与红色基因，深深植入高桥中学这一片热土。由此，学校管理者逐步认识到，我们应该用厚重的底蕴涵养学生，校史育人、环境育人、精神育人，让学生在充满价值追求的校园里浸润成长，引领高桥学子探寻人生意义、领悟生命价值、塑造高尚情怀。

（二）以立德树人为根本任务，办学主张日渐鲜明

一个多世纪以来，学校为国家和社会培养了近4万名优秀高中毕业生，涌现出中国工程院院士周立伟、火箭发射测控专家张飞碧、书法篆刻家凌士欣、美术史家徐建融、网络奇才满舟、中国第一位穿越北冰洋的女驾驶员白响恩等社会栋梁。学校先后提出"双成双全"（成人成才；面向全体、全面发展）和"三优一本"（优化学校环境、办学条件和教师队伍；以学生发展为本）的

教育主张。近年来,学校努力将社会主义核心价值观与百年老校的文化传统相融合,积极探寻教育发展规律,坚守教育本真,办学思想逐步凝练,办学特色更加鲜明,以"文化变革与学校发展——历史文化名校的现代化转型""浦东百年老校的传承与发展"等市区级课题研究为抓手,凝练形成了"为学以理,积学精业"的办学理念,明确了"引领地域文化繁荣,涵育终身学习能力"的办学目标,提出了培养"现代君子"的育人目标,并不断赋予其新的时代内涵。

(三)以教师培养为关键抓手,育人质量持续提升

教师专业素养和教育教学质量密不可分。学校高度重视教师培养工作,逐步建立健全教研制度、带教制度和教学管理制度,成为浦东新区见习教师规范化培训基地;鼓励教师参与教科研改革研究,建立了教科研奖励制度;积极承担全国全市德育大纲实验、教师职务评聘、研究性学习等试点工作;成立高桥中学教师专业发展委员会、高桥中学名师工作室、高桥中学特级教师导师团等组织;实施中青年教师的继续教育工程;开设高桥中学教师论坛;设立高桥中学教师专业发展基金;《红杏》被评为全国文学社团样板报刊;清溪书院被评为市优秀青年学习型组织。长期的教师专业发展制度建设和实践培养,促使学校教师专业发展水平得到整体提升:2位教师参加全国新教材编写和试教,参加上海市中考、高考及学业水平考命题7人次,参加区模拟考命题42人次;共有64人次获全国、市、区教学大奖赛一、二等奖;主持和参与课题27项;荣获"上海市园丁奖"等市级称号99人次,荣获"浦东新区园丁奖"等区级称号118人次。与此同时,这支较为优秀的教师队伍成为学校教育教学质量的坚实保障,有效实现了学生的"低进高出",不仅促进了高桥学子全面而有个性的发展,而且高考成绩在市、区同类学校中名列前茅,实现了生源进出口比的效益最大化,得到了上级部门、学生、家长的高度认可和社会的广泛赞誉。

(四)以家园建设为重要举措,生态文明和谐共生

"积学精业读书地,小桥流水高桥园。"作为一所园林式学校,校内自然人文景观底蕴深厚、各具特色。"高桥十景"("一碑""两苑""三亭""四桥"),作为"市民看浦东"文化历史资源,免费对外开放。天然的自然生态优势孕育了学校独具特色、源远流长而又良性运转的"生态家园文化"。近年来,学校持续开展"家园建设",提升师生的"主体意识和归属感",形成了团结奋进、文明和谐的整体氛围。学校干部队伍责任意识强、服务意识强、协调能力强、执行能力强;教师队伍敬业爱生、业务能力过硬、奉献精神突出、凝聚力战斗力强;职工队伍认真负责、热心服务、保障到位、乐于奉献。高桥中学日益成为广大教职员工实现自己事业理想与人生价值的美好家园,成为浦东莘莘学子心中向往和努力追求的读书圣地和成长乐园。

(五)以区位优势为发展依托,优质教育需求旺盛

学校背靠外高桥自贸区,邻接金桥出口加工区,辐射张江高科技园区,吸引了大量外来人口入住,在区域经济、社会和教育发展中承担了重要的涵养功能。外高桥保税区域自2013年9月成为中国首个自由贸易试验区以来,已累计引进跨国公司地区总部80家,营运总部

企业 230 家,亚太运营商企业 42 家,市科委认定的高新技术企业 87 家,从业人员比自贸区升级前增长 16.3%,截至 2019 年底达到 33.3 万人,大学以上学历人员达 26.4 万人。跨国公司地区总部、营运总部和亚太运营商等企业不断加强本地化管理的趋势越来越明显,并吸引了越来越多的海归和外省市高端人才到外高桥区域工作,这些高端人才群体对优质教育的需求空前旺盛,对教育的高质量、高水平发展提出前所未有的要求。高桥中学高度重视抢抓区位优势、资源优势、环境优势等,力争把区位优势变为学校发展优势,努力以高品质示范高中的姿态,更好地服务区域经济社会发展。

三、学校发展机遇与挑战

高桥中学百余年的发展历史与当代实践,为学校可持续发展积淀了坚实的基础。不过,对标国家、市、区教育综合改革的最新政策,与国家教育发展方式和育人方式转变的要求相比,与广大人民群众殷切的优质教育期盼相比,高桥中学还存在着一些发展困境,但困难与希望同在,挑战与机遇并存。

（一）面向"未来学校"的转型发展能力亟待提高

新一轮科技革命的蓬勃兴起,掀起了一场影响经济社会发展全局的系统变革,对未来教育发展带来新的机遇和挑战,无论是中国还是世界,已经有越来越多的学校开始深刻变革,打破传统的学校格局,学校转型发展已经是势不可当的时代潮流。而且,新科技革命引发了一场剧烈的社会分工调整,那些以机械性重复劳动为核心的职业将会被技术所替代,人才培养重心不再局限于固定的知识技能,更加注重知识学习与社会实践的有效联结,重点培养学生的创造力、意志力、责任感以及问题解决能力,并为终身学习打下基础。这就要求普通高中教育目标必须升级,不能在培养应试技能的泥潭中挣扎不前,而是必须围绕"培养什么人、怎样培养人、为谁培养人"这一根本问题,以"立德树人"为根本任务,以培育核心素养、关键能力为目标追求,转变教育发展方式,走出一条符合中国实际、体现上海水平、具有高桥特色的高中教育发展之路。

（二）助推"双新"实施的教师专业素养尚待提升

理念与意识的转变是促成学校高品质发展的内在动力。《普通高中课程方案（2017 年版 2020 年修订）》以及各学科课程标准的最大突破是紧扣新时代新要求,聚焦课程育人,凝练每门学科的核心素养,全面规范了课程目标、内容、教学与评价。对于新课程、新教材背后的理念和即将带来的教育变革,大多数一线教师尚不太清楚;该如何跟上"双新"的改革步伐,很多教师在具体的教育教学实践中更是难以把握,教育教学方式尚不能满足学生全面而有个性的发展需求。尤其是关于五育并举、学科核心素养、大单元教学设计、创新人才培养等方面的落地实践,需要广大教师进一步解放思想、打破思想禁锢,以教育变革者的勇气与姿态勇立潮头,让办学思想更加科学化、走向现代化,促使每一位教师在先进思想与理念下的教育教学行为更加专业化,从而培育每一位学生适应未来发展所需要的正确价值观、必备品格和关键能力。

综上所述,面对新时代新形势,高桥中学需要抢抓历史机遇,积极应对新挑战,对标国际国内最高标准、最好水平,以更高的历史站位和更广的战略视野,深化探索新时代发展素质教育的良方,从学校历史、教育现实和学生未来的链接中探寻改革动因与实践方略,从整体上探寻普通高中发展方式和育人方式改革的立足点与创新点,奋力谱写高桥中学改革发展新篇章。

第二节　擘画学校高质量发展蓝图

到底要"办什么样的教育、发挥什么样的作用、采用何种建设方式",是关涉实验性示范性高中建设效果的基本问题。高桥中学做出的思考与理解是:实验性示范性高中应该走培养高素质、创新型人才的道路,因为"培养什么人、怎样培养人、为谁培养人"既是新时代教育的根本问题,亦是高品质示范高中的基本内涵与发展导向。

一、廓清学校发展价值

聚焦新时代人才培养,学校初步形成实验性示范性、高品质高中的"高桥表达"是:人才的摇篮、大学的基地、思想的沃土、生命的家园,面向国际国内具备"竞争"能力、面向全市侧重发挥"示范"能力、面向全区着重聚焦"引领"能力,而且以内生发展为主。

(一)全面提高质量,成为"人才的摇篮"

实验性示范性高中应当是全面提高质量的典范,首先需要实现高质量育人目标、培养高素质人才。高桥中学秉持多元化、多样化的人才观和质量观,追求让每一个学生获得全面而有个性发展的、公平的教育质量,力争让每一个学生在高中三年的学习生活中发现真正的自己、发现喜欢的自己、发现有价值的自己,过一种有尊严、有意义、有品位的高中生活,成为德智体美劳全面发展的新时代人才。学校致力于为学生的终身发展打下宽广坚实的基础,助力高桥学子最终成为各行各业的领袖之才。

(二)参与国际竞争,成为"大学的基地"

实验性示范性高中应当是人才培养模式变革的典范,勇于敢于放弃"刷题—训练"为主线的传统教学模式,只有如此才可能成为一所具有中国特色世界水平的高品质高中,才可能具备较强的国际竞争力,成为高水平大学的优质生源基地。因为高等教育人才培养质量与成效是国际教育竞争的核心,而生源质量又对大学教育质量有着重要影响,如果高中阶段仅仅通过刷题、应试技能进入大学,就很难培养出具有国际竞争力的专门人才。

（三）发挥示范价值，成为"思想的沃土"

实验性示范性高中应当是贯彻教育方针、遵循教育规律的典范，是教书育人和教学研究并重、教育理念前瞻且学术氛围浓郁、育人质量前列且教育品牌响亮的高中。所以，学校应该在整体层面提供普通高中多样化发展的模式，在具体层面提供高品质高中建设的经验与样本，即在办学定位、人才培养、课程开发、教学改革、队伍建设、教育科研等方面形成丰厚而独特的办学思想、教育教学思想及行动方案，提供可借鉴的办学理想、建设思路与操作策略。

（四）彰显引领功能，成为"生命的家园"

实验性示范性高中应是教育价值引领、追求教育理想的典范，坚守教育理想，保持教育定力，坚信通过教育能够改造社会，坚信每一个学生都能够实现更好的自我发展。高桥中学期待在教育教学改革进度上先走一步、深度上更进一层、广度上更胜一筹，为区内、市内其他有意向建设实验性示范性高中的学校提供示范，重在引领带动区内、市内一般普通高中的教育教学改革。对此，高桥中学的教育价值与理想选择就是努力探索新时代发展素质教育的高桥范式，回归师生对生命幸福和精神家园的期盼，五育并举，体现教育对"美好生活"的引领、诠释与促发，让学校真正成为滋养师生的"生命家园"。

二、重塑学校办学理念

学校，作为一个具备人文历史色彩与物理空间色彩的概念，在新时代时空交汇的重要节点上，如何在空间上界定它的"地域特色"？又如何在时间上决定它的"未来维度"？着眼"为谁办学校、办什么样的学校、怎样办学校"的根本问题，站在为党的事业后继有人的高度，高桥人的共同愿景是：引领地域文化繁荣、涵育终身学习能力。

（一）引领地域文化繁荣

从1911年上海市民政总长李平书等筹建的宝界公立小学堂从镇上东街迁入存心堂，标志着高桥地区近代教育的发端；到如今的现代高中，历经一个多世纪的变迁与发展，扎根中国大地办教育、引领地域文化繁荣发展，则是高桥人始终如一的情怀。步入中国特色社会主义新时代，高桥中学将一如既往地注重传承百年校史文化传统，同时结合高桥地域和学校发展实际加以推陈出新，落实立德树人，坚持用社会主义先进文化引导人，培育和践行社会主义核心价值观，培养担当民族复兴大任的时代新人。坚持以文化人、以文育人，造福家庭，服务社区，努力通过家校社多主体合作，构建起充满生机活力的高桥及周边地区教育文化发展共同体，促进学校与家庭、社区资源互动开放，助推家庭教育、社区发展提升，同时反哺学校发展，使学校成为地区文化"制高点"，助推学生发展"高起点"。

（二）涵育终身学习能力

终身学习能力是新一代劳动者的核心竞争力。未来社会的全球化、信息化、智能化等特征，使全社会面临着知识的高度迭代化发展，将会助推人类对教育规律和人才成长规律的进一步深度认知,这就要求我们今天培养的人才必须具备高度的自主学习和自我更新能力,以便积极应对无时无刻不在变化的世界。因此,面向未来,高桥中学将遵循教育规律、尊重人才成长规律的教育行动导向,更加体现对"人"的关注,努力促进学生全面而有个性的发展;着力引导学生基于一生的长度去思考当前的学习,真正为学生适应社会生活、高等教育和职业发展做好准备;从"授之以鱼"向"授之以渔"转变,探索核心素养、关键能力落地的校本方案,切实为学生的终身发展奠定基础;本着"科技无国界、人才有祖国"的初心,既培养德智体美劳全面发展的社会主义建设者和接班人,也孕育未来社会的适应者、创造者与引领者。

三、定位学校培养目标

坚守党和国家的教育方针,所有学校还应回答"我的学校要培养什么人",因为每一所学校所处地域、所育学生都是独特的。因此,高桥中学将以成就学生为核心,努力开拓崭新的育人举措,让教育境界紧随时代得以升华。

（一）丰富办学理念

20世纪80年代,学校由普通中学成为川沙县重点中学后,提出"三化五一流"(校园园林化、教学设备现代化、学校管理科学化;一流的校园、一流的设备、一流的师资、一流的管理、一流的质量)办学理念;20世纪90年代成为浦东新区重点中学后,学校又先后提出了"双成双全"(成人成才;面向全体,全面发展)教育思想和"三优一本"(优化学校环境、办学条件和教师队伍;以学生发展为本)教育思想。进入21世纪,学校将办学理念更新为"为学以理、积学精业",并不断根据时代变迁而丰富其内涵。

1. 为学以理

"为学"包括"办学、治学、求学、兴学"之意,体现在学校层面的"办学、兴学"以及师生层面的"求学、治学"两大维度的理念与实践上。"以理"是指对教育方针的恪守、对教育规律的尊奉,主要包括尊崇"法理、道理、情理",兼有尊崇"规则、规章、制度"之意。"为学以理"总体强调:一定要遵守国家法律法规,遵循教育发展规律,有效治理学校;一定要落实"以人为本"思想,遵循成人成才规律,勤勉学业,激发潜能,促进学生全面而有个性的发展。

2. 积学精业

"积学"是指"传承、内化、融合","精业"是指"探索、创新、执着"。"积学精业"总体强调:一定要不忘本来,吸收外来,面向未来,厚积薄发;一定要传承学校优良的历史文化传统,并融合当代最先进的教育理念,勇于探索创新,执着追求梦想,创造一流业绩。

（二）培养"现代君子"

高桥中学力行国家"立德树人"的根本任务,力图以人文气息涵养品格、以实践活动弘扬个性,致力于培养文质彬彬、和而不同、兼济天下的"现代君子"。

所谓"君子",是对中华优秀传统文化的传承,其取义于《论语》《孟子》等原典名篇,强调育人的"道德"属性,高桥学子既要成为乐道扬善、求真守正的宏图君子,又要成为修身养德、襟怀坦荡的高尚君子;既要成为勤勉致远、泰而不骄的好学君子,又要成为自强不息、如天行健的的志诚君子;既要做得时如水、与时俱进的惟新君子,又要做成人之美、厚德载物的乐群君子。总之,要具有人文情怀。

所谓"现代君子",是对"君子"素养的时代发展要求。在新课程改革深化实践、积极培育21世纪学生发展核心素养的形势下,高桥中学培养目标对"现代君子"的界定是:具有爱党报国思想和民主、文明、和谐、自由等现代观念的君子,是具有红色理想信念、家国情怀、责任担当、独立思想、文化素养、科学思维、质疑精神等现代品质的君子,是德智体美劳全面发展的社会主义建设者和接班人。这是对国家新颁布的普通高中课程方案中培育目标"有理想、有本领、有担当"三个要义的回应。

1. 文质彬彬。出自《论语·雍也》,"质胜文则野,文胜质则史,文质彬彬,然后君子"。高桥中学对学生的"文质彬彬"素养界定在于"崇真行健、知行合一、表里如一"。"崇真行健",强调学生要始终牢记党和国家的教育方针以及党和人民的嘱托,崇尚真理、爱党报国,在德智体美劳诸方面全面发展,具有良好的思想道德品质、健康的身体心理素质、扎实的人文科学知识、真善美和谐统一的人格形象;"知行合一",要求学生不仅在学业上获得发展,还要善于运用所学,勇于实践,挑战和解决生活中的问题;"表里如一",要求学生内外兼修,外树形象,内修涵养,加强自律,身心和谐,人格统一。

2. 和而不同。出自《论语·子路》,"君子和而不同,小人同而不和"。高桥中学对学生的"和而不同"素养要求具有三层意义:"博学独立、大气包容、合作共进",指向"人与自然""人与社会""人与他人"的和谐关系。"博学独立"是指虚心学习,夯实自我学业基础,对学科知识形成科学认知,具有独立人格、批判思维、开阔视野和创新能力,面对复杂的自然与社会,学会探寻正确的人生航向;"大气包容"是指襟怀坦荡,胸怀宽广,尊重他人学识,包容不同学习理解,以求是态度探究学问,在兼容并蓄中丰富学养、内涵发展;"合作共进"是指学会合作,将合作带入学习常态,在合作探究中获得共同进步,成为善于合作、有能力、有作为的社会价值创造者。

3. 兼济天下。出自《孟子·尽心上》,"穷则独善其身,达则兼济天下"。高桥中学对学生的"兼济天下"素养要求在于学生应做到"博爱达人、胸怀天下、责任担当",具有"时代使命"品质底蕴。"博爱达人"要求学生知恩感恩,乐于助人,做传播爱心的使者;"胸怀天下"要求学生以天下为己任,为振兴中华民族而学习,随时准备为了党和国家以及人民的利益挺身而出,无私奉献;"责任担当"要求学生担负起对他人、家庭和社会的责任,以及对民族、国家、世界和人类的责任,建立为中华民族伟大复兴和引领人类未来社会发展的使命感、责任感,成为胸怀天下、有信仰、有担当的社会发展引领者。

总体而言,高中阶段是学生世界观、人生观和价值观形成的关键时期,对提高国民素质、培养担当民族复兴大任的时代新人,具有特殊意义。全面的人格教育、人的全面发展,都与君子养成有关,亦是教育的初心。高桥中学致力于培养的文质彬彬、和而不同、兼济天下的"现代君子",有别于古人,有望于未来。我们所要养成的"现代君子",与我国"立德树人"根本任务一脉相承,是具有民主、文明、和谐、自由等现代精神的君子,是具有理想信念、责任担当、独立思想、文化素养、科学思维、质疑精神等优秀品质的君子,切实指向培养德智体美劳全面发展的社会主义建设者和接班人。

第三节 分解学校发展主要任务

学校是一个复杂的社会组织系统,如何实现学校科学、规范、高效发展也是牵涉要素繁多的复杂话题。一方面,在有限的发展周期内学校领导班子不可能同时兼顾学校发展的全部"大事小情",而必须抓牢学校发展的"关键要素",如立德树人导向、课程教学改革、师资队伍建设等,这些发展要素的理念与目标应当与学校总体办学理念与发展目标保持基本一致。另一方面,有了学校高质量发展的整体愿景后,也必须通过在有限发展周期内对条线任务、具体举措的逐层分解以实现各项工作的扎实有序推进,后期也可以对应各个板块的任务要求检测目标达成情况并即时调整教育教学实践行为。高桥中学围绕"落实立德树人,构建三全育人德育体系"等七大内容板块,细化分解任务要求和具体举措。

一、落实立德树人,构建三全育人德育体系

主要任务:落实立德树人根本任务,以"综合素养培育"为生长点,落实"现代君子"学生培养目标,探索形成具有高桥中学特色的、重在自主体验的、以"参与、融合、悟知"为进化线索的高中全程德育课程体系;系统整合德育资源,构建校内外全方位德育网络;加强德育队伍建设,构建"三全育人"德育工作机制;不断完善科学、系统、多元的德育工作评价激励机制。具体措施包括:

(一)建设全领域、全过程的生态德育课程体系

发挥学科育人主阵地作用;确立分年级德育课程重点目标,高一年级重在君子规范养成,高二年级重在君子责任践行,高三年级重在君子人格确立;重视心理健康教育,构建学校心理健康教育网络体系;探索符合高中生生活实际的德育活动。

(二)构建重在自主体验的德育活动体系

以德育活动为载体,以参与、实践为手段,引导学生积极参与学校的"君子六艺"实践活动课程,在活动中培育情感认同,开展高中人生导航系列活动、社会认知体验系列活动、多元文化理解系列活动。

(三)构建全方位德育网络体系

构建学校、年级、班级三级管理体制,实行行政联系人制度;大力推进生态型班集体建设,积极创建国际生态项目学校;完善各级家委会,成立学校、年级、班级各级家长委员会;挖掘和运用家长中的各类教育资源;建立学生"人生导师"德育资源网络平台。

(四)构建"三全育人"德育工作机制

倡导"人人都是德育教师、处处都是育人环境、课课都渗透品德教育"的大德育观,构建全员育人、全过程育人、全方位育人的工作格局。发挥党员教师的模范带头作用,深化党建品牌"党员责任区建设",为学生德育工作提供坚强保障和支持;注重百年老校文化精神引领,汇集和总结各行各业翘楚校友的成长经历和励志事迹,开发成为一门课程,引领学生追求发展进步,拓展学校精神与文化的传承路径。

(五)完善德育工作评价与激励机制

完善学校德育工作评价机制,逐步建立和完善学生综合素质评定、年级组和班级量化考评、班主任绩效考核、德育学科评价及学校德育工作评估五项德育评价机制;完善学校德育工作激励机制,从学校、教师和学生三个层面出发,建立一套有利于调动师生积极性、有利于提高师生素质、有利于促进德育工作持续发展的激励机制。

二、对标国家方案,优化学校课程建设

主要任务:推进"双新"实施,开齐开足各类课程,既满足学生德智体美劳全面发展的需求,也满足学生个性发展的需求。科学设计课程整体框架,重视必修、选择性必修课程的校本化实施,在不断丰富选修课程的过程中打造"生态素养培育特色课程群"。具体措施包括:

(一)研制与培养目标相对接的学校课程图谱

研制高桥中学课程计划,绘制学校课程图谱,构建以提升学生发展核心素养为目标,体现"和谐共生,动态有序"生态理念的、多样化的高桥中学课程整体框架。学校课程图谱拟基于纵横联通的视角,横向以功能划分为必修、选择性必修、选修课程三大门类,纵向以内容划分为人与自然、人与社会、人与自我三个部分。建设基于现实生活的跨学科学习、专题化研究的"生态素养培育"特色课程群;建设充分体现学生自主创意策划、自我风采展示的"君子六艺"实践活动课程群。充分发掘利用各种人才和资源,助力学校课程建设。

(二)构建富有人文生态特色的课程体系

推进必修、选择性课程的校本化实施,进一步完善必修课程的课程目标和实施细则。强化以人文生态特色为主体的选修课程建设,加强选修课程的整体设计以及分类分层设计,丰富选修课程门类与内容。落实以教师指导、学生自由选择、自主管理为特点的选修课程操作管理系统。按照全市高中一流水准的要求对相关专用教室和实验室进行彻底改造,为学生

的课题研究提供技术设备支撑。

（三）探索以"优化课堂生态链系统"为核心的课程实施策略

进一步加深教师对课堂生态所具有的整体性、协变性和共生性的理解和认同。在教学工作中对学科内容进行整体规划，寻找不同学科之间关联点，实现同学科不同内容、不同学科间相近内容的协变共生。从必修、选择性必修到选修课程，从理科到文科，逐步推广课堂转型实践，加强对《高桥中学在必修课程中深化学科育人工作实施方案》的落实，增强对课堂转型的指导作用。以"百花奖"教学比赛为抓手，推进课堂转型策略研究。

（四）建立促进学生全面而有个性发展的课程综合评价体系

注重结果性评价与过程性评价相结合，通过建立学校综合素质评价系统平台，全息化记录学生成长信息，不仅要对学生各类课程的学习结果进行考核和评定，而且要关注学生在学习过程中的态度和行为。注重多元评价促进学生个性发展，各类课程评价要利用学生自评和他评的方式。注重定量评价与定性评价相结合，便于学生进行具体分析和量化的定量评价，同时要兼顾促进学生反思的描述性的评价内容的定性评价。

三、围绕核心素养，深化课堂教学改革

主要任务：有效推进"双新"实施，以课堂教学改革为抓手，不断优化教师教学方式和学生学习方式，努力实现教学相长，稳步提高教学质量。探索完善新高考、新课程、新教材背景下的教学工作管理模式。

（一）制定落实《高桥中学在必修课程中深化学科育人工作实施方案》

制定落实《高桥中学在必修课程中深化学科育人工作实施方案》，教导处指导教研组负责学科育人方案设计，教研组指导备课组长为核心的教师团队负责学科育人方案落实。以必修课程的课堂教学为主阵地，与生态课堂教学模式的实践与研究有机整合，反映出"学科核心素养是学科育人价值的集中体现"这一理念，确保学生通过学科学习而逐步形成正确的价值观、必备品格和关键能力。

（二）探索充满活力的、促进教学相长的生态课堂

积极开展充满活力的、促进教学相长的生态课堂教学模式的实践与研究，优化教师教学方式和学生学习方式，主要包括育人目标学科化、教学内容生活化、教学过程活动化、教学方法多样化、师生关系民主化、作业设计校本化、结果评价多元化等。每学年定期组织一次区级以上的大型生态课堂主题展示研讨活动。

（三）推进实效性、人性化兼顾的教学过程管理和质量监控

从备课、上课、作业、辅导、评价五个环节的工作细则修订入手，关注教学的过程性和有效性。提高教师备课的针对性、体现课堂教学中学生的主体性、增强课后作业布置的选择性、重视作业批改与学习辅导的及时性、完善学生评价方法的过程性，全面、深入地研究学生

的学习情况,做到"课后有反思,学生有反馈"。

（四）探索新高考新课程背景下学校特色的教学管理模式

探索以语数外等学科课堂教学"行政教学班"和六门选修学科课堂教学"走班学习"的静动结合的管理模式,实现两种教学模式有效对接,提高管理效率和管理水平,合理控制教师工作量和学生课业负担。

（五）积极推进体现书院式生态学校特色的科技、体育、艺术、劳动教育项目

进一步提高学生科技创新素养,大力推进以环保创新实验研究为核心的科技类社团活动课程建设,建设高水准的以绿色生态环保为特色的自然科学创新实验中心。高度重视学生身心健康发展,大力推进体育类社团活动课程建设,重点扶持和培育围棋、中国象棋、乒乓球、健美操等体育特色项目。进一步提高学生艺术人文素养,推进以家国情怀教育为核心的党团类社团活动课程和以艺术人文教育为核心的艺术类社团活动课程建设,建设高水准的综合性的艺术人文创新活动中心。全方位推进劳动教育实施,促使学生在自我服务劳动（自理自律）、社会公益劳动（志愿者服务劳动）、社会职业（职业劳动）等方面的劳动素养。

四、分层分类培养,促进教师能力转型

主要任务：遵循教师成长规律,为教师专业发展明确方向,创造条件,搭建平台。着力打造高桥中学"书院式导师团队"特色品牌,以"引水、架桥、青蓝"三项工程为抓手,促进教师向学习型、研究型教师发展。重视青年教师队伍建设,继续办好清溪书院,优化青年教师培养成长机制。重视骨干教师队伍建设,力争在3年时间里新增10名市区级领军教师、约20名区级骨干教师、约30名校级骨干教师。具体措施包括：

（一）探索教师专业发展的有效运行机制

制定学校师资队伍建设行动方案;指导教师制定个人专业发展规划;明确"书院式导师团队"的发展目标和路径,探索建立学校青年教师和骨干教师校本化培养的长效机制。

（二）搭建教师专业发展的多样实践平台

坚持开展在职教师全员培训;组织引导教师自我规划自主发展,制定和实施个人专业发展规划;深入推进生态德育实践、生态课堂教学改革;进一步明确教研组长、备课组长的责任和权利,加强学校教研组团队建设和学科高地建设;在高端教师突破方面,积极引进1到2名特级（正高级）教师,全力支持4到5人参评正高级教师、特级教师,并为他们聘请专业学术导师。实施"引水"工程,共享高端多元的人才资源,实现共生发展。实施"架桥"工程,为中青年骨干教师的"二次发展"牵线搭桥。实施"青蓝"工程,在传承与创新中继续办好清溪书院。

（三）形成教师专业发展的科学评价体系

评价内容全面,主要从师德修养、教育理念、课堂教学、班级建设、教育科研、教育管理等方面全面评价教师的专业态度和专业能力。评价形式多样,主要通过日常观察、随堂听课、

检查评比、座谈访谈、问卷调查等形式进行。评价主体多元,主要由自我评价、组室评价、学生评价、家长评价、领导评价等组成,力争做到公平公正。

五、聚焦实践问题,提升教育科研水平

主要任务:坚持"科研强师、科研强教、科研强校"的发展战略,明确"需求导向、问题导向、项目导向"的实施策略,围绕实验总课题,细化实验子课题,力争做到人人参与课题研究,充分发挥生态型教育科研在学校教育教学改革中的引领作用。不断提高学校科研工作的有效性,实现学校教科研工作管理系列化、规范化、制度化,加大科研骨干的培养力度,提高全体教师的教育科研能力。具体措施包括:

(一)树立教师科研意识,提升专业科研素养

通过理论学习、专家讲座、专题讨论、外出考察等途径进一步强化教师的科研意识,通过课题研究、校本研修、案例研讨、论文撰写等行动研究进一步提高教师的科研能力,认同并践行"科研强师、科研强教、科研强校"的发展战略。

(二)构建学校实验总课题研究系统

以实验总课题、市级课题为引领,开展支持教育教学改进以及市实验性示范性高中创建工作的课题研究,形成"学校总课题—部门条线一级子课题—教研组年级组二级子课题—教师微课题"的四级系统网络,并对现有相关课题进行有机整合,统一方向,明确分工,引领学校实现创新发展、转型发展。

(三)鼓励教师自主开展小、微课题研究

按照"需求导向、问题导向、项目导向"的实施策略,制定《高桥中学教师自主开展小微课题行动研究实施方案》,鼓励教师申报基于教育教学实践中具体问题解决的微课题研究,研究时间一般以一学年为宜。鼓励教师组团申报创新实验室、智慧教室、"生态素养培育"特色课程群子课程、"君子六艺"实践活动课程群子课程、学科育人、学生人生导师(学生生涯发展指导导师)、生态型班集体、国际生态项目学校等建设与应用研究。

(四)推动"问题式校本研修",探索教、研一体化之路

"问题式校本研修"活动包括问题发现、问题诊断和问题解决三个环节。发动和组织学校教师按照上述三个环节要求,通过个人反思、组室研讨、主题论坛、教育叙事、课例分析等多种途径,针对学校教育教学中的重点和难点任务开展行动研究,在持续改进学校工作质量的过程中提高自身的工作能力和研究水平,最终形成教、研一体化之路。

(五)推进现有各层面课题研究

继续开展"浦东新区百年老校传承与发展""信息技术背景下的高中学生数学自主学习模式探索"等区级课题研究,并与实验总课题中课堂教学探索的内容有效对接。做好"构建特色生态课程群,培育高中生生态素养的实践研究""基于教研共同体,构建数学课堂生态链

的实践探究""高中生议论文写作中课本素材积累与运用的实践研究""高中等级考背景下历史地图设计与应用的实践研究"等学校、教研组和个人层面区级课题的开题及研究工作,并与实验总课题中特色课程建设、课堂教学探索等内容有效对接。

(六)进一步健全学校教育科研管理

修订《高桥中学教科研课题管理办法》和《高桥中学教科研成果奖励办法》,按照《高桥中学教师自主开展小微课题行动研究实施方案》,进一步加强学校教育科研工作的规章制度建设。将内设处室、年级组、教研组、备课组逐步建设成为教育教学研究的一线实践基地。建立基于校园网络综合系统的教育科研过程管理和交流展示平台,从人力、物力、财力等方面积极帮助教师开展课题研究、发表论文、出版专著。锻造一支以行政管理人员、学科带头人骨干教师、优秀青年教师为核心的复合型的教育科研骨干队伍。

六、立足智能时代,推动技术深度融合

主要任务:将移动互联、大数据、现代人工智能等技术手段和思维方式引入学校的教育教学工作中,加快学校信息化基础设施建设,不断加强学校信息化管理和应用队伍建设,努力构建服务于学生,服务于教师,服务于教育教学的校园网络平台,努力探索现代信息化技术与学生德育、课程教学、教育科研、服务管理等的深度融合之路。具体措施包括:

(一)完善基础硬件设备,建设智慧化信息平台

学校信息中心搬迁至朝阳楼,获得更大发展空间;对校园网络带宽进行升级,调整优化网络节点分布;更新两间信息技术专用教室电脑设备;在已有基础上,加装覆盖学校所有公共场合的高清视频监控系统;建设数字化的校园广播电视直播系统;更新图书馆电子阅览室设备,配置基于移动互联网络的电子图书借阅设备,为师生开展网上阅读和学习创造条件;建立集服务管理、教育研究、宣传展示于一体的高桥中学校园网络系统综合平台。在现有校区的综合整新改造过程中,高标准建设数字化、智能化的自然科学创新实验中心和艺术人文创新活动中心。在新的分校区设计建造过程中,围绕"书院式生态学校"特色,突出绿色环保、智能物联等新理念新技术的广泛实践应用,打造体现教育部和市教委教育信息化2.0目标的未来学校项目特色示范校。

(二)加强队伍建设,保障信息化应用效率最优化

成立学校信息化建设领导小组,形成学校信息化工作三级管理体系;建立一支教师指导、学生自主发展的校园广播电视管理运营团队;建立基于进一步提升创新实验室、智慧教室使用效能的青年教师团队;通过学习培训和实际应用不断提高广大干部教师的信息技术素养。

(三)探索信息技术与教育教学工作的深度融合

努力提高信息技术必修课程、选修课程和社团活动的教学质量,提升学生的信息素养和利用信息技术研究问题解决问题的能力;结合生态课堂教学模式的实践与研究,加强信息技

术与学科教学的深度融合,促进内容呈现方式、教师教学方式、学生学习方式、教学评价方式等方面的变革;建立基于学校网络录课播课、听课评课的校本研修系统和优秀课例资源库;以网上选课平台、网上阅卷平台等的使用为突破口,逐步建立基于教育教学大数据的学生发展状况统计、分析、查询系统。

建立学校重要活动资料信息资源库,方便师生共享交流;探索基于网络平台的人事、档案、财务、资产、课程、学籍、图书等的信息化管理,不断提高学校管理服务的现代化程度;以智慧专用教室的使用和优化为抓手,全面推进智慧型教室的建设和广泛应用,探索未来教育的发展趋势;研究 Wi-Fi 校园全覆盖以后的实际应用效能。

七、注重文化引领,健全学校治理机制

主要任务:传承历史名校文化,继续做深"高桥中学家园学校"特色品牌。建设和谐、共生的人文生态家园,促进师生全面、可持续发展。坚持以师生发展为本,构建民主、规范、高效的管理机制,提升管理服务水平,改善硬件设施条件,为学校新一轮发展提供有力保障。具体措施包括:

(一)以理为纲,创新学校管理模式,构建科学民主管理机制

依据时代发展的要求,勇于实践探索,丰富"为学以理,积学精业"新内涵。深入研究教育综合改革、学校转型发展,特别是内高班开设等对学校文化、学校现有管理制度的全方位挑战,未雨绸缪作前瞻性思考,提升治理水平。遵循"法理、道理、情理",遵守"规矩、规则、规章",推崇"自理、自治、自觉",探索"激活式"管理模式,横向、纵向、浸润式激活激发师生追求卓越的内驱力。实行"三个负责制"和"责任清单制",激发管理者团队活力。打造"雁阵团队",引导"自组织"团队建设。

(二)以人为本,着眼家园文化化人,营造和谐共生人文环境

开展"家"文化系列活动,讲好高桥故事。开展"君子六艺"系列活动,涵育学校品质,培育成为"传承中华优秀传统文化"品牌特色项目。丰富"校友归来"系列活动,传承名校文化和历史文脉。建设人文生态家园,以建设"我理想中的家园学校"为主题,用"一所有追求的学校、一所有实力的学校、一所师生共同成长的学校、一所老百姓满意的学校"的实绩,持续创建上海市文明校园。

(三)以景为题,挖掘历史名校文化,开发校园景观教育资源

将校园景观与学校育人理念、课程教学、科技创新、创意元素开发等有机结合,让学生深入了解"一碑""两苑""三亭""四桥"等校景、校貌的历史渊源、发展脉络和精神内涵。整合景观资源,申报民国时期高桥公园旧址历史风貌区。立足校园景观实际,延续命名好每一块"校友石",传承高桥文化基因。争创上海市普教系统十佳校园文化新景观,争创"国家级绿色学校"和"国家级生态文明示范校"。

（四）以优为旨，立足老校区建设新校区，提升服务保障水平

规划建设现代一流标准的新校区，对标市实验性示范性高中学校创建要求，对标教育部未来学校2.0和市教委教育信息化2.0目标，规划建设满足书院式生态学校办学需求的占地45亩、建筑面积不少于55 000平方米现代化新的分校区。升级改造百年文脉传承的老校区，按照书院式生态学校办学理念要求，调整优化学校现有建筑的功能定位，使其布局更加合理，利用更加充分。建设学生公寓和食堂，为内高班学生的学习和生活提供良好条件。按照一流标准对学校老宿舍楼、实验楼、广播电视台、图书馆、体育馆、食堂等进行安全加固和功能升级改造。全面提升经费资产、安全工作、后勤保障服务等领域的管理水平，形成主动服务、高效服务的激励机制和良好氛围。

第四节　确定学校重点实验项目

通过上述对学校发展基础与现状的研判，对学校发展价值、办学理念、培养目标的蓝图擘画，以及对学校发展主要任务的具体分解，高桥中学将本校重点实验项目定位为"支持高中学生核心素养培育的'学习场'构建研究"。主要基于如下考量：

一方面，学生素养培育是世界教育发展的共同趋势。联合国教育、科学与文化组织（United Nations Educational, Scientific and Cultural Organization，简称UNESCO）早在1996年就提出了"学会认知、学会做事、学会共处、学会做人"这一类似核心素养的表述。1997年，经济合作与发展组织（Organization for Economic Co-operation and Development，简称OECD）从"人与工具、人与社会、人与自我"的关系角度提出了三类核心素养，分别是"能互动地使用工具、能在异质群体中进行互动、能自律自主地行动"。2002年，美国21世纪技能合作组织（Partnership for 21st Century Skills，简称P21）围绕"学习与创新、生活与职业、信息媒体和技术"三方面，提出了21世纪技能框架。2013年，UNESCO又发布报告，提出在基础教育阶段尤其重视身体健康、社会情绪、文化艺术、文字沟通、学习方法与认知、数字与数学、科学与技术七个维度的核心素养，旨在将教育的"工具性目标"转变为"人本性目标"。2016年9月，中国学生发展核心素养，以"全面发展的人"为核心，分为文化基础、自主发展、社会参与三个方面，综合表现为人文底蕴、科学精神、学会学习、健康生活、责任担当、实践创新六大素养。这标志着学生综合素养培育成为全球共识，也意味着学校必须为学生的综合素养培育提供必需的技术与环境支持。

另一方面，"学习场"构建是指向素养发展的核心支持。学生素养所谓的属性规定与价值体现正是源于其"关照当下、指向未来"的品性，如果核心素养的相关研究缺乏对当下场域的考察、对未来场域的预见，就难以实现时代所赋予核心素养的价值期待与独特使命。在传

统学校环境下,教学更多关注的是效率,是以便于教师面向大集体进行知识讲授为核心设计,没有充分关注学生的个性化学习需求和学习方式的多样化选择。随着以学习为中心的理念普及,能否支持学生进行个性化、多样化学习越来越成为能否支持学生素养全面发展的重要保障。尤其在信息技术越来越多在教育领域的应用,指向未来的"学习场"间,不仅需要优化物理学习环境(教室、报告厅、图书馆、户外空间),还需要通过数字学习和虚拟学习的无边界介入、学习资源的泛在支持,帮助学习者在不同的"学习场"中体验到学习的快乐。

一、剖析项目内涵

(一)素养及高中学生的素养培育

素养(competency)是指人们通过后天的修习涵养,能够在特定情境中综合运用知识、技能和态度解决复杂问题的能力,是知识、能力与态度的综合化形态。国务院办公厅《关于新时代推进普通高中育人方式改革的指导意见》指出:普通高中教育是国民教育体系的重要组成部分,在人才培养中起着承上启下的关键作用;深化育人关键环节和重点领域改革,坚决扭转片面应试教育倾向,切实提高育人水平,为学生适应社会生活、接受高等教育和未来职业发展打好基础;强化综合素质培养。教育部《普通高中课程方案(2017年版2020年修订)》提出的培养目标是:普通高中课程在义务教育的基础上,进一步提升学生综合素质,着力发展学生核心素养,使学生成为有理想、有本领、有担当的时代新人。

(二)学习场

"学习场"这一术语,可以视为"学习环境"或"学习系统"的同义词。但无论环境还是系统,教师都是处在学生学习的外部,发挥着建构、整顿学习系统的作用。本项目把"学习场"界定为:基于多种多样的物的要素、人的要素而形成的动态化的"信息环境",以及学习者借助诸如视觉、听觉、触觉等所有感官而体验到的"信息总和"。学习者通过"学习场"所提供的信息,通过建构意义、感受意义的体验来进行学习,作为这种信息环境的"学习场"规定了每一个学习者学习的发生及其学习的品质。

"学习场"基本上是由物的要素(校园建筑、空间构造、教室格局、课桌椅、教科书等)和人的要素(教师、众多的学生),而且包含了通过具体的物的要素、人的要素在交互作用过程中形成的每一个人的动作和表达在内的整体。[1] 所以说,"学习场"的构建,不仅仅是单纯的物理环境设计,而且包括师生、生生"交互主体关系"新型"关系场"的生成,这是一种刺激、促进学生的学习活动的包括物理环境和心理环境在内的充满生机与活力的学习环境。

借助人与物、人与人的交际关系所生成的"学习场",包含了彼此际遇、相互影响并各自产生变化的"场"的意涵。在这种场中,学习者自己在体验或是被体验;在这种场中,不仅仅

---

[1] 钟启泉.学习环境设计:框架与课题[J].教育研究,2015,36(01):113-121.

是认知与认识之类的理性东西在起作用，也可以看到感性与情绪、身体等方面的作用。总体而言，旨在促进学生多元主动学习、沟通合作交往的"学习场"，与传统以"教师、教材、教室"为中心的单一被动学习空间相比，更加注重突出学生为中心，强调对学生支持的及时性、学习资源的泛在性、满足需求的个体性、人与人之间的互动性、学习过程的体验性、问题解决的有效性、学习成果的创造性等特点。

二、把脉项目目标

对标国际前沿趋势和我国政策精神，结合学校培育"文质彬彬、和而不同、兼济天下的'现代君子'"目标要求，提出通过德智体美劳创"5+1"的课程教学体系构建来培育学生的综合素养，适应学生个性化、多样化发展需求，以建设书院式学校环境为主要载体、以"双新"课堂教学环境为核心目标，逐步构建起支持高中生素养培育的"学习场"，促进育人模式转变。

（一）打造学习新空间

通过广泛的文献研究和学习考察，了解学习方式变革、学习空间重构、技术深度融合等方面的前沿趋势，初步构建适合学校特点的育人模式。根据推动学习方式与教学方式变革的时代要求，打破当前统一化、同质化、封闭式、流水线式的学习空间，重构物理"学习场"、优化社会"学习场"、创设精神"学习场"，整体建设满足学生多元主动学习的空间布局，促使高中学生素养培育不再仅仅局限于传统意义上的学习空间，更是延伸至生活与交往的场域，从而成为学习者时刻关注与践行的目标。

（二）探索育人新方式

建设充分体现书院式生态学校理念的园林式老校区和现代化新校区，营造起有利于助推"双新"实施、指向教师引领学生学习方式变革的互动学习模式，改善物理、社会、精神三维空间，提供"教育性模拟"的情境，创设引发思考、促进思考、验证思考的情境，设定基于话语与行动的对话情境，促进学生的主动学习、个性化学习，促进学生综合素养提升。立足科创中心、自贸区建设对创新型外向型人才的需求，加强课程教学和社团活动的创新性设计；加强多语种教学，扩大对外交流，开展基于国际理解的社团活动，拓展国际教育交流和学习空间，为满足区域内本土和海外人才子女个性化教育需求提供支持。

（三）建立治理新模式

通过信息化改造、智慧校园建设，建立适合高中生学习的多维体验空间，满足学生虚拟体验、泛在学习、创新学习需要和学校智能管理需要。加强家校社合作互动，挖掘不同主体资源优势，促进其优势功能发挥，为学生创造和开拓校内外更美好的学习体验资源与空间。

三、明确项目内容

（一）建设书院式校园环境

书院，是古代精神资源的宝库，其中学术创新、文化传承、社会担当方面，今天尤其值得重视与发扬。学术创新，既是书院的精神内核，也是其千年不衰的根本原因之一；文化传承和社会担当，让学术创新有了历史与现实的视野，从而得以在兼顾传统和现代的轨道上进行。而且，在优秀传统文化日渐复兴的今天，走过百年的高桥中学，原本就具备悠久的书院式文脉，保存"民国风"书院式校园环境，理应充分发挥连通传统与现代的优势，开拓出综合素养培育和创新人才培养的新路径。

高桥中学试图在借鉴古代书院"师生共处，学生互助"模式的基础上，以追求知识和道德完善及社会性发展为目的，试行书院式学习与生活的运行模式，探索形成全程全方位的书院式学习与生活导师制度，探索形成学生自主、自治的管理运行体系；建设充分体现书院式生态学校理念的园林式老校区和现代化新校区，建设服务学生自主探究的自然科学创新实验中心和艺术人文创新活动中心；重构现有图书馆形态，打造沉浸式、智慧型、人本化的新型阅读空间；丰富拓展满足学生多元需求的室内外非正式学习空间；创设依托中国（上海）自贸区、高桥古镇、书院文化研学旅行等的综合实践活动学习空间。

（二）架构智能化学习空间

由于互联网、人工智能、大数据、VR等新技术入驻教育场域，现代学习空间之中的社会学习空间不单纯依附物理学习空间而存在，拥有了一定的独立性，这种独立性的获得使社会学习空间的形态与实现模式逐渐多样化——物理学习空间之中的对话、互联网空间中的交往以及其他场域之中的交流。随着物理学习空间以及社会学习空间整体呈现的多元化转向，精神学习空间开始强调学习者个体性、独特性与自主性的张扬，集中体现于学习者的个性化思维运作，表征于学习者的个性化言语输出。

对接智能时代，高桥中学力图打破对教师和教材的依赖，通过信息技术的介入，建构数字学习资源，建立以问题解决为中心的学习资源支持模式，接入教室、图书馆、阅览室、自习室、工坊以及实验室，使学生可以在课堂内外及时根据学习进度和问题难点，查阅资料，自主学习，解决问题。建立独立学习室、专业阅览室等服务特殊需求的专门学习空间，打造沉浸式、智慧型、人本化的新型学习中心；利用廊道空间和亭台楼阁进行图书和图景布置，打造无边学习阅览空间，营造无处不在、无处不能的学习氛围。

（三）打造学校文化新生态

传承百年老校独有的校园生态环境，高桥中学近年来注重涵育生态文化，而且在学生生态素养培育方面进行了一些校本探索，希望高桥学子通过后天的学习及与环境的交互作用，形成关于生态知识、生态能力、生态行为和生态精神的综合素养，其目标是建立人与自然、人与社会、人与自我之间的和谐共生关系,尊重生态圈内成员的主体地位,实现多样化、可持续发展。

基于学校原有的生态文化培育成果与经验,顾及与考虑学习者需求、现实条件、学习任务的性质等方面,高桥中学将注重学习空间的协调性与整合性,系统打造学校文化新生态。从注重学习者生命价值的回归与张扬、关注学习者的生命对话与生命体验的角度,建设基于现实生活的跨学科学习、专题化研究的"生态素养培育"特色课程群,建设体现学生自主创意策划、自我风采展示"君子六艺"实践活动课程群;从关切"深度学习"需求、追求学生的个性化发展的角度,加强探索必修课程中的学科育人模式,探索充满活力、促进教学相长的生态课堂;追求"和合共生"的人文环境营造,建立高桥中学校史馆,打造民国时期高桥公园旧址历史文化风貌区,传承绵延百年的历史文脉;深入开展"传承高桥好家风"系列活动,弘扬尊重互爱的家园文化;积极创建生态型组室和班集体,营造蓬勃向上的学校风气。

回顾本章内容,系统展现了学校在综合研判发展基础与现状,广泛征询学生、家长、教师、专家、政府等建议的基础上,尝试擘画学校的整体发展蓝图,对照目标分解主要发展任务,确立重点发展项目。需要强调的是,学校发展规划的制定本质上是动态发展的学习过程,而非文本固化的静态行为,我们应当坚持"发展性评价"的理念对待每一次学校发展规划的修订与迭代,将其视为全体教职员工统一思想、谋求共识的愿景形塑过程,是与学校发展的利益相关者不断就学校未来发展蓝图进行协商对话的过程。

第二章 溯源"学习场"基础,盘活发展新条件

随着经济社会的快速发展,教育也同步跨进了新时代的快车道。《普通高中课程方案(2017年版2020年修订)》以及各学科课程标准明确了以培养发展学生核心素养为纲领,强调基于学科核心素养的课程标准体系建设,要求课程开发具有满足不同学生群体需求的特色化,努力呈现经济、社会、政治、文化、科技和生态发展的新成就。党的十九大报告中明确指出:建设生态文明是中华民族永续发展的千年大计,我国在推进中国特色社会主义建设的道路上,要不断加强生态文明建设,改善人类的生存环境。

当代的高中生,五至十年后就是社会的建设者和接班人。《国家教育事业发展"十三五"规划》提出:"增强学生的生态文明素养有助于全面落实立德树人的教育根本使命。"学校在高中阶段开展生态素养教育,是时代发展的要求,同时培养学生的生态素养也是高中教育应该承担的责任。一方面,高中阶段开展生态素养教育,有利于增强师生的环保意识,能让更多的人积极投入环保行列中,创建绿色的社会环境;另一方面,生态素养能使学生关注生态文明建设、关注环保事业、提升社会责任感,提高学生的生态实践能力,激发学生热爱共同家园的情感,从长远看来,加强高中生生态素养教育是中国实现可持续发展的必然要求,也是新时代教育发展的必然要求。溯源学校已有的研究基础,以区级重点课题"构建特色生态课程群,培育高中生生态素养的实践研究"和市级课题"支持生态素养培育的高中书院式学习环境建设研究"两大龙头课题为抓手,从德育、课程、课堂、师资、环境等关键要素出发探索高中生生态素养培育的关键路径与策略方法,也为如今支持高中学生核心素养培育的"学习场"构建研究提供坚实的实践基础。

第一节 构建特色生态课程群,培育高中生生态素养的实践研究

回顾当时申报"构建特色生态课程群,培育高中生生态素养的实践研究"这一区级课题的背景与缘由,主要基于如下考量:

第一,高中生生态素养培育是对新时代高中教育要求的积极回应。 保护生态环境、加强生态文明建设,是关系人民福祉、民族未来的战略抉择。习近平总书记强调,我们的现代化是人与自然和谐共生的现代化,要将生态文明融入社会主义建设的全过程。在统筹推进"五位一体"总体布局、协调推进"四个全面"战略布局中,把生态文明建设摆在重要位置。这不仅是对新时代教育内容的新期待和新要求,也是新时代教育理念和方法论的新挑战和新机遇。普通高中教育应主动承担起生态素养培育的重任,积极地用和谐、共生、可持续发展的生态理念深入开展课程改革,切实促进高中育人方式的改革,进一步激发办学活力,办出让人民满意的教育。

第二,高中生生态素养培育是高桥中学学生发展目标的必然要求。 学校以人文气息涵养品格、以实践活动弘扬个性,致力于培养文质彬彬、和而不同、兼济天下的"现代君子"。在人与自我、人与自然和人与社会的关系中,其本质都是体现生态和谐,在这个意义上说,发展学生生态素养是培育"现代君子"的重要内涵和具体体现,也成为学生发展目标的必然要求。建立各学段学生发展核心素养体系需要充分考虑学校发展目标、资源状况、学生已有素养结构及未来需求等多方面因素,生态素养是高中生核心素养的校本探索,学校作为百年名校,不仅拥有清新典雅的校园环境,积淀了丰厚的人文底蕴,更是在与校内外各种资源互动中形成了美好的"生态文化家园"。这是学校未来发展的不竭动力、学生成长的精神财富,更是学校的办学特色和一以贯之的价值追求。

第三,高中生生态素养的培育是高桥中学校本课程建设实践的目标。 基于生态素养培育的特色课程群建设研究可以突破课程改革过程中碎片化、平面化的思维局限,对于探索生态素养的培育途径具有重要理论价值和实践意义。和谐、共生、可持续是生态的基本要义,基于生态素养培育的课程建设不仅要关注人与自然、人与社会、人与自我的和谐关系,更要用生态的思维方法来开发、建设、管理课程。以往的学校特色课程存在课程过多,过于随意,导致课程的"碎片化";各学期之间、各年段之间缺少整体设计,课程往往在同一维度上重复,或者课程间没有递进的"平面化";课程无亮点、无特色,没有从办学传统、校园文化、办学目标和生源特点去挖掘等问题。高桥中学在多年发展过程中,积累了丰厚的生态素养文化积淀和丰富的实践素材;同时,学校区位优势、资源优势和环境优势都为生态素养培育的校本

课程建设提供了优质的实践环境和保障。

基于此,从尊重学生成长规律和教育规律出发,结合学校实际情况,下设三个子课题组,分别从自主体验式德育课程群、以环保创新为核心的科技课程群和以铸牢民族共同体意识为核心的民族文化(家国情怀)课程群出发,整体构成高桥中学生态特色课程群。学校根据实际情况,将特色课程群有机合理融入学校课程管理,正式纳入课时安排和学生活动安排,按学年度开展生态课堂教学展示活动,丰富了学生的学习生活,开阔了学生的视野和眼界,提升了学生的生态素养,同时,广大教师得到专业发展和成长。

一、基于普通高中生态素养培育的自主体验式德育课程群建设

(一)生态型班集体建设课程

在学校"为学以理,积学精业"办学理念的引领下,以"文质彬彬、和而不同、兼济天下的'现代君子'"为学生培养目标,通过创建"生态班级",促进高桥中学生态型学校的建设。我们希望通过学校一系列的管理制度促成每一位学生在学校和班级身心健康、快乐成长。生态班级的建设无论是外部环境布置和创建还是内部班级制度,都以尊重学生成长规律和自然规律为基本原则,最终建立起生生之间、师生之间和谐的人文生态班级。高桥中学的生态型班集体建设课程主要包括生态班级环境建设课程、生态班级劳动课程、生态班级文化建设课程和生态班组织建设课程等。

1. 生态班级环境建设课程

生态班级的管理首先要从对教室环境的硬件要求做起,教室环境是校园文化的重要部分,是影响学生健康的重要因素,是重要的隐性课程。生态教室的环境,既包括班级自然环境的维护,也包括班级人文环境的建设。其中,自然环境是学习外在生态的构建,而文化布置是为了内在灵魂的构建。为了营造出一种多彩、和谐的生态班级氛围,班级环境的设计既有统一的学校要求,也有班级特色化的个性要求。

为了合理利用教室的有限空间,学校全面征求广大师生的建议,对教室的储物箱、桌椅、教学仪器、墙壁、灯光等硬件设施都做了重新规划,最大限度地营造舒适、温馨的班级课堂环境。如班级内设计了学生的小小图书柜,各班的学生储物箱上面摆放一些花草、学生雨伞架等,这些教室环境的设计既体现了以人为本的理念,也培养了学生热爱自然、热心环保的生态理念。学校的每一面墙壁都是教育的阵地,我们把它命名为"师生心声墙"。在这里所有的师生都可以用各种形式来"说理传情",学生可以自由表达思想和观点,进行思维碰撞和理性思考,师生之间可以进行平等对话、情感交流。"师生心声墙"是班级形象的展示,是生生之间、师生之间平等交流的平台,是学校生态班级管理的一道独特风景。

2. 生态班级劳动课程

加强学生劳动观念,坚持五育并举,是全面发展素质教育的时代要求。生态班级实行劳

动卫生轮流值日制,旨在培养学生热爱劳动、参与劳动的习惯,增强学生的环保意识和班级集体主义荣誉感。

学校主要通过日常劳动卫生和垃圾分类投放等方式落实生态班级劳动课程。每天安排若干学生值日,由劳动委员安排值日表。值日生每天按时到岗,认真打扫班级和卫生区卫生。当天值日的同学,每节课后,应及时擦好黑板及讲台,打扫教室并督促同学形成为了环保应尽量少产生垃圾、垃圾必须分类的良好意识。劳动卫生委员负责检查。同时,学校还积极响应《上海市垃圾管理条例》的实施,在每栋教学楼下设置投放干湿分离垃圾桶,注重对有害垃圾的妥善处理,以及可回收垃圾的循环回收,维护生态环境的稳定以及资源的可持续利用,让每一个学生都能切实参与到美丽校园的建设中来。

3. 生态班级文化建设课程

班级的文化建设对学生的熏陶是潜移默化的,班级精气神就是班级文化的核心和灵魂。通过班级文化建设,确立有班级特质的精神面貌,提升学生与自然、与社会、与自我和谐共生的综合素养。学校落实生态班级文化建设课程的具体举措有:

一是制定富有特色的班级口号、班风、班训。这有助于营造健康向上、富有成长气息的班级文化氛围,培养班级的凝聚力和集体荣誉感。二是让教室的每一面墙都"说话"。利用好教室内外的墙报、公示栏等班级宣传窗口,积极展示班级的良好形象,时时传播激励班级同学的正气事迹。三是定期组织班级活动。通过丰富多彩的团建活动培养学生的交际沟通能力,逐步学会团队协作,加强班集体凝聚力。四是坚持"依法治班"。在班级制度的各项条款中,突出精神风貌、价值观念、作风态度等具有文化气息的条款,赋予制度以灵魂,共同发挥规章制度的强制作用和激励作用,使班级形成"事事有人做,人人有事做,时时有事做,事事有时做"的良好局面。

4. 生态班级组织建设课程

要想组织、管理一个成功的班级集体,就要推选出一些品学兼优、责任心强、乐意为同学们服务的学生担任班级班委干部,并根据他们的性格、能力的差异,承担相应的工作进行培养和锻炼,使班干部成为学生的榜样,带动其他同学不断进步。生态班级组织建设构建的是一种人人都是班级管理者,人人也是被管理者,人人平等、人人享有均等锻炼和发展机会的人文生态。

生态班级实行班长负责制,当班长选举产生后,他/她有权提议担任班委的其他候选人,但是所有提议推荐的班委候选人都必须得到班级全体学生信任并获取绝大多数投票后方能完成任命。各科课代表和小组长采取同学自荐和任课教师推荐相结合的方式产生。为体现公平和挖掘同学的潜能,生态班级基本做到全班同学人人有一个班级管理岗位,主要流程包括:民主竞选—自荐推荐;民主监督—优胜劣汰。通过竞选的方式民主选举产生一批正义感强、关心集体、团结同学、积极热情、办事认真、愿意为同学们服务、有一定组织能力和领袖气质的学生担任班委干部。生态班级组织建设突出班委干部的服务意识，鼓励班委同学大胆工作，严格要求班干部处处以身作则，为班级同学起模范带头作用。

（二）人类导师课程

随着课改的推进及育人方式的改变，培育学生的核心素养，激发潜能、锻炼能力，更好适应社会生活是学校教育的终极目标。学校的教育理念、教学氛围、培养方式等对学生的成长和发展有很大影响。在学校创建实验性示范性高中目标引领下，我们把培养"现代君子"作为学生的培养目标，倡导"生生、师生、家校"的和谐共生，关注学生的身心健康、终身学习和可持续发展。高桥中学希望通过人类导师课程的开发与实施，所有教师都能成为学生的导师，陪伴他们的成长，既要承担传道授业解惑的责任，又要善于观察、倾听心声、排忧解难，成为学生情感的抚慰者和未来生活的引领者。具体实施过程如下：

1. 全员导师的宣传与培训

第一，面向全体教职工宣传实施全员导师制的背景、意义和目标，动员全体教职工积极承担相应导师工作。第二，通过问卷调查的方式对全校教师（含教辅和校外）的能力、专长、成长背景、导师意愿、可以提供的帮助、家庭住址等进行摸底，为学生提供选择的依据。第三，根据全校能够承担导师任务的教职工人数来确定每班导师的人数，一般是每班3—4人，要兼顾学业、生活指导、心理疏导等各个方面。原则上每个班级的导师由本年级本班的任课教师担任，因为他们对学生比较了解。班主任是班级导师团队的负责人，负责总体协调工作。第四，确定每班的导师名单，并向学生公布，由学生根据自己的需求（个人可以有所偏重）进行选择，确定自己的结对导师人选。第五，个别学生导师人选事先单独沟通（班主任负责重点对象，或与学生沟通后请相应的老师作为导师），或重点对象采取双导师（学生自选导师＋其他特派老师如心理老师等）。第六，根据教师任课情况的调整，导师与学生结对每学年进行微调。

2. "导师制"的全员落实

一是"师—生"结缘。主要包括：一周内进行导师资料人选的梳理；与年级组、班主任协商各班导师团队的成员；由各班根据班级导师团成员的名单，按学生需求进行选择；公布学生—导师结对名单。

二是"师—生"续缘。主要包括：导师了解辅导对象，制定辅导策略（重点对象、辅导切入点、如何联系、与家长沟通等），做好导师工作记录、个案分析等资料整理（设计工作手册）。

三是爱满高桥园。主要包括：辅导案例探讨、对导师工作的考核、"学生心中的导师"故事分享等方式。

（三）生涯规划教育课程

高考改革是教育体制改革中的重点领域和关键环节，全社会极其关注。十八届三中全会通过了《中共中央关于全面深化改革若干重大问题的决定》，对这项改革作出了全面、系统、明确的部署。改革打破"唯分数论",实施"两依据、一参考"的多元评价机制,"两依据"为高考成绩和高中学业水平测试成绩;"一参考"为高中学生综合素质评价。高考改革的不断深化,要求高中脱离原本熟悉的教学模式,不断开展新的探索。全面提升学生的综合素养非一朝一夕之事,而是贯穿于学生成长过程中,"认知自己""确立目标""过程化体验""结果导向"构建出生涯规划教育之路,因而生涯规划对培养学生的综合素养能力尤为关键。高桥中学基于国家教育政策指导,秉承百年老校踏实严谨的校风,注重实践的积累和理论的提升,注重学生的过程性成长,逐步构建生涯教育体系。依据习近平新时代中国特色社会主义思想,落实立德树人根本任务,贯彻"高中育人方式改革"的精神,以"职业生涯规划"为核心思路,从当下高中生学业发展和生涯规划中普遍存在的现实问题出发,引导学生充分了解自己,对自己的兴趣、性格、能力和价值观以及高中学习情况进行自我分析;为学生分析各类升学路径以及该路径所需达到的要求;引导学生关注社会发展情况,并了解高校与专业信息以及职业与行业的需求,在探索和实践基础上做出适合每位学生个性特点和家庭期望的生涯发展路径规划。致力于培养符合社会主义核心价值观、符合国家发展需要、符合大学专业素养、符合社会就业结构性需求,具有核心竞争力的社会主义现代化人才。

1. "走进书院——君子修养课程"

(1) 课程目标

一是了解中国书院的发展历程,汲取传统文化精髓,感受中华文明生生不息、刚毅诚信、博厚悠远的精神内涵,培育君子品质和核心素养。二是通过研习书院课程,体验千年前的读书、活动、社交胜景,品读流传至今的珍贵典籍,增强学生自豪感,树立为实现中国梦而努力拼搏的信心和决心。三是通过沉浸式的交流、研讨,养成巧学善思、自主探究的学习态度,提升应对困难、解决问题的综合能力。

(2) 课程内容

在书院的环境中学习中华传统文化课程;古艺赏析、古礼学习、古剧排演;主题交流研讨、经典文化展示。

(3) 课程实施

① 经典文化学习、体验阶段

学生走进九州书院,参与包括《诗经》《四书》《礼乐》《茶道》《大学》等在内的课程学习,古琴、古筝、围棋、书法的鉴赏及研习,射礼、静功、五禽戏的修炼等。学生体验汉服礼仪,重现古礼场景,通过角色扮演的方式真实还原拜师、祭孔、节庆等重要仪式。

② 古今文化交流、研讨阶段

学生分专题进行讨论,理解传统文化的精髓和古今文化的传承。学生进行"君子六艺"作品讨论、创作和排练。

③ 总结、展示阶段

班级内优秀学习作品的交流和推介。全年级汇报和展评。

(4) 课程评价

以本课程目标和课程内容为依据,个人、班级、学校对活动进行全面总结,通过调查问卷、观察法、自评、互评、调查报告、主题班会、展评等方式,由教师、学生等从多角度对活动进行全面评价。

2. "走进大学——拓展探究课程"

(1) 课程目标

一是解决学生由于学习目标不明确所带来的学习动力不足问题,引导学生了解自我、认知自我,明白"我是谁",并为学生提供可参考的发展方向。二是解决学生、家长对升学政策不了解,继而没有自我定位、盲目选择升学路径的问题,激发学生学习动力,思考选科方向、明确升学意向。三是解决原有高考模式下重学业成绩、轻综合能力所带来的"高分低能"问题,培养学生表达能力、创新意识、思考问题等综合素养能力。四是解决学生对高校专业设置和专业要求掌握不透彻,对自身个性特长和潜在能力了解不充分而带来的学生与高校专业匹配差异问题,力争每位学生都能在自我能力范围内选择到最合适的专业方向及心仪高校。

(2) 课程内容

举办高校研学活动,带领学生参观特色实验室、图书馆、研究所,聆听教授讲座,动手实践操作,感受高校科研、学术氛围,了解各院系专业特色;通过专业量表测试,明确学生的性格特质、能力优势、专业潜力,并提供适合该性格特征的职业专业列表和对应的加三科目;根据全年级整体的发展特征和专业意向选择,开展专业解析指导;模拟春考、综评、特殊专业招考等考核、面试流程,指导学生为升学做好学业和心理等准备。

(3) 课程实施

① 自我认识和探索阶段

生涯导入:通过培训班主任对学生进行宣传、思想重视、明确该活动的重要意义与所需任务;通过对家长的培训,促进家校合作,让家长重视配合的同时全程起到助力作用。

生涯觉察:为学生开放三种测试。第一种为MBTI迈尔斯布里格斯类型指标测试结果,是学生性格偏好的主要参考依据;第二种为加德纳多元测评;第三种为霍兰德职业兴趣测试结果,在个人兴趣特点与适合职业之间建立起对应关系,明确自身潜在智能与学习力的关系。三个测试侧重点各有不同,共同使用,找其交集。

生涯探索:每个学生根据个人测评报告,先行选择职业与专业;得到整体学生选择数据报告,该数据是实践体验活动的主要参考依据。

② 专业学习和体验阶段

专业学习:根据学生整体专业意向选择,遴选出五大类专业,开设专业解析指导课程,通过生动有趣的讲解使学生对专业有初步认知;进入相关院校,进行衔接性课程的学习,进一步了解大学专业设置和研究方向。

模拟升学体验:参考学生能力、素养、需求等,将升学整合成四大途径:综评和强基、特殊专业(如招飞、公安、军队、高水平艺术团运动队、艺体批、提前批、中外合作办学与留学)、秋考、春考。针对不同的升学方式,为学生开设不同的体验型活动指导。学生结合自己的兴趣和目前的能力水平,自主选择某一个升学途径参加活动。活动内容包括但不局限于:详细解读升学政策以及对应升学途径所需具备的素养、能力测试、模拟面试等环节,让每一位学生都能对升学有更翔实的了解,指导他们在接下来的时间更精准地制定动态学习方案。

表2-1 模拟升学途径的不同方案

模拟升学途径	具 体 思 路
综评和强基	第一步:了解政策。 第二步:模拟面试,每位学生不仅是被面试者,也能成为"面试官",向他人提出问题,从多维度感受面试过程。
特殊专业	第一步:了解政策。 第二步:邀请专业艺术指导、公安、飞行员等人充当教师角色,引导学生发掘自己的艺术、体能等潜质。
秋 考	第一步:了解政策。 第二步:模拟志愿填报,通过实战了解不同分数段填报志愿的技巧。
春 考	第一步:了解政策。 第二步:实行2轮面试,常规面试和无领导小组讨论,测试学生在团队中的表现,更贴合春考面试环节的要求。

③ 个人反思和规划阶段

按兴趣、能力、个人意愿与大学专业、社会就业的匹配度,对学科进行明智选择,参考家长、教师的意见制定个人发展规划。

(4) 课程评价

每位学生填写"课程活动手册",记录学习、活动情况,撰写专项实践调查报告。每位学生确定自己的目标高校和专业,制定个人发展规划。由专业指导教师、班主任、家长观察员三方根据学生表现进行打分,按照优秀、良好、合格三个等级来予以评价。

3."走进职场——融合实践课程"

(1) 课程目标

一是解决学生对社会的认知不清、信息不对称的问题,帮助学生认知自己、认知社会,使学生提早认识到自身知识储备不足和综合能力短板,激发他们进一步自我提升的动力。二是解决学生对职场的误区,通过考察帮助学生认清职业理想和职业现实之间的差距或差异,引导学生根据社会、大学、企业对所需人才的不同要求调整个人发展规划。三是解决学生生活与社会脱节的问题,力争使未来的中学生真正实现全面发展,更加符合国家发展战略需求、高校专业对口需求和社会从业结构需求。

(2) 课程内容

通过观看真实的职场应聘、职场生存环境,了解职场人所具备的素养与能力;通过模拟社会职场应聘环节,考察学生的爱好、能力、特长与职业或专业的匹配度;通过校外基地的实践活动,解决原有高考模式下重学业成绩、轻综合能力所带来的"高分低能"问题;基地的岗位实操,让学生亲身体验职场生活,有助于反思当下自身存在的能力和素养缺陷,进一步完善自己的目标;邀请校友召开分享故事会,为学生解读行业需求和未来发展,答疑解惑。

(3) 课程实施

① 个人测试阶段

学生进行多项能力、性格测试,在个人兴趣特点与适合职业之间建立起对应关系。学校结合全年级学生的选择情况,划分出十余种专业、六大职业类型,分别为:医学和法学、计算机和电子、文史哲、经济和金融、教育、新闻和管理。通过真实的职场应聘视频,为学生解释职业素养和职场需求,详细分析模拟应聘各工种的"招聘条件"。

② 模拟应聘阶段

学生根据自己的兴趣,结合目前能力,选择应聘职业,分行业类别模拟面试流程。模拟应聘形式包括但不局限于:能力测试、模拟面试、团队项目协作、团队策略协作等。根据指导老师的评价,为优秀的学生颁发聘书。

表 2-2　不同类型职业的模拟应聘思路

类　　型	模拟应聘思路
医学和法学	医生、法医、护士,通过如辨认器官、动手折纸、线索判断等进行能力测试;通过模拟面试考察学生的专业素养问题、对社会时事的了解程度。 律师和法官,通过辩论环节考察学生的逻辑思维和表达能力;通过模拟面试考察学生的专业素养问题、对社会时事的了解程度。
计算机和电子	软件工程师、信息安全工程师、产品经理、IT管理员,通过逻辑题和数独测试考察学生的理科素养;通过模拟面试考察学生的专业素养问题、对社会时事的了解程度。
文史哲	翻译,通过笔译和口译相结合的方式,考察学生的英语表达能力和听说读写能力。 公务员,通过模拟"国考"的形式,考察学生的应变能力、思考能力。 文案、文创设计,通过设计产品文案的方式,考察学生的文字功底和文学底蕴。

续　表

类　　型	模拟应聘思路
教育	幼儿教师主要以艺术测试结合模拟面试。小学、初中、高中等其余学段教师均以授课形式,考察学生面对不同学段群体所表现出的不同授课风格,以及对知识点的解读能力。
经济和金融	以团队为单位,通过金融模拟决策环节,考察学生的团队协作、金融知识储备、决策能力。
新闻和管理	职业经理人、记者、文案策划、自媒体,以团队形式完成一段视频拍摄,考察学生的团队协作、管理能力、策划能力。

③ 岗位实践阶段

学生进入校外实习基地跟岗实践。

(4) 课程评价

学生在活动后,结合个人目标、家庭期望、导师建议,对高中学科、大学专业、职业方向有初步的意向,制定个人规划行动方案。学生导师对学生进行实时关注和引导,高考后可以跟踪反馈学生的最终去向,积累经验,提高对学生发展指导的针对性和有效性。通过实时跟踪学生个人规划的执行过程,家长可以明确自家孩子发展方向,更好地进行培养与引导,最终和自己孩子一起做出在能力范围内对学生最有利的选择。

表 2-3　学生基本信息表(活动前)

性别		姓名		联系手机号	
班(校)职位					
兴趣爱好					
加三选科年级排名	加三选科				
	年级排名(主三科)				
我的三大测评结果(登录测评网站查阅)	MBTI 人格类型				
	霍兰德职业代码				
	加德纳多元智能(L4 与 L3 即可)				
你的测评系统中选择的感兴趣职业(列 3 个即可)					

校外社会实践、志愿者、职业体验等活动	1. 2. 3.
校内参与的活动	1. 2. 3.
获得的奖励(校、区、市级都可以)	

表 2-4 "让社会走进学校,让学生体验未来"活动收获(活动中)

性别		姓名		联系手机号	
自我评价	我的优点 (最少写3点)		1. 2. 3.		
	我的缺点		1. 2. 3.		
我的目标高校	想考的学校				
	能考的学校				
	保底学校				
在活动中体验中我最感兴趣的专业及对应职业	专业: 职业:				
我最想从事的职业是(可以是现场活动中了解的,也可以是你自己本来就感兴趣的)					
参与活动的专家和教师的评价	升学指导老师:				
	职业模拟老师:				

表 2-5 我的职业规划(活动后)

性别		姓名		联系手机号	
我的目标职业					
我的目标职业所对应的大学专业	☐ 经济学类　　　☐ 法学类　　　　☐ 教育学　　　　☐ 中国语言文学 ☐ 外国语言文学　☐ 新闻传播类　　☐ 历史学类　　　☐ 数学类 ☐ 地理科学类　　☐ 物理学类　　　☐ 化学类　　　　☐ 生物类 ☐ 心理学类　　　☐ 机械类　　　　☐ 电子信息类　　☐ 计算机类 ☐ 土木建筑类　　☐ 公安学类　　　☐ 医学类　　　　☐ 管理学类 ☐ 艺术学类　　　☐ 农学类　　　　☐ 诸多专业皆可　☐ 其他				
该职业对应的社会需求(用一句话完整描述)					
我认为从事该职业需要什么特质与技能？(最少写5点)	1. 2. 3. 4. 5.				
你觉得你身上的什么特质可以做好这个职业？(最少写3点)	1. 2. 3.				
我身边有从事该职业的人吗？TA是谁？对自己有无影响？					
【回家思考作业】 1. 信息检索：该职业目前在中国的现状(人数、社会评价、相关新闻等)	☐ 查阅图书馆书籍　　☐ 搜索引擎　　☐ 其他				
	信息检索结果：				
2. 信息检索：列举一位从事该职业的著名人物，用三句话来介绍	从事该职业的著名人物： 用三句话来介绍他：				
3. 还通过其他什么途径去进一步了解这个职业？	途径：				
	了解结果：				
为了实现目标高校及专业选择，根据自身的差距，从现在起你会做什么准备？(分步骤进行撰写，最少200字)	1. 2. 3. 4. 5.				

二、基于普通高中生态素养培育的以环保创新为核心的科技课程群建设

（一）目标分析

生态素养培育体系的建设是落实特色科技课程建设的重要抓手，在实施过程中以生态素养培育为载体，通过丰富的课程和校内外活动培养和发展学生的生态素养；在环保意识、生态知识、环境科技和绿色生活四方面，通过目标设定、课程建设、教学实施、学业管理、综合评价等方式，提升学生责任意识、人文素养、科学素养、创新精神与实践能力，以满足未来社会发展对人才的要求。

（二）内容结构

1. 整体框架

学校以科技与人文并重的原则，完善并优化以环保创新为核心的生态素养特色课程群建设，包括环保意识类、生态知识类、环境科技类、绿色生活与实践类、环境科技的研究与创新类五大课程类别。探索针对不同程度学生分层次的实施办法，将五类课程分为知识普及、兴趣拓展、特长提升、创新发明（A、B、C、D）四个层面，并确定分层实施对象和分层学习目标。积极探索基础型课程、拓展型课程、研究型课程三类课程的有机融合，特别是基础型课程与生态素养培育特色课程的结合点。根据课程发展的需要和学生学习的需求，继续对生态素养培育特色课程进行拓展，如开发环境类课程中的大气与气象监测、环境与气候变化等，开发绿色生活与实践类课程的社会实践基地与研究项目，不断丰富生态素养培育特色课程内涵。

表 2-6　以环保创新为核心的科技课程群一览

课程类型	课程梯度	课程目标	课程内容
环保意识类	A层（全校普及型课程）	借鉴跨文化背景的不同思维方式与全球可持续发展教育案例，拓宽视野，激活思维，鼓励学生表达自我、关注社会，培养学生尊重自然、尊重生命、尊重差异的环境责任感和可持续发展观；培养文明儒雅的言行举止、坚韧意志和对美的感知和鉴赏能力；通过中国经典文化的学习，传播天人合一的中国传统哲学思想，弘扬人与自然的和谐发展。	国际理解课程、国学经典课程、文史拓展课程、海外游学课程
生态知识类	A层（全校普及型课程）	普及有关环保知识、绿色能源及其开发利用的基本知识与原理，培养学生的人文与科学素养，启发学生的创新意识，提升学生对自然、环境、未来的责任意识。	基础型课程学科渗透；环境和新能源知识普及、水科技与环保知识普及、其他各类相关的知识讲座

续 表

课程类型	课程梯度	课程目标	课程内容
环境科技类	A层（全校普及型课程） B层（兴趣拓展型课程） C层（特长提升课程） D层（创新发明课程）	A层：了解基础实验的科学原理和操作要点，并熟练地动手操作。学习科学研究的基本方法与技术，培养收集信息、分析信息、利用信息的能力。 B层：培养对科学的浓厚兴趣，了解拓展实验的科学原理和操作要点，并熟练地动手操作。学习科学研究的基本方法与技术，培养收集信息、分析信息、利用信息的能力。 C层：对某一课题进行较深入的专题研究，培养自主学习、自主创新的能力。 D层：能活学活用，运用相关知识进行创新探究和发明，能有具体的创作成果。	环境监测基础课程、绿色能源基础实验、水科技与环保基础实验、绿色能源拓展实验、水科技与环保拓展实验、生物科技拓展实验、环境科技社团项目（绿色能源社团、"中水"回用研究社团、虹江河水质监测社团、校园植物研究社团、植物与环境社团、创新项目研究社团）
绿色生活与实践类	A层（全校普及型课程） B层（兴趣拓展型课程）	A层：在项目实践中培养对社会的责任意识以及人与人协作沟通的理念，养成绿色、环保、健康的生活方式和行为习惯。 B层：在项目实践中培养社会责任意识、科技素养、创新精神以及高雅得体的人际交往能力和审美能力，并能开展相关课题研究。	礼仪美育课程、校园自主管理项目、社会参与类实践项目、人文科技社团活动
环境科技的研究与创新类	D层（创新发明课程）	开发学生的创造力，能用创作的作品去解决实际生活中的问题，改善生活方式，用求异发散的思维去探究未知领域，培养创造精神和团队协作精神。	创新课题研究、创新成果发明

2. 具体内容

以绿色生活与实践类课程为例，A层（普及类，面向全体学生）的课程内容有：校园植物的识认与挂牌、校园内年级生物角和班级包干区的管理、校园气象站数据记录、食堂厨余垃圾处理、"普及垃圾分类知识，践行绿色中国之梦"社区服务工作、节能知识普及、环保意识培养、风力发电知识普及、新能源相关知识普及、苏州河水资源知识普及、考察活动等。B层（提高类，面向特长学生）的课程内容有：校园景观水池的水质净化、校园植物档案的建立、学校用水用电用纸等情况监测与改进方案、校园生态系统观察、课题研究之沼气燃烧二次污染成因探究、沼气发酵过程中产生甲烷菌的实验研究、"红色之旅、绿色公益"活动（新能源设备安装及维护、新能源知识推广）、社区生态、生活与环境现状的调查研究；"社区点亮生活"太阳能门牌灯社区推广（中英）、课题研究之雨水测量，收集、"中水"回用研究、课题研究之水资源、水循环考察研究、课题研究之水力发电技术结合的透水坝作用探究。

（三）实施过程

1. 基于科技素养和创新精神培育的课程管理体制机制构建

成立科技课程群开发领导小组，组长由分管副校长担任，组员由学生发展处、学生课程发展处、团委等相关处室人员担任。学生发展处、年级组、各班主任负责开发与实施面向全体学生的德育科技特色课程,并整体设计与落实德育科技特色课程的实施;学校课程教学处、教研组、各学科教师,负责开发与实施供学生自主选修的学科拓展课程和活动拓展课程,并指导学生开展小课题研究;各学生社团指导教师,负责指导学生自主开发和实施各类以社团活动为载体的活动拓展课程,指导学生开发和实施研究型课程。

学校对参与校本课程开发项目的教师给予培训学分和工作量的奖励,由各负责人向领导小组提交学分申请,经由领导小组审核之后,予以认定学分,关于工作量的奖励办法根据学校管理办法另行制定。对参与校本课程开发项目的教师给予经费支持,经费支持奖励标准参见校级课题奖励标准。

表 2-7 培训学分奖励标准

内　　容	学分类别	分　值	考　核	负责人/部门
参加项目组	校本研修	每 10 次记 1 分	活动记载表	项目组负责人
选修课程开发	区级专业	4 分/门	课程包	课程教学处
社团活动课程	区级通识	4 分/门	课程包、社团活动记载表	学生发展处
主题教育方案设计	校本研修	2 分	资料包、活动实施记载表	学生发展处
指导学生课题研究	校本研修	2 分/课题	学生论文	课程教学处

2. 基于科技素养和创新精神培育的基础理论课程学习和研究

利用国旗下主题演讲等仪式教育活动,宣传科技素养和创新精神;邀请上海科技大学等高校专家教授、浦东科技馆等科技指导教师来校开设讲座,普及科普知识,激发学生科技学习和探究的兴趣,探索长期合作模式;依托毗邻自贸区的地理优势和资源优势,利用班会课、活动课、家长会、社会实践活动等进行与科技有关的职业生涯教育。

3. 基于科技素养和创新精神的自主体验式课程建设

第一,为进一步激发学生的科技创新热情,推动学校科技创新教育的蓬勃发展,每学期定期组织开展"科技周"活动。首先,通过升旗仪式宣传动员,宣布科技周活动正式开始。随后,组织科技系列讲座,邀请上海科技大学等高校专家教授来校做科技创新演讲,邀请学校各级科技创新比赛获奖学生分享成长经历。科技活动、3D 打印社、无人机社、创新实验班制作介绍各自活动版面,科技周期间在创新实验室统一展示。创新实验班设计实验,学生可以参与。科技周期间在创新实验室与科技爱好者进行实验。

第二,学校组织"用创新点亮人生,让科技助力理想"科普教育活动,既有理论讲座学习,又有科技场馆实地考察,还有"小先生"论坛的开设等活动。这些活动极大地拓宽了学生的视野,也为学生的成长成才提供了实践和展示的平台。

第三,学校联合校外资源,助力学生成长,组织学生参观上海科技大学、上海高桥石化、巴斯夫研发中心、高桥石化、国家科考海巡船等,拓宽学生视野,树立远大职业理想。

第四,科技类社团积极参加每年的校园社团文化节。在活动中,航模社组织了让广大师生都为之震撼的集体航模飞行秀,积极参与各社团摊位的布置和展示,向展台前来学习的同学介绍航模发展的历史和航模飞行原理。正是由于工作的务实认真,航模社多次评为校十佳优秀社团,2020年还荣获浦东新区优秀社团荣誉称号。

第五,为了鼓励进取表彰先进,学校组织了一年一度的科创工作总结暨表彰大会。表彰大会上科技成绩突出的学生代表畅谈成长感悟,表彰了一大批科技人才,也对学校科创工作进行了总结和反思,倡导师生携手奋进,开创工作新局面。

第六,各类社团积极参与学校爱心义卖会等公益活动,筹集善款去帮助身边的困难同学,从而提高科创人文精神,构建和谐校园。

第七,为了鼓励学生积极参与各种科技活动和比赛,学校力邀科技老师进校园,拓展无人机、3D打印、信息编程社团的培训和活动内容;邀请科技专业人士辅导学生参加各种竞赛,提供有效信息,鼓励学生积极参加大学夏、冬令营,暑假实践等各种科技活动。

4. 成立科技辅导团队

为保障课程的有效开展,鼓励有一定科技教育基础和能力的教师组成科技教育队伍,定期组织科技工作教研,积极选送优秀教师外出参加教育培训。

5. 成立科创家委会

在科创教育过程中学生的成长离不开家校的共同努力和支持,学校为此专门成立了科创家委会,让家长参与学校科创课题,为学校送上宝贵的科技资源。同时,通过科创家委会这一载体,倡导广大家长积极保护学生在日常生活中对于新鲜事物的好奇心和探索欲望,帮助学生在生活中学好科学、用好科技。

6. 建设科技创新实验室

建设科技创新实验室,并加大对学校科技教育的投资力度,让学生有活动和实践的专用空间。同时,在高一书院式理科生态实验班中拓展创新实验室功能,开展相关的课题研究,丰富学生动手实践能力。

三、基于普通高中生态素养培育的以铸牢民族共同体意识为核心的民族文化(家国情怀)课程群建设

为弘扬中华民族优秀传统文化的价值取向,坚定习近平新时代文化自信,让百年高桥景观尚在、文脉绵延,学校立足学生的成长需求、教师的专业发展和学校的特色形成,积极推进

基于普通高中生态素养培育的以铸牢民族共同体意识为核心的民族文化(家国情怀)课程群建设。

（一）课程目标

课程总目标：提供多元选修课程，培育师生民族文化自信和家园精神，提升师生道德情操和审美情趣，促进学校办学特色形成。

具体目标：开发高桥中学"百年校史校本课程""艺术人文创新活动校本课程""七彩社团活动校本课程""文化比较校本课程"等系列课程，通过民族文化课程群建设和国家课程校本化实施的有机衔接与统整实施，实现学校课程育人价值的整体一致性。

（二）课程内容

从生态文明理论和新时代教育思想等基本理论和背景出发，深入探讨生态素养在高中生核心素养结构中的重要价值，探索开发以铸牢民族共同体意识为核心的民族文化(家国情怀)课程群，主要包括高桥校史馆项目、艺术人文创新活动中心建设、七彩社团活动课程建设、中外传统文化比较、"一带一路"文化思考、民族的多样性与统一等。

表 2-8　以铸牢民族共同体意识为核心的民族文化(家国情怀)课程群

领　域	类　型	课　　　程	
百年校史课程	拓展课	学校校史	红色高桥园
			诗咏高桥园
艺术人文课程	拓展课	艺体审美	多肉植物栽培与养护
			唐之韵
			《诗经》诵读
			浦东古代碑刻铭文选读
			中国古代民歌赏析
			词之韵
			"重"读课文
			唐宋诗词鉴赏
			经典古诗文拓展阅读
			先秦经典诗文
			十字绣

续 表

领 域	类 型	课 程	
艺术人文课程	拓展课	艺体审美	桥牌
			电影欣赏与评论
			钩花艺术
			篆刻欣赏
			毛线编织
			中外建筑
			民谣吉他欣赏与入门
			地理之美
			吉卜力动漫中的人文主义情怀赏析
			足球
			乒乓球
			合音演唱
			音乐剧表演
			篮球裁判法
			羽毛球
			自愈瑜伽
		人文社科	《孙子兵法》选读
			《史记》人物研读
			古诗探究
			走近李清照
			电影作品与原著的比较研究
			《论》《孟》选读
			行走中的语文课堂
			《老人与海》整本书阅读
			社交礼仪
			人类的宝贝,我的足迹——探寻世界自然与文化遗产

续 表

领 域	类 型	课 程	
艺术人文课程	拓展课	人文社科	探析马伯庸小说中的历史与现实
			浅读《道德经》
			学生心理健康
			时政热点分析
			探索国际人道法
文化比较课程	拓展课	文化比较	英语原版电影赏析
			经典英文歌曲赏析
			英语视听
			英国文学史简介
			英美文化
			中外节日文化差异
			西方文化探究——中西生活习俗异同
			英国概况
			An Intermediate Course of Interpretation
			如何巧练听力
			《新概念英语》第三册
			如何用美剧记单词练听力讲美语
			Festivals and Customs around the World
			中西生活习俗异同
			西方传统节日的起源和历史
			从经典影视看西方文化
			空中英语教室
			"霓虹语"入门
			魅力日语
			北欧神话

续 表

领　域	类　型	课　　程	
社团活动课程	社团	"君子六艺"之礼	锦袂纹章同袍社
			配音社
			"寻味坊"烘焙社
			手工创意坊
		"君子六艺"之乐	Music Life 社
			宅舞社
		"君子六艺"之射	"诚凛"篮球社
			足球社
			羽毛球社
			乒乓社
			太极社
			单兵战术社
		"君子六艺"之御	商社*学生公司
			法律社
			模联
			清心社
		"君子六艺"之书	美术社
			文学社
			"樱桥"动漫社
			戏剧社
			高桥映像摄影社
			清溪历史社
		"君子六艺"之数	Sky Dream 航模社
			推理社
			Cube 魔方社
			3D 打印社

续 表

领 域	类 型	课 程	
社团活动课程	社团	"君子六艺"之数	信息编程社
			桥牌社
			象棋社
			头脑奥林匹克(OM社)
			物理核心学习社

（三）课程实施

1. 开发与实施的主体与任务

第一，教导处、团委、校史馆，负责开发与实施面向全体学生的民族文化课程，并整体设计与落实民族文化课程的实施。第二，教研组、各学科教师，负责开发与实施供学生自主选修的民族文化学科拓展课程和活动拓展课程，并指导学生开展小课题研究。第三，各学生社团指导教师，负责指导学生自主开发和实施各类以社团活动为载体的民族文化活动拓展课程。

2. 开发与实施的基本原则

一是目标导向性原则。课程开发必须以国家制定的教育目标为准则与导向，还要以民族文化自信、道德情操和审美情趣的培育为目标导向，课程整体设计与内容安排要围绕此展开。

二是内容整合性原则。课程的关键是内容建设，以铸牢民族共同体意识为核心，注意课程内容和学生生活经验的整合、跨学科知识的整合，以及课程资源的整合。

三是方式多样性原则。突出学校、教师、学生的实践基础和发展需求，实施方式宜丰富多样，除了常见的讲座式教学外，倡导采用现场教学、活动教学、社会实践、小课题研究等方式，以充分满足学生身心发展、张扬个性的需求。

（四）分模块推进的具体实施方案

1. 学科拓展与社团活动模块

（1）课程背景

确立学生在学习中的主体地位；强化科学精神和人文精神的培养；重视研究性学习、实践体验和合作交流的学习方式；重视学科课程与现实生活的联系。倡导面向学生的生活世界和社会实践，帮助学生体验生活并学以致用；推进学生对自我、社会和自然之间的内在联系的整体认识与体验，关爱自然和社会，谋求自我与自然的和谐发展；体现学校特色性的课程开发思路和培养新型人才的价值追求。

(2) 课程内容

以国家课程基础学科的学科知识为基础内容,以拓展课、社团活动的形式呈现校本课程对于学科知识的延伸与重构,建立"学科知识"与"社会生活"的联系,打造语文、数学、英语三门学科的校本课程,每门课程学时为一学年30课时。

(3) 课程实施

采用"三结合形式",即基于拓展课、研究课的开放性课堂(上课内容开放、上课形式开放)+学生自主的课题研究+系列化学生拓展实践活动。

《行走中的语文课堂》以"文化寻踪"和"佳作选读"呈现:以中国文化分区表为基本线索,围绕传统文化留存比较完整的核心地域,从"历史沿革""人文概述""风物掌故"等角度梳理地域文化的独特性,然后在此基础上,推出相关"佳作选读",通过"阅读思考题"的设计,借以沟通学科知识和社会生活的联系。

《生活中的数学》在内容的选择上具有一定的理论价值、实践意义和趣味性,从引导学生游戏、动手操作实验、小组讨论报告、与高校专家的座谈、外出考察等学习活动出发,构建独立思考的能力,模拟数学研究的基本过程。学生可以结合自己的所思所想建立有关经济方面的恰当、简单的数学模型,解决一些生活中经常碰到的存款、贷款等问题。

《中西生活习俗异同》围绕节庆文化、饮食文化、生日文化这三类内容展开,文本内容所涉及的传说、习俗介绍、中国主要菜系介绍、饮食习惯、生日的庆祝方式等都与学生的日常生活息息相关。教学设计从话题引入到文本的解读与拓展,活动环节的设计和课堂讲义的内容基本来源于学生的生活实际。

(4) 课程评价

注重学习过程的发展性评价,关注学生解决问题的能力、个人效率、思维技能,尊重和体现个体差异,激发学生的主体精神。将成果评价(包括教师指导与学生自主研究两个层面)与过程评估(综合规划、分步实施、逐项落实、实时评价)相结合,初步建立综合性、立体式的课程评价体系。

(5) 课程特色

在国家课程基础学科中,提炼学术与生活元素实施教学,强调各学科之间的相互联系,完善学生的学科知识体系。指导学生深入校园生活、家庭生活、社会生活,确定研究方向、选择研究内容、制定研究方案,实施课题研究并撰写研究报告,培养学生对社会生活的积极态度和综合实践活动的兴趣,通过亲身参与和小组合作,初步掌握社会实践与文化调查的方法。开展学生自主的课题研究;引导学生在对学科课程内涵的思考中,获得真实鲜活的体验;了解学科课程对当今社会、经济、文化的影响及作用,养成科学的思维习惯。打造"基于学科的学生生活课程"开放性课堂,通过设计语文学科的文化考察活动、数学学科的社会实践活动、英语学科的"英语节"实践活动等,组织系列化学科拓展实践活动。

2. 校史馆校园文化建设模块

(1) 课程背景

校园文化课程的探索和实践源于学校在长达百年的办学实践中,积淀了丰厚的文化资源,在新一轮发展中,发现在智力因素即教师的专业素质、学校的课程建设日益提高的这些因素之外,还有一些非智力因素,即对"高桥家园"的认同感这种情感力量在学校发展过程中起着不可忽视的作用,提炼其中深层次的内涵意义,聚合"独特的校园环境""绵长的校史文化""执着的职业精神""科学的办学理念"等优秀文化资源,传承百年老校的办学文化,融合现代学校办学理念,营造和谐、温馨、开放、民主的高桥"家园学校"的办学氛围,促进教师队伍稳定发展,提升教师的幸福感。

(2) 课程目标

利用独特的校园十景,明情理。编辑"一碑、二苑、三亭、四桥"校园十景图,感受具有600历史的明代永乐御碑亭刻录中国航海史重要一页的庄严,以及高桥中学跻身"一带一路"宏伟国家倡议的荣光,提升家园意识,满足教师深层次的审美需求,让教师们产生情感认同和文化认同。

(3) 课程实施

营造书香校园,让读书成为高桥师生共同的习惯。学校为教职工制定读书方案,在教学论坛上交流经典篇章,举行朗诵、征文、演讲比赛。必读书籍:《教师人文读本》,选读书籍:专业书、名人传记、文学书籍等。通过读书,改变教师工作方式、生活方式,促进教师专业发展和人文修养。图书馆、阅览室全天候开放,电子借阅书柜、朗诵吧为学生提供了随处随时读书的便利条件,通过读书,创建和谐、奋进的学习型校园,有利于构建一个积极向上的心灵世界,学校有了持续发展的动力。

校史传承和"书院文化"。编辑出版《红色高桥园》《诗咏高桥园》,开发百年校史的教育功能,组织全校师生共同参与梳理学校的发展历史,理解百年来的学校办学指导思想,传承凝重的民族使命感。在学习型组织"清溪书院"中,青年教师静心研读《教师人文读本》,定期举办朗诵比赛,参与学生文化之旅,开展板书比赛,交流教学心得……"书院文化"营造了相互尊重、平等交流的学术氛围。

"君子六艺"、精彩高桥系列教育课程。"君子六艺"指礼、乐、射、御、书、数,是中国古代儒家要求学生掌握的六种基本才能技能。"君子六艺"虽然是我国古代官学中要求学生掌握的六种基本技能,但"君子六艺"更是为了培养温文尔雅的君子形象。通过才艺展示、徽标设计大赛、书画展、摄影比赛、朗读会,特别是每年11月举行的"展六艺技能、涵君子气质、扬青春梦想"社团文化节等活动,很好地促进了高桥学子"文质彬彬、和而不同、兼济天下的'现代君子'"这一学生培养目标的达成,学生用奏、用演、用唱的形式,展现"礼、乐"的无穷魅力。同学们各展才能,尽情挥洒,展现"射、御"的飒爽英姿。课程通过"问道校友"活动,让学生对话校友、了解学校历史,从而更好地做到文化传承。课程通过"我的学校我的老师"朗读会,邀请校友分享他们的青春校园往事,用"家"文化浸润人心,满足师生"情感与归属"的需求,提升幸福指数。

3. 语言文字及经典传承模块

(1) 课程背景

将语言文字和经典传承融合起来,以课程化推进相关工作,是全体中小学需要推进的主要工作之一。高桥中学在2007年、2010年被命名为上海市语言文字规范化示范校,2012年成为新区首批经典诵读优秀学校,2014年在复评中再次被命名为上海市语言文字示范校,2018年起再次成为上海市语言文字示范校。学校教师、行政、教辅人员普通话达标率均为100%,迄今为止全校累计已经有123名教师通过汉语水平测试。围绕学校"为学以理,积学精业"的办学指导思想,传承文化经典,增强民族自信。

(2) 课程实施

学校设有永久性固定宣传牌6处,有固定宣传栏2处,学校网站上有语言文字的专题网页,每个学期进行一次主题视频、宣传栏宣传工作,至少一次的国旗下演讲。

响应线上语言文字宣传任务,完成自评工作。在2022年居家学习期间,学校积极响应浦东新区语言文字工作群(钉钉群)的工作任务,并在校领导的关心和指导下,在线完成了有关中小学语言文字工作指导标准自评等工作。

第23届全国普通话宣传周宣传工作。根据《教育部等八部门关于开展第23届全国推广普通话宣传周活动的通知》(教语用函〔2020〕1号)和上海市语言文字工作委员会、上海市教育委员会关于转发《教育部等八部门关于开展第23届全国推广普通话宣传周活动的通知》的要求,每年9月14日至20日为第23届全国推广普通话宣传周。在2020年9月14日的升旗仪式上,由高二的卜雨诺同学进行了相关主题的演讲;同时,在此期间,学校各处的宣传栏(包括电子宣传栏)都进行了广泛的宣传工作。

少数民族班级普通话培训工作。随着少数民族班级加入学校的大家庭,在校领导的关心下、在分管少数民族班级的施进老师的组织和协调下,全面开展了对于少数民族班级同学的普通话培训工作,培训课程设置在每周六下午1点至1点30分,培训效果良好。

坚持开展中华经典诵读活动,成为浦东新区首批经典诵读优秀学校。浸润经典,执行经典诵读计划。高一年级经典篇目背诵,选取《弟子规》、《三字经》、《晨读对韵》、《千字文》、《论语》、古诗词等内容,推广班级诵读。清溪书院教师诵读经典大赛,注重非语文教师的自我提升。清溪书院作为学校青年教师专业化发展的重要平台,近年来连续举行了"颂百年高桥"师生诗词创作、展评活动,课堂语言艺术大奖赛,考核青年教师朗读、表达能力,展现文化传承的能力。创作与诵读结合,多种形式体现经典魅力。充分利用校学生会一年一度的"真我风采""君子六艺"等学生才艺舞台,将古典音乐和经典诵读结合提升师生的朗读技巧,增添古典的校园文化氛围,使青年学生更加深入感悟中华文化的精髓,坚定文化自信、民族自信,进一步营造积极向上、清新高雅的校园文化氛围,展现当代青年学生风采。

以大型主题活动渗透语言文字规范化影响力。学生处每学期开展一次主题教育活动,如《感动高桥 感恩校园 感谢生活 感悟成长——高桥中学感恩盛典》《高桥好家风》话剧创作与展演等。同学们通过演讲、表演等形式表达对学校、师长、同学的特殊情谊,既抒发了真实的情感,又展示了语言文字的规范和魅力,使语言文字的影响力能持续渗透。

4. 新疆班铸牢中华民族共同体意识模块

(1) 课程背景

我国是各族人民共同缔造的统一的多民族国家。在新时代,在科学发展观指导下,实现我国经济社会事业又好又快发展、促进我国的团结统一和繁荣富强、全面构建和谐社会等,都要求必须大力加强学校的民族团结教育工作。培养各族学生的民族团结意识,提高各族学生维护祖国统一、维护民族团结、反对分裂的自觉性,增强各民族的向心力和凝聚力,是关系中华民族伟大复兴的战略任务,是巩固和发展"平等、团结、互助、和谐"的社会主义民族关系,维护社会稳定和国家统一的必然要求。民族团结教育是维护祖国统一和社会稳定的需要,是时代发展的需要,是传承历史文化精髓的需要,是新一轮基础课程改革的需要。

(2) 课程目标

各族学生思想认识和行为自觉地统一到党和国家的要求上来,增进对中华民族的认同和历史、文化的了解,促进各民族优秀文化传统的相互交流、继承和发扬;增进各族学生对我国各民族共同缔造伟大祖国历史的认识,增强各族学生维护民族团结、维护国家统一、反对分裂的责任感和自觉性;认识和理解马克思主义关于民族问题的基本理论及党和国家的民族政策;在社会交往中,具备正确对待和处理民族问题的基本素质;自觉维护我国各民族"平等、团结、互助、和谐"社会主义关系,促进各民族的共同进步和祖国繁荣昌盛。

(3) 课程内容

以民族教育讲座、主题教育活动、拓展活动课程为载体,落实民族教育的主要内容要求。学习马克思主义和党的民族理论,提高理论素养;从中华民族的历史演变、现状和特点,了解我国现阶段民族问题的基本国情及其原因,牢固树立马克思主义民族观;初步了解世界各国多民族国家进退兴衰的历史和现状,在比较中进一步认识我们党和国家民族政策的优越性,坚定中华民族伟大复兴的信心;在学生生涯规划中对党的民族政策的重要意义有较全面的认识,在各类交往中具备较强正确处理民族关系的能力。

表 2-9 新疆班民族文化(家国情怀)课程内容一览

项目名称		内容
民族教育系列讲座		抵御"三股势力"渗透,做合格中学生
		感恩祖国,在奋斗路上勇敢追梦
		弘扬女排精神,争做时代新人
主题教育活动	军事训练	送训进校
	主题影片	《建党伟业》《建国大业》《建军大业》《第三次中央新疆工作座谈会精神》《中国新疆之历史印记》《时代楷模——"帕米尔雄鹰"拉齐尼》《中国新疆反恐前沿》《暗流涌动——中国新疆反恐挑战》《幕后黑手——"东伊运"与新疆暴恐》《巍巍天山——中国新疆反恐记忆》
	主题实践	节假日升旗仪式
		清明祭扫烈士陵园
	主题学习	《简明新疆地方史》《去极端化条例》《反恐怖主义法》《新疆维吾尔自治区民族团结教育条例》
拓展活动课程	寒假学科拓展	语文、数学、英语、物理、化学、生物、地理、政治、历史
	体育节	羽毛球、乒乓球、跳绳、数独
	特色课程	高桥绒绣
		果木保护计划

(4) 课程实施

以丰富多彩、形式多样的民族团结教育课程为载体,积极开展各项教育活动,取得了扎实的活动效果,增强了新疆部师生对中华民族大家庭的认同感,增强了维护民族团结、维护祖国统一的责任感。民族团结教育课程学生以学习心得、主题感悟、宣传展板、课堂展演等方式将自己的所学、所感、所想表现出来。

第二节 支持生态素养培育的高中书院式学习环境建设研究

学校立足学校书院式办学传统与特色,开展生态文明教育,培育高中学生的生态素养,是学校在改革发展进程做出的应然选择,也是学校期待实现跨越式发展的实然任务。回顾当时申报"支持生态素养培育的高中书院式学习环境建设研究"这一市级课题的背景与缘由,主要基于如下考量:

一方面,支持生态素养培育的书院式学习环境建设是生态课程群的延伸和落地。学校在前期开展了以生态文明和整体教育理念为基础的实践研究,以生态素养为核心,形成了学校特色课程群建设的理论框架,构建了基于生态素养培育的特色课程群,提升了教师开发和有效实施课程群的能力,推进了管理者有效管理领导课程群的能力。在此基础上,研究支持生态素养培育的书院式学习环境建设的研究就成为迫在眉睫的课题。支持生态素养培育的书院式学习环境建设是针对学校环境、校园文化、学校管理等各因素考量后所做出的合理判断,基于国家课程指导下的学校特色生态课程群实施学生生态素养培育的学习空间建设。

另一方面,高中书院式学习环境建设是学校改革发展进程中的传承与创新。高桥中学的学生发展目标是以人文气息涵养品格、以实践活动弘扬个性,致力于培养文质彬彬、和而不同、兼济天下的"现代君子"。发展学生生态素养是培育学生"现代君子"的重要内涵和具体体现,书院式学习环境建设则是发展学生生态素养的必备依托条件。从人与自我的关系方面来看,书院式学习环境建设首先是人与自我的学习空间建设,突出自我管理和自我发展。在人与外部世界的关系处理方面,充分利用现有硬件构建外部"书院环境",积极开发社会资源成为学习环境的有机组成部分。在人与社会的关系处理方面,在构建书院式学习环境时,要引领学生将自我发展与社会进步和国家需要紧密结合起来,体现书院的"心怀天下"的担当精神,丰富学生的家国情怀。

基于此,学校通过对学习空间、学习资源、学习评价与管理等环境要素的重新构建优化,打造书院式学校的学习环境,培育学生生态素养。从聚焦书院式教育的基础理论综述、"理趣——立交桥课程"的顶层设计与品质、支持生态素养培育的高中特色课程群建设、基于问题解决的全员导师制实践、清溪书院助力教师成长的实践、书院式治学理念视角下对"理趣——原动力课堂"教学探索实践、民族教育的"文化为引领拓展学习空间激发教育活力"研究和基于书院教育的高桥好家风八个方面开展研究,并取得阶段性研究成果。其中支持生态素养培育的高中特色课程群建设在本章前一节中已经具体展开,关于"理趣——立交桥课程"和"理趣——原动力课堂"的内容将会在第四章中进行详细阐述,在此重点围绕以下五部分内容展开。

一、基于生态素养培育书院式教育的基础理论研究

书院作为古代士人的文化教育组织和教育机构,对中国教育产生了深远影响。尽管随着时间的推移,书院教育的场地和方式发生了很大变化,但就教育和治学的理念至今仍有浓

厚的遗迹,尤其是在对学生治学态度和求学要求方面,对当下基础教育的教育教学改革与创新仍能提供重要的启示。本研究的关键在于将生态素养和书院教育相结合的学习空间建设,故该研究首先就要建立起有关生态素养和书院教育的内在关联,寻找相互融合、相互支持的因素及其特征,进而研究基于生态素养培育的书院式学习空间的构建。

(一) 生态素养的相关研究

1. 生态素养的概念内涵

1968年,美国学者Charles E. Roth提出了"环境素质"概念,认为培育具有"环境素质"的公民是解决生态问题的基础。[1] 之后,便有大量学者开始从人类主体性角度出发,来寻找生态环境问题解决途径。1992年,美国俄亥俄州欧柏林大学环境学教授David W. Orr在出版的《生态素养:教育与向后现代社会的过渡》一书中首次提出"生态素养"概念,提出生态素养包括两个层面,即关于生态知识的教养和生态实践。[2]

相较国外而言,我国学者对生态素养的研究起步较晚。2008年,佘正荣在其文章中首次引入David W. Orr的"生态素养"概念,并在此基础上提出"生态文化素养"概念,即通过社会各种教育方式和环境的影响社会成员所形成的生态文明素质,主要包括生态知识教养、生态伦理教养、生态审美教养和生态行为教养。[3] 李良进认为,生态素养是人们通过后天的学习及与环境的交互作用而形成的关于生态知识、生态伦理、生态情感、生态意识、生态审美、生态行为等方面的综合素养。[4]

通过对上述国内外对生态素养概念及内涵的梳理可以发现,关于生态素养的内涵研究主要集中在生态素养的构成要素上及人类与自然环境的一种互动。尽管构成的要素各不相同,但生态素养的基础知识和必要的生态实践行为是都被包含的,也说明二者在生态素养培育过程中的关键作用。

2. 生态素养的培育路径

生态素养培育是一项长期性的工程,有赖于学校环境与文化的支撑。学习环境是为学习行为的发生提供重要的物质基础、行为规范和精神引领,为实现学生生态素养培育提供支持性条件。[5] 荷兰开放大学教授Kirschner, P.认为,学习环境是学习者能找到充分的信息资料和教学辅助手段的地方。[6] 北京师范大学陈琦认为学习环境是指学习者在学习过程中

---

[1] 蒋瑾,栗大鹏,危远荣,等.我国生态素养研究文献计量可视化分析与评价[J].白城师范学院学报,2020,34(05):45-52.
[2] 刘宏红,蔡君.国内外生态素养研究进展及展望[J].北京林业大学学报(社会科学版),2017,16(04):8-13.
[3] 佘正荣.生态文化教养:创建生态文明所必需的国民素质[J].南京林业大学学报(人文社会科学版),2008,31(03):150-158.
[4] 李良进,李志德.当代青少年社会化的重要内容:生态素养培育[J].教学与管理,2014,607(30):73-75.
[5] 王牧华,宋莉.当代学习环境研究的转向及启示[J].课程.教材.教法,2018,38(01):60-66+72.
[6] Kirschner, P.,等.旨在获得学习能力和专业能力的学习环境设计[J].盛群力,沈敏,编译.远程教育杂志,2004(04):17-23.

可能与之发生相互作用的周围因素及其组合,包括工具、人物关系和情境三方面。[①] 以学生为中心的生态学习环境内含于各级各类学校教育生态环境,要综合考虑自然环境、社会环境和规范环境三个子系统,[②] 还要兼顾当地的文化生态环境以及文化多元性和民族生活习俗;基于系统内部的生态学习环境构建,要以学习者为中心,从整体上优化为学生学习提供良好的硬件资源,强调学习资源的可持续发展,并突出学习者和学习资源之间的相互作用关系,加强校本课程的生态建设,使得学生学习环境的信息资源更加丰富,结构更加趋于平衡。

国外研究多强调户外生态教育对学生生态素养培育的关键作用。例如,Wooltorton肯定了户外教育场所对生态素养培育的重要意义,认为在场所教育中找到并思考制约可持续发展的主要问题尤为重要;Fleischer同样提出切身体验自然生态系统对学生生态素养培育起着至关重要的作用。[③] 盛文楷针对校园生态文明建设存在的问题,提出要系统构建校园生态文明培育实践动力机制,以此来实现学校的伟大蓝图。[④] 完芳指出生态素养培育主要依靠正规教育(学校教育)和非常规教育(家庭教育、政府引导以及媒体宣传)两大途径。[⑤]

综上所述,国外和国内有关学者在研究生态素养培育路径的时候是有不同侧重的。我国学者大多认为应该将学校教育(正式教育)和社会、家庭等的教育(非正式教育)结合起来合力进行生态素养培育,结合我国教育现状其实更侧重于学校教育。国外的学者则更倾向于让学生亲自体验自然环境,多与大自然接触,从而培养其生态意识、行动和感情。

(二)书院式教育的相关研究

书院是中国古代社会特有的文化教育的组织形式和教育机构。在古代书院式学习中,书院的讲会制度鼓励不同学派共同讲学、平等论学。讲会以学问为重,推崇辩论证明、取长补短。这种制度有利于打破门户之见而博采众家之长,学术上呈现百家争鸣的繁荣景象,也体现了中国古代书院教育的自由精神和兼容并蓄精神。

书院式教育是把学生的学习场所和生活场所结合到一起,即学生社区形式,走廊、草坪等公共生活空间和教室、宿舍等都可以为学生提供多样化的学习场所,从而产生多样化的学习方式。学习有了生活化气息,就会更接近于理论和实践的完美结合,做到知行合一。书院式学校也注重学生的自我学习和自我管理,给他们一个平台让其自由发展,这也实现了学生的自治。总的来说,书院式学校有助于完善学生学习方式,打造多元化的学习空间和环境,

---

① 陈琦,张建伟.信息时代的整合性学习模型——信息技术整合于教学的生态观诠释[J].北京大学教育评论,2003(03):90-96.
② 徐春浪,汪天皎.生态学习环境的系统模型及其构建[J].教学与管理,2016,668(07):1-3.
③ 刘宏红,蔡君.国内外生态素养研究进展及展望[J].北京林业大学学报(社会科学版),2017,16(04):8-13.
④ 盛文楷.公民生态素养培育的困境及其破解对策——以湛江市为例[J].广东省社会主义学院学报,2016,62(01):89-92.
⑤ 完芳.培育生态素养 建设生态文明[J].社科纵横(新理论版),2010,25(04):185-186+198.

从而实现学生的学术发展和社会性发展的统一。

金晶从台湾书院制"全人教育模式"的发展背景、管理模式、组织机制、运行体系、支持系统等方面进行研究,提出"全人教育模式"下的书院制教育是一种精神引领。[①] 王牧华、宋莉认为,学习环境为学习行为的发生提供重要的物质基础、行为规范和精神引领,为学生核心素养的培育提供支持性条件,核心素养培育需要坚实的物质环境、规范的行为环境以及积极向上的精神环境。[②]

通过梳理学者对书院式学习环境的研究后发现,书院式教育普遍具有以下特点:第一,坚持以学生为本,注重学生的自我学习、自我管理,书院重在为学生服务。第二,推崇自由开放包容的学术氛围,注重培养学生的创新精神。第三,注重教师和学生的互动和对话,书院是教师和学生相互讨论和教学相长的场所。第四,致力于打造"学宿合一"的学习环境,让学习成为生活的一部分,更让学习无处不在。第五,不仅注重学生学术能力的培养,而且看重学生人品品德的培育和融入社会的能力。

(三)支持生态素养培育的书院式学习环境相关研究

对于生态素养培育的书院式学习环境,学者肖维提出书院的"场所精神",认为"场所精神"是根植于场地的自然特征和场地上居住的人和场地上的历史事件及其变迁,它是一个时间与空间、情感烙印的"心理化地图"。显然,这种"场所精神"映射的是文化,凸显的是学习环境系统性。从硬环境上看,书院选址十分讲究,除了自然的山水特征以外,还强调和表现历史文化古迹等人文环境,整体上体现"天人合一""天人感应"的思想。书院建筑一般按性质用途,可分为讲学建筑、藏书建筑、祭祀纪念性建筑、生活居住建筑和供游玩休憩的园林建筑。其中讲堂是讲学的场所,也是书院建筑的中心,突出体现了学校建筑的教育功能,还宣扬了"尊师重道"的传统精神。[③]

生态素养培育的多元学习是以学生为出发点,学生在教师的指导下根据自身的发展需要制定学习目标、选择合适的课程内容、整合不同的学习资源和方式,从而促进自身多种智能发展的学习方式。随着学习空间和学习方式日益多样化,无处不在的学习方式和空间成了学生学习的重要组成部分,也是学校教育在时间和空间维度上的补充、拓展和丰富,学生可获得知识的渠道越来越多。生态素养培育的书院式学习环境除了校园环境、硬件设施等要素约束之外,还应包括课程建设、导师制、导生制、泛在学习空间等诸多要素,它们在独立发挥各自功能的同时,表现出相互补充协同发挥整体育人作用。因此,生态素养培育的书院式学习环境的整体性要求在提升学校育人空间,建设物理书院的同时,要以课程建设为抓手,建设和完善课程体系,通过项目设计,建设课程实施空间,不断培育课程群和学习模块,

---

① 金晶,张勇.台湾书院制"全人教育模式"探微[J].人力资源管理,2014,99(12):13-14.
② 王牧华,宋莉.当代学习环境研究的转向及启示[J].课程.教材.教法,2018,38(01):60-66+72.
③ 肖维.中国古代书院的"场所精神"解读[J].教育学术月刊,2017,298(05):106-111.

建设学术型社团,提升社团活动品质。[①]

二、基于问题解决的全员导师制实践研究

高桥中学以创建上海市实验性示范性高中为发展核心目标,探索书院式高中教育管理模式,在继承和借鉴古代书院"师生共处、学生互助"模式的基础上,深化推进"三全育人"机制,基于学情、问题进行研究,实践"高桥模式"的全员导师制,通过为学生全面规划高中阶段的教育,关注他们终身学习和可持续发展,培养文质彬彬、和而不同、兼济天下的"现代君子"。

(一)直面成长困惑,梳理问题根源

从新生走进书院式校园开始,学校为每位学生建立"成长档案",即时记录学生成长过程中健康体质变化、活动经历、个人感受、成绩得失。每学年初,学生发展指导中心对学生进行心理状况专项调查,了解他们在不同阶段的变化和困惑。通过调查和数据分析,结果显示:从整体来看学生的焦虑水平偏低,自责倾向和敏感性三个分量表均处于中等水平,表明学生的支持系统较完备、自制力较强,大多具备正常的人际交往能力,在遇到挫折和困难时不易冲动,且能够寻求支持,但在主动性方面还有提升空间,需培养自信心。需要特别注意的是,学生的学习焦虑水平整体偏高,在女生中更明显。根据这一情况,学生发展指导中心通过分类调查、分层座谈等形式,进一步了解学生的想法、困惑和需求,不管是学困生还是成绩优异者中都有相当部分学生有学习焦虑倾向,具体表现为:对考试怀有恐惧心理,无法安心学习,过分关心考试分数,过分在意教师的认可和同学的评价等,这可能与社会的升学压力、学习的动力不足、同学间的竞争、自我的要求、父母的高期望值、严厉的管教、生涯迷茫等多种因素相关。

科技的发展、社会的进步为学生提供了很多学习资源,多渠道获取信息,知识能力有很大提升,但生活、学习的压力以及亲子交流的障碍也使一些同学产生了困惑,影响了他们的健康成长。学校在打造书院式高中的过程中推行全员导师制,指导学生发展,助力生涯起步,明确导师既要承担传道授业解惑的责任,又要善于观察、倾听心声、排忧解难,成为学生的情感抚慰者、未来生活的引领者。

(二)聚焦学生需求,关注个体差异

1. 个性化需求分析

不同于班主任为主导的行政班教育管理模式,全员导师制的最大特点是师生关系密切、沟通及时。导师针对学生的个性差异,因材施教,关注学生成长,师生感情更加和谐,推动了

---

① 卫新,张惠钰,施怡.为每一个学生创造主动发展的最大空间——江苏省苏州中学书院制育人模式的实践研究[J].江苏教育研究,2018,367(Z2):44-47.

学校教育氛围和教育关系的重构。教师走近学生、了解学生、指导学生的同时,也在不断提升自我;学生在老师的关爱下,激发更多内在动力,前进的每一步都变得更加坚定。

2. 特需型导师配备

"学生人人有导师,教师人人是导师",导师制有效性的关键是如何匹配。学校在推行全员导师制的过程中也在不断摸索和优化。最初的匹配方式是"双向选择",学生可以按照自己的意愿来按顺序列出导师选择意向清单,根据一定的师生配比,再由教师最终确定结对学生,如果某位老师的备选学生过多或过少,再由学校进行统一调整,把更多的选择权交到学生手里,打消学生对老师的距离感、陌生感,使师生的沟通交流更自然和顺畅。经过一个学期的试运行,学校发觉并没有达到预期效果,学生更多的是以性格、谈吐、爱好、形象等外显特征来确定自己的导师人选,并不能真正解决他们的问题。导师工作的有效性、导师制的优越性都没能真正体现。

由此可知,导师与学生的精准匹配显得尤为重要。每个学生都是独立的个体,导师的引导和沟通的切入点、辅导方法都不同,基于以解决学生问题为导向的结对模式才能做到精准匹配,而学生成长档案的记录以及对学生日常校园生活的观察和了解,有助于聚焦问题的归因;通过专业的心理测试和调研,科学的统计和分析,让每个学生都能了解自己的智能特长和学科优势,知道自己成长和发展过程中必须要解决的问题,让家长了解什么样的老师才能更好地为孩子提供帮助,从而在进行导师选择过程中有理性思考和精准定位。

(三)结对迭代发展,精准匹配导师

1. 导师队伍建设

学生发展指导中心对校内外教育资源进行摸底调查,制定方案、全员培训,在系统梳理后确定"高桥中学导师资源库"的人员组成。校内在职教师是导师团队的主要成员,高桥中学的历届校友、家长、区域合作单位的专业人士等都可以成为导师库的成员。导师的学习背景、成长经历、职业生涯、生活阅历等都是宝贵的资源和财富,为学生提供各种信息、传授各种技能和经验。现代书院式高中的导师不同于古代书院,他们不仅是高高在上的师长,更应该是陪伴者和引领者。

2. 导师团工作机制

根据前期调研结果,综合学校导师库储备量等相关因素,为使导师工作的价值得到最大化的体现,学生发展指导中心确定了每个班导师团队由7—9人组成,导师的核心任务是"陪伴、倾听、服务",发挥桥梁和纽带作用。具体工作包括:关爱抚慰,关注学生校园学习、生活、心理,并与家长进行有效沟通;生涯规划,提供专业发展的选择建议、指导,帮助学生岗位实践和参与志愿服务;生活指导,负责生活常识和基本技能的普及和培训,关爱困难、特殊家庭学生,学生医疗保障服务等;学业引领,负责学科知识答疑补漏,指导学生课题研究;特长培育,鼓励学生培养兴趣、发展潜能,帮助学生参与社团工作和活动。班主任是班级导师团队的核心,导师团成员主要来自任课教师以及日常校园生活中与班内学生有交集的其他相关人员。这些人员对学生情况比较了解,有利于有效结对沟通。团队的成员中综合平衡了导师的性别、年龄、学科、专长、精力、经验、岗位等因素,每位教师除了全方位关注学生身心变化、思想动态外,各有工作侧重点,使班级导师团队的成员更多元和丰富,也有利于学生按需作出选择。

"学校提供选择、班主任指导选择、家长参与选择、学生决定选择",班主任、家长与学生讨论协商,最终确定导师,形成"一对一"组合的固定结对形式。除了固定搭配外,学生可能在不同的情况下需要不同专长的教师提点,那么班级导师团及学校导师资源库的其他成员都可以是学生寻求帮助的导师。这样的师生匹配沟通模式是"一对一"双向选择结对的"迭代发展"。

作为推进德育工作的一个有效载体,全员导师制在不同学段、不同学校的实施策略各不相同,可以借鉴但没有固定的模式。它强调的是"共心、共情,渐进、渐悟"的教育理念和教育生态,突出私人定制陪伴,凸显个性实效,这也正是学校立德树人、立根塑魂的意义所在。

(四)全员导师制实践的反思与展望

推进全员导师制初衷是助力学生成长,但陪伴学生成长的过程也是导师们自我修炼、自我反思、自我赋能、自我成就的过程,学校的教育氛围催化了师生的教学相长,最终达到家、校、生共赢的境界。学校的实践路还很长,经验的积累和问题的反思应该齐头并进,在试错纠错、反复实践中不断优化导师制的实施。以下是还需要改进的工作。

1. 重视需求调研

开展调研排摸,找准教师需求,构建导师培训机制,提升教师育人能力。培养校内专家型导师,充分挖掘校外资源,不断充实导师资源库的建设,开发完善专业资源包、强化经验分享和案例教学,为教师精准赋能,以团队协作的形式带动一批缺乏育人经验和德育专业素养的职初教师和青年教师。

2. 探索德育综合

平衡好教师的导师工作和学科教学工作,强化三全育人的理念。通过舆论推动、正向激励等途径,帮助教师了解全员导师制工作的背景和价值,进一步强化"人人都是德育工作者"的工作氛围;挖掘教师的闪光点和内在潜能,鼓励教师加强自我修炼,形成鲜明特点,强化导师学科能力和个性魅力在育人过程的价值。

3. 完善绩效考核

完善导师工作考核与评价,逐步建立有序完善的导师绩效分配制度和优秀导师的评价激励制度,在教师专业发展、评先评优、职称晋升等方面向优秀导师倾斜,加大对导师的人文关怀,为导师减压增效。

4. 强化家校社联合

导师参与家校联系是班主任工作的重要补充,学校要让家长明确导师概念,促进家校沟通。为保障全员导师制工作的有序开展,在导师配备时应尽可能兼顾家长联系习惯,导师们也要尽可能多地参与学生和家长的联系或进行适时家访,多联系多接触自然也会更亲近更习惯。

5. 发挥核心团队作用

发挥核心团队作用尤其班主任核心导师的作用。班主任对学生现状和导师团队专业能力的了解,能对学生和导师之间的精准匹配提供重要的依据和建议。班主任作为班级教育管理的负责人,既能获得家长的信任,也能发挥导师团队成员之间的联系、协调功能,在家长学生和对应的导师之间发挥双向联络的作用,提升了匹配和量身定制的可能性,促进学生和导师结对的适切度、黏合度,对辅导工作的及时性和有效性会起到关键作用。

三、高桥中学教育集团清溪书院助力教师成长的实践研究

(一)清溪书院创办溯源

清溪书院成立于2008年,是教师成长的共同体。青年教师在书院中学习、实践、展示、提升,"格物致知,正心修身"的书院文化让青年教师得到修炼。书院头脑风暴、思维碰撞、民主决策,为教师自主发展提供了空间、营造了氛围,使越来越多的青年教师自觉融入清溪书院。2011年,清溪书院被授予浦东新区首个"青年教师成长与发展实践基地"称号。2020年,高桥中学清溪书院发展为高桥中学教育集团清溪书院。

1. 为了青年教师的成长

教师专业发展应以自主发展为中心。青年教师间需要交流情感,更多的是青年教师在业务上需要拓展思路,相互取长补短,也需要找到自己发挥的平台,青年教师为缩短个人成长周期,自发成立了清溪书院。

2. 书院精神的启迪

高桥校园内有小桥流水、亭台楼阁,溪与流水同行,院与楼阁同品,与之相匹配,青年组织取名"清溪书院"。"清",一取之于青年教师,由清一色的青年教师加盟,二寓意追求清如溪水的至真至纯教育。书院是中国历史上一种独具特色的文化教育组织,其特点就是通过自学自治达到自明,培养人的学问和德性。受书院精神启迪,教师发展需外力触动并提供支持,同时需同辈切磋,最终以自身学习为根本,与书院学习方式近似。同时,书院是知识分子的聚集之地,它具有知识积累与传播的功能,也承担着知识更新与创造的使命。教师群体学习的目的不仅在于提升个人教育教学能力,教师群体在传播知识中也可以创生知识;教师群体学习不但能在组织内形成积极向上、求知创新的文化,也可以通过群体组织文化引领学校文化发展。

（二）五类活动设计

清溪书院成立以来，依循教师成长规律，同时受到传统书院讲会、学术研究等活动启示，共设计五大类活动，分别为开设讲堂，举办论坛；开展"清溪杯"系列比赛；设立青年教师的专项研究课题；开展"走出去"系列活动；创立书院"学长制"模式，实现对青年教师"后师范"梯度培养。

1. 开设讲堂，举办论坛

开设"存心讲堂"，邀请专家为书院开设讲座，提升教师的教育理念，拓宽教师的视野，开阔教师的胸怀；语文特级教师程红兵、科研专家苏忱、人民教育家于漪等都先后来院讲座，并与青年教师亲切交流。于漪老师还为清溪书院题字。

举办"吾师论堂"，让书院社员各抒己见，发掘问题，共同研讨。多年来社员们共同研讨"五育并举""双新教学""高考改革""五项管理""理趣课堂"等课程教学改革的重难点问题，在共同研究解决问题的过程中改进课程教学，使自身专业素养和专业能力得到有效提升。清溪书院进行的跨学科交叉融合教学也在多年讨论研究中取得了一些成效：先后开设了《御碑需不需要保护罩》《瘟疫与人类文明》等跨学科组合系列课。"跨学科交叉融合"创设情境、抛出问题，充分利用学校的品牌实验室和DIS数字化实验室、VR实验、全息投影等技术，利用校内外各种实物与信息资源，在培养学生创新精神和责任意识的同时，提高了清溪书院青年教师的专业素养和专业能力，使其向高素质复合型人才迈进。

2. 开展"清溪杯"系列比赛

清溪书院成立之日起便承办各类教学比赛以促进教师发展，从教学最基本的"清溪杯·青年教师粉笔字"大赛、"清溪杯·我爱课堂语言美"大赛，到更进一步的"清溪杯·青年教师说课"大赛、"清溪杯·青年教师命题"比赛、"清溪杯·智慧课堂教学"比赛、"清溪杯·疫情下的教学故事"比赛、"清溪杯·教育教学论文"比赛、"清溪杯·情境化教学设计"比赛等。

3. 设立青年教师的专项研究课题

为了促进青年教师由"经验型"向"科研型"转变，清溪书院非常注重提升青年教师的教育科研意识，培养科研能力，先后请科研专家苏忱、徐士强来校进行《中小学教师如何开展课题研究》等讲座，并开展科研主题研讨活动。同时，鼓励青年教师积极参与课题研究。清溪书院青年教师先后参与了国家级课题"网上区域性教师教育技术研修活动的研究"，市级课题"支持生态素养培育的高中书院式学习环境建设实践研究"；承担浦东新区区域性课程《国际理解教育》的课程实验方案设计和实施；承担青年教师的个人研究课题"高中等级考背景下历史地图设计与应用的实践研究""基于教研共同体，构建数学课堂生态链的实践探究"等。

4. 开展"走出去"系列活动

在学校"架桥工程"的支持下，清溪书院积极开展"走出去"系列活动，使青年教师能够主动走出去，不断更新观念，开阔视野，结交新友，获取新知，为青年教师的成熟成功架桥铺路、构筑平台。

清溪书院走进高桥古镇的江东书院。通过"看、听、讲、议"四个环节，实地感受书院气息，体验书院文化氛围，共同探讨书院文化的核心内容；参观"雪龙号"极地科学考察船进行海洋意识教育；参观哈罗公学，了解国际教育；参观上海国际教育装备博览会，思考科技与教育教学过程相结合；赴建平中学进行学习交流活动；与企业、社区联动，举办了"科雅杯"校企联动足球赛，弘扬体育竞技精神。清溪书院的志愿者团队还主动参与学校各项事务，交通管理、党史宣讲、学困生辅导等都离不开他们的身影。

5. 创建"学长制"带教模式

高桥中学见习基地依托清溪书院良好的资源，2018年成立了清溪书院学长团，建立了"学长制"带教模式，以见习教师同学科或文理科大类配对为原则，实行"一对一"的学长带教，即青年教师带教见习教师，帮助见习教师顺利通过见习期、实现教师专业化发展。"学长制"带教模式实践以来，清溪书院青年教师从班主任工作、学科教学、心理建设等全方面帮助见习教师，取得了很好的效果，实现了见习教师与熟练新手教师的共同成长。

(三) 教师成长分析

多年来的实践证明，清溪书院在凝聚团结青年教师中起到了突出作用，让处于不同职业生涯期的教师在问题解决、同伴互助、展示交流和个体反思中收获个人成长。

1. 见习教师的成长

作为新手教师的见习教师，在见习期不仅有导师带教，还有学长带教。依托清溪书院，学校建立了"学长制"以实现"以新带新"的见习教师培训新模式。经过多年实践，发现它在推动见习教师成长方面作用显著。2020年5月，在清溪书院组织的"疫情期间学生心理建设分享会"上，有位见习教师这么说道："在清溪书院，各个学长都分享了他们的教育教学经验和遇到的小烦恼，我突然发现原来我并不孤单，我所经历的都是学长们曾经经历或者正在经历的，这更增加了我的自信和勇气。我们与学长手牵着手，共同成长。"

2. 熟练新手教师的成长

熟练新手教师经过5年左右的适应和磨炼，在教育教学上已经具备了一定的熟练度。这时的他们，在教学上有了更多的思考：在这个纷繁的世界里，如何坚守初心，不为外界所惑？如何将自己的教育教学思考沉淀下来？如何在教育教学中进一步创新？这都是他们必须要经历的成长之路。清溪书院成为青年教师职业生涯的精神沙龙，真诚轻松的交流与良师益友的点拨是忙碌工作中最珍贵的时刻，老师们在其中坚定了初心，也激活了思维，碰撞了智慧。多位教师在清溪书院的讨论交流中把自己的教育所思变成了论文、课题，实现了由实践到理论的升华。而多年来清溪书院所进行的跨学科交叉融合教学研究，也在疫情的大环境下达到了高潮。清溪书院成立至今，青年教师发表论文上百篇，参与课题几十个，跨学科课堂展示十数节。十多位教师获评中学"高级教师"职称,多位教师成为区骨干教师,多位成为学校中层干部及年级组长、教研组长。

3. 资深教师的二次成长

资深教师是一所学校的宝藏,但是由于各方面的原因,资深教师往往进入了职业发展的瓶颈期,不愿跳出自身舒适圈。清溪书院便聘请资深教师为书院的指导教师,也成为沙龙活动的特邀嘉宾。在清溪书院的各类活动中,这些资深教师受到了深深的刺激,推动了他们的二次成长。

四、基于民族教育的"以文化为引领 拓展学习空间 激发教育活力"研究

2020年9月27日,学校迎来了第一批来自新疆的70位内高班学生。新疆班学生有更长的时间在校园中生活,在"为学以理,理趣相融,为每一位学生架起通往未来之桥"的课程理念指导下,学校充分利用校内外各类资源,打破当前统一化、同质化、封闭式、流水线式的学习空间,以学生为中心,将学生的学习空间延伸至生活、交流、活动的场所,营造无处不在、无处不能的学习氛围,唤醒学生的学习自觉性和主动性,让学习随时随地真实发生,让所学的学科知识转化为解决实际问题的能力和责任意识,促进学生形成真实的生命感悟,从而满足学生全面而个性化发展的需求。

(一)借力古镇资源,拓展传统文化学习空间

高桥是中国历史文化名镇,有着悠久的历史传承、深厚的文化底蕴和独特的人文景观和非物质文化遗产。如:高桥历史文化陈列馆、养贤堂、钱慧安纪念馆、高桥绒绣馆、黄俣墓、顺济庵、法昌寺、老宝山城及双孝坊等。我们把这些古镇资源作为学校传统文化教育资源,拓展学生传统文化领域的学习空间,用传统文化滋养新疆班学生的成长。

1. 以活动拓空间,解读古镇文化传承

借力古镇资源,开展丰富多彩的社会实践体验活动。在组织活动前,学生自愿结成合作小组,选定各小组的研究课题,明确小组成员任务,利用互联网前期查找相关资料,了解高桥古镇的人文景观和文物古迹的文化背景,为实践活动的开展做好充分准备。组织学生外出实地考察,通过实地参观、个别走访等方式深入了解人文景观和文物古迹的深刻文化内涵,最后以参观感悟或小组活动小报的形式展示自己的学习成果。在这一过程中,每位同学都是实践活动的组织者或参与者,每位同学都有展现自我、提升自我的机会,从而能够充分调动学生的积极性和主动性,激发学生勇于探索、精诚合作的热情,培养学生的组织能力、协作能力和实践能力。

作为国家非物质文化遗产的高桥绒绣是高桥最具代表性的手工艺术之一。我们带领学生走进高桥绒绣馆,绒绣传人从绒绣制作的起源讲起,结合绒绣作品的展示让学生们了解到绒绣作为一种独特的艺术表现形式是如何受到海内外人士喜爱的。同学们看着一幅幅形

象逼真的绒绣作品,在绒绣传承老师的指导下,首次体验了绒绣作品的制作,同学们透过手中的一针一线感受着传统手工技艺的独特魅力。

高桥松饼又名细沙千层饼,是高桥古镇的著名特色产品之一,松饼制作技艺也被认定为上海市级非物质文化遗产,至今已有100余年历史。高桥松饼的传承人为学生讲述松饼传承的故事,教学生亲手制作松饼,让学生在制作、享用美食的同时,感悟中国传统美食文化的魅力。

2. 以课程展空间,将文化传承带入课堂

学校新疆部充分利用周末、节假日、寒假,结合新疆部学生的特点和优势开设了人文、艺术、体育三大门类14个科目的拓展课程,充分拓展了学生的学习空间。其中高桥绒绣课、高桥特色美食烘焙课、高桥艺术剪纸课都把古镇资源带入了学校,把传统文化的传承带入了课堂。

我们邀请了高桥绒绣传承人许老师和孙老师担任授课教师。同学们从放样、配线开始学起,在绣制过程中从起针、到绣出轮廓,再到绣出各色彩块面,然后进行细部刻画,直至将色彩丰富的一堆绒线在自己手中变成一幅美丽的作品,这个过程需要极大的细心、耐心和专心。经过两个学期的教学,学生完成了几十幅作品,多次在学校各项活动中展出。同学们身体力行地传承传统技艺,古老绒绣技艺在他们手中焕发出年轻时尚的光彩。

我们还非常有幸地请到了海派剪纸传承者,也是学校的老校友辛老师为学生们开设艺术剪纸课。同学们从最简单的喜字、雪花等图案学起,从对折、四角、八角等对称图案练习开始,体会对称之美,感受海派卡通造型的特有魅力,从临摹依样剪,到放大样剪,再到加入自我设计元素,一幅幅由稚嫩到成熟的作品从学生们的手中诞生,传统海派文化技艺在他们的手中传承。中国传统民间剪纸艺术,也唤起了学生对中国传统民间艺术的热爱,更丰富拓展了学生不一样的学习空间。

在高桥特色美食烘焙课上,饺子、馄饨、汤圆、粽子、高桥松饼等各种传统美食也是层出不穷。烘焙课的执教教师有擅长西式面点的高老师、擅长中式美食的须老师,也有我们校外邀请来的高桥松饼非遗文化传承人。每一次学习,学生们可以了解到中国传统美食背后的故事以及中国饮食文化的特点,在掌握制作方法、品尝美味的同时,深刻认识和理解中国的美食文化,感受劳动人民的聪明和智慧,激发学生进一步探索中华传统文化的兴趣。

除此之外,春节写福字、写春联、剪窗花,端午节绣香囊,元宵节彩灯谜……结合中国传统节日,我们始终努力拓展传统文化学习空间,发挥优秀传统文化的影响力,帮助学生树立文化自信。

(二) 依托校史资源,创设红色文化学习空间

有着百余年校史、跨越两个世纪的高桥中学,拥有光荣的革命传统。1947年起,中国共产党就在高桥中学开展了秘密革命活动,校内同时独立存在教委地下党支部、学委地下党支

部、地下党外围组织3个早期党组织;中华人民共和国成立之初,高桥中学师生南下福建、北上张家口参军;抗美援朝时期高桥中学还涌现了著名的"七少将"……"有国才有家,为祖国为人民"的爱国情怀与红色基因已深深植入高桥中学这一片热土。学校始终以厚重的底蕴涵养学生,坚持以校史育人、环境养人、精神树人,努力为学生创设红色文化学习空间,引领广大学子探寻人生意义、领悟生命价值、塑造高尚情怀。

1. 浸润式学习空间——红色教育无处不在

学校为新疆部学生创设红色教育学习空间,着重在让学生全面融入校园上下功夫,积极探索新时代发展素质教育的良方,引导学生知史爱校、知史爱党、知史爱国。从新疆班新生入学政训开始,校史党史革命史教育就随之展开,红色文化的学习空间也随之创设。组织主题升旗仪式,举办红色诗词诵读比赛,开展主题征文活动,抒发新疆班学生爱党、爱国、爱校情怀,组织"我和国旗合个影""向国旗敬礼"活动,参观高桥烈士陵园、一大会址、二大会址、龙华烈士陵园等爱国主义教育基地,增强了新疆班学生国家观念和爱国情感,有利于铸牢中华民族共同体意识,增强学生对伟大祖国、中华民族的认同感。

2. 思政大课堂——红色基因代代传

学校校史馆馆长陈老师以校史馆为学习场所,以校史资源为课程材料,以"时代背景""星星之火""时代之风"为题,让学生学习了建校历史和中华人民共和国成立前的早期党组织活动史。从"一只瓮的故事""高桥章"的故事中,同学们了解到老校友们热忱投身革命的历史,认识到高桥中学的光辉历史,深刻感受到传承学校红色基因、锐意进取、勇于承担时代使命与国家责任的重要性。

3. 用活校史资源——学、访、讲、演传承红色文化

学校校史馆努力挖掘、梳理学校红色记忆,将学校发展过程中的党建资料整理汇编成册,印制成《红色高桥园》一书。同时,校史馆还有《星星之火》《时代之风》专展栏目、有浦东新区党史办捐赠的"党史红色读物"专藏书籍,这些都是组织新疆班学生学习校史、阅读红色故事的宝贵资源。新疆班堂日库提等6位同学还来到学校老校友、高桥中学地下党外围小组组长姚拼一家中,倾听中华人民共和国成立前高桥中学早期党组织开展革命运动的故事。此外,校史馆还组织新疆班学生进行校史馆讲解员培训,为校内学生、来访校友讲解百年高桥的奋斗征程和红色故事。

学校充分利用好学校的红色资源,创设鲜活的党史学习空间,通过学校史党史、访知名校友、讲红色故事、演红色剧本,让学生在学习过程中听得进、说得出、演得活,进而转化为他们成长过程中重要的精神养分,做到学史明理、学史增信、学史崇德、学史力行,传承红色基因,厚植爱国情怀,铸牢中华民族共同体意识。

(三)借助自贸区资源,延伸先进文化学习空间

上海市外高桥保税区、外高桥保税物流园区是上海自贸区的重要组成部分,濒临长江入

海口,地处黄金水道和黄金岸线的交汇点,是集国际贸易、先进制造、现代物流及保税商品展示交易等多种经济功能于一体的综合型园区。借助这一优势资源,延伸先进文化学习空间,对丰富学生职业体验、帮助学生明晰成长成才方向,有着十分重要的意义。

学校与保税区税务局合作,组织学生们走进自贸区,开展职业体验活动。在参观办税大厅、聆听讲解介绍中,学生们了解到税收的基础性、支柱性、保障性作用,提升了对税收知识的了解,以及对税务职业的认同。在税务岗位体验中,学生们亲身经历税检系统、税收管理系统的使用过程,也充分领悟到得益于技术发展和政策改革,实现了流程简单化、操作网络化,大大便捷了企业的办税流程。在参观网上办税体验区和税务咨询室时,学生们感受到接线员工作的不易,面对客户的疑难和负面情绪,要用心倾听,安抚情绪,真诚服务;在聆听讲座中,学生们了解到税收的发展历史,以及税收对于国家发展、民生稳定的重要意义。

对于学生来说,延伸职业体验学习空间,是把罩在某些职业身上的神秘面纱揭开,让学生看到其真容,对学习目标更加明确,对专业需求更加了解,对未来发展更有信心。今后学校还将挖掘更多的自贸区资源,以先进文化引领学生面向社会、立足未来,做出最适合自己的人生规划。

五、基于书院式环境的"高桥好家风"特色研究

学校坐落的高桥古镇,2010年被评为中国历史文化名镇。人文历史源远流长,涵养深厚的区域文化一直滋润着高桥中学110多年的发展。

(一)挖掘党史校史资源,建设一流校史馆

梳理学校发展历程,固化学校发展历史。上海市市立高桥中学是抗战胜利后18所市立中学之一,1947年,上级党组织派中共党员陈锡良到高桥中学任职,开辟当地工作。中华人民共和国成立前夕,学校有三个早期党组织,分属于教委、学委和高桥地方系统,在中学教育系统中享有"浦东民主堡垒"的称号。1949年6月,上海军管会市政教育处派军代表来校接管,高桥中学获得新生,中国共产党人在高桥中学播下了革命种子。"一切服从革命利益""一切听从党的召唤"是那个时期高桥中学的精神风貌。"有国才有家,为祖国为人民"的爱国情怀成为红色基因,被深深植入高桥中学这片热土。一流的校史馆真实、立体地展现了高桥中学走过的曲折和辉煌,翔实记录了高桥中学书院精神的昨天和今天。

(二)重视党史校史教育,培育有理想有情怀的当代学子

聚焦新时代人才培养,以高桥中学百年发展的党史校史资料为载体,以系列实践课程为抓手,引导学生知史爱党,知史爱国,在学生自主参与的过程中,使党史革命史教育入脑、入心、入行,在学思践悟贯通中,筑牢理想信念之基,传承红色基因之魂。具体举措有:

一是完善党史和校史教育工作机制。学校在立德树人全面融入上下功夫,建有党史、志史专家库,特聘市、区党史、地方志史、知名校友等8名校外专家组成了专家团,积极探索新

时代发展素质教育良方。二是推进党史和校史教育课程化。梳理百年高桥中学光荣历史，汇编《红色高桥园》，开设《铭记光辉历史，传承红色基因》课程。三是拓展党史和校史教育活动形式。以系列实践课程为抓手，形成了师生共同参与的"学（校史、红色故事学习）、访（访老校友、写老校友、学老学友）、讲（人物故事比赛、校友归来讲座、史学专家讲座）、演（将党史校史故事编成舞台剧）"等系列实践课程，并将其与入学教育、主题教育、学生党校培训等相融合。

（三）访问校友，濡染精神，传承家风

校史馆永不闭门，随时可以参观。在学生中发展义务讲解员培训上岗，每天中午坚持给全校师生和来宾讲解校史，将校史宣讲融入学校德育工作，校史馆工作得到区党史办肯定，并授予"浦东新区党史教育基地"称号。

（四）开展新时代"高桥好家风"活动

高桥中学依托自身优势，积极开展新时代"高桥好家风"活动。"高桥好家风"是走出校园、实现家校社协同育人的重要举措。师生通过"写家史""说家事""演家剧""晒家宴""秀家宝""立家训""续家谱"等系列活动，传递高桥好家风，营造暖暖的大家庭，充分表现高桥好家风之"诚信友善""爱国爱家敬业精业"的精神风貌。

综上所述，学校以区级重点课题"构建特色生态课程群，培育高中生生态素养的实践研究"和市级课题"支持生态素养培育的高中书院式学习环境建设研究"两大龙头课题为抓手，明晰了高桥中学的书院式课程框架顶层设计，在很大程度上促进了学校课程建设的力度和步伐，尤其是面对市实验性示范性高中创建这一可贵的跨越发展期，学校能在全新的视角和平台给学生提供书院式多元学习环境和多元课程选择，为实现书院式学校培养目标，为党育人，为国育才，创新了育人方式，增强了高桥学子个性发展的机会，有力地推动了书院式学校的书院文化、理趣课程和学生生态素养培育三位一体的有机关联。同时，为学校新校区发展蓝图的制定提供了更为丰富的设计模式，奠定未来学校育人模式的物质基础。

但是，支持学生生态素养培育的高中书院式学习环境建设，随着学校的跨越式发展也会不断涌现出新情况和新问题。一方面，学校新的发展规划给书院式学习环境建设提供了绝好的探索机会，不论是硬件建设还是软件升级都将提速进入"快车道"和"超车道"，学习环境建设会进一步拓展为学习空间和"学习场"建设，会更深层次体现出学习空间的"场"属性，体现出学习空间的泛在性、沉浸式、体验性等"真实"与"虚拟"相融合的"学习统一场"。另一方面，学校发展新态势对学习环境、学习空间和学习场建设将有更高的要求，并随着发展阶段会出现不同的组合方式、权重比例、形式更新等新要求。最后，随着时代的发展，学生的个性化需求也会发生变化，教师适应新的空间和使用新的空间所必备的素养和技能必须提升，这都将是摆在我们面前的问题。

基于此，学校主动结合我国基础教育改革的"双新"背景，从"学习场"的角度探讨高中学生核心素养培育。把实验项目"支持高中学生素养培育的'学习场'构建"调整为"支持高中学生核心素养培育的'学习场'构建研究"，进一步精准界定了关键词，最终成功立项为2022年区级重点课题。该课题立足于学生成长、教师发展、学校进步，直面学生发展核心素养培育的最新政策与实践动态，开题后研究正在按计划进行。三个课题传承延伸，迭代升级。全体教师持续参与以"学习场"为主题的"小微课题"研究，为课题研究的推进提供了丰富的实践探索和教育案例。

在"双新"背景下，我们已将学校的发展规划融入上海基础教育改革的大背景，适时申报立项了"上海市第四轮课程领导力项目"和"上海市'双新'实验项目"的研究，将"学习场"放入了更加广阔的视域进行探索和研究，两项目均已通过专家论证和市级开题。"课程领导力项目"侧重从"学习场"视域下学校课程规划与实施角度出发，体现"学习场"在课程规划与实施过程中的作用；从普通高中教师"双新"胜任力提升方面，着手研究"学习场"构建对师资队伍建设的要求和提升策略。"双新"实验项目则从核心素养下的"学习场"构建和"理趣——立交桥课程"及其多元评价机制构建研究入手，挖掘"学习场"与"双新"的紧密结合和"学习场"在学校课程体系中的强牵引力耦合各种因素，充分发挥"场致效应"。随着研究的深入，"学习场"的研究成果将会在更大的区域内起到更好的辐射和示范作用。

我们始终坚信：只要我们紧跟时代步伐，坚守教育规律，不断探索适应新时代对教育的新期盼，努力创新，进一步激发办学活力，就一定能在转变高中学生育人方式改革中处于主动地位，出色完成时代赋予我们的教育使命，为每一个学生的终身发展奠基。

第三章　树立"学习场"理念,创新育人新方式

随着《国务院办公厅关于新时代推进普通高中育人方式改革的指导意见》《普通高中课程方案(2017年版2020年修订)》以及各学科课程标准等相关政策文件的相继颁布,学生素养培育被摆在了愈发重要的位置,"坚持素养导向、强化学科实践、推进综合学习、落实因材施教"的教学改革具体参考要求指引着教师思考教与学的方式转型,从而实现学生发展核心素养和学科核心素养的全面发展。本章以"核心素养"和"学习场"为关键词在中国知网检索,全面梳理总结已有研究取得哪些重大进展,又有哪些待突破的问题,以期为后续研究推进奠定坚实的学理依循。但是,我们必须清醒认识到:教育变革是复杂的问题,光有课题组核心团队的理念共识是远远不够的,它需要转化成为全校教师变革的共同话语,引发教师对理念的自觉认同,才有可能推动变革理念到实践的逐级落地。

第一节　全面梳理文献，解读"学习场"理念内涵

在中国知网上以"核心素养"为主题共检索到 232 507 篇相关文献，对相关数据进行可视化分析，结果显示：从发表时间来看，2007 年首次出现相关研究，2016 年相关研究达到首个峰值，高达 4 038 篇，这与 2016 年《中国学生发展核心素养》框架的提出不谋而合。在随后的几年内相关研究呈现突飞猛进的增长态势，自 2019 年至今均保持在每年 40 000 篇左右的研究数量，由此可见近十年核心素养的研究在学界拥有超高热度。从主题分布来看，除了"核心素养"以外，相关研究主题还有学科核心素养、某学段＋某学科的研究、教学策略、教学设计、深度学习等。

图 3-1　"核心素养"相关文献发表年度趋势

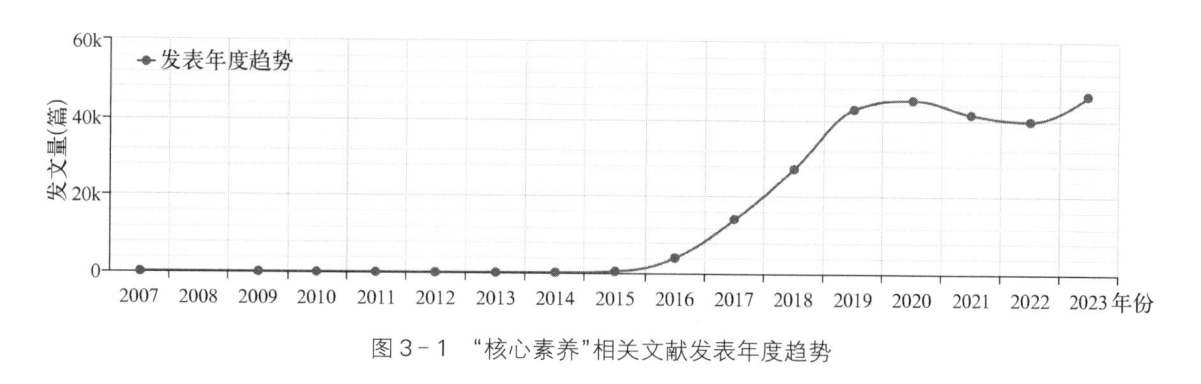

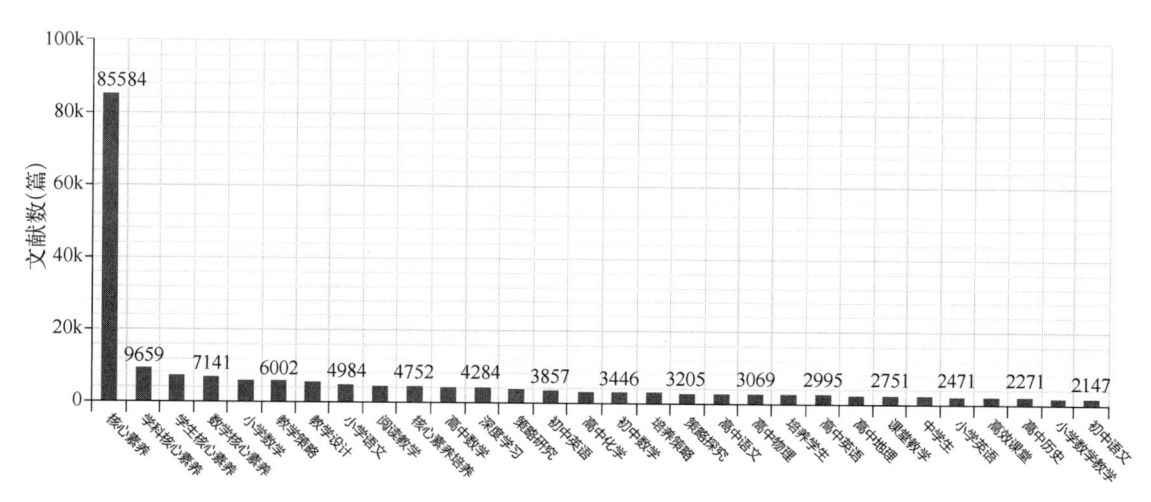

图 3-2　"核心素养"相关文献主题分布

在中国知网上以"学习场"为主题共检索到 394 篇相关文献，对相关数据进行可视化分析，结果显示：从发表时间来看，1979 年首次出现相关研究，2009 年首次突破 10 篇，并在其

后十余年间呈波动上涨态势,于2020年达到研究峰值50篇。由此可见近年来学习场的研究逐渐在学界拥有一定研究热度,未来也有不断上升的空间。

图3-3 "学习场"相关文献发表年度趋势

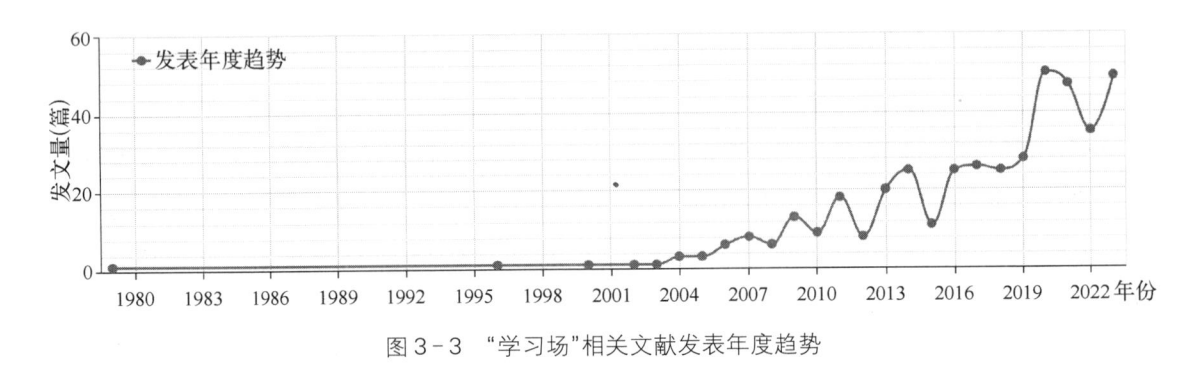

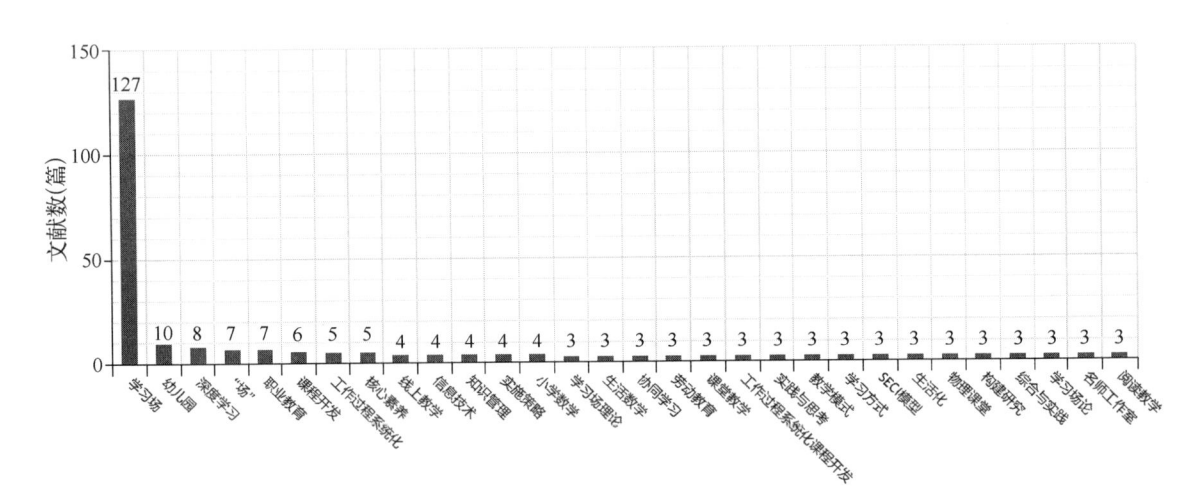

图3-4 "学习场"相关文献主题分布

一、"核心素养"的已有研究

（一）核心素养概念的提出

早在1997年12月,经济合作与发展组织(Organization for Economic Co-operation and Development,简称OECD)启动了"素养的界定与遴选：理论和概念基础"项目(Definition and Selection of Competencies: Theoretical and Conceptual Foundations,简称DeSeCo)。以此为标志,世界各国开始构建各自的核心素养框架,尤其是美国、芬兰、日本和澳大利亚四国,先行从核心素养内容、课程体系、培养方式等方面入手,培养符合21世纪发展需要的新时代人才。

2013年5月16日,北京师范大学林崇德教授主持了针对我国基础教育和高等教育阶段学生核心素养总体框架的研究,拉开了我国对核心素养研究的序幕。2014年4月,教育部颁布《关于全面深化课程改革落实立德树人根本任务的意见》中指出:"研究提出各学段学生发展核心素养体系,明确学生应具备的使用终身发展和社会发展的必备品格和关键能力。"2016年9月13日,《中国学生发展核心素养》研究成果在北京发布。

(二)学生核心素养的内涵

1. 国外对学生核心素养的理解

裴新宁等研究欧盟国家核心素养(Key Competences)时,发现核心素养被视为统领欧盟教育和培训系统的总体目标体系,其核心理念是使全体欧盟公民具备终身学习力,从而在全球化浪潮和知识经济的挑战中能够实现个人成功与社会经济发展的理想。[①] 欧盟国家对学生提出的要求包括使用母语交流、使用外语交流、数学素养与基本的科学技术素养、数字素养、学会学习、社会与公民素养、主动意识与创业精神、文化觉识与文化表达8个领域的内容,详见下表。

表3-1 欧盟核心素养的结构与内容

核心素养	定义	构成 知识	构成 技能	构成 态度
使用母语交流 (Communication in mother tongue)	使用母语进行口头或书面表达和解释的能力;在各种社会文化情境中恰当和创造性地运用母语进行交流的能力	● 母语的词汇、语法及语言功能等知识 ● 了解文学语言与非文学语言以及各种语境下的不同语言形式	● 在各种场合运用口语和书面语进行交流 ● 甄别和使用不同表达方式、检索和处理信息、使用词典等辅助工具、形成和表达观点	● 对批判性和建设性对话的积极倾向 ● 对语言之美的欣赏与追求 ● 与人交流的兴趣 ● 积极和富有社会责任感地使用母语的觉识
使用外语交流 (Communication in foreign language)	在适当范围的社会文化情境中理解、表达与解释的能力;跨文化理解、交流与协调能力	● 外语词汇、语法及语言表达形式等知识 ● 社会习俗与文化方面的知识	● 口语会话、阅读和理解文本 ● 使用词典等辅助工具及自学外语	● 欣赏文化多样性 ● 对语言和跨文化交流的兴趣和好奇
数学素养与基本的科学技术素养 (Mathematical competence and basic competences in science and technology)	发展和运用数学思维处理日常生活问题、使用数学模型和数学表征的能力和意愿;使用科学知识和方法体系解释自然界、发现问题和得出基于证据	● 关于数、度量和结构的扎实知识;基本运算和数学表征;对数学概念和原理的理解和数学问题意识 ● 自然科学基本原	● 应用基本的数学原理解决日常情境中的问题,遵循和评估证据链;进行数学推理、理解数学证明及运用数学语言和适当工具	● 尊重事实真相;愿意探寻原因和评价有效性 ● 有好奇心和批判精神;对伦理问题、安全和可持续发展的关注;对与自身、家庭、社区

[①] 裴新宁,刘新阳. 为21世纪重建教育——欧盟"核心素养"框架的确立[J]. 全球教育展望,2013,42(12):89-102.

续 表

核心素养	定义	构成		
		知识	技能	态度
数学素养与基本的科学技术素养（Mathematical competence and basic competences in science and technology）	的结论的能力和意愿；应用相关知识和方法达到目的或满足需要；理解人类活动所带来的变化及个体公民的责任	理、基本科学概念和方法、技术和技术产品及过程等基础知识；对科学技术对自然界的影响，以及科技的优势、局限和风险等的理解	● 运用技术手段和数据达到目标或得出基于证据的决定或结论 ● 认识科学研究的基本特征并对其结论和推理进行交流	和全球问题相关的科学和技术议题的关注
数字素养（Digital competence）	在工作、生活和交往中自信和批判地使用信息技术的能力，以基本的信息技术能力如使用计算机和互联网的能力为基础	较好的有关信息技术本质、作用及操作等方面的知识和理解，包括字处理、数据库、信息管理等软件的使用方法；认识网络及电子媒介所带来的可能性和潜在风险；理解信息技术如何支持创新；对信息的可靠性和合法性的判断以及对相关法律和伦理问题的认知	批判和系统地检索、收集、处理和运用信息；鉴别和评价信息；使用软件和网络服务生成、表达和理解复杂信息；运用信息技术支持批判性思维、创造和创新	对信息的反思和批判的态度；负责任地使用交互性媒体；出于文化的、社会的以及职业的目的置身网络和虚拟社区的兴趣
学会学习（Learning to learn）	求知的能力和持之以恒地学习的能力，组织个人或团队学习的能力；对学习过程、目标和机会的认识，解决学习困难的能力；在已有知能基础上获取新知能的能力；动机和自信	对于特定工作或职业目标，个体要知道相关能力、知识、技能和程度的要求；对于各种情况下的学习，个体要知道自己所偏好的学习策略及其优缺点和程度，知道如何获得教育及培训机会和帮助	以读写算和信息技术使用等基本技能为基础，获取和吸纳新知能；有效管理、批判反思和评价自己的学习和工作，认识学习需要和机会，持之以恒；自律与协作；寻求建议和支持	终身学习的动机和信心；问题解决的积极态度；运用已有知识和生活经验在各种情境中探求新知的好奇心和愿望
社会与公民素养（Social and civic competence）	● 包括个人、人际和跨文化等方面 ● 以有效和建设性的方式处理多变的社会和职业生活的问题，解决	● 保持身心健康的生活方式的知识；对不同社会文化环境中认同的行为方式的认识；有关个人、组	● 在不同社会文化环境中进行建设性地交流；包容和理解不同文化和观点；表达、处理压力和挫折	● 协作、自信果断和诚实正直；对社会经济活动和跨文化交流感兴趣；尊重多样性，尊重他人；和解与不持偏见

续 表

核心素养	定义	构成 知识	构成 技能	构成 态度
社会与公民素养（Social and civic competence）	冲突的能力；充分参与公民生活，认识和积极民主地参与社会和政治活动	织、性别平等和非歧视及相关社会文化知识，理解多维社会经济和多元文化并认同本国文化 ● 有关民主、正义、平等、公民身份及权利的知识；对本国、欧洲和世界历史和现实问题和趋势的认识；对欧洲一体化和欧盟组织结构和运作、多样性及文化认同的认识	● 有效参与公共事务；表现自己解决当地或更广区域问题的决心和兴趣；批判性、创造性地反思和建设性地参与社区、地方、国家乃至欧盟各层次的决策活动，特别是以民意表决的方式参与这些活动	● 充分尊重人权；具有所在地方、国家、欧盟和欧洲乃至世界的归属感；参与各个层次的民主决策，理解和尊重共享的价值体系；建设性地参与公民活动，支持社会多样性、凝聚和可持续发展，尊重他人的价值观和隐私权
主动意识与创业精神（Sense of initiative and entrepreneurship）	个体将想法付诸实现的能力，包括创造创新能力、风险承担能力、计划和管理项目的能力；觉知环境与把握机遇的能力；开展和参与社会活动或商业活动的能力；伦理价值和善治的意识	辨识个人及职业活动机遇的知识；把握全局的知识；对雇主和组织所面临的机遇和挑战的认识；理解企业伦理观	积极主动地进行项目管理；有效地表达和谈判；独立工作和团队协作；判断和甄别自身的优缺点以及评估和承担风险	积极主动精神；个人和社会生活中的独立和创新意识；追求目标达成的动机和决心
文化觉识与文化表达（Cultural awareness and expression）	欣赏以音乐、表演艺术、文学和视觉艺术等形式对思想、体验和情感的创造性表达	有关当地、国家和欧洲文化遗产及其世界地位的知识，包括主要文化作品的基础知识；理解欧洲及世界各地的文化和语言多样性；对保护多样性和日常生活中美学元素重要性的认识	欣赏艺术作品和表演；依据自身天赋进行艺术表达的技能；创造性地表达和评价艺术作品；辨别和认识文化活动中所蕴藏的社会和经济机遇	对自己文化的深刻理解和良好的认同感；对文化表达多样性的尊重和开放的心态；创造；进行自我艺术表现、参与文化生活、提升审美能力的意愿

张娜对 OECD 的 DeSeCo 项目开展的背景、发展脉络、核心素养的主要内容、界定与遴选核心素养的过程等进行了全面剖析。DeSeCo 项目指出促进成功生活和健全社会的核心素养包括三大类,分别是:互动地使用工具(using tools interactively)、自主行动(acting autonomously)和在社会异质团体中互动(interacting in socially heterogeneous groups),其中"互动地使用工具"关注的是个体使用计算机之类的物理工具以及语言等社会文化的工具,实现与世界的相互作用;"自主行动"是指具有良好的自我概念以及把自身的需要和愿望转化为有目的行动的能力;"在社会异质团体中互动"强调个体与他人的互动,尤其是与自身不同的他人的互动。[①]

表 3‑2 DeSeCo 提出的核心素养指标体系

一级指标	二级指标	描 述
互动地使用工具	互动地使用语言、符号和文本	有效运用口头和书面语言、运算和其他数学能力
	互动地使用知识和信息	识别和确定自身未知的知识领域,识别、定位信息来源,评价信息和来源的质量、适切性和价值,组织知识和信息
	互动地使用(新)技术	具有在日常生活和学习中应用技术的意识,运用信息和通信技术获取信息
自主行动	在复杂的大环境中行动	了解形势,了解所处的系统,明确自身行为的直接和间接后果,通过思考与自身和集体的规则和目标相关的潜在的结果对自身行动作出选择
	形成并执行个人计划或生活规划	制定计划,设立目标,识别和评价已有资源和所需资源,平衡资源以满足不同的目标,从过去的行为中学习,预见未来的结果,监控过程,在计划执行中进行必要的调整
	保护及维护权利、利益、限制与需求	了解自身的权益,了解成文的规则和原则,进行基本情况分析,为了认定的需求和权利建立个人的论点,提出建议或可替代的方案
在社会异质团体中互动	与他人建立良好的关系	同理心,从他人的角度思考问题,有效地管理情绪
	团队合作	表达观点,倾听他人观点,理解辩论的动态变化和接下来的议程,建立战略的或可持续发展的联盟的能力、协商的能力,综合各方观点作出决策
	管理与解决冲突	在危机中分析问题和利益,识别共识和分歧,重新界定问题,对需求和目标进行优先排序

---

① 张娜.DeSeCo 项目关于核心素养的研究及启示[J].教育科学研究,2013(10):39-45.

张紫屏分析英国核心素养的提出旨在为应对不断变化的社会与科技发展,对学生应该学什么、怎么学等问题进行重新思考和探索,并着手探讨如何教学才能更好地使年轻人适应21世纪的挑战。通过梳理,发现其核心素养结构包含了公民素养、学习素养、信息管理素养、人际关系素养和形势管理素养等。[①]

美国在联邦教育部统领下,提出了构建21世纪技能框架,[②]包含标准与评价、课程与教学、教师专业发展和学习环境四部分,按内外两层划分。外层包括:生活和职业技能、学习和创新技能(批判性思维、交流、合作、创造力),以及信息、媒介与技术技能,内层包括核心科目(英语、阅读和语言艺术、外语、艺术、数学、经济、科学、地理、历史、政府与公民等)和21世纪主题(全球意识,金融的、经济的、商业的和创业的素养,公民素养,健康素养,环保素养5个跨学科主题)。

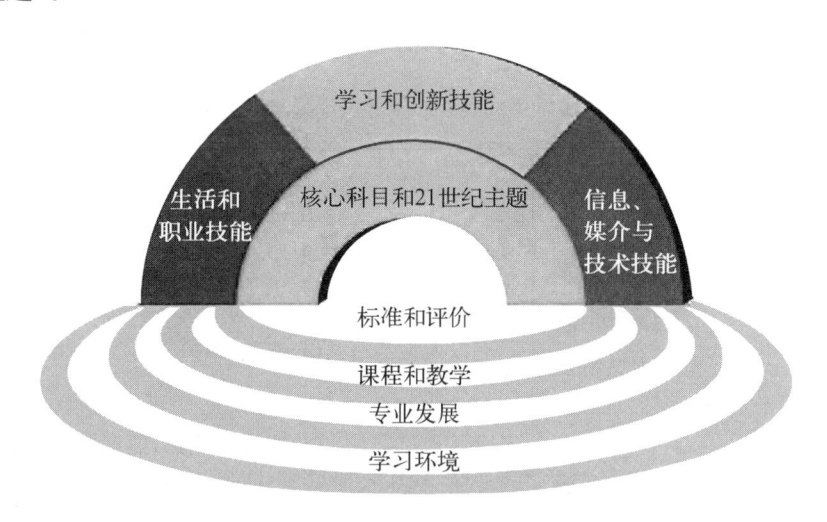

图3-5 美国21世纪技能与支持体系图

日本第15届中央教育审议会的咨询报告以"关于面向21世纪我国教育的发展方向——让孩子拥有'生存能力'和'轻松宽裕'"为题,在分析日本教育的问题与现状及展望未来社会发展趋势的基础上,确立了21世纪日本教育的发展方向——在"轻松宽裕"的教育环境中培养学生在未来社会中的"生存能力"。[③]

综上所述,国外关于核心素养的内涵研究表明,学生核心素养不再是学生个人的行为表现,而是和社会紧密相关并与之互动,最终形成不断提升个体及社会所需要的能力。

---

① 张紫屏.基于核心素养的教学变革——源自英国的经验与启示[J].全球教育展望,2016,45(07):3-13.
② 张义兵.美国的"21世纪技能"内涵解读——兼析对我国基础教育改革的启示[J].比较教育研究,2012,34(05):86-90.
③ 尹艳秋.培养"生存能力"——21世纪日本教育的基本走向[J].外国教育研究,2000(01):26-29.

2. 国内对学生核心素养的理解

中国学生发展核心素养,是指学生在接受相应学段的教育过程中,逐步形成的适应个人终生发展和社会发展需要的正确价值观、必备品格与关键能力。以科学性、时代性和民族性为基本原则,以培养"全面发展的人"为核心,分为文化基础、自主发展、社会参与三个方面,综合表现为人文底蕴、科学精神、学会学习、健康生活、责任担当、实践创新六大素养,具体细化为国家认同、社会责任、国际理解等18个基本要点。各素养之间相互联系、互相补充、相互促进,在不同情境中整体发挥作用。

图3-6 中国学生发展核心素养框架

表3-3 中国学生发展核心素养表现要点及具体说明[①]

素养领域	核心素养	表现要点	具 体 说 明
文化基础	人文底蕴	人文积淀	具有古今中外人文领域基本知识和成果的积累;能理解和掌握人文思想中所蕴含的认识方法和实践方法等
		人文情怀	具有以人为本的意识,尊重、维护人的尊严和价值;能关切人的生存、发展和幸福等
		审美情趣	具有艺术知识、技能与方法的积累;能理解和尊重文化艺术的多样性,具有发现、感知、欣赏、评价美的意识和基本能力;具有健康的审美价值取向;具有艺术表达和创意表现的兴趣和意识,能在生活中拓展和升华美等
	科学精神	理性思维	崇尚真知,能理解和掌握基本的科学原理和方法;尊重事实和证据,有实证意识和严谨的求知态度;逻辑清晰,能运用科学的思维方式认识事物、解决问题、指导行为等
		批判质疑	具有问题意识;能独立思考、独立判断;思维缜密,能多角度、辩证地分析问题,做出选择和决定等
		勇于探究	具有好奇心和想象力;能不畏困难,有坚持不懈的探索精神;能大胆尝试,积极寻求有效的问题解决方法等
自主发展	学会学习	乐学善学	能正确认识和理解学习的价值,具有积极的学习态度和浓厚的学习兴趣;能养成良好的学习习惯,掌握适合自身的学习方法;能自主学习,具有终身学习的意识和能力等

---

① 核心素养研究课题组.中国学生发展核心素养[J].中国教育学刊,2016,282(10):1-3.

续 表

素养领域	核心素养	表现要点	具 体 说 明
自主发展	学会学习	勤于反思	具有对自己的学习状态进行审视的意识和习惯,善于总结经验;能够根据不同情境和自身实际,选择或调整学习策略和方法等
		信息意识	能自觉、有效地获取、评估、鉴别、使用信息;具有数字化生存能力,主动适应"互联网+"等社会信息化发展趋势;具有网络伦理道德与信息安全意识等
	健康生活	珍爱生命	理解生命意义和人生价值;具有安全意识与自我保护能力;掌握适合自身的运动方法和技能,养成健康文明的行为习惯和生活方式等
		健全人格	具有积极的心理品质,自信自爱,坚韧乐观;有自制力,能调节和管理自己的情绪,具有抗挫折能力等
		自我管理	能正确认识与评估自我;依据自身个性和潜质选择适合的发展方向;合理分配和使用时间与精力;具有达成目标的持续行动力等
社会参与	责任担当	社会责任	自尊自律,文明礼貌,诚信友善,宽和待人;孝亲敬长,有感恩之心;热心公益和志愿服务,敬业奉献,具有团队意识和互助精神;能主动作为,履职尽责,对自我和他人负责;能明辨是非,具有规则与法治意识,积极履行公民义务,理性行使公民权利;崇尚自由平等,能维护社会公平正义;热爱并尊重自然,具有绿色生活方式和可持续发展理念及行动等
		国家认同	具有国家意识,了解国情历史,认同国民身份,能自觉捍卫国家主权、尊严和利益;具有文化自信,尊重中华民族的优秀文明成果,能传播弘扬中华优秀传统文化和社会主义先进文化;了解中国共产党的历史和光荣传统,具有热爱党、拥护党的意识和行动;理解、接受并自觉践行社会主义核心价值观,具有中国特色社会主义共同理想,有为实现中华民族伟大复兴中国梦而不懈奋斗的信念和行动
		国际理解	具有全球意识和开放的心态,了解人类文明进程和世界发展动态;能尊重世界多元文化的多样性和差异性,积极参与跨文化交流;关注人类面临的全球性挑战,理解人类命运共同体的内涵与价值等
	实践创新	劳动意识	尊重劳动,具有积极的劳动态度和良好的劳动习惯;具有动手操作能力,掌握一定的劳动技能;在主动参加的家务劳动、生产劳动、公益活动和社会实践中,具有改进和创新劳动方式、提高劳动效率的意识;具有通过诚实合法劳动创造成功生活的意识和行动等

续 表

素养领域	核心素养	表现要点	具 体 说 明
社会参与	实践创新	问题解决	善于发现和提出问题,有解决问题的兴趣和热情;能依据特定情境和具体条件,选择制定合理的解决方案;具有在复杂环境中行动的能力等
		技术运用	理解技术与人类文明的有机联系,具有学习掌握技术的兴趣和意愿;具有工程思维,能将创意和方案转化为有形物品或对已有物品进行改进与优化等

国内学者普遍认为核心素养是解决"培养什么样的人"的问题,指向受教育者的素养和能力,对其内涵的理解集中体现在要素、特征和结构三个维度上。

(1) 要素维度

"核心素养"一词包括"核心"和"素养"两个要素。关于"核心",成尚荣认为应该从"核心素养"的基础性来解读其内涵,即核心素养是在人的发展中起到奠基作用的品格和能力。[①] 张华认为,核心素养是适应信息时代对人的自我实现、工作世界和社会生活的新挑战而诞生的概念,是指人解决复杂问题和适应不可预测情境的高级能力和人性能力。[②] 褚宏启认为"核心"应该从"最关键""最少数"的角度去理解,有的学者认为核心素养就是素质教育、三维目标、全面发展、综合素养等中间的"关键少数"素养,是素质教育、三维目标、全面发展、综合素养的"聚焦版"。[③] 许锡良认为"核心素养"并不是突出"核心",而是一种"综合素养",是那些最重要的、最关键的、能够形成共同基础的东西。[④]

关于"素养",国内学者从"素养""素质教育""三维目标"以及知识、技能等概念的剖析中提出各自的见解。林崇德从核心素养与素质教育的关系出发,认为核心素养是对素质教育内涵的解读与具体化,让素质教育有了可操作的载体和内容。[⑤] 余文森认为"核心素养"是对"三维目标"的传承和超越,"核心素养"将"三维目标"中的知识与技能、过程与方法提炼为能力,把情感、态度价值观提炼为品格,相比而言,"核心素养"淡化了学科本位,更深入体现了以人为本的核心理念。[⑥] 张华认为,核心素养不同于知识,它将知识提升为观念,尊重学生的个人知识,在实践中体现为转变为知识学习方式,倡导深度学习与协作学习。[⑦] 辛涛等认为,相比于"知识与技能"等具体学科领域,核心素养并不是指向于某一学科知识,而且不仅限于

[①] 成尚荣.基础性:学生核心素养之"核心"[J].人民教育,2015(07):24-25.
[②] 张华.论核心素养的内涵[J].全球教育展望,2016,45(04):10-24.
[③] 褚宏启.核心素养的概念与本质[J].华东师范大学学报(教育科学版),2016,34(01):1-3.
[④] 许锡良."核心素养"不核心[J].教师教育论坛,2016,29(10):90-91.
[⑤] 林崇德.学生发展核心素养:面向未来应该培养怎样的人?[J].中国教育学刊,2016(06):1-2.
[⑥] 余文森.从三维目标走向核心素养[J].华东师范大学学报(教育科学版),2016,34(01):11-13.
[⑦] 张华.论核心素养的内涵[J].全球教育展望,2016,45(04):10-24.

满足基本生活需要,体现为更有助于个人追求生活目标、促进个人发展和有效参与社会活动。因此,"素养"比"能力"的意义更加广泛,既包括传统的教学领域的知识、技能,又包括情感、态度和价值观。[1]

(2) 特征维度

国内学者把"核心素养"内涵的特征概括为综合性、稳定性、广泛性、过程性和发展性等。综合性特征主要体现在"核心素养"是"三维目标"化为一体而体现出的统一整体性,核心素养是通过各学科教学,对学生产生的综合性影响,是以知识技能为基础,整合了情感态度价值观,能够满足现实需求的一种综合性品质。[2] 稳定性特征是指核心素养在教育过程中体现为一经习得便与个体的生活不可剥离,并能够伴随主体一生,呈现出较高的稳定性。[3] 广泛性特征是指核心素养并不唯一指向学生,而是21世纪人人都应该需要的高级共同素养,体现为适用于一切情境、一切人的21世纪素养。[4] 学生核心素养具有发展性,体现为学生发展核心素养的连续性和阶段性,也体现在学生发展核心素养的体系的构建必须尊重学生身心发展规律,根据学生发展的敏感期,合理设置发展目标,不能跨越,更不能颠倒。[5]

(3) 结构维度

国内学者将"核心素养"进行层次结构划分,制定各学科核心素养,对实现核心素养培育的教育实践具有现实指导意义。李艺等认为,学科核心素养是理解核心素养的基础,并且认为学科核心素养由三个层面构成:最底层是"双基层",以基础知识和基本技能为核心;中间层是"问题解决层",以基于问题解决过程中所习得的基本方法为核心;最上层是"科学思维层",在系统的学科学习中通过体验、理解及内化等过程逐步形成的思考和解决问题的思维方式和价值观。[6]

二、"学习场"的已有研究

(一)"学习场"的概念溯源

"场"的概念来自物理学,首先是由英国物理学家法拉第在1884年为揭示电磁之间的相互作用时提出来的。他认为电荷与电荷之间相互作用是通过电场传递的,磁体对磁体和电流的作用是通过磁场传递的。场作为一种特殊物质,是与"实物粒子"相对应的另一种状态,具有可叠加性。场作为物质存在的一种基本形式,对处于其中的受作用的物体会产生力的作用或具有能量的状态。虽然看不见摸不着,但它是客观存在的。

---

[1] 辛涛,姜宇,林崇德,等.论学生发展核心素养的内涵特征及框架定位[J].中国教育学刊,2016(06):3-7+28.
[2] 张华.论核心素养的内涵[J].全球教育展望,2016,45(04):10-24.
[3] 王红,赵蔚,孙立会,等.翻转课堂教学模型的设计——基于国内外典型案例分析[J].现代教育技术,2013,23(08):5-10.
[4] 褚宏启.核心素养的概念与本质[J].华东师范大学学报(教育科学版),2016,34(01):1-3.
[5] 辛涛,姜宇,林崇德,等.论学生发展核心素养的内涵特征及框架定位[J].中国教育学刊,2016(06):3-7+28.
[6] 李艺,钟柏昌.谈"核心素养"[J].教育研究,2015,36(09):17-23+63.

1935年,著名心理学家勒温将"场"这一概念引入到教学过程中,提出了涵盖"生活空间"和"心理紧张系统"两大核心概念,建立了场动力理论。他认为,在教育学领域,学生的学习动力源于人自身内部心理紧张系统的释放,而生活空间则是学生产生学习动力的导火索。一个人的动机行为是由其"心理生活空间"决定的,"心理生活空间"是指在某一时刻影响行为的各种事实的总体,既包括人的信念、感悟和目的,即个人内在"心理场",又包括被知觉到的外在环境,即外在"环境场"。[①] 勒温认为,作为群体中的一员,群体氛围或群体气氛对个人的发展很重要,群体中每个成员之间彼此会互相影响并具有交互依存的动力。公式为 $B=f(p,e)$,其中,B 表示个人行为,f 表示函数关系,p 表示个人,e 表示环境。该公式表明每个人都生活在特定的"场"中,个人的行为是个性特征与环境相互作用的结果。

欧文斯认为,学习就是场的认知结构的变化,是指和谐的"多元互动、自主探究"的学习模式,即以学生为中心,学习的过程诸要素完美结合、和谐共振的一种具体的学习场景、和谐的学习氛围和协调的学习环境。它既是一种学习环境,也是一种学习系统,是指所有事件交织在一起相互作用、相互影响的具有内在统一性的整体。它是在整体中的所有人(教师、学生和家长)、所有事物发挥作用的关系场,是一种刺激、促进学生的学习活动的包括物理环境和心理环境在内的充满生机与活力的"学习环境"。

华东师范大学钟启泉教授提出了"学习场"这一概念,它可以视为学习"环境"或是"系统"的同义词。无论是环境还是系统,教师都处在学生学习系统的外部,发挥着建构、整顿学习系统的作用。这里的"学习场"是指所有事件交织在一起的、具有内在统整性的整体,这个"内在的统整性"就构成了"学习场"。存在于这个整体之中的所有的人(包括教师)、事物与事件的关系,都是作为整体的一分子发挥作用的关系场。"学习场"可以理解为"有心力场",它的中心指向"儿童未来的发展",在某种程度上可视为儿童学习环境、儿童学习的背景及支持儿童学习的各种关系的总和。[②]

(二)"学习场"的三维架构

张芬艳认为,为了提高和培养学生面向 21 世纪的技能和素养,学校应当重构学生"学习场"。学校在实施国家课程的基础上,利用重构的学生"学习场",开设学生感兴趣的课程,沟通学生与生活之间的联系,使学生不再局限于学校生活,成为面向社区、面向世界的学习者。[③] 通过物理空间的改善,实现学生学习方式的变革;通过关注精神空间的建设,丰富学生的精神生命;通过搭建虚拟空间,变革教师的教学方式,丰富学生的学习资源。具体来看:

在改善物理空间上,以教室这一典型空间为例,面向未来的教室应当是灵活的、个性化

[①] 张学良,邵东燕,张富利,等.勒温场动力理论视阈下高校青年教师教学动力的激发探究[J].西北工业大学学报(社会科学版),2017,37(02):82-85.
[②] 钟启泉."学习场"的生成与教师角色[J].上海教育科研,2004(09):4-8.
[③] 张芬艳.核心素养视角下学生"学习场"的构建[J].文教资料,2021(09):203-206.

的，契合学生艺术与审美需要的。未来的学生不是学校里的人，而应成为社区中的人、世界中的人，通过倡导体验式学习帮助学生开展深度学习，强调学习者在体验式学习过程中包含五大要素：[①]一是学习者是参与者，并非旁观者；二是学习者在体验过程中表现为充满热情的主动探索，并经过自己的探索、实验、思考后重新审视知识；三是体验活动的过程是自然呈现给学习者的，是真实有意义的；四是学习者对体验生成的知识要不断地反思、产生个人内化的意义；五是体验式学习不仅注重当下，还关心未来的发展。在体验学习中，学习者参与整个学习活动，亲身感受学习过程，主动构建知识。未来儿童"学习场"的构建可以通过两种方式实现学生的体验式学习：一是在学校内设计建设各种特色体验场馆，使得未来学校成为"博物馆"，同时依托技术条件，帮助学生体验学习过程，提高探究能力；二是组织学生参观校外体验式场馆，使之成为学生的"第二所学校"。

在关注精神空间方面，人具有生命三重性，即亲缘性血缘生命、社会生命和精神生命。刘济良认为："人的生命诞生和其他生命的出生并没有太大的不同，仅仅是一个肉体的自然生命的存在，但是，从完全意义上说，并不能宣布一个人的产生，随着人的第二次生命——精神生命的诞生，'人'才真正诞生了。但是，从此以后，人便要在灵肉之间摇摆。"[②]重构"学习场"时要重视关注精神空间建设，丰富学生的精神世界，与物理空间建设相融合，体现在学校文化层面如校风、教风、班风等，如在教室内要体现一种激发学生积极学习、良好情感表达的文化。另外，良好的人际关系可以增强学生在学校的归属感与安全感。"学习场"的构建要有利于体现学生是学习的主体，教师不再是知识的垄断者，而是学生的引导者，在完善物理空间的支持下，学生可以开展项目式学习、合作学习，满足学生的交际需要。

在信息技术时代，未来"学习场"一定至少存在两大学习空间，即实体空间（物理空间）与虚拟空间，两者之间是相互联系的，虚拟空间并不局限于学习资源的供应，同时能体现一定的社会性，实现师生与生生交互，甚至实现家校互通。相对实体空间而言，虚拟空间作为新型学习空间，有效弥补线下学习资源的不足，实现混合式学习，有利于学生开展体验式、嵌入式泛在学习。虚拟空间的搭建，学校要完善管理系统，以网络化、信息化、智能化的设施创设虚拟情境，搭建各种服务平台，为学生的个性化学习、师生的交互行为创造条件。

（三）"学习场"的作用概述

1."学习场"对儿童学习习惯的"场致作用"

儿童成长的过程就是和"学习场"相互作用的过程。"学习场"就是儿童进入"场域"后，能够感受到明显的"促进力"和"拔节能"的作用。教育的目标不仅仅是传授已有的东西，而

---

① 钟启泩.体验式课程的教学知识[M].重庆：重庆大学出版社，2012：1.
② 刘济良.生命的沉思：生命教育理念解读[M].北京：中国社会科学出版社，2004：12.

是要把儿童作为人的独特本质的创造精神和潜能引发出来,让儿童拥有一个充满信心、勇于开拓的积极人生态度。[1] 场致作用就是促使儿童形成学会学习、学会思考、学会合作、学会生存,成为一个对社会有责任的公民。

2. "学习场"对儿童同伴学习关系的影响

在"学习场"情境下,儿童和同伴的关系通过"场"的连接,成为互助合作、相互促进的学习"共同体"。儿童个性差异必然导致学习过程中的感受、体验和效果具有极大的差异性,诚如日本学者佐藤学所言,"学习不是从同一性中产生的,学习之所以形成是在差异中产生的"。[2] 因此,"学习场"的强力作用,促使儿童在共同学习过程中通过讨论、质疑、互动、合作、实践等方式,交流"学习差异",相互启发,达成学习过程的丰富和学习效果的丰满,最终实现心智的启迪和自我成长,为终身学习奠定坚实基础。

3. "学习场"构建的教师主体作用

教师是"学习场"的主要建构者。"学习场"能否起到应有的"强力""赋能"作用,很大程度上取决于教师作用的发挥。钟启泉认为,思考就是知性的学习方法本身,学生就是在这种状况中思考形成意义的。[3] 教师的教学应该紧紧围绕教学主题,集中精力和时间,从知识载体中剪切出一定的事物关联、问题关联和意义关联,并把它转化为教学情境,带领儿童必须思考、促进思考和验证思考。

"学习场"是为儿童学习服务的。彭正梅认为,"学习场"中的教育关系必须永远同时指向儿童的现在和未来,教师必须感受和认识到儿童的实际知识、能力以及未来的可能性,必须在行动中把当前和未来相互联合起来。[4] 首先,"学习场"应该是"引力场",让儿童不仅能进入"学习场",直接面对文化和现实世界,而且要被教师建立的"学习场"所深深吸引。"学习场"应该是"差异场"。一方面,不同的教师创建的"学习场"存在差异;另一方面,在"学习场"中如何发展学生的个性特长,帮助学生激发其内在渴望学习的热情,尊重每一个儿童个体经历的独特生命旅程,为儿童提供个性化服务也是需要深入思考的问题。有什么样的教师,就有什么样的"学习场",创建什么样的"学习场",就显现了学校什么样的办学特色。

4. "学习场"是教师教学过程中的必然生成

钟启泉认为,教育活动在本质上是一种对话活动,通过师生的交流对话达到教育主体之间及个体与人类文化之间生命精神能量的转换,同时促进个体生命质量的不断提升。[5] 由于教学过程的交流性、对话性,教学过程中常常会出现超出预设的新的"生成性活动",恰恰因

---

[1] 舒康云,金荷华."学习场":营造促进儿童发展的情境[J].江苏教育学院学报(社会科学版),2013,29(04):1-6+141.
[2] [日]佐藤学.学校的挑战:创建学习共同体[M].钟启泉,译.上海:华东师范大学出版社,2010:24.
[3] 钟启泉."学习场"的生成与教师角色[J].上海教育科研,2004(09):4-8.
[4] 彭正梅.德国教育学概观[M].北京:北京大学出版社,2011:197.
[5] 钟启泉."学习场"的生成与教师角色[J].上海教育科研,2004(09):4-8.

此引发"学习场"的生命活力,这种因师生、生生互动形成的"学习场",往往更能激发师生的创造性思维,生成智慧。教师不仅作用于儿童的学习,积极促进儿童经验的变革,同时在教学中反思自己的教学,促进自己教学经验的升华,实现教师自身的专业发展。

(四)"学习场"的构建策略

"学习场"的"物理空间""精神空间"和"虚拟空间"是相互联系的。构建"学习场",要充分考虑学校文化的培育,结合课堂活动展开物理空间和精神空间的设计,依托技术搭建虚拟空间,增进学校、家庭和社会之间的合作关系,创新学校生态。

1. 基于学校文化的"学习场"构建

"学习场"的构建要与学校的特色发展理念及特色办学文化相结合。基于学校已有的文化和历史,结合学校的教育理念和地域特色,为具有学校特色的"学习场"的构建提供有力支撑。学校文化建设有利于学校精神空间的构建,有利于增强学校教师与学生的归属感和认同感。

首先,学校要对学生的个人成就和良好行为做出及时肯定和激励,明确学校规范,树立积极价值观,鼓励学生为自己的行为负责。其次,鼓励学生积极参与社团活动,通过社会情感学习培养学生的同理心、尊重、关心等品质,并积极管理自己的情绪。此外,还需创新学校文化展现方式,开展丰富多彩的学校活动,让师生共享欢乐的校园时光。

2. 基于师生需求的"学习场"构建

Loo 等人认为,教师和学生是"学习场"的实际使用者,用户接受与使用意图之间具有正相关性。[1] "学习场"的构建要考虑学生的生命成长需要,遵循学生认知规律和身心发展规律,同时也要满足教师教学需要。为了增强"学习场"的应用效果,有必要了解教师和学生对"学习场"的需求。用户对"学习场"的接受模型中涵盖"感知易用性""感知有用性""感知愉悦性""自我赋能感""兼容性"与"感知参与性",这些因素相互影响,影响教师与学生对"学习场"的满意度,对未来"学习场"的构建方向提供指导。[2]

3. 基于技术的"学习场"构建

信息技术融入"学习场"的建设过程中,形成了依托信息技术的网络学习空间,即虚拟空间。在技术支持下,学习将不再局限于教室等物理空间,借助互联网技术实现物理空间和虚拟空间的联结,为学生学习提供支持,开阔学生眼界,展开体验式学习。结合学校所在社区的农业与工业技术,创设新型"物理空间",使学生走出教室,走出学校,真正与生活联系,与自然交流。同时,借助互联网技术可以对接各个空间,如学校与校外实践基地之间,真正实现学生从实践中学习,同时加强各大空间之间的联系,共同为学生提供学习服务。

---

[1] Loo, W H, Yeowa, H P, & Chong, S C. User Acceptance of Malaysia Government Multipurpose Smartcard Applications[J]. Government Information Quarterly, 2009, 26(2): 358 - 367.

[2] 许亚锋,陈卫东,叶新东,等.用户接受未来课堂的影响因素研究[J].开放教育研究,2013,19(02):60-68.

4. 基于学习生态融合的学习场构建

"学习场"在建构过程中倡导学校、家长、社会与社区之间资源共享,形成和谐的合作模式,构建开放多元的办学格局,实现家庭教育、学校教育与社区教育相互融合、优势互补和有机整合的无边界教育。① 未来学校"学习场"将从封闭走向开放,未来学校将与社会形成良性互动,成为开放的、无边界的学习环境。②

三、已有研究的启示

我国普通高中教育的发展正处于多重政策的叠加时期,重大教育政策密集出台。高桥中学试图为提高高中学生核心素养,从"学习场"的角度探索高中教育实践变革,立项了区级重点课题"支持高中学生核心素养培育的'学习场'构建研究"。本项目把"学习场"界定为:基于多种多样的物的要素、人的要素而形成的动态化的"信息环境",以及学习者借助诸如视觉、听觉、触觉等所有感官而体验到的"信息总和"。学习者通过"学习场"所提供的信息,通过构建意义、感受意义的体验来进行学习,作为这种信息环境的"学习场"规定了每一个学习者学习的发生及其学习的品质。

高桥中学办学历史悠久,基于学校原有的生态文化培育的成果和经验,考虑学习者需求、现实条件、学习任务等,探索系统打造学校文化新生态、建立治理新模式,以满足学生虚拟体验、泛在学习、创新学习需要和学校智能管理需要。发挥连通传统与现代的优势,打造书院式"学习场";开拓学生核心素养培育的新路径,基于现代信息技术建设智能化"学习场",建构数字学习资源;建立以问题解决为中心的学习资源支持模式,打造沉浸式、智慧型、人本化的新型学习中心。挖掘不同主体资源优势,促进优势功能发挥,为学生创造和开拓校内外更美好的学习体验资源和场域,实现对学生核心素养培育的强力支持。

第二节 多元方式驱动,凝聚"学习场"理念共识

经过对已有文献的检索、整理与分析,课题组核心团队已经认识到建设书院式"学习场"和智能化"学习场"将成为高桥中学学生核心素养培育的两大关键路径,具体的变革行为都可以归口于这两大路径之下。但是,光有理论认识并不足以引发教师自觉自愿的实践探索。为了顺利实现"学习场"理念的牢固树立,学校校务办公室、课程教学处、学生发展处和学校发展处为责任主体,分列年度计划,确定具体时间节点和任务内容,通过专家培训、读书分

---

① 王牧华,付积.美国博物馆学校的办学模式创新及挑战[J].外国教育研究,2020,47(02):35-47.
② 张生,曹榕,陈丹,等."AI+"时代未来学校的建设框架与内容探究[J].中国电化教育,2018(05):38-43+52.

享、教育沙龙、小微课题研究等多元方式驱动,使全校教师就"学习场"的相关理念进行观点碰撞、智慧共享,达到思想相互交流、情绪相互感染的状态,从而加深对相关理念的理解和认识,以期使课题组核心团队的认识转变为全校教师变革的公共话语,促其行为发生改变。

一、专家培训

（一）以育人方式变革为标志的课程改革——学科教学改革的方向和抓手

2021年11月05日下午,高桥中学在4号楼演播厅举行"双新"背景下的教育教学专家讲座,邀请到上海市教育委员会教学研究室原主任徐淀芳老师作题为《以育人方式变革为标志的课程改革——学科教学改革的方向和抓手》的专题讲座,从课程改革和学科教学改革两个方面与教师们讲解分析课程改革的方向与落点。

在课程改革方面,徐老师首先指出学科核心素养的三大内涵：正确价值观,必备品格,关键能力。其次从改革"三个视角"出发对教学改革进行介绍。一是要点视角：坚持素养导向、丰富学科实践、探索综合学习并实施因材施教。二是理论视角：综合取向的生活逻辑和分解取向的学科逻辑构成进阶取向的教学逻辑。三是实践视角：素养导向的单元教学、真实情境的深度学习、问题解决的进阶测试以及线上线下的智能支持。其中,徐淀芳老师提醒教师们注意学生学习过程中的直接经验、间接经验相结合,并对"因材施教"的内涵做出了讲解,也强调要注重生活逻辑要求的综合性、跨学科性,提高学生综合学习的能力,以增强生活中复杂问题的解决能力。最后谈到如何突破教学评价瓶颈：破五唯、立三观,以改进结果、强化过程、探索增值、健全综合评价为方向,以纸笔考试和活动评价为抓手,推进学业评价改革。并指出分数不能作为作文教学评价标尺,什么是真的"及格"和"优秀"难以通过分数反映。

在学科教学改革方面,徐老师提出两个重要转化,一是通过教学设计,将理想和正式课程转化为教师领悟课程,二是将体现领悟的教学设计转化为师生的教学行为,并通过教学行为来表现；进而通过数学学科教学"测量"的事例,展示学科核心素养的教学意义。教学要结构化、情境化及活动化,让学生经历从问题产生到问题解决终点的全过程。让学生主动地、愉悦地、和谐地参与学习。

在教学目标改革方面,徐老师从编制支架、分解形成教学目标、学习水平界定三个方面介绍了课程目标改革；从探索教学方式变革、学科实践活动校本课程建设两方面推进学科教学改革,并介绍了如何将教学目标具体化。徐淀芳老师将教学改革理论结合实际教学案例进行讲解,并深入剖析了教学中习以为常的概念,将理论落到了实处,并带来了新解。这不仅让在场的教师们进一步加深教学改革的认识,也带来了新的教学启发。

（二）单元教学设计——从理念到行动的专业路径

2023年8月30日,高桥中学全体教师及高桥中学教育集团学校的教师代表齐聚高桥中学演播厅,围绕单元教学设计开展校本培训,邀请上海市教师教育学院综合教研室主任、上海市特级教师、正高级教师韩艳梅博士开展题为《单元教学设计——从理念到行动的专业路径》的专题讲座,从"为什么提出'单元教学'""什么是'单元教学设计'""如何实践'单元教学设计'"三个方面,层层推进地为教师们进行解读。韩博士首先借"鱼想象牛"的故事明确,衡量教师专业实践的标准不是"教师有没有教、怎样教",而是"学生学会什么、何以学会",引起教师关于如何促进学生深度学习的思考。在这样的思考背景下,韩博士从核心素养的时代需求、传统"课时教学"与"单元教学"之间的落差两方面,帮助教师们理解单元教学设计的价值与必要性。接着,韩博士从"单元"与"单元教学设计"的概念界定出发,一一介绍了单元教学设计的框架、框架"要素"的提炼、设计路径、设计规格。在框架之内,在路径、规格的指引之下,教师能够有序地设计单元教学,提升教与学的品质,提高学习效率。在为教师的单元教学实践指明可操作的路径的基础上,韩博士更进一步结合不同学科的众多案例,对单元教学设计的实操方法进行细化解读,涉及单元教学设计框架中的全部七个环节——单元规划、单元教材教法分析、单元教学目标、单元学习活动、单元作业、单元评价、单元资源。最后,韩博士向在座的教师强调,要强化三个意识——"学生立场"意识、"规准"意识、"实践"意识,提升教师的课程领导力。

图3-7 专家培训

二、读书分享

(一)坚持核心素养导向,科学创设"学习场"①

在阅读《我们如何学习:全视角学习理论》一书后,我们对"学习是什么"这一问题有了更为全面、综合且系统的认识。正如作者克努兹·伊列雷斯所言,创作本书是在"试图用一种结构化的、清晰的、综合的以及实用的形式",汲取在"学习"研究领域中所发现的精华。

本书呈现了来自不同国家的学者对"学习"的研究,并从内容、动机和互动等不同的维度综合分析了"学习"的内涵,而后又考察了三个学习维度的相互作用和整体性。纵观全书,作

---

① 分享人:殷楠。

者所持有的对"学习"认识的核心观点,即"所有学习都是情境性的",不禁让人赞叹其在研究领域的科学性和前瞻性。"情境性"强调了"学习"是在某个具有社会和人际交往的情境中发生的,因有着学习者与环境的互动,使得"情境"成为学习不可或缺的一部分。

书中反复出现的"互动""情境""实践""关系"等词语,可以用当下的教育追求对作者的观点予以回应,也即当下各学科对"核心素养"的强调和重视。所谓核心素养,是课程育人价值的集中体现,是学生通过课程的学习逐步形成的正确的价值观,必备的品格和关键能力,需要在与他人、与环境的互动关系中实现。提及此便也可与心理学家库尔特·勒温的场动力理论相联系。该理论提出一个人的动机行为是由其"心理生活空间"决定的,所谓"心理生活空间"包括人的信念、感情和目的等构成的个人内在"心理场",也包括被感觉到的外在"环境场"。这一理论便形成了与学生学习有着紧密联系的"学习场"这一概念。

学习场,简单来讲,即"学习的场地",但如书中作者的观点,"学习具有广泛而复杂的整体性,学习的多样性构建于相关的具体学习情境,或者对学习过程的规划或分析之中"。基于此,"学习场"可理解为是一种和谐的多元互动、自主探究的学习模式。在这种模式之下,形成了以学生为中心,学习过程诸要素相结合的具体的学习场景、学习氛围和学习环境。可见过程的学习系统具有多维的特征,根据学习场的呈现形式,可以将其分为物理空间、虚拟空间和精神空间。

当然,理想的学习场不仅仅局限于课堂和学校,学校可以联合社区,共同构建校外的学习场,并与社会形成良好的互动,在开放无边界的实施环境中,能够促进学习者沉浸式地学习,并在其中能够有所体验和感悟。

高中语文核心素养包含了语言建构与运用、思维发展与提升、审美鉴赏与创造、文化传承与理解四个维度,同时也是语文学科中立德树人构成目标的四大要素。想要在语文教学中落实好学科核心素养,需要在教学活动中强调真实的情境,也要强调学生的实践体验。

就物理空间而言,校内如教室的布置至关重要。桌椅的布局可以是马蹄形或圆形,通过教室空间布局和桌椅的设计引导学生开展自主学习和合作探究。在教学过程中更便于学生互相,形成观点之间的互相生成和碰撞。

苏霍姆林斯基曾说过,"让学校的每一面墙壁都开口说话",将班级的墙壁、楼道墙壁设计成学生学习交流和课程展示拓展的空间同样有助于构建有助于学生学习的和谐的文化环境。如,可以把学生同一主题的写作成果展示在班级的文化墙中,或者是学生的日常随笔整合并展示在班级外墙,成为记录学生成长思考的立体档案,也成为学生作业展示交流的平台。

此外,还可以利用丰富的校外资源进行学习,如在博物馆、图书馆中进一步开阔视野。对于校外基地的实践学习,可称之为别样的课堂。教师可以根据教学内容挖掘显性或隐性的学习资源,例如对校外基地的使用。如高中语文选择性必修上册第一单元是中国革命传统作品,那么教师也可以利用博物馆网上的平台数字展览,让学生可以足不出户领略祖国的大好河山,感受中国革命斗争史,在形象的展示中与语言文字相结合,表达自己内心独特的感受。

而利用网络资源营造学习的情境便可以算是对"虚拟空间"的利用。教师还可以将"钉钉"动态分享的功能作为教学平台的延伸,与学生进行互动。正如书中作者的观点,"所有学习都发生在新刺激和先前已构建的心理结构的相遇中,这个过程是个体性的,有差异的,这意味着学习结果将同样是个体性的、有差异的"。当学生或者教师通过平台分享自己的所见所闻所思所感,或者学生学完一课内容后的感受,如此生生之间、师生之间的个体差异的相互交融,首先形成的是目标导向的身份认同,即提升语言表达,培养批判性思维的学习目标;其次通过分享和评论,尤其是"当互动在主观上成为有意识认知的一种负担时,很多影响会在无意识中积累"。优质的分享内容,如阅读文学作品后的感受和思考,或优秀句段的分享等,由于构建的是一个虚拟空间,同时也是一种充满人文色彩的"精神空间",如此种种有助于提升学生的语文素养。

从以上思考中可以发现,所谓的"物理空间""虚拟空间"和"精神空间"其实是互相交融的。且在学习空间中所进行的活动,隐藏着不易被发现的"关系场"。因此,在关注"学习场"的建设中,可以通过关注教学过程中良好的人际关系也是至关重要的,以此让学生有更好的归属感和安全感,教学过程也应该是民主平等的互动过程本身。

作者在书中还强调了个体的主体性,即"个体在与周围环境之间进行互动时,个体可以说是处于环境中的一个主体,即他在现场是自我觉知的。而学习者如果只是扮演一个消极角色,并且没有主动承担任何义务的情境下,学习者是不可能学到某些东西的"。换言之,如果学生没有作为一个主体卷入进所设置的学习情境,那么实际上将不会出现任何双向的互动过程,取而代之的通常是所谓的填塞过程。由此观之,在构建学习场的过程中激发学生的学习内在动机也是落实学科核心素养的一把关键钥匙。

随着近年来"双新"的提出和落实,核心素养已经成为新课改的方向之一。从宏观角度来讲,核心素养是为应对全球教育所面临的挑战提出来的,是对过去的反思,也是对未来教育领域前景的一种展望,而种种对教学实践的启迪和构想还需要在真实的教学环境下去检验和完善。

(二)知其所以然[①]

作为一名从教20余年的教师,关于如何学习,或多或少有些心得。那么,这本《我们如何学习:全视角学习理论》又会带来哪些新得呢?带着这样的疑惑,我翻开了这本书。

本书作者认为,学习都包含两个过程,个体与环境之间的互动过程,以及内部心智获得与加工的过程。获得过程总是包含着内容与动机,由此产生了学习的三个维度:内容、动机与互动。内容维度通常关注的是知识、技能、理解、态度和行为方式。动机维度包含动力、情

---

① 分享人:沈惠兰。

绪和意志。互动维度包含活动、对话和合作。

毫无疑问,内容维度向来是教学的重点和核心。通过这一过程,我们寻求的是构建意义和掌握知识技能等,从而强化我们的功能性,即我们在自己所处环境中恰当地发挥功能的能力。然而,回顾这一学年来的教学,我发现动机维度和互动维度,在提高教学有效性方面也有着重要作用,却在教学中易被忽视。

在高三第一学期教学中,系统进行诗歌知识点的复习之后,我布置了一项诗歌创作的学习任务,可以是现代诗,也可以是古代诗词,主题不限,我笔抒我怀,融汇诗词知识点,有感而发即可。并将在学期末最后一课进行班级"迎新赛诗会"的展示活动。学生们的创作热情和作品质量,都给了我一个大大的惊喜。特别是同学小刘,从刚布置作业的11月初就开始递交作品《影子》,我提出意见后,他反复修改,仅就结尾一句,四易其稿,"且在江湖相守,喝一碗旧时光""且在江湖相守,终究梦中迷惘""祈愿化蝶相守,梦醒依旧流浪""且在江湖相守,不愿梦中流浪"。后来转为线上教学,赛诗会延迟到第二学期开学第一课。没想到小刘在寒假里又第五次修改了他的诗歌。在反复探讨修改的过程中,学生不断地深化着对现代诗重要知识点"三美"主张的理解。学生们为什么会有如此大的学习热情?我想恐怕就是因为动机维度发生了作用。在动力、情绪和意志发挥作用的过程中,寻求维持心智与身体的平衡,与此同时发展学生的敏感性,激发出了学习热情。

在学习完鲁迅的小说《阿Q正传》后,我布置了小说片段创作学习任务,设定主人公高桥中学高三学子阿桥的身份,每个学生创作若干小片段,最后由我把他们的创作整理成完整的小说《阿Q新传》。学生们构思情节、运用人物刻画方法、渲染环境,塑造出了独特的高桥阿Q。节选部分如下:

> 浮世景色百千年依旧,人之在世却如白露与泡影。来到这高桥镇,已有两年有余,那尽头的桥已不知送走了多少焦头烂额的人,又不知带来了多少看着朝气蓬勃的年轻人。只有那颗光溜溜的石头边有几棵常青的松树依旧。(2302 张天笑)

> 猛然回神,阿Q扔掉了手里的手机。
> "都这种时候了,我居然还在玩手机!"阿Q直想抽自己两耳光。
> 他晃了晃脑袋,强迫自己关注作业本上的每一个字,但似乎每一个字都飞舞出了纸张,幻化成一朵一朵的花,阿Q思想逐渐游离,他开始想:"我还剩多少作业?到十二点……肯定写得完!"
> 他飞快又带着快乐而侥幸的沾沾自喜,扔下笔,捞回手机。
> 第二天清晨一点,书桌上暖黄的灯光照映出阿Q抹着眼泪奋笔疾书的身影……
> (2302 丁怡)

> 所以说,作为一个高三学生,阿Q大多是快乐的,但也并非全然。如若恰好月

> 考成绩出来，便是阿Q最痛的时候了。成绩条的白纸黑字宛如一道道黑白的判决书，刺痛了阿Q的眼睛，也刺痛了阿Q的内心。假若你此时去问他的成绩，只见他脸红一阵，白一阵，末了，一句话没憋出来，却是翻了一个白眼，口中念念有词地溜走了。可是我们的阿Q还有一件法宝——遗忘。一节课后，他一定生龙活虎，自在逍遥，忘却前面的痛苦了。（2301 孙千益）

> 最后，阿Q在这个纸片事件中总算与抗争的自己和解了。或许未来的他还会遇上无数的心结，但他愿意在自我内心的斗争中最终选择光明的那一边，千千万万的高桥园的阿Q都愿意。因为他们向往银河中的璀璨与希望，他们向往着未来再回看这散落一地的繁星时，他们期待的星夜终将被照亮。（2301 王文娜）

正是在活动、对话、合作的互动维度层面，学生们积极参与到学习活动中来。在这一过程中，寻求实现我们认为可以接受的人际交往及与社会的整合，与此同时，发展人的社会性。

总而言之，回顾一学年的工作，高效的教学源自哪里？之前在我脑海当中是混沌一片，可谓"知其然而不知其所以然"，通过对本书的阅读，有了理论上的清晰认知，想必在接下去的教学工作中可以更好地用以指导教学实践，因为已是"知其所以然"。

（三）学习与变革[①]

今年暑期，读了丹麦学者克努兹·伊列雷斯的《我们如何学习：全视角学习理论》一书，从理论上了解到学习是什么？学习是如何发生的？作为"天生的学习者"的我们，身为教师的我们，在当今这个知识与信息引领的社会中，如何使师生关系走向"交互主体"关系，如何通过变革学生的学习方式和教师的教学方式，从而促进师生之间的互动和合作以提升学习，是该书带给我的思考。

1. 化被动为主动，打造"理趣——原动力课堂"

新课标的出台给予教学新的方向，需要教师从以"教"为中心的传统教学转向以"学"为中心，而学生的学习也由"个体接受学习"转向"合作发现学习"。所以，通过提供与教学相关的学习资源和指导，引导学生进行独立思考与探索，鼓励学生主动参与学习过程，激发他们的学习兴趣和动力，培养他们的自主学习能力，打造"理趣——原动力课堂"。

传统的"一言堂"或"满堂灌"的教学明显无法做到这一点。只有促进师生间的互动和对话，建立平等、和谐、良好的师生关系，才能真正促动学生自主参与。在倾听中，了解学生的意见和想法。在鼓励中，引导学生提问、表达观点并参与讨论。在实践中，接纳学生的多样性和独特性，给予积极的反馈和支持，从而进一步促进师生之间的互动和交流。

[①] 分享人：凌春戎。

2. 化单干为合作,打造个性化学习场

课堂是学生的舞台,学生能表现出怎样的舞台效果和成功收获,实现核心素养的提高,自然离不开教师的主导作用。创设平等和谐的合作学习环境,鼓励学生之间的合作学习,培养学生们的团队合作和沟通能力是教师在教学过程中应该倡导的。可以通过设计行之有效的小组活动、与教学内容相关的项目研究和贴近学生生活实际的讨论等教学活动,让学生在合作中互相学习和支持,共同构建知识和解决问题。

在此过程中,根据学生的不同需求和能力,教师可以提供个性化的学习支持,让学生不会畏难而退,停滞不前。通过了解学生的学习风格、兴趣和学习困难,教师可以调整教学策略和教学资源,帮助学生更好地理解和掌握知识,打造个性化的学习场。

3. 化科技为助力,延伸新时代课堂

除了教学策略及教学方法的变化,教师本身也要意识到自身角色的转变。教师应该从传统的知识传授者转变为学生学习的引导者和支持者。教师还可以成为学生学习的合作伙伴,与学生一起探索和发现知识,引导他们思考和解决问题,还可以提供反馈和指导,帮助学生反思和改进学习方法,从而不断提升学习能力。

在当今信息化的时代,教育技术的恰当应用不仅能提高教学效果,还可以促进师生之间的互动和合作。居家学习期间,在线教学平台、教育应用程序和多媒体资源的应用,让教师们体验到了技术的力量——提供丰富的学习资源和交互式学习环境的同时,实现了教师与学生的线上交流和合作,打破了传统意义上的课堂壁垒,无限延伸了现代教学的课堂。

正如书中所言,"学习有着多种而且是非常不同的过程",学校的课堂只是人们成长过程中最为典型的学习环境之一。通过以上的变革和策略,可以促进师生之间的互动和合作,使师生关系从传统的"传授者与接受者"转变为"交互主体"关系,从而激发学生的学习动力和创造力,打造"理趣——原动力课堂",提高教学效果和学习成果,真正实现育人的转型。

(四)建学习之场,促高效学习[①]

美国的一位功勋教师德·鲍拉曾说过这样一句话:"教重要的在于听,学重要的在于说。"乍一听,这与传统的"教师、教材、教室"为中心的课堂似乎是相矛盾的,在传统课堂上往往是教师在讲、学生在听。然而,将角色互换一下,的确更合理,教学重要的是倾听学生知道什么,哪些需要教师讲,哪些不需要教师讲,从而以学定教,让教学变得更有效。学习重要的是表达,将课堂还给学生,让其有更多独立思考、表达的机会,构建以学生为中心的课堂,让学习更加高效。

课堂是"学习场"最基本的一个单元,面对双新改革,新课程、新教材推动着"新教学""新课堂",如何让学生的学习真正在课堂这一学习场中自然发生,从而落实素养的培育呢?本文从"以学定教"为切入口,浅谈如何构建学习场,促进有效教学、实现高效学习。

构建以学生为中心的课堂,最重要的一步就是理解学生的学习。学习主要有以下几种

---

① 分享人:唐家璐。

类型：累积学习、同化学习、顺应学习和转换学习。对于高中学生而言，主要是以同化和顺应学习为主。同化学习指的是学习者将新知识纳入头脑中原有的图示中，使其成自身的一部分，而顺应学习指的是当学习者不能用原有图示来同化新知识时，便对原有图示加以修改和重建，从而将新知识纳入。虽然两者是截然不同的学习方式，但却有共同的学习基础——图示，也就是学生已有的知识基础、知识结构。因此，要想进行有效的教学、实现高效的学习，它的起点必然是对学生学情的把控，是对学生学习路径、困难的预判。然而，这并不是一个新的观点或是新的认识，相反早在教学设计时学情分析就是必备的一部分，但在实践过程中，学情分析却似乎是"可有可无"的一部分，究其原因关键在于"不知道写什么？"。

"如何精准把握学情"是教师在进行教学设计前的一大难点。结合之前三维一体教育平台的使用体验，借助智慧信息平台，可能是解决这一难点的关键。在之前的平台使用中，主要聚焦于课后作业的分析。通过将批改后的学生作业导入到平台，实现对学生学习进阶的记录，并最终实现对学生、班级、年级三个维度的数据化分析。具体而言，在该平台上，学生当前的学习表现和学习成就通过错题和错因这两个媒介被数据化地记录和分析。在学生端，学生可以看到生成的错题集以及薄弱知识点，实现自主巩固；而在教师端，教师可以看到班级错题情况分析和班级错因分析，从而更有针对性地进行教学。那么如果在教学前也增加"预习检测"环节，教师就可以在课前了解学生的预习情况、前置知识的掌握情况等等，从而更有针对性地设计课堂活动，形成"检测—教学—评价—巩固"的教学链，实现"以学定教"，促进有效教学；而学生则能在课堂这一学习场中，思考更多基于其"学习问题"和"学习困难"的课堂问题，从而突破认知障碍，实现高效学习。

在这一学习场中，教师的教和学生的学习方式都发生了转变。学生的学习不只在课堂，更在课前的自主预习（通过阅读教材、观看空中课堂资源，掌握基础知识的同时，产生有待解决的疑惑），而这样的疑惑激发了学习动机，让学生更有动力地在课堂上思考、表达、问题解决。教师的角色也在此过程中发生了潜移默化的转变，学情的把握是否精准不只在于平台的使用，更重要的是教师设计的预习问题，因此，教师首先是一个"学习者"，从学生视角假设可能的疑惑，设计问题。目标检测后，教师又成了"数据分析者"，根据平台显示的数据呈现，提取学生共同的困难，为教学做准备。最后，教师又成了"教学设计者"，根据学情，设计有针对性的课堂活动，帮助学生进行问题解决。在师生的交互过程中，教学更有针对性、更加地高效；学习更生动，也更加有效！

学习场无形，但学习有痕。在智慧教育的支撑下，让教师成为课堂的创造者，让学生成为课堂的主人，让课堂成为学习发生、素养落地的学习场！

（五）由"学习"定义引发的一点感想[①]

暑期认真学习了《我们如何学习：全视角学习理论》，这是一本鲜见的教学理论的通识

---

① 分享人：汪大勇。

读本,读起来顺心爽心,收获良多。在此,我仅对其中关于"学习"的定义,写下自己的感想。

"学习"一词应用广泛,狭义上就专指学生的学校学习,甚至指课堂上的学习。广义的学习是指人与动物在生活过程中凭借经验产生的行为或行为潜能的相对持久的变化。次广义的学习指人类的学习。本文作者将"学习"区分出四种主要含义,最终将"学习"界定为:"发生于生命有机体中的任何导向持久性能力改变的过程,而且,这些过程的发生并不单纯由生理性成熟或衰老机制导致"。在这一定义下,学习意味着一种改变,且在某种程度上是持久性的改变。

1. "学习"的社会性

"学习"既然是"生命有机体"的一种改变过程,生命有机体必然处于一定的社会条件(时间和空间)下,因此,我认为,"学习"的发生不论是学习的内容还是方式,都一定与时代的物质、精神以及社会思潮环境有着紧密的联系,也就是说,"学习"一定是时代倡导的一种"能力改变",因此,"学习"永远不能脱离时代而单独存在,具有强烈的社会性和时代性。

学习的社会性,要求我们的"学习"供给应该与时代主流价值观保持高度一致,也就是说要让我们的教育永远保持时代的先进性。

2. "学习"的复杂性

学习的发生是"生命有机体"的改变过程,由于"生命有机体"的个体是千差万别的,这种差别包括先天性条件和后天性影响,因此,每个"生命有机体"在学习发生的过程中,即使面对同一学习内容,学习的方式、方法、体验和结果都是不一样的,这种结果反过来会刺激"生命有机体"对"学习"的反思产生巨大差别,进而影响到"生命有机体"对后期学习的起点,甚至会影响其兴趣、毅力等心理品质的形成。由于"生命有机体"的生理和心理结构的复杂性,必然会引起学习形成过程的复杂性。

学习的复杂性,要求我们在引导学生学习的发生时,要充分考虑学生的接收的个体差异和学生学习体验的差异,关注每个学生的"持久性能力改变"的心理路径,做好各种调适和关爱。

3. "学习"的自主性

由于"学习"过程的发生"并不单纯由生理性成熟或衰老机制导致",因此,"学习"的发生就必然不是一个自发过程,而是通过"生命有机体"的内在某种目的作为目标,内省形成学习行为的驱动力,这种驱动力之所以能达成"改变",一定是克服某种困难的毅力表现,因而,学习的动力一定是一种内驱力,具有鲜明的自主性。

学习的自主性,要求我们在指导学生学习时,充分展示学科育人价值,以趣达理,促成学生形成较高的学习欲望和动机,产生强烈的学习动力,让学生的"乐趣""兴趣""志趣"递进生成。

学海无涯,教无止境。学习是"生命有机体"的生存方式,学习不仅是学生的"专利"。学生学习的发生是为终身发展奠定基础,教师的学习价值就是获得更佳的认知和更广阔的视野,是谓"学然后知不足,教然后知困。知不足,然后能自反也;知困,然后能自强也。故曰:教学相长也"(《礼记·学记》)。

(六)教育不是西方的专利[①]

打开《我们如何学习:全视角学习理论》这本书,有一种似曾相识的感觉,从大学教材《心理学》,到皮连生的《智育心理学》、祝智庭的《现代教育技术:促进多元智能发展》等,各种心理学流派与观点又出现在我眼前。作为一个讲台上站了25年的教师阅读此书,思考的是知道了如何学习之后,可以思考如何教学。

《聚焦新时代人才培养 建设高品质示范高中——上海市高桥中学创建市实验性示范性高中三年发展规划(2020—2022年)》一文中提到构建高桥中学"理趣——立交桥课程"的科学结构,其中"一个理念"是:"为学以理、理趣相融,为每一个学生架起通往未来之桥。"其中,"理"为课程的内核,"趣"为课程的动力和保障,"桥"是课程的功能与作用。在阅读到《我们如何学习:全视角学习理论》第七章第144页时,书中提到:"所有的学习都是情境性的,即它的某个具有社会和人际交往特性的情境中发生,通过学习者的互动,情境成为学习不可或缺的一部分。"第六章阐述的学习的动机维度也和情境化教学这个问题相关。认知动机理论中的观念冲突论中观念的冲突或说"认知不协调",源于学习者在经历到新颖、不一致,令人惊奇、变化的学习情境,时间引发的不确定性。这种不确定性导致中枢神经系统的唤醒水平提高。贝雷恩把面对不确定性情境时中等程度的唤醒状态称为好奇,好奇可以导致旨在减少不确定性的探索性行为。贝雷恩指出:情境越新奇,不确定性就越大,越容易产生观念间冲突,这些观念又进一步影响有机体的行为、方向和强度。我立马想到在化学教学中,创设学生认知冲突的问题情境激发学生学习动机,通过实验激发学生兴趣,通过化学史、化学家小故事激起学生兴趣。从西方理论中找到了学校发展举措要求情境化教学的理论依据,我思维发散又想到我们国家古代的教育观点,现代西方的心理学理论与之异曲同工,譬如孔子说的:"不愤不启,不悱不发。举一隅不以三隅反,则不复也。"这不是学习动机理论吗?再如爱因斯坦的名言:"兴趣是最好的老师,它能激发人的创造热情、好奇心和求知欲。"再用孔子的话来说则是:"知之者不如好之者,好之者不如乐知者。"

"教学"是教师和学生两个主体同时进行的活动。作为一个篆刻爱好者,曾用甲骨文刻过一枚印章"不言之教",出自《道德经》中"圣人处无为之事,行不言之教"。"教"字甲骨文,由表示手持教鞭(棍子)的"攴(pū)"和表音的声旁"爻(yáo)"组成,我个人认为"爻"是八卦中卦象,表示学习内容,后增添表示儿童的"子","教"很形象地表示拿着教鞭对小孩子施行教育。顺带了解一下"学"字,甲骨文中的"学"是由"两只向下手""爻"和"房子"组成,后金文"房子"里加了个"子",我理解为小孩子在屋子里接受教育,两只手是教育者的手。从这两个

[①] 分享人:陈勇。

字可以看到教育者和接受教育者共同之处——"爻",知识或者技能。还能在这两字中看到教和学的方法,"教"的"攴(pū)",理解成需要借助其他工具或者理解成拿上棍子有一定威慑,"棍棒之下出孝子"看来是有久远的传统。"学"的手,是大人两手下垂帮扶着学习,两者相辅相成。

几千年前的甲骨文就能反映出先人对教育的思考,2 000多年前的《学记》,世界上最早论述教学的重要文献,对现在的教学还有指导意义。例如,"今之教者,呻其占毕,多其讯言,及于数进,而不顾其安,使人不由其诚,教人不尽其材,其施之也悖,其求之也佛。夫然,故隐其学而疾其师,苦其难而不知其益也。虽终其业,其去之必速,教之不刑,其此之由乎!"读课文,满堂灌,报答案,赶进度,不考虑学生的学习和接受能力,于是,学生对学习失去乐趣。这不是学校要求教师避免的问题吗?针对问题如何解决?"禁于未发之谓豫,当其可之谓时,不凌节而施之谓孙,相观而善之谓摩。"知道学生学习时在哪里会遇到困难,没有发生时就预防,这是需要教师有经验,有积累;在适当的时机进行教育,教育需要环境与时机,这样才能有效,要求教师有应变能力;依据学生学情而进行教育,做到跳一跳能够到,符合建构主义理论,需要教师能熟悉学情,备课时从学生实际出发;合作学习,相互讨论,给学生创造一个交流的环境,有利于学生提高,之后的古代书院就秉承这种主张。

图3-8 "不言之教"印章

不仅古代教学观点对现代教学有启发,校史馆里也有高桥中学办学的成功经验与失败教训。《学记》中提到"大学之教也,时教必有正业,退息必有居学。不学操缦,不能安弦;不学博依,不能安诗;不学杂服,不能安礼。不兴其艺,不能乐学。故君子之于学也,藏焉修焉,息焉游焉",这是谈正课和兴趣课的关系。中华人民共和国成立后,高桥中学第一任校长程应镠在《祝高桥中学成立四十周年》一文中说:"这所学校(高桥中学)当时鼓励学生学好三门课,语文、数学和体育。但没有什么重点课,所有课程都受到重视,例如课外活动,歌咏队、话剧团和文学会都同样有教师和领导参加。课外活动中表现了特殊才能的学生,教师和领导引导他们投考可以发展其才能的学校,例如,戏剧学院就使我们一位毕业生成了著名的演员和导演。"程校长的主张是两个层面,一个是把书本上的知识运用到实际生活中去,也就是理论联系实际,就像杜甫"读万卷书,行万里路"的观点,陆游"纸上得来终觉浅,绝知此事要躬行",或者王阳明"知易行难、知行合一"的观点;另一个则是学有余力,在活动中找到自己的爱好、特长。

我们在引用西方教育理论、心理学观点的时候,真该看看中国古代的教育理论。我们常说"教育不是灌输,而是点燃火焰"(一般认为是苏格拉底的名言),却大概率不会引用"故君子之教,喻也。道而弗牵,强而弗抑,开而弗达"。

在阅读《我们如何学习:全视角学习理论》的过程中,我又复习了心理学观点,思考了学校发展过程中的举措暗合的理论,也默默为中国古代教育思想的被冷落感到惋惜。

（七）对师生关系的思考：关注学生"精神空间"[①]

在"双新"背景下，学校正积极开展"支持高中学生核心素养培育的'学习场'构建"项目研究。何为"学习场"？我国学者张芬艳提出了"学习场"的三维性架构：物理空间、精神空间和虚拟空间。其中精神空间的建设强调充实学生的精神世界，而良好的师生关系能够增强学生在学校的归属感与安全感，从而有利于学生在精神上获得自我实现。[②]

什么样的师生关系可以为培育学生的核心素养打造一个更好的"精神空间"？作为一名教师，我可以为此做些什么？在阅读了丹麦心理学博士克努兹·伊列雷斯的著作《我们如何学习：全视角学习理论》后，我获得了一些启发，对师生关系有了更多的思考。

1. 重新认识学习

本书的核心理论在于构建了一个学习模型，将学习分为两个过程——互动与获得过程，三个维度——内容维度、动机维度和互动维度。

内容维度是传统视角更为关注的，在日常教学中，学习的内容往往也是较为明确的。

互动维度主要指的是学习者与环境之间互动的维度。所有的学习都是"情境性的"，学习情境不仅仅影响学习，而且也是学习的一部分。这正与"学习场"概念相呼应。学生在学校的学习便是处于一种学习情境或者说"学习场"之中。互动维度在教学中对应的是教学方式，在"双新"背景下提倡的情境教学便是从互动维度所寻求的一种有效的教学方式。

动机维度主要指学习的驱动力。学习的动机总是会影响学习结果，例如在多大的程度上记住了学习结果，有多少可能会在新情境中运用学习结果（迁移潜能）。伯莱因的学习动机理论指出，"学习是通过适当的挑战得到促进的，挑战既不能太小（否则人们就不会去学），也不能太大（否则人们就会在环境面前退缩或选择绕开）"。

2. 关注学习障碍

除了从正向的视角阐述学习理论，作者还反向地探究所期待的学习没有出现时发生了什么，从学习的三个维度来研究学习障碍。在教学中，教师总会有这样的疑惑：为什么我明明讲过了可是学生还是做错？为什么同样的题目学生会错了一遍又一遍？这正是由于学生遇到了学习障碍。

从内容维度来看，学习障碍表现为"错误学习"，指在学习内容上与所希望学习或交流的东西并不对应，它主要与理解上的错误有关，通常可以被纠正。这一般是教师对学生在学习中出现种种问题时最先想到的。

然而，学生的学习障碍表面上可能表现为学习内容上的错误，其根源却在于动机和互动维度，表现为"学习防御"和"学习阻抗"。作者指出，在青年人中会出现这样一种矛盾心理，"在同一

[①] 分享人：董一。
[②] 张芬艳.核心素养视角下学生"学习场"的构建[J]文教资料，2021(09)：203.

时刻,个体既想要又不想要投入一个学习过程当中去"。这种矛盾心理与现代社会和教育给学生带来了越来越多的压力有关。"在教育体系的几乎所有部分中,参与者的动机处于压力之下。"如今的教育,我们也会发现几乎所有学生都从学习中感受到了压力,这种压力既来自自身,也来源于外部。压力具有双重意义,一方面会化为动力促进学生进步,而另一方面,压力可能会造成一种过度紧张的状态,促使学生想要逃避,在心理上进行防御。面对教师教授的知识,学生会"拒绝",不愿意将其纳入意识当中,甚至会将其"扭曲","将不能接受的刺激扭曲为某种可以接受的东西"。

因此,对教师而言,由表及里帮助学生克服"学习防御"这类障碍是更为重要的。学业压力也许不可避免,因此,将压力的积极作用更大地发挥和降低负面影响是教师应该帮助学生实现的。面对新的挑战,学生需要在教师的支持和鼓励下,获得更多的能量,克服紧张状态,重构自己的认知结构,从而取得成就和进步。教师应该对遇到学习障碍的学生给予更多的耐心,积极肯定学生的每一点进步,培养学生对学习的积极态度,激发学生学习的内在驱动力,使得学生构建更加有活力和韧性的"精神空间"。

3. 消除学习误解

作者还提到了普遍存在于教师认知中的关于学习的误解。消除这些误解对于重新思考师生关系有着积极的意义。

首先是"技术性误解",即把教育看作生产过程,认为通过创建精确的目标并选择最为有效的教学活动就能够生产出某种素质或能力。然而,"教育关乎的是活生生的人,他们是带着某些能力而来的……还有着个性倾向"。也就是说,"教师不仅要关注希望学生们学习什么,同样重要的是还要关注他们知道什么。"因此,教师必须充分认识到,每位学生都是独特的个体,当他们接受同样的教学,产生的学习结果往往并不相同。

其次是"心理性误解",即聚焦于教学而不是学习,教师教授了指定的内容时就能够得到满足,无论学生是如何学习的以及从中得到了什么。这其实也是当前教育改革的方向,改变曾经"学生被动学习"的状况,教师应该做学生的引导者,发挥学生的主体性。

在教学中,教师应提醒自己注意这些普遍存在的误解。在面对学生群体时,更多地考虑个体差异性。在进行教学设计前充分了解学情是必要的,而对于学生学业的不足,教师应通过充分的沟通找出学生真正的学习障碍是什么。对不同的学生也应抱有差异化的期望与要求,避免"一刀切"。由此学生才能拥有一个属于自己的"精神空间",在这个空间中,学生能够获得应对挑战的足够多的能量,学生能够体会到真正平等的师生关系。

(八) 浅谈"双新"背景下的学科素养[①]

阅读《我们如何学习:全视角学习理论》这本书,让我对学习有了很多新的见解,也和作者产生了很多共鸣。书中从"什么是学习""为什么要学习""怎么去学习"三个方面进行阐

---

① 分享人:殷鸣。

述。首先作者对学习的定义为发生于生命有机体中的任何导向持久性能力改变的过程,而且这些过程的发生并不单纯由生理性成熟或衰老机智导致。而我们学科核心素养正是学科育人价值的集中体现,是学生通过学科学习逐步形成的正确价值观念、必备品格和关键能力——也就是说学科核心素养是超越学科的特性,让我们教师跳出学科看学科,让学科教学不再局限于学科,而是以发展的眼光看待学生的成长,创造符合教学内容的情境化教学模式。

1. 创设情景化教学

在创造情景化教学中,其实也体现了研究人的心理学,例如一个学生在体育课中学会了乒乓球正手攻球,那我们所创设的情景一定是什么是正手攻球,哪些情境下使用正手攻球,从刚开始学生通过教师的示范动作认识到乒乓球的动作轨迹,到学生模仿这个动作到可以上台练习,在循序渐进的学习中慢慢可以和其他同学进行对练,在一定回合数字的刺激下从而提高自身成就感。

在创设比赛情境中,看比赛视频了解到正手攻球使用的情境。学生通过这一技术动作在比赛中得分,那他会表现出成功的喜悦感,这是比赛情境下所获得的。当然学习过程并不是直接可观察的,我们能观察的只是学习过程的一部分结果,但理解学习我们必然将这些有所串联。

2. 联系与迁移学习内容

从书中我们可以看到大量学者对学习的联系与迁移进行了多次不同的定义,本书最终总结为覆盖四种学习类型——累积、同化、顺应和转换的学习分类理论。这种理论其实在我们日常教学中也是有迹可循的,比如学生学习乒乓球反手推拨以后,再次学习正手攻球时,你会发现当他/她反手推拨能够形成大量回合后(我们可以称为量的累积),再次学习新的动作,他拥有一定的球感,他的落点可以找得非常精准,这时候我们可以规范与纠正其动作。那么抛开人体结构看,正反手两个动作的运行轨迹其实可以看成对称的,而且击球都为上旋球,当学生理解了这一知识理论,进行思维上的转换,就更容易把握正反手的运用及击球情境。

3. 建立多维学习空间

在实践中,我们的学习发生在很多不同的情境或学习空间中,每一种学习空间都拥有某些特殊的可供利用的学习机会。在体育这门学科的日常教学中,我们除了在课堂上进行情景化教学,也会布置相应的课后作业,这些课后作业很大一部分也依托于社会,比如参观相关的体育博物馆、观看比赛赛事视频、自己去社区或球馆与家人或朋友进行一场体育比赛,这其实也是将情境化转到现实中,让学生去体验、去学习,获得新的学习收获与见解。

基于"双新"背景下,我们探索了多种教学模式的改革,例如依托网络,进行线上教学,依托线上教学,我们进行"线上线下"融合教学,在这些教学的创新下都是在建立一个多维的空间进行学习,而这些变革终是依托于学科核心素养下。只有抓住学科核心素养,才能正确引领学科教育的深化改革,全面发挥学科的育人功能。

(九) 我为教书而来,未来为你而来[①]

加缪说,对未来的真正慷慨,是把一切都献给现在。教书是一份工作,育人却成为一种使命。在大学的大把时光里我并未规划过未来的人生,青春只留给来往的象牙塔。而今,已是我工作的第 9 个年头,时光流走于三尺讲台,沉淀下我对教师这份职业的思考。

在教育教学过程中,教师会遇到很多事情,常规的、非常规的,可控的、不可控的,意料之内的、意料之外的,其中的某一件事可能在观念、行为上使教师得到升华,那么这可算为"关键教育事件"。这是在读张肇丰、徐士强《关键教育事件 20 例》一书时我接触到的新名词。本书收录了长三角地区近 30 个地级以上城市的教师获奖作品选集,从"成长经历、关键事件、重要他人、课例分析、特殊物件"等方面,以关键教育事件来审视教师的专业发展及学校教育教学改革。从书中,我仿佛看到了自己的影子,曾经以任课老师身份、班主任身份处理过的种种小事一一浮现脑海,引领我重新审视。

教育是感性的,而教学的过程应是理性的。几年前,当我还是名新手老师的时候,常常苦恼为什么年轻的自己镇不住学生,难道严格是唯一的手段吗?慢慢地,我才意识到,你所谓的和学生打成一片——在表面上的融洽会让学生潜意识中产生错觉,生活中的"朋友老师"也是好说话的,作业拖拉甚至不做老师都会包容,这种错误认知给我的日常教学带来了困扰,严重打乱了我的教学预设。此后,我就变得很严格,甚至曾经在课堂上因为某位学生的不配合而一怒之下让学生自习。而后我等来的是下课后另一位男生跟我的讨论,认为我行为不当,不应该因为一个同学而影响到整个班级的教学进度。我向这位同学道了歉,同时也意识到自己的不足。确实,情绪化是小孩子的东西,现在,我情愿去以一位成熟的大人的身份关心学生,又和学生保持距离,讲原则、懂分寸,理性对待教学过程,又时时施爱于被教者。

师生是两个身份,而师生的关系应是互相尊重的。居家学习期间,网课应时而生,"钉钉"平台成了师生又爱又恨的 APP。身为班主任的我,早早体会到了各种催作业、催通知的苦恼,常常打趣自己变身为"催主任"了。虽然复课了两个月,但今年暑假"钉钉"还是以其便利被频频使用,我又是各种催促,而这一漫漫"催"促路上发生了两件令我意想不到的事情。当我以班主任的身份催促班级某生交作业后并未得到回应,然后过了两天我又一次催其交作业,没想到弹出来的对话框竟然是"你还不是他(她)的朋友,请先发送朋友验证请求,对方验证通过后,才能聊天"。没想到,学生因为暑假期间老师的催作业而把老师的微信删除了,真是让人哭笑不得。而当我以任课老师身份在"钉钉"平台"DING"了一位未交作业的学生之后,后续得到的反馈竟然是"*tmd* 一个个钉钉都用上瘾了是吧已读了你的 DING"。我又愣住了,似乎真的是我做得不对,虽然我只 DING 了他一次。是老师的问题?学生的问题?哦,应该是我的问题,因为我没有教会学生"尊重"。以前,我常常会跟学生说,把语文当成你

---

① 分享人:丁艾。

的初恋,好好谈场恋爱吧。可这几年我忽然发现怎么教着教着,学生对教师就充满了敌意,慢慢成了"仇人"一般,而对语文学科也爱不起来了。在学校、在教室,学生除了分数,还要学些什么?至少这两件事情告诉我,师生间的彼此尊重尤为重要。教师不是高高在上,我们要学会聆听学生的心声,尝试去鼓励他们真诚的畅所欲言,对学生的尊重希望也能唤回些学生对老师的尊重,而这一修养应该贯穿整个学生生涯,从小培养,从小熏陶,而这,只靠老师个体也显然不够,需要社会、家庭教育的扶持。

以上是我从《关键教育事件20例》一书得到的答案,它开解了我,也充实了我。我愿用慷慨的现在,用心教书,用心走向未来,以期美好未来为我的学生而来。

(十) 底蕴需要底气①

暑期读了高洪雷的《另一半中国史》,发现在中国的历史长河中匈奴、乌桓、鲜卑、柔然、突厥、契丹、蒙古等少数民族也有着精彩的一笔。草原民族性情直爽但不善谋略,可是随着汉族文化的渗透,他们意识到自身的不足,从中原王朝"挖"谋士,弥补自身的先天不足。直到匈奴刘氏站到历史舞台方知自身有一定实力,但骄傲自满的性格依然导致惨淡退出历史舞台。

随着"风吹草低见牛羊",少数民族的生活画面油然而生,他们在林中打猎,在草原放牧,在平原耕田,他们在大自然中生活,有着光怪陆离的风俗、南腔北调的语言。可是历史的进程总免不了让他们有了新的认知结构,他们也为中原文化注入了新鲜血液,推动了民族的大融合发展。阅读此书后我发现,也许此书所讲述的历史与宏伟、精彩、细密挂不上钩,看到的也许是各个少数民族在历史的小溪流淌了那么一下就结束的小故事,但是这些都不能磨灭少数民族为汉族带来的不同的民风、不同的思想,为中华人民共和国的成立添上了自己独特的笔墨。

值得我敬佩的是此书作者通过追根求源,使原本模糊的民族渊源变得明晰,何为"匈奴"何为"胡";通过对少数民族历史的归纳整理,使原本残缺的历史进程变得系统,更清楚了"丝绸之路"的来龙去脉;通过对各个部落首领、杰出人物、草原事迹的剖析思辨,使原本不为人知的历史事件有了血肉之躯,明白了某些朝代演变的原因。

正值学校评审市实验性学校关键时期,又将迎来新疆学子到校的学习,这本书可谓是恰逢时候。

首先,作为教师要尊重并理解各民族的文化风俗。上海是一个海纳百川的城市,以自身独特的内涵聚集了全国乃至全世界的人才。作为上海的一名教师更是应有容乃大,才会赢得其他国家、民族、城市学生的尊重和信任。通过各种校内活动,比如饮食文化、风俗习惯等方面减少汉族和少数民族学生的隔阂,利用各种机会加强交流。《另一半中国史》告诉我,曾

---

① 分享人:朱咏梅。

有过很多的民族大融合现象,但又在不同环境不同地域中能保持自身文化独立,在文化差异中相互磨合,相互帮助,齐心协力,共同发展。汉族文化有着他独特的魅力,以至于包容了各民族的文化和风俗,并能将其融合变成中国特有的文化风貌。

其次,教师要尊重教育规律。柏拉图说:"教育非他,乃心灵的转向。"当教师"静待花开",多给孩子一些空间和时间,让他们不要过于浮躁,不要操之过急,我想孩子们的心灵将更为丰满,学习也会更为自信满满。故而,就像历史书一般追根溯源后发现教育要回归根本,"从孩子出发""为了一切的孩子""为了孩子的一切",培养他们终身发展的能力才是我们教育的使命。

最后,教师要具备专业的教学底蕴。而"自身的实力"是最好的底蕴。师德修养、专业素养、教学能力、科研能力都是自身需要具备的"力量"。如何利用假期去提高,如何在培训中去积累,如何在工作中去积淀,需要自身的勇气和智慧,把碎片时间拾起来,把假期利用起来,把工作中的点滴积累起来,相信"力量"一定属于我们自己。

历史长河中的人物和故事告诉我们:要符合时代的发展,遵循事物发展规律,新的思想、新的科技推动社会的发展,都需要教育先行!

(十一)乘势而上千帆竞　策马扬鞭正当时[①]

《另一半中国史》——一本用通俗的语言、翔实的史料、丰富生动的历史故事叙述了中国历史上各少数民族的兴衰更替和发展演变的书。于我而言,暑假读毕,不仅大致了解了中国少数民族的历史,还顺便复习了一下中国古代史及一小部分世界史。除此之外,书中比比皆是散文似的带有作者浓重感情色彩的句子,大大提高了我的阅读兴趣。这本书虽不是传统意义上的历史学专著,但作为一本历史普及读物确实不错。

阅读此书过程中,体会着中国各民族共同开拓祖国辽阔的疆域,共同创造辉煌灿烂的中华文明的历史,也领悟到任何时代任何事物的发展都离不开机遇和为之努力奋斗的一群人,并深切感受到团结的力量。这不禁让我联想到正处在转型期的我校,高桥中学的发展又何尝不需要机遇、团结、奋斗呢?作为一位四十出头的人,我已在高桥中学学习和工作了27年了,其中初中3年、高中3年、工作21年,今年暑假我与女儿再次一同参观了学校的校史馆,在与女儿的介绍和交流中我又多了一份对学校的了解和热爱。

高桥中学从创办至今,已历经一个多世纪的风雨洗礼,不仅有悠久深厚的历史人文传统,有镇校之宝——国内现存第一块航运御碑的永乐御碑,有亭台楼阁、小桥流水、四季花开的公园式校园环境,更有处于全区乃至全市的区级实验性示范性高中中的佼佼者的办学质量和办学业绩,有着一大批爱生活会生活、爱工作会工作、敬业精业乐业、极具人情味和家园精神的教师们。

---

① 分享人:陆戴峰。

我们学校在职的全体师生、已毕业的学生、已退休的教师，甚至是高桥地区的人民，都无比希望高桥中学能成为引领地域文化繁荣的市实验性示范性高中！

而现在机遇来了，真的来了，暑假前的教工大会上沈校长正式宣布2020学年开学后内高班将正式进入高桥中学，那就意味着学校离市实验性示范性高中不远了！得知此消息全校教职工欢欣鼓舞，个别老教师更是激动地说，终于有盼头了，真心希望能在退休前亲眼见证这历史性的时刻。

一阵欢喜之后静下心来，大家开始思考个人如何助力学校的转型发展，除了积极配合学校的各项工作之外，个人的发展问题被再次提上日程，特别是占学校总教师人数最多的中青年教师。个人发展与学校发展是同步的，现在的我们，生活在国家最为富强、国力最为富足的时代，处在机遇与挑战并存的学校转型期，我们应怀揣着青年人应有的使命、担当、情怀、追求。作为有上进心的中青年教师应该做些什么呢？以我为例，1999年工作至今已有21个年头了，前些年在国家、市、区的教学评比中均获过奖。自2011年中学高级职称评定以后，总感觉自己的学识、能力有限，再往前走的动力就不足了。当然，不断提高自己的教学质量，成为学生心目中的好老师是我始终不渝的目标。但是随着近几年的高考改革，化学这门课程从加一变成了加三，随着大数据时代来临微课微视频的大力推广，随着新课标、新教材的使用，这已迫使我们的教学进行大的调整。生化教研组长、创新实验室负责人的头衔也让我压力不小。学校在创建市实验性示范性学校过程中场地的扩建，硬件设施的不断更新，线上教学的不断丰富，已为我们师生活动搭建了更好的平台，这一切的一切都预示着这是突破个人发展瓶颈期的良好机遇。乘势而上千帆竞，策马扬鞭正当时。我们将竭尽所能提升自己并积极参与到学校的发展中去。

校长说在创建的过程中我们将面临强大而繁重的任务，面临艰巨而崭新的挑战，我们甚至要做好脱一层皮的准备。好吧，如果这能换回作为教师的自我的满足和幸福感，能起到作为家长的榜样和示范作用，能赢得上级部门、学生、家长和社会更高的认可和赞誉，这一切必将是值得而有意义的。

海阔凭鱼跃，天高任鸟飞。你给我一片绿叶，我还你一片森林。我相信我们高桥中学的全体师生一定会把握机会，团结一致，努力拼搏。大家的袖子已撸起，新的挑战来吧！

三、教育沙龙

2022年10月20日下午，高桥教育集团清溪书院第12期青年教师教育沙龙如期开始。本期沙龙有幸邀请到了沈正东校长、学校发展处主任汪大勇老师、学校发展处副主任唐燕莉老师、校务办副主任陆戴峰老师。同时，参与本次沙龙的还有清溪书院全体成员。本次沙龙围绕推进学校课程教学改革的支持高中生素养培育的"学习场"构建以及"理趣——立交桥课程"体系展开，由清溪书院秘书长符裕老师主持。

图3-9　清溪书院青年教师教育沙龙

关注青年教师的成长和发展一直是高桥中学历来的传统。在沙龙开始,首先由刘文昕、杨雨沁、肖光亮等2022年新进教师同时也是高桥中学清溪书院的新社员依次做了自我介绍,大家对新成员的加入表示诚挚的欢迎。当前高桥中学面临着新的突破与发展,青年教师作为促进学校发展的新生力量,了解学校发展理念,理解学校发展内涵成为不可或缺的先决条件。

之后,沈正东校长对高桥中学未来的发展规划内容进行了介绍。沈校长解释了学校"为学以理,积学精业"的办学理念,明确了学校"引领地域文化繁荣,涵育终身学习能力"的办学愿景,再一次强调了学校"培养文质彬彬、和而不同、兼济天下的'现代君子'"的育人目标,为新教师的专业发展提供了方向。聚焦于学校一贯倡导的"理趣相融"的教学主张,沈校长解读了"理趣——立交桥课程"体系,概括为"一个理念、两个支点、三维空间、四大层级、五大模块"。对于如何在教学实践中真正做到"理趣相融",沈校长解读了"理趣——原动力课堂"。提出在教学中,教师要注重单元设计和单元教学,实现教学情境化,要从关注教师的"教"转向更多关注学生的"学",调动学生学习的内驱力,激发学生学习的主动性,通过"四有五步"

落实"理趣——原动力课堂"。最后,沈校长介绍了学校正在推进的支持高中学生素养培育的"学习场"的构建,"学习场"不仅仅是可以看得见的学习空间,同时和学生的每一次互动也是一个个看不见的"学习场"。并对未来"智慧校园"的建设和数字化教学的转型进行了展望,以此助力于为学生创设学习和成长的"学习场"。

紧接着,汪大勇老师结合自身所在的学科从物理学角度解释了"场"的概念,认为所谓的"学习场"可以看作学生、家长、教师之间,甚至是班级与班级之间的同频共振。具体来讲可以是基于各种物的要素、人的要素而形成的动态化的"信息环境",以及学习者借助个人感官而体验到的"信息总和"。汪老师借"学习场"作为一种"物质性"的存在,强调了教师要发挥自身的主观能动性,这无疑对教师提出了更大的挑战。因此提出教师要学会反思,以学生为主体,关注学生学习的发生和学习品质的提升,以学定教,通过所设计的教学活动激发"场"的正能量,实现师生、生生等不同群体之间的共振,最终促进学生的全面发展。随后,符裕老师、唐文勤老师、李家欢老师、杨雨沁老师、肖光亮老师、徐振宇老师等围绕"学习场"分享了自己的看法。

符裕老师认为学习场有强弱,而且强弱是可以变化的;另外,学习场是有层级的,而我们处于各种不同的层级当中。比如学校和教师关注的"学习场"可能是不同的,那么教师在教学中的关注点也会有所侧重和区分。

唐文勤老师尝试将"学习场"的构建运用于历史学科教学中,提出构建从物到人的御碑亭"学习场",围绕对撰碑人、护碑人、立碑人的探讨,并通过御碑亭和校史馆场地的转换,激发学生学习的积极性,共同探索御碑亭的前世今生。

李家欢老师表示非常认同汪主任的"共振"理念,认为虽然在墙上展示元素实物或科学家的名人名言、老师讲解化学史等行为可以让学生发现化学学习中的"场",但更重要的是通过"共振"引领学生的思维碰撞。

杨雨沁老师认为英语教学可以结合校园里看得见摸得着的关于语言的东西展开,如校园里的标语翻译纠错,以及结合单元话题 Places 给校园里未命名的地点进行命名活动等。

肖光亮老师认为学习场很容易被理解成是一个静态的学习场所或者学习空间,但在这个概念中,人才是最重要的因素,所以我们要充分发挥主观能动性,注重协调场中的各个因素,通过建立人与人、人与物、物与物之间的联系,来调动学生学习的积极性。

徐振宇老师强调了场与场的互相影响,归结到课堂就是课堂对话,主要包括四个方面:师生对话、学生与教材文本对话、生生对话、学生与历史人物的对话。另外德育方面,学生与学生之间的相互影响也非常关键,要发挥个别学生以点带面的作用。

本次沙龙,既是对以往"理趣"探讨的延续,又是从"学习场"的角度对"理趣"探讨的进一步深化。会上,老师们围绕对"理趣""学习场"等关键词的思考,在交流和碰撞中融合自己的学科特点生发出各具不同学科特色的思维的火花。未来,高桥中学会继续探索如何在丰富且立体课程的组合铺就下引领学生健康成长,并逐步构建起关注学生素养培育的"学习场",力求实现学校管理的高品、高质和高效。

四、小微课题研究

(一)基于"数据化学情"的高中语文教学策略分析[1]

1. 高中生语文学情总体情况

学情,指的是对于学习者学习效果产生影响的自身因素。这些因素包括学生的知识背景、性格特点、家庭教育背景、思维模式等。语文是一门基础课程,在本课程中所学习到的知识对于处于个人成长与三观塑造关键期的高中生格外重要,课文中的精神内涵与思想观念可以引领着他们向着更好的方向发展,而富有文学气息的文字则可以浸润他们的心灵。

根据对本校高中生的语文学习情况进行数据化分析后,发现部分学生无论是从课堂表现还是从作业情况,对于语文学科的态度与重视都不够。进行归纳分析后得到的原因有四点:一是学生之间的兴趣差异明显。很多学生在学习中出现偏科的问题,有的学生非常喜欢数理化,有的学生则比较喜欢政史地。兴趣的差异,学生对语文学习持有截然不同的态度:部分学生喜欢阅读与思考语文课本中的文学作品,其他的学生则可能厌烦于文学性较强文本的阅读与学习。二是高中面临的升学压力较大,学生往往会忽略语文学科的人文性,转而将关注点放在工具性上面。部分学生为了在考试中取得好成绩,会将学习的注意力全部转移到具体知识点的学习中,而不愿意花时间去品味文学中蕴含的人文气息,因而无法更好地提升自身的语文素养。三是有些同学觉得语文学习见效慢,学不学一个样。四是教学模式单一,无法调动学生学习课本内容的热情。在课堂教学中,教师往往会采用注入式的方式组织教学活动,希望学生在自身的引导下快速掌握课本中的文化知识,构建完整的知识网络。但单一的教学模式无法调动学生的学习积极性,使其主动学习并深入探究的欲望不强烈,最后导致课堂教学效果不理想的问题出现。

2. 基于学情下的高中语文教学策略

(1)转变教学理念,树立以学生为本的理念,明确师生角色

根据美国教育心理学家加涅提出的学习条件论中的观点:要提高教学质量,就必须重视学习者的内部条件,并以此为依据,以学生学情为中心,创设有效的教学设计。我们若想要突破语文教学中常见的"转化率"低的"瓶颈",就必须按教学规律办事,在高中语文教学实践中,始终坚持从学生实际学情出发,以学生为中心的理念。结合学生实际需求组织教学活动,引导学生进行深入学习,使学生在实现牢固掌握知识目标的同时,又能愉悦地接纳、感悟、领会语文学科的人文魅力,进而丰富提升自身的人文素养。换言之,就是要真正了解掌

---

[1] 研究者:王亚丽、李寿珍、高业蓉、凌文洁、胡勤、程志伟。

握真实的"学情",明白学生的"已经知道的"与"尚未掌握的",在明确"教什么"和"怎么教"的背景下设计或规划"让他学"和"教会学"。

"了解学生的发展状况,首先需要了解学生已有的学习经历,还需要了解学生当下的语文学习状况,还要了解学生未来的语文前景。"因而在新课程教育背景下,教师要积极转变以往的师生角色,明确自身的主导地位与学生的主体地位,并根据学生以往学习现状,设计教学活动,使学生在学习中意识到自身的主体地位,提升课堂教学质量。在教学活动中,给予学生充分的尊重,鼓励学生主动回答问题、提出疑问,真正地参与课堂活动中,感受课本知识学习的重要意义。通过学生的主动参与,不仅可以解决当前教学中学生学习兴趣不高的问题,同时能够促进学生良好学习态度与习惯的发展,使学生在学习中养成良好的品质。以本学期所设《石钟山记》教案为例,在教学过程中引导学生使用各文段中的一个字来概括文段的中心并阐述理由。这样概括性的问题不仅可以考查学生对于课文内容的掌握情况,也能很好地锻炼学生的思维与概括能力。

(2) 创建互动课堂,活跃课堂氛围

语文能力的提升,无疑需要学生更多地掌握、运用相应的语文知识。这就要求我们的语文课堂要为学生提供更多的训练机会,使之更好地积累经验,掌握规律。同时通过这种交流式的训练,达到师生互动,共同探究提升的教学目标。在实际教学中,就是要加强对各种语文教学材料的运用,将此与课本知识充分融合,并引导学生进行互动交流,以此提升课堂教学质量,鼓励学生深入学习,实现高质量教学的目的。仍以《石钟山记》为例,当讨论苏轼对石钟山的命名的缘由是否真的做到了求真辨伪、是否影响本文的价值和苏轼本人在我们心目中的地位这两个问题时,问题是开放性的,重在培养学生对优秀传统文化的理解和传承,以及思维的逻辑性、思辨性。

(3) 分层教学,促使学生综合发展

每个人的认知能力,既有量的不同,更有着质的区别。因而不同认知能力的人,他对于所学习知识的吸收方式也不同,对学习内容、教学风格以及学习模式的喜好也不尽相同。在语文课堂教学中,为了满足学生不同学习需求,教师可以根据学生的需求、个性,将此分成不同的层次,进行个性化教学活动,让学生在适合的环境中学习文化知识,以此提升课堂教学质量。这种将学生分层次,开展有针对性的教学活动的做法,能够更有效地关注到不同学情的学生学习需求,也使得在有限的教学时间中,更好地达到提高各个层级学生学习效果的目的。

(4) 结果分析,促使教学效果提升

注重课后学情分析对于提升教学效果有着不言而喻的重要意义。课后学习情况的反馈,是完整教学过程不可或缺的一部分,也是学情分析的重要一环。教师应当通过这一反馈,了解学生对于课堂教学知识的掌握情况,及时发现课堂教学过程中的不足,及时加以改进,以利于教师调整和完善教学方案,提升教学水平。

我们知道课前、课中、课后的学生学情分析在语文教学中是相辅相成的关系。但我们会发现有不少教师会忽视课后学情分析,认为只要关注课堂教学过程,学生的高效理解和掌握知识就是必然的,但其实并非如此。我们对于教学后的学情分析可从以下两方面进行:第一,教学反思就学情进行重现。课后反思是掌握学生学情的重要途径。有一个普遍的认识:教师专业成长的关键性因素是教学反思,通过反思和总结能发现教学中存在的问题,从而及时分析问题、解决问题,最终达到提升教学能力和教学水平的目标。第二,通过作业检验学情。有效作业是巩固课堂所学知识的有效途径,也是掌握学生学情和检验教师教学效果的重要途径之一。学习是持续性活动,需要不断练习和操作的活动。我们虽然反对给学生过重的学业负担,但也不能因噎废食,还是要通过适量有效度的作业反馈,及时判断学生对课堂教学内容的接受程度,获取更加及时翔实的学情,帮助我们明确教学存在的不足以及教学目标达成情况。所以我们应当针对课程内容设计相关问题检验学生学情,以提高作业检验的效度。例如,在《故都的秋》第一课时结束之后,就文章开头"可是啊,北国的秋,却特别地来得清,来得静,来得悲凉。"这句话,我们可以设计:"为什么北国的秋来得清,来得静?对比我们南方的秋,你又有什么样不同的体验?请用300字左右的文章来阐述。"这样的作业设计,不仅能够有效考查学生课堂学习的学情,也能更深层次了解学生对于文章内涵以及字词运用的能力,为下一课时教学提供更好的教学切入点。

总而言之,在高中语文课堂教学中,应建立以学生为本的教育原则,构建互动课堂,引导学生主动学习,使学生在学习过程中养成好的学习习惯。运用分层教学方法开展教育工作时,尊重学生主体,鼓励学生深入学习,提升教育工作效果,促使学生全面发展。

(二)基于布卢姆教育目标分类的单元贯通预习作业分层设计探索——以高中语文选择性必修上册第三单元为例[①]

单元贯通的理念由黄荣华老师倡导,在其《以道驭术——单元贯通教学诠释》[②]一文中指出:单元贯通教学,概而言之,就是将一个单元(有时是不同单元或几个单元)的教学内容贯穿、沟通起来展开教学。具体而言,可以从四个方面理解——建立教材单元概念、建立教学单元概念、建立单元贯通概念、实施单元贯通教学。借助单元贯通,语文教学可以突破单篇教学的惯性,从而实现新课标、新教材所期待的语文教学目标。

而作为单元贯通教学展开前的重要准备,单元贯通预习作业的设计不可轻视。黄荣华老师在《以道驭术——单元贯通教学诠释》中谈到有关单元贯通的预习时也指出:这种(单元贯通)预习,比之前的单元预习的要求要高许多。然而,相较于单元贯通课堂教学的环节,单元贯通预习环节的实施却常常容易被轻视,关于此的研究也是鲜有见到,可以说是存在着

[①] 研究者:龚赟豪。
[②] 黄荣华.复旦附中"双新"语文课:单元贯通教学样本[M].桂林:广西师范大学出版社,2022.

一定的"真空地带"。基于此,本文利用布卢姆教育目标分类理论提出相应的预习作业分层设计的措施,以提供思路和参考。

1. 目前高中语文单元贯通预习作业存在的问题

观照当下语文单元贯通教学中预习作业的布置,笔者发现存在如下问题:

(1) 缺乏指导性

一些前置于单元贯通教学的预习作业缺乏指导性,形同虚设。授课教师虽有布置预习作业的意识,却无实际的落实计划,最终让预习作业沦落到单纯的"读几遍课文""概括几篇文章大意"的境地。这样的预习作业脱离对于具体文本的关注和思考,对于学生而言,无趣而又缺乏抓手,难以激发学生主动探索的热情。

(2) 缺乏层次性

相较于缺乏指导性的预习作业而言,笔者也注意到了不少试图引导学生关注单元文本的预习作业,但此类预习作业设计又常常缺乏层次性,仅仅停留在生字、实词、查阅作者或作品资料等完全基于事实性知识的预习任务,难以深入而多层次地帮助学生做好走入文本的准备。笔者以为,借助布卢姆、安德森等人创建发展的教育目标分类学,从知识维度以及认知过程维度对单元贯通预习作业进行分层设计是一条行之有效的路径。

2. 布卢姆教育目标分类理论的提出及沿革

1956年,美国心理学家、教育家B.S.布卢姆在其主编的《教育目标分类学(手册Ⅰ:认知领域)》(以下简称《手册》)一书中提出了教育目标的分类体系,将认知过程维度分成记忆、理解、应用、分析、评价及创造六个层级。随着教育目标分类学在近些年的不断发展和完善,布卢姆的学生洛林·W.安德森等人在21世纪初完成并出版了《手册》的修订本——《布卢姆教育目标分类学(修订版)——分类视野下的学与教及其测评》,外语教学与研究出版社在2009年翻译并出版了此书。该书继承了布卢姆在《手册》中提出的六个层级的认知过程维度的同时,从纵向上增加了四个层级的知识维度:事实性知识、概念性知识、程序性知识以及元认知知识。

表3-4 布卢姆教育目标分类学(修订版)

知识维度	认知过程维度					
	记忆/回忆	理解	应用	分析	评价	创造
事实性知识						
概念性知识						
程序性知识						
元认知知识						

经过修订过后的理论更加具有逻辑性和层次性,不仅能让教师在教育目标的设置上减少随意性,还能帮助学生在学习过程中形成清晰合理的自我认知框架。

3. 基于教育目标分类的单元贯通预习作业分层设计

笔者以选择性必修上册第三单元为例,基于教育目标分类理论,探索单元贯通预习作业的分层设计。高中语文选择性必修上册第三单元共包括四篇外国经典小说作品的节选,分别来自狄更斯的《大卫·科波菲尔》、列夫·托尔斯泰的《复活》、海明威的《老人与海》以及马尔克斯的《百年孤独》,笔者设计的单元预习作业分层设计如下表所示:

表 3-5 选择性必修上册第三单元预习作业

> **任务 1 记忆**:通读四篇课文,完成有关人物关系和情节走向的思维导图。
> **任务 2 迁移**:回顾必修下册第六单元的《祝福》《林教头风雪山神庙》,要求:① 圈画出本单元四篇课文中有着相同作用的典型环境;② 说说四篇课文中有没有和祥林嫂、林冲一样让你印象深刻的人?
> **任务 3 创造**:第三单元中的四篇课文都是小说节选,如果你想要进一步阅读其中某部的整本书,结合自己的经验,为自己制订一份阅读计划,要求:① 至少在浏览原著目录、序言、后记等基本内容后完成;② 请重点谈谈准备如何精读某一重点篇章,并阐述理由。
> **任务 4 提问**:列出预习过程中的"陌生点"和"疑问点"。

(1) 第一层:对于单元文本事实性知识的记忆——借助思维导图等

根据布卢姆的理论,笔者第一层预习作业的设计,指向所在单元中相关文本的"事实性知识"——作品的特定人物和特定情节。根据 W. 安德森等在《布卢姆教育目标分类学(修订版)——分类视野下的学与教及其测评》一书中的阐释,"事实性知识"包括学科专家用于学术交流、理解以及系统地组织学科的基本要素。而在对选择性必修上册第三单元四篇小说文本的阅读之中,特定的人物关系和特定的情节走向就是教师在展开单元教学之前需要学生弄清楚的"基本要素"。对于这一点,在书中玛格丽特·杰克逊进行的《麦克白》教学案例评注中同样被验证,她指出文学作品中包含"角色""情节"以及"背景"等概念,关于这些概念的知识被归入"概念性知识",《麦克白》是一部特定的文学作品,其中存在的特定角色、特定的情节以及特定的背景,关于这些细节的知识属于"事实性知识"。

表 3-6 选择性必修上册第三单元预习作业"任务 1"分析

预习作业	知识维度	认知过程维度	对应单元教学目标
任务 1 记忆:通读四篇课文,完成有关人物关系和情节走向的思维导图。	事实性知识	记忆/回忆	厘清人物关系、情节走向

在操作方式上,对于这样低知识维度的"事实性知识",笔者依托最简单最清晰的思维导

图的形式(有时候也可以是表单等其他形式),以之作为进入该单元小说作品的门户,让学生达到记忆/回忆的认知维度,从而熟悉节选课文的主要人物以及基本情节,为之后的单元贯通教学铺垫。思维导图可以是以填空的方式,也可以是学生完全自主设计,这主要取决于文本的难度和基本学情。

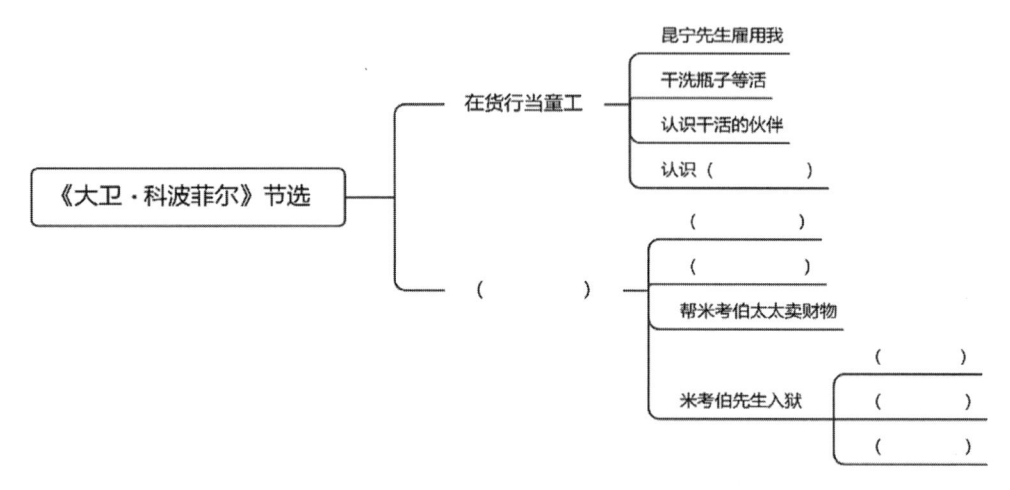

图 3-10 《大卫·科波菲尔》情节思维导图

需要注意的是,在设计此层次的单元贯通预习作业时,在形式上要尽量做到简单而清晰,以达到契合"事实性知识"这一低认知维度知识类型的目的。笔者采用了思维导图的形式呈现,而在真正实践中,只要做到简单清晰,亦可使用诸如表单之类的其他简单形式。总之,这一层次的预习设定,就是为了让学生快速地进入对于文本的预习之中,如果是教师设计的思维导图,切忌设计过于复杂,更不能是需要深度思考的内容。否则,一方面违背了"事实性知识"的本质,另一方面也是不考虑学生在进入长篇文本之前的焦虑心理,实则是忽视学情的表现。

(2) 第二层:对于概念性知识的理解——基于学习任务群

笔者对于第二层单元预习作业的设计,指向所在单元中相关文本的"概念性知识"——典型环境、典型人物。W. 安德森等在《布卢姆教育目标分类学(修订版)——分类视野下的学与教及测评》中的解释,所谓"概念性知识",是在一个更大体系内共同产生作用的基本要素之间的关系,它包括图式、心理模型或者不同认知心理模型中或明或暗的理论。不难区分,第三单元经典外国小说单元中,诸如"典型环境""典型人物"此般文学鉴赏行为中的专用名词是属于"概念性知识"的。

对于这样相对抽象的"概念性知识",笔者想到的是"温故知新"的方法。所谓"温故知新",就是通过回顾必修上下册中已然学过的小说作品及其中的知识点,对第三单元中的新作品进行融会贯通。而这,也是符合"学习任务群"的初衷的。

表 3-7 选择性必修上册第三单元预习作业"任务 2"分析

预习作业	知识维度	认知过程维度	对应单元教学目标
任务 2 迁移： 回顾必修下册第六单元的《祝福》《林教头风雪山神庙》，要求：① 圈画出本单元四篇课文中有着相同作用的典型环境；② 说说四篇课文中有没有和祥林嫂、林冲一样让你印象深刻的人？	概念性知识	理解	把握环境特征，领略小说借此呈现的人类精神世界和社会风貌； 把握独特鲜明的人物形象，理解小说作品中典型人物的典型意义

需要明确的是，当初在教授必修下册第六单元的《祝福》《林教头风雪山神庙》等课文时，笔者已经以马克思的名言——"人创造环境，同样环境也创造人"为贯通线索，对于典型环境（典型自然环境、典型社会环境）和人物的关系进行了探讨。基于此，方才有了任务 2 中第①小问的迁移。

需要注意的是，在此层次的单元预习作业设计过程中，一方面，最好能够做到以"学习任务群"为指导，展开对于"概念性知识"的迁移。比如，针对选择性必修第三单元的外国经典小说的内容，可以联想到必修上册《百合花》《哦，香雪》，必修下册《祝福》《林教头风雪山神庙》等课文，这些作品都是经典小说，都可以在"文学阅读与写作"的学习任务群中进行构建，特别是《祝福》以及《林教头风雪山神庙》两篇，一今一古，尤为典型。

另一方面，作为单元贯通预习作业的设计，进行到"概念性知识"的知识维度开始，就必须开始关注到单元贯通理念本身。比如，笔者在这之前就已经基本确认了本单元的单元贯通线索——"走进经典"，以及本单元的单元贯通点——"经典小说中的典型环境及其作用""经典小说中的经典人物及其典型意义""经典小说中的主题表达及其评析"以及"经典小说中的自传色彩、各异的语言形式"。而在其中，对于"把握环境特征，领略小说借此呈现的人类精神世界和社会风貌""把握独特鲜明的人物形象，理解小说作品中典型人物的典型意义"这样的单元教学目标也已经设计在案，如此方能草蛇灰线般地做出这样温故知新的作业设计，否则，温故知新的"新"尚未确定，又如何"温故"呢？

（3）第三层：对于程序性知识的创造——注重创设情境

对于第三层单元预习作业的设计，指向的是所在单元中相关文本的"程序性知识"——阅读经典小说的方法。《布卢姆教育目标分类学（修订版）——分类视野下的学与教及其测评》一书中的阐释，程序性知识是关于如何做某事的知识。获得阅读经典小说的方法很明显就是获得一种关于如何做某事的知识。而所谓"创造"，即将要素组成内在一致的整体或功能性整体，包括产生、计划和生成三个具体认知过程。笔者以此设计第三层的预习作业如下：

表 3-8 选择性必修上册第三单元预习作业"任务 3"分析

预习作业	知识维度	认知过程维度	对应单元教学目标
任务 3 创造： 第三单元中的四篇课文都是小说节选，如果你想要进一步阅读其中某部的整本书，结合自己的经验，为自己制订一份阅读计划。要求：① 至少在浏览原著目录、序言、后记等基本内容后完成；② 请重点谈谈准备如何精读某一重点篇章，并阐述理由。	程序性知识	创造	探索阅读经典小说的方式，认识经典小说的独特价值

需要说明的是，笔者在此较高知识维度的知识类型上使用了较高认知维度的方式进行预习作业的设计，并非为难学生。德国教育学家第斯多惠曾言：教学艺术的本质不在于传授本领，而在于激励、唤醒、鼓舞。在此层次的预习作业设计中，并不指望学生真的可以通过预习的方式创造出一条自己"认识经典、走进经典"的臻于完美的路径，这个庞大的主题是笔者要在接下来的教学中花费为期 8 周时间完成的目标。但学生在自我探索行走的过程中，所遇到的问题，所获得的启发，都将让学生带着问题和期待在之后的学习探讨中一次次地被"激励""唤醒"和"鼓舞"。在以往的单元贯通教学中的预习作业中，这一点其实是被忽略的，教师一方面怕学生能力达不到，另一方面因为"一言堂"思想的存在，害怕"剧透"和课堂的难以掌控。但也正因如此，在单元贯通预习作业的设计中加入对于高阶层知识类型的创造任务，显得更加意义重大。

需要注意的是，在进行这一层次的预习作业设计时，一方面要注意情境的创设，程序性知识作为一种"如何做"的知识类型，如果脱离了情境的存在，就会变成枯燥的技艺传授，失去了学生语文实践能力的培养，也和课标所提倡的"凸显学生是学习的主体和原点所在"的理念相去甚远。另一方面，因为这一层次的作业要求较高，所以在设置的时候可以适当地进行提示和要求从而分解任务和提示重点。再者，一定要意识到此类的预习作业并无对错，所有的问题不过是学生在认识方面的不够全面，而这些，正是教师在接下来的教学工作中要带学生去完善的。

(4) 第四层：元认知知识的分析——实现学生的自审

第四层单元贯通预习作业的设计，是希望学生做出有关自我"元认知知识"的分析。根据 W. 安德森等在《布卢姆教育目标分类学(修订版)——分类视野下的学与教及其测评》一书中的阐释，元认知知识是关于一般认知的知识以及关于自我认知的意识和知识。布卢姆在《教育目标分类学(手册Ⅰ：认知领域)》中也特别强调学生对自己的知识和思维多一些意识和责任。弗拉维尔对此的解释则是：他们知道何时他们不懂某一问题，而且，他们具有寻找所需适当信息的某些一般性策略。

落实到具体的单元贯通预习作业设计来说,以选择性必修上册第三单元为例,笔者布置了第四层的单元贯通预习作业为:

表3-9 选择性必修上册第三单元预习作业"任务4"分析

预习作业	知识维度	认知过程维度	对应单元教学目标
任务4提问: 列出预习过程中的"陌生点"和"疑问点"。	元认知知识	分析	无具体对应目标

需要说明的是,"陌生点"和"疑问点"是不同的,借黄荣华老师的话来说:"陌生点"是学习新内容时必然会遇到的;"疑问点"可能是新内容,也可能是曾经学过的知识。列出"陌生点"和"疑问点",一方面能够帮助学生更好地做出认知的自我审视,另一方面也能够让教师在帮助学生释疑解困的同时,完善或形成新的"单元贯通点"。

需要注意点是,于学生而言,学生所列的"陌生点"和"疑问点"可能是会存在一定问题的,最大的问题往往是二者的混淆,如果学生已经理解了"陌生点"和"疑问点"的区别,但依然会在操作的过程中混淆二者,那么极有可能就是学生对某些已学习过的知识发生了遗忘,这样看来,如此的预习作业还发挥着检测学情的重要作用。于教师而言,教师需要特别关注和收集学生的"陌生点"与"疑问点",这是了解学情的良好契机,也是借以修正和完善"单元贯通点"的依托。

4. 总结

针对当下高中语文单元贯通预习作业设计中存在的一些问题,笔者提出以布卢姆的教育目标分类为理论基础,根据不同的知识维度和知识认知维度设计不同层次的单元贯通预习作业,并借助思维导图、情境创设等形式呈现,同时在预习任务中提出对于学习任务群的关注以及以预习任务观照学生自我认知的想法。总之,要确立以学生为中心,以分类分层为目标,来摆脱单元贯通预习作业设计中的单一而缺乏指导性的局面。

(三)基于数据混合式教学,优化"双新"语文课堂[①]

《普通高中语文课程标准》的教学建议指出,要积极探索信息化环境下的语文教学模式。"要积极探索基于网络的教学改革,利用具有交互功能的网络学习空间,创设线上线下一体化的'混合式'学习生态,为课堂教学和课外学习服务。"新课标和新教材倡导教师充分利用新兴技术,探索教与学的方式转变,提升教学效果。信息技术应用于课堂中,可以对学生学习行为数据进行记录分析,客观全面了解学情,为教学提供优化建议。

---

① 研究者:蔡丽君。

线上教学工作,对于强调交互性、现场性和生成性的语文课堂来说,是不小的挑战。因此在线上教学过程中,需要探索不同的信息技术使用方式,通过数据化的学情反馈,来弥补交互性、生成性学情的问题,以此来收到良好的教学效果。而线上教学工作中的探索,进一步可以促进线下课堂教学的变革。积极探索"混合式"的学习课堂将会是重点的发展方向。

目前信息技术处在快速发展阶段,但课堂教学中,信息技术大多只是停留在简单应用阶段,尤其是语文教学中,信息技术的应用主要是 PPT 展示、多媒体展示和网络查阅资料,远未实现与课堂教学过程的有机融合。但可以预期的是,信息技术必然会对教育教学领域产生重要影响。

信息技术与教学的融合,不能只将注意力投入在技术应用于教学中的趣味性上。教学形式需要为内容服务,如果忽视了对学习内容的掌握,反而会损害学生在学习中的认知努力。因此不能局限于技术的开发,学习环境创建,而要将技术的使用与对学科的认知结合起来,"双新"背景下信息技术与教学的深度融合,应立足于"以学生为中心",关注的是技术如何融入学生学习过程,帮助学生更好地实现个人学习体验。对于教师来说,也可以利用好信息技术来获取学生学情,并进一步指导教学,实现教学活动中教师主导和学生的主体性。融合教学的落脚点是课堂,笔者从课前准备、课中活动和课后反思三个教学环节,根据线上教学经验,总结基于数据化学情分析在优化语文课堂方面的一些措施,并进一步以此与线下课堂进行迁移融合,为"混合式"教学方式提供建议。

1. 线上教学中的数据化可行路径

居家学习期间,线上教学成为一种重要教育手段。这一看似不得已而为之的教学方式转变,恰恰与时代发展相适应。教育领域还需要不断探索,将教学规律与信息技术融合,以形成技术增强型的、更为高效便捷的教学环境。线上教学,不只是把传统的线下教学搬上网络,并不等同于屏幕中的传统课堂。它推进了信息技术在教育教学领域的发展,也促使教师们适应和发展信息技术的使用能力。通过不同的线上教育平台,进行远距离授课的教学模式,可以实现课堂直播、录课回放、教学信息保存、教学数据信息采集的功能,有效弥补传统教学模式下知识传授的时空、教学资源等限制,进一步发掘和利用信息技术在教育领域中的优势,推进教育教学的发展,对教育的变革有深刻意义。

双新背景下的课程,要求以学生为主体,重视课堂的开放性、创造性等。线上授课过程中,大数据技术的快速信息检索和统计呈现等优势,突破日常线下课堂上人工统计的时效限制,让课堂更具开放性、有效而生动;也让教师对学情的认识更加便捷,进而优化以学生为主的"双新"课堂。利用相关平台获取学生学习相关数据,能够更好地为课堂服务,可以期待信息技术的发掘和应用,对教育领域的变革发展。

(1) 课前数据收集,基于学情的二次教学设计

在备课过程中,除了可以利用信息技术进行课程资源的搜集和共享,线上教学还便于将

预习前置,及时掌握学情,进行二次教学设计。

第一次教学设计时,教师主要基于过往经验对学情进行预判,课堂设计内容以概况大纲设计为主,课堂上需要留心关注学生的实时反馈,加以灵活调整教学,这对教师的技能水平要求较高。加上课堂时间短、学生的反馈积极性不一致,难以做到全面掌握学情,课堂的教学效果也会有一定的折扣。

而线上的时效性,可以帮助教师将预习前置,在及时掌握学生学习反馈之后,教师可以进行二次教学设计。课前,通过发布相关学习资料和预习测试问卷等方式,获得相关学习数据,了解学生的兴趣点和认知状态,并与新知结合,进行针对性授课。也可以让学生直接交流预习感受或困惑,分门别类,通过平台将学生反馈数据化,依据数据适当修改或增补教学设计内容,并及时在课堂上引导、分享、交流,做到以学定教,使得课堂更加符合学情,符合新课改的要求。

在线下课堂上,要通过预习前置掌握学情,需要预留足够的时间用于收集和整理信息。这样的教学方式,缺乏一定的时效性,处理延后信息,对学生和教师来说,都需要耗费更大的精力。

(2)课堂实时数据,以学生为教学活动主体

课堂教学活动中,师生互动尤为关键。在课堂教学过程中,信息技术不仅可以多元供给学习资源,支持基于情境、问题导向的学习活动,还可以实时收集学习数据,用以提升课堂效率,促进学生对新知识的理解和吸收。线下教学过程中,难以短时间整理好学情信息,而信息技术的利用,将难为变为可为。通过及时精准的数据形式展现学生学情,极大地提高教学的效率,也丰富了教学形式,为更好地完成教学环节助力。

信息技术融入课堂活动,常见的可以使用平台上的弹幕功能。相对于线下课程,学生的表达更加自由,也减少对教学节奏的影响,又能够让教师了解学生动态信息。通过线上发布答题卡来了解学情也十分便捷,答题卡的结果数据即时生成,教师可以依据学生的选择数据互动,推进环节发展。

更进一步,在语文课堂中,还可以共建思维导图,直观有效地展示学生的思路。通过思维导图的共创,群策群力,完成教学活动。在议论文写作教学中,集体的思维导读创作,有助于培养学生的逻辑思维,明确创作议论文大纲的方式。不同思考的展示,丰富了课堂内容,调动了学生的学习积极性,也有助于教师及时了解学生的思考路径,依据思维导图呈现数据,针对性地引导学生补足短板。思维导图也可以用于小组讨论的活动,可以通过不同主题的划分,用于分组展示和讨论。对于学生来说,也是组内展示与交流的有效工具。

在线上教学过程中,也可以引入授课平台之外的信息技术资源,比如使用 Mentimeter 网站在线生成词云的功能,学生输入回答,实时生成依据概率统计的词云图。图式清晰生动,即时将学生回答频次,区分成不同大小的答案词云。网站操作简便,使用的过程中,不需要过多精力,不会造成额外的学习负担。词云的生成展示,一方面对学生来说是正向反馈激

励,也因此能够直观地了解同伴的想法,调动其探索问题的积极性;而另一方面对教师来说,能够及时掌握学生的想法,并且通过词云的数据统计整体掌握学情,了解学生对问题的看法,及时地根据词云展示结果调整教学,使得下一步的教学更具有方向性。

哈姆莱特的性格特征

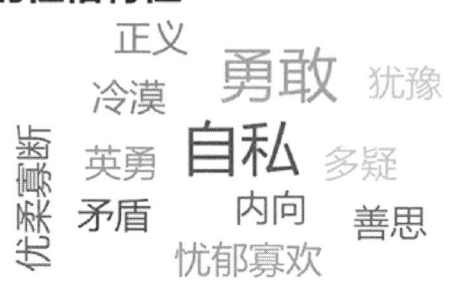

正义　勇敢　犹豫
冷漠
优柔寡断　英勇　自私　多疑
矛盾　内向　善思
忧郁寡欢

图 3-11　词云图示例

课堂中的信息技术的应用还有许多值得探索的可能,通过高效而生动的信息化展示,大数据的使用让教师更加接近学情,促进教学的个性化发展,充分尊重教学中学生的主体地位。

(3) 课后数据统计,改进课堂教学

授课完成后,保存课堂实录相关数据,及时观摩反思。线上教学能够将课堂实录和在线教学平台的行为日志数据进行保存,便于考察线上教学中环节的时间分配、学生互动参与程度等指标。反思教学表现,帮助教师及时将课堂环节编排合理化,调整教学内容,改善教师语言表述,使得线上授课的过程更加流畅,提高学生对知识的接受效率。回看教学实录,对课堂教学质量分析与评价非常重要。课堂教学视频的录播数据采集,促进学情再分析,使教学反思更加有据可依。

运用平台发布作业任务,并根据生成的结果数据分析班级学生知识薄弱点,以便于有针对性地调整教学手段。线上作业的上交与批改无时差,教师了解学生学情也更为便捷,可以根据学生个性化需求,即时动态调整课堂内容和方式。线下教学,布置作业,教师对学情的认识、学情变化发展的判断以个人主观推测为主,而线上的数据化的统计分析更为准确、高效。教师可以通过平台自带的数据统计或 R 等数据分析软件,定期观察学生的作业收交数据、学生测试成绩等,了解学情的变化。在课堂上有效地调整形式,对学生不熟悉的内容加以引导巩固。

与传统线下教学相比,大数据技术在学情分析进而优化教学方面具有优势。由于技术和时空限制等,传统教学注重依据学习结果的学情分析,主要通过学生作业完成情况和测试成绩的掌握学情,这种方式显然不能客观地反映学生的学习状态,也很难找到调整学生学习的方法。大数据作为一项具有强大生命力的技术,能使教师对学生的学习情况进行全面系统的追踪,对学生学习过程进行考察。此外,数据化的教学,能够辅助教师了解每位学生的学习状态,一定程度上更便于因材施教,实现个性化教学。

2. 积极探索"混合式"教学生态

线上教学的经验,可以有效迁移至传统的线下课堂中,"混合式"的教学生态能够优劣互补,进一步地提升课堂教学效果。线上线下教学融合,或通过加强课堂信息化技术手段的方式,让数据化的学情反馈可以与线下课堂教学活动并行不悖,实现线上线下教学的一体化。许多学校已经开展信息化课堂的探索,班级信息在教学活动中,即时通过线上的渠道共享,在线下的场景中进行交流与分享,就可以有效达成特殊的"线上"教学方式,也能够做到与学生面对面地指导。

或将线上线下的教学活动分为不同部分,针对不同的活动场景,调整不同的数据获取方式,实现跨时空的线上数据与线下课堂的融合。钉钉等教学 APP 的线上数据收集功能,依旧可以在线下教学活动中加以利用。比如需要图文展示、影音展现的特殊类型的作业,可以通过线上渠道征集,需要简单的学习反馈也可以再次利用词云等信息技术方式统计。打卡等任务也能够及时地做好学生完成情况的反馈,并加以提醒。

在线下课堂中,教师也要充分利用教室内的信息资源,进行教学数据的共享等,比如利用希沃白板进行教学课件分享、学生答题情况反馈、教学内容即时批注等;也可以利用它创设思维导图,清晰明了地展现教师或学生的思考角度与路径;还可以通过不同的形式创新教学活动环节,提高教学效果,比如以其自带的游戏方式呈现教学内容,利用其自带题库进行学情检测。教师应该充分探索已有的信息资源,采用新兴的互动教学手段来优化课堂教学,有效地丰富教学内容和信息量,创设互动灵活的课堂。而线下课堂的信息化,有利于我们储存教学内容,便于开展教学反思、分享,也有利于学生的回顾复习。

适应大数据技术的革新规律,是时代发展的要求,也契合教育改革的需要。教师应增强对技术型学习的信心,树立信息化教学的信念,不断提升信息化教学能力,将新理念转化为新行为。在保留传统教学内容的基础上,教师应密切关注现代社会常用的资源载体,并利用这些新软件提高课堂教学效率。数据化教学能够提高教学过程的活力。在教学过程中使用信息技术,关注数据分析,恰恰是为以学生为主体的目标服务的。教师也要注重培养学生的数据意识,引导学生主动探索,积极利用各种教育软件提供的学习环境,获取丰富资源,提高语文素养。教师应积极地发挥数据的有效性,优化课堂,并将其与线下教育相融合,促进混合式教育模式的发展。

(四)通过案例教学创设思想政治课堂学习场[1]

1. 案例教学的含义

案例教学是指教师本着理论与实际有机结合的宗旨,遵循教学目的和教学内容的要求,

---

[1] 研究者:孟召红。

运用典型案例,通过评析案例、案例讨论、案例模拟教学等形式,将学生引入一个特定事件的真实情景中,创建政治课堂的学习场,通过学生的独立思考及师生、生生之间的双向和多向互动,积极参与、平等对话和讨论分析,培养学生独立思考、解决实际问题能力和集体交流、合作能力,并促使学生充分理解相应知识的重要教学形式。通过案例评析、案例讨论、案例模拟教学等形式,使学生不仅能牢固地掌握理论知识,并能灵活运用,从而收到良好的教学效果。案例教学与传统讲授法相比,在教学理念、授课方式、教师与学生的角色和责任等方面,都有着无可比拟的优越性。

表 3-10 案例教学与传统讲授法的区别

	传统讲授法	案例教学
教学理念	重理论、重传授	重实践、重参与
授课方式	以教师和教材为中心,是一种注入式的教学方式	以案例为载体,以案例讨论为中心环节,教师和学生共同参与案例教学的全过程
教师的角色和责任	教师的角色定位是把书本知识传授给学生,只要熟悉教材、表述清楚,就算尽到了教师的职责,教师容易唱独角戏	教师是发起者、组织者、参与者,其角色定位是要指导案例教学的全过程:从课前案例的选择、课堂案例的讨论和总结到课后教学反思和案例的更新
学生的角色和责任	学生的角色是听讲者和知识的接受者,学生完全处于被动的地位	学生是积极的参与者、是教学的主角,在教学中处于主体地位:课前仔细阅读指定材料,认真分析思考;课上积极参与讨论,相互交流

2. 案例教学应用于高中思想政治课堂教学的必要性

(1) 符合思想政治课的学科特点,有助于优化教学过程

思想政治课作为一门理论性和实践性都比较强的学科,不仅要求学生准确地掌握基础知识和基本理论,而且要求学生能够运用正确的立场和观点观察事物、了解社会,灵活运用所学知识分析问题、解决问题。理论联系实际是思想政治课的生命,实践是主要手段,但每节课都让学生走出课堂、走向社会去参与实践,在现行的教育条件和环境下是很难实现的。而案例教学就是一种寻找理论与实践恰当结合点的有效教学方式,符合高中思想政治课的学科特点。将案例教学融入课堂,在明确教学目标和重难点的基础上,挑选贴合课程要求的案例,以案例为依托,以案例分析为课堂教学设计的纽带,通过小组合作、角色扮演、模拟法庭、辩论赛等多种形式优化教学过程。

如:在选择性必修1《国际关系》的学习中,由于国际关系离学生的现实生活很遥远,学生无法通过实践参与了解当前的国际关系。因此,我选择了"英国格拉斯联合国气候变化大

会"这一案例,学生们以"模拟联合国"角色扮演的方式,再现了这一会议的真实情景,围绕着气候大会的四个核心议题展开了热烈的讨论,在讨论中深入理解国际关系的实质、当今国际竞争的实质,以及影响国际关系的主要因素……学生参与热情高涨,充分地融入教学活动中去。

格拉斯气候变化大会国际社会需达成的四个核心议题:

● 《巴黎协定》的实施情况。各国提交的减排目标和落实情况如何?

● 减排措施。中国、印度等主要发展中国家具体减排措施如何?

● 自然生态系统保护。如何通过增加森林面积、恢复湿地和草原来保护生态系统?

● 气候金融和技术支持。应对气候变化过程中,如何对发展中国家提供财政和技术支持?

(2)符合高中学生心理特点和认知水平,有助于激发课堂活力

高中学生的思维比较活跃,有较强的求知欲,关心社会生活,有强烈的社会责任感和使命感,能积极主动地参与各方面的探究。案例教学符合学生的心理特点,它从具体生动的案例开始,把学生关心的现实问题带到课堂上,既能吸引学生、引起学生思维的共鸣,又能使教学所涉及的内容更易于理解和把握。

一是有助于激发学生的学习兴趣。案例教学可以提供生动、逼真的案例,给学生身临其境的感觉,加深感性认识。同时,在民主和谐的讨论氛围中,学生大胆交流,有较大的自由度和较多的展示自己的机会,在没有压力和顾忌的良好心态下进行探究,更容易产生学习兴趣,调动了学生的积极性和主动性。如:在进行选择性必修2《严格遵守诉讼程序》这一框题的教学中,适逢2022年网络上影响非常大的"唐山烧烤店打人案"一审判决宣布,在课堂引入模拟法庭再现案例,学生通过角色扮演的方式再现了案件过程及起诉、辩护、审判等诉讼过程,学生们积极热情参与,学习兴趣充分激发。

二是有助于提高学生分析问题和解决问题的能力。案例教学要求学生直接参与案例的分析、讨论和评价,注重引导学生在案例的分析、推导过程中运用理论知识较好地解决问题。这就为锻炼、提高学生分析问题、解决问题的能力创造了条件,变死记硬背为活学活用,变生搬硬套为灵活善用。在整个教学过程中,学生要学会收集、分析各方面的资料和信息,通过思考、讨论、探究做出正确的判断,发现和解决问题。如:在必修3《用发展的观点看问题》的教学中,我选择了"中美关系"作为核心案例,学生通过对中美关系中"隔绝对峙期—解冻建交期—正常交往期—竞争合作期"这几个时期的分析,对发展的观点形成了从现象到本质的理性认识和分析。

三是有助于培养学生的独立思考能力和创新能力。案例教学中的案例所描述的往往是一个两难的困境,案例讨论的结果没有绝对的对与错,没有固定的答案。这就需要充分调动学生的学识和才智,使其置身于决策者的角色中,独立思考,做出自己的判断,逐步掌握正确的思维方法。同时,案例教学鼓励学生自由探讨、大胆质疑,引导学生从多种角度分析,推出

多种新的、合理的答案。在这一过程中,各种思维的火花不断碰撞,许多创造性的灵感不断闪现,有利于激发创新思维、培养创新能力。如:在对市场经济和宏观调控知识的复习总结课上,我组织了一场辩论赛,主题是:有形之手(政府作用)和无形之手(市场作用)哪种手段更有利于我国当前经济的发展?学生围绕辩题展开辩论,充分利用理论和事实论据据理力争,在辩论的过程中产生了对"如何使市场机制更有效"和"如何更好发挥政府的作用"更深层次的理解和认识。

四是有助于培养学生的综合素质,促使学生学会沟通合作。在案例教学中,案例可以将不同学科的知识整合在一起,在课堂讨论过程中,教师只要适当地引导,学生就可以自由地实现多种不同学科知识的切换。同时,案例教学更注重学习方法的培养和学生情感认知的培养,实现了学生智力和非智力因素的全面发展,认知、情感、行动的和谐统一。案例教学为学生交流、沟通、合作提供了机会和平台,也提高了学生竞争和合作的意识。如:在学习选择性必修1《我国的外交政策》时,我引入了"朝核六方会谈",学生模拟再现了六方会谈的真实场景,同时模拟我国外交部发言人召开记者招待会,回答记者提问。这一过程不仅内化了学科知识,同时为学生的展示交流搭建了平台。

3. 案例教学在思想政治课堂教学中实施过程和操作要求

在思想政治课堂教学中要如何组织案例教学?这是我们要探讨的关键问题。我认为完整的案例教学过程应该包括三个基本步骤:课前准备—课堂实施—课后反思。

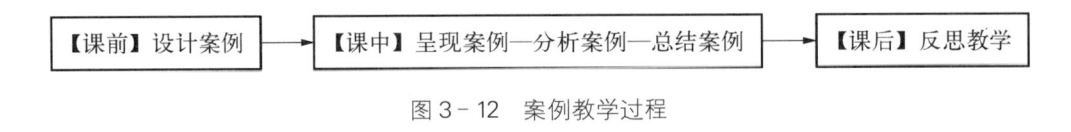

【课前】设计案例 → 【课中】呈现案例—分析案例—总结案例 → 【课后】反思教学

图 3-12　案例教学过程

下面主要以高二必修4第七课"弘扬中华优秀传统文化与民族精神"这一模块的教学课例《从故宫文创的成功,探寻文化创新之路》为例,阐述其具体要求:

(1) 课前准备——设计案例

案例是案例教学实施的载体,案例设计得好坏,直接关系到教学的整个实施过程,关系到最终的教学效果。我认为设计教学案例,主要围绕四方面问题展开:

① 案例设计要建立在学生认知起点的基础上

案例设计应结合学生现有的知识、技能、思维水平、学习心理等实际情况,灵活地、创造性地使用案例材料,对材料内容进行增减、调整、重组,科学地构思案例。案例设计的难度应符合学生的认知能力。如:在《从故宫文创的成功,探寻文化创新之路》这一课的设计中,我做了如下分析:

> 这一课理论性不强,通过之前课程中"传统文化是包袱还是财富""文化的力量有多大"等议题的学习,学生已经初步了解了文化的内涵、作用,具有一定的知识储备,这为

本节课的学习奠定了基础,在生活中学生也能较多地接触到文化创新的实例。本课是从文化传承的角度看文化创新,需要学生结合当前的社会热点和自身生活体验多角度展开探究,在课程中以学生感兴趣的案例为载体,学生能够联系自己所了解的内容进行探究,从而使学生在主动参与课堂活动的过程中,感受中华优秀传统文化的魅力,树立文化自信,进而树立文化创新的观念,思考文化创新的途径。

案例设计以故宫文创产品这一热点切入,能比较好地调动学生的学习,参与课堂的兴趣和热情,后续以和故宫文创有关的材料和视频资料及一系列由浅入深的课堂问题链,使学生在讨论交流中深入理解和剖析文化创新的具体途径,理解文化创新在弘扬传统文化中的重要作用。在此基础上,组织学生以小组形式合作探究,设计一份征集学校文化创意产品的策划方案,从故宫文创到校园文创,将课堂理论和具体实践结合,使学生能够主动地参与课堂活动。

作业设计更有拓展延伸的意义,学生在课堂上的学习成果,如果能加以完善,和学校的活动相结合,学以致用,从课堂拓展到课外,则能增强政治学科的影响力。同时高桥中学是一所百年老校,有自己深厚的文化底蕴,通过活动开展能有效激发学生传承校园文化的热情。

② 案例设计要明确教育教学目标

教学目标是对师生通过教学活动所要达到的结果的预期,因此在案例设计时必须明确教学目标,有目的、有计划地选择案例、设计案例。以《从故宫文创的成功,探寻文化创新之路》一课为例,根据学生的认知起点,我设计的教学目标如下:

- 理解文化创新的途径,锻炼学生归纳与分析的能力、自主学习与合作能力。
- 通过故宫文创的成功这一事例,让学生的分析、讨论、探究中增强进行文化创新的意识和能力。
- 认识到传承和弘扬优秀传统文化需要重视创新,树立正确的文化创新观念,激发学生传承优秀传统文化热情,激发学生积极参与文化创新积极性和主动性。

③ 案例设计要符合时代性、体现生活性

思想政治课的时政性较强,教师设计案例要选择时政热点、社会热点或鲜活的生活实例,紧扣时代脉搏,贴近学生的生活实际,这样既能很好地激发学生参与热情,又能帮助学生把案例与现实生活联系起来,帮助学生发现问题、分析问题、解决问题。如:本课从当前的社会热点"故宫文创"这一案例入手,围绕案例选择《把"故宫"文化带回家》《上新了故宫》《故宫口红"嫡庶之争"》等学生感兴趣、贴近学生的生活实际的素材进行课堂探究,在此基础上,组织小组合作探究,设计学校文化创意产品的策划方案,把案例与现实生活联系起来学以致用,从课堂拓展到课外。再如:在选择性必修 2《诚信经营 保护消费者》的教学中,同学们提出了有关消费的很多问题。天才表演组的同学根据其他两个小组的资料进行精简、提炼,选取了具有典型性格的人编写了剧本《课间好时光》。调查研究组对学校本年级的同学进行了问卷调查,对本年级同学的基本消费情况有了比较深入的了解。

④ 案例设计要富于启发性

教学案例的设计、围绕案例展开的问题讨论必须蕴含启发性,教师应认真推敲每一个教学细节,并巧妙地将相关学科知识引入教学过程,使对静态案例的分析变为探究性的研究问题,诱发学生思索,调动学生的思维能力。这节课上围绕案例讨论的内容,设置了相关的讨论问题:

- 观看《把"故宫"文化带回家》,展示故宫文创资料

    讨论:你还了解哪些故宫的文创产品?结合刚才的视频和同学们介绍的故宫文创产品,概括故宫文创具体从哪些方面做出了文化创新?

- 观看《上新了故宫》片段

    讨论:结合故宫文创产品的研发过程思考文化创新有哪些途径?

- 学生表演展示:故宫口红的"嫡庶之争"

    讨论:我们在弘扬传统文化时要注意哪些方面的问题?

    结合故宫文创产品的研发过程思考文化创新有哪些途径?

(2) 课堂实施——呈现案例、分析案例、总结案例

案例教学的课堂实施阶段,在教学中至关重要,在实践中结合自己的教学实际和案例教学的基本要求,我初步将整个实施过程分为三个阶段:呈现案例——提出问题;分析案例——解决问题;总结案例——明理导行。

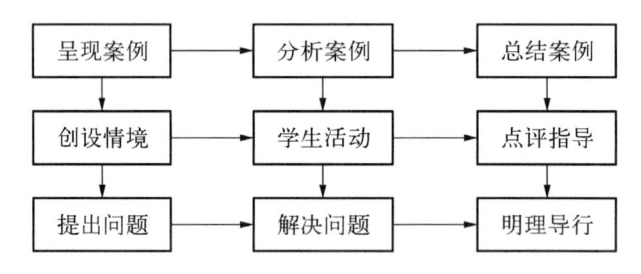

图 3-13 案例教学课堂实施过程

① 呈现案例——提出问题

呈现案例是教师提出问题为学生展现一个生动形象的教学情境,使学生产生强烈的求知欲和高涨的热情的过程。它涉及教师如何选准切入后,怎样导入、怎样展开,如何突出重点、化解难点等。

呈现案例的方式有多种途径:让学生直接阅读或朗读材料,这适用于教材中的案例或教师印发的案例;教师口述或表述案例内容,这适用于情节比较简单的案例;利用多媒体手段呈现案例,适用于图片、音频视频资料等;采取丰富多彩的活动形式,如小品、模拟法庭、辩

论会等,这适用于各种情景的再现。在这节课上,案例核心内容的呈现方式:
- 视频播放《把"故宫"文化带回家》《上新了故宫》
- 学生表演展示《故宫口红的"嫡庶之争"》
- 小组合作展示学校文化创意产品的策划方案

② 分析案例——解决问题

案例分析是师生之间、生生之间通过所学的理论知识分析呈现的案例,从而达到教学目标的一个互动过程。这一过程有利于突出思想政治教学的实践意义,培养和提高学生分析和解决实际问题的能力,是教学中的中心环节。案例分析一般可经历三个阶段:

一是学生个人分析阶段。学生在案例呈现后,要做好个人分析。分析案例材料、厘清材料之间的关系,在草稿纸上写下关键性内容,如:案例与课程内容哪些知识相联系?课程内容中哪些知识有助于案例的分析?还需要扩充哪些信息?能引发个人的哪些思考?……学生根据视频、表演、研究资料展示,丰富对中华传统文化的认知,理解文化创新的具体做法和途径,深入理解文化创新在弘扬传统文化中的重要作用。

二是小组合作讨论阶段。在正式开展课堂教学之前,应该根据学生的兴趣、爱好、特长组建合作小组,以合作小组形式准备讨论、参与讨论,这是案例教学中不可缺少的一个环节。具体操作如下:第一,先把学生分成若干小组,一般4—6人一组。第二,要求各小组成员在个人分析的基础上,向其他成员简介自己所做的分析及解决方案。第三,针对组内不同的见解或疑难问题提出自己的看法。第四,就本小组的问题通过讨论达成共识。先让学生个人在组内自由发言,然后整个小组成员积极思索、共同讨论,学生在讨论中既掌握了判断、归纳、验证的学习方法,又实现了知识结构系统化、理论化。

三是全班集体交流阶段。在小组讨论的基础上,各组将本组的学习情况和立场观点进行集体交流。根据不同事例可以选择不同的交流方式。如:宣读报告式交流,在这种方式中,学生是主讲,可以接受其他同学的咨询;角色扮演式交流,在这种方式中学生是表演者,可以引发小组间的讨论;辩论式交流,这种方式中学生是辩手,为本方观点立论、据理力争,对对方观点进行驳论。学生通过演小品、调查报告、研究资料展示和班级大讨论等方式,在调查研究、写作、演讲、策划、沟通、团队合作等方面的能力有很大提升。本节课是完成一份征集学校文创产品的策划方案,在方案制定和完成的过程中,提升学生的综合能力。而课后作业又是对课堂教学的延伸,让学生们再争取学校团委、学生处支持,组织一次全校学生校园文创产品征集活动,将课堂成果应用于生活实践。

③ 总结案例——明理导行

在经历了前面的重要环节之后,要求教师或学生对整个过程进行总结。这里的总结主要包括:一要对学生课前准备和案例分析讨论情况作总结。总结时要注意不要简单地下结论,而是对整个过程中具体行为的出色表现或不足加以指出,对事不对人。二要对某些有答案的案例可将其真实处理情况或结果告知学生,重点在于说明处理的理由,而非结果本身,同时也可将老师自己的看法和理由加以说明,供学生参考。三要引导学生对自己的案例分析过程及参与状况进行总结。可以围绕案例的阅读、倾听、发言准备和案例分析过程中个人的体会进行总结,有些同学体会较深可以课后完成书面总结。这一总结过程为学生提供的是再次深入思考和反思的机会,同时帮助学生树立正确的价值判断,有效指导今后的行为。这节课学生总结部分摘录如下:

在课前准备阶段:我们在组建活动小组、参与各小组分工合作的过程中,提高了与他人交流、合作的能力,掌握了资料收集整理、课堂表演、小组合作等技能,培养了我们的团队合作能力和组织协调能力。

在课堂表现阶段:通过个人展示、小组展示、课堂参与、讨论等活动,训练了我们的表演、自我表达等能力,同时让我们对中华优秀传统文化有了更深刻的理解和认同,让我们对文化创新有了更具体、更直观的认识,我认为弘扬和传承优秀传统文化应该是我们每个人的责任。

(3) 课后反思

案例教学在思想政治课中的实践和应用,还处于探索阶段,也只有通过实践应用,才能最大限度地发挥其优势,总结科学的经验和方法。因此,在进行每一次案例教学之后,都需要教师对整个教学过程进行反思,总结经验、发现不足,寻找新的突破口。以《从故宫文创的成功,探寻文化创新之路》一课为例,我摘录了部分反思内容:

① 关于案例选择与主题单元教学设计的思考:本课教学是文化传承与文化创新板块中第三个议题"文化创新靠什么"的内容。依据课程标准的要求,本课围绕"文化创新的途径"这条主线,分析文化创新的现状和面临的问题,让学生感受文化创新的魅力,进而思考文化创新的途径,形成正确的文化创新观念。另外,随着习近平主席"四个自信"的提出,文化自信成为社会的重要课题,因此学好文化创新的相关内容对于指导学生正确对待实际生活中的文化有着重要作用。

感想:案例选择应该围绕主题教学内容前后呼应,不一定要拘泥于教材结构,教师可以根据核心知识结构的梳理适当调整,在确保教学任务完成的情况下提高课堂教学效率。

② 要通过课程中"传统文化是包袱还是财富""文化的力量有多大"等议题的学习,学生已经初步了解了文化的内涵、作用,具有一定的知识储备,这为本节课的学习奠定了基础,在生活中学生也能较多地接触到文化创新。本课是从文化传承的角度看文化创新,需要学生结合当前的社会热点和自身生活体验多角度展开探究,在课程中以学生感兴趣的内容为例来进行本课的讲解,学生能够联系自己所了解的内容进行探究,从而使学生能够主动地参与课堂活动。

感想：要更多地关注学生的生活经历和体验设计课堂教学，让学生有兴趣参与课堂教学，这一点在这节课中做得还是不错的。

③ 通过活动设计，培养学生的团队活动能力，提升学生的思维品质。课堂设计以故宫文创产品这一热点切入，能比较好地调动学生的学习参与课堂的兴趣和热情，后续以和故宫文创有关的材料和视频资料及一系列由浅入深的课堂问题链，使学生在讨论交流中深入理解和剖析文化创新的具体途径，理解文化创新在弘扬传统文化中的重要作用。在此基础上，组织学生以小组形式合作探究，设计一份征集学校文化创意产品的策划方案，从故宫文创到校园文创，将课堂理论和具体实践结合，使学生能够主动地参与课堂活动。

感想：作业设计更有拓展延伸的意义，学生在课堂上的学习成果，如果能加以完善，和学校的活动相结合，学以致用，从课堂拓展到课外，则会增强政治课的影响力。同时高桥中学是一所百年老校，有自己深厚的文化底蕴，通过开展活动激发学生传承校园文化的热情。

4. 对案例教学在课堂教学应用中存在的问题与对策思考

案例教学以学生的积极参与为载体，对改变传统的教学理念，提高学生综合素质方面具有积极的意义，因此在政治课堂教学中越来越受到重视。但由于其在中学政治课堂教学实践上应用时间不长，在具体操作过程中还是存在一些问题：

第一，教师主导性强，学生参与性不够。在教学实际过程中，授课教师往往还是跳不出原有的教学理念和模式，教学还主要是在设计教师自身的教学行为，考虑的是让学生怎么配合自己，案例成了教师完成教学的辅助材料，而非实施教学的载体。在这样的设计下，学生的主体性和参与性不能充分体现。

第二，教学设计简单化，学习效率不高。某些授课教师对教学环节的设计仅仅是形式化的把握，致使课堂教学氛围看似活跃，学生参与度也很高，但学生的思考、讨论仅仅是口头的表达、对材料的浅层次理解，致使理论知识未能得到恰当的运用、强化，缺乏对知识的系统性理解和把握，教学效率较低。

第三，案例资源供应不足，质量不高。案例教学过程需要大量的案例材料，每一个案例都有其侧重反映的理论问题，某一个单独的案例很难说明学科中多种问题，因此现有的案例资料不能满足教师课堂教学的需要。教师在案例收集、选择、修改、整合过程中花费大量的时间和精力，教学的难度、强度增加。

第四，案例教学对教师素质、能力提出了更高的要求。案例教学从设计、呈现到分析、总结，都离不开教师的精心准备、妥善协调、及时归纳，这一过程要求教师不仅要掌握大量与案例有关的背景资料、现实材料，还需要教师具备深厚的理论功底和政治素养，以及对课堂教学的驾驭能力。这对政治教师特别是青年教师提出了更高的要求。

针对上述问题,谈谈我的几点思考:第一,明确角色,保证学生在教学中的主体地位。授课教师要明确自己的角色定位:由执行者转化为设计者,由管理着转化为引导者,由传授者转化为合作者。在教学设计上更多考虑学生学什么?怎么学?精心设计的应该是在学生的学习过程中教师要如何引导、配合甚至参与。

第二,认真把握教学环节,提高教学质量。呈现案例为学生创设生动形象的教学情景,使学生产生了强烈的求知欲和参与热情;分析和总结案例是学生从产生困惑到解答疑问的过程,这一过程学生通过思考、自学、讨论交流对教学理论从理解到应用直至内化为行动,实现明理导行。这是一步步递进的研究流程,在这一流程的推进下,教学效果是十分明显的。

第三,充实案例资料,建立教学案例库。从教师个人的角度来讲,教师要注意课堂的教学材料的积累和整理,包括在听课、学科交流过程中得到的有价值的案例,按类别建立自己的案例库。从学校层面,可以以教研组的形式,动员组内老师甚至各学科老师一起,共同建立资源库,资源共享,丰富教学内容。

第四,教师加强学习,提高自身综合素质。授课教师要做到:认真研究教材,把握教材的精髓;认真研究学生,依据学生的认知水平,在考虑适度性、梯度性、潜在性的基础上设计案例、提出问题;认真研究案例,对案例涵盖的背景知识、现实知识、理论知识要有系统的理解和把握,做到了然于胸。同时教师还应努力提高课堂驾驭能力,对课堂上生成性的内容及时利用、整合。

综上所述,案例教学将高中政治课的理论性和实践性有机结合起来。它可以活化学生的知识,提高学生的综合素质,促进素质教育和新课程改革的深入推进,因此作为未来教学改革方式的趋势已经不可动摇。这就需要我们广大的政治学科教师在教学实践中去探索、去总结。作为青年教师的我,也将在自己今后的教育教学实践中不断积累、努力提升,为推进和推广案例教学做出我最大的努力。

本章内容系统展现了学校在确立"支持高中学生核心素养培育的'学习场'构建研究"这一重点实验项目后,以"核心素养"和"学习场"为关键词对国内外相关文献进行检索、归类整理与综合分析,并在此基础上通过专家培训、读书分享、教育沙龙、小微课题研究等多元方式驱动,以期实现变革愿景从学校管理层到教师层的同频共振。

第四章 构建"学习场"物质,打造学习新空间

世界各国教育正处于变革与转型期,新的教育理念、教育形态与教学实践不断涌现,探索适应新时代对于人才培养的新要求成为各国教育的首要工作,而作为隐性课程的学校空间所具有的育人价值也受到了社会及学界的关注。现阶段就我国大部分中小学校而言,对学校空间的育人价值不够重视,基本还停留在能用和达标上,导致我国的很多学校空间缺乏必要的人文关怀,过于标准化和工具化,未能有效满足师生的多元化教育与个性化学习的需要,难以促进学生的全面发展。学校空间是为达到教育目的而建造的教育教学活动场所,既需要关照儿童成长的基本规律,也要遵循教育教学的一般规律,还要考虑现代教育信息化进程及智慧校园建设与学校空间之间的互动关系。[①]

---

① 刘涛. 学校空间的育人价值及实现路径研究[D].桂林：广西师范大学,2022.

第一节　重构物理空间，建设书院式"学习场"

作为学校的"灵魂"，校长是行走的文化符号。校长不仅要有精神文化领导力、组织文化领导力，还需要有物质文化领导力。校长的物质文化领导力尤其是空间领导力决定着一所学校的空间环境建设的品性。高桥中学在物理空间设计和布局上，充分利用现有条件创设硬件基础，建设学习角、开放式图书馆、朗读吧、流动图书馆、科创中心、文创中心、信息中心、校史馆、智慧教室、岛亭、碑亭等泛在"学习场"物质，结合智慧校园升级，继续开发和打造学习新空间，创新教学新方式。特别是在民族教育特色上，尚需设计新特色、新亮点和新"场基"，努力建设师生、生生、师师之间的平等、互助、和谐、共进的"文质彬彬、和而不同、兼济天下"的君子之交、君子之"场"。

一、高桥中学校史馆

（一）定位

在筹建校史馆之初对校史馆的功能是这样理解的：校史馆是学校办学思想不断发展的源泉，是激励师生成长的重要土壤，是联结各地校友的重要纽带，是为来宾展示名校文化的窗口，是对学生开展教育的场所。随后，校史馆在运行过程中不断积累经验，明确校史馆工作的重中之重是在学校教育教学中发挥作用，用活用好党史校史资源，使校史馆成为教育空间，将党史校史作为教育内容，形成有高桥中学特色的校史馆综合课程。

（二）实践

高桥中学提出利用地域优势和历史底蕴，校史育人、环境养人、精神树人，学校以厚重的底蕴涵养学生，引领学子探寻人生意义、领悟生命价值、塑造高尚情怀。校史馆逐渐形成师生共同参与的"学（校史、红色故事学习）、访（访老校友、写老校友、学老校友）、讲（人物故事演讲比赛、'校友归来'讲座、史学专家讲座等）、演（党史校史故事编成舞台剧）"等系列实践课程。此课程融合了入学教育、主题教育、学生党校培训等，贯穿于高一新生入学政训至高三毕业班理想励志教育全过程，党史、革命史教育在师生自主参与中，入脑、入心、入行。

1. 有教无类，因材施教

把校史馆工作定位在教育，走进校史馆的各类人群都是教育对象，有教无类，因材施教。教育是高桥中学校史馆最重要的工作，力求走进馆的每个人都有收获。

校史馆针对各类人群准备不同讲座内容，譬如为党员教师、青马工程（学生党校）、团校开设党史、校史讲座《红色高桥园》《红色高桥园背后的故事》《寻找年轻的面孔》《高桥中学红色基因群英谱》《高桥中学1949的回忆》等；为周边社区宣讲《听党话、跟党走，红色基因代代传》；为准备建校史馆的同行讲《时间都去哪儿了？藏到校史馆看不到的地方了！》；为高一新生讲《你好,高桥园!》《漫谈高桥园》。这些讲座尽可能适应各类人群的需要,使高桥中学校史馆成为名副其实的浦东新区党史教育基地。

校史馆活动如同学科教学备课一样,分析教学内容、教学对象、教学目标、教学重难点及教学流程。譬如以高一新生为对象,学校为贯彻落实"立德树人"的根本任务,立足高桥中学"现代君子"学生培养目标,引导学生"知校、知学、知班、知己",帮助新生尽快适应高中学习生活,明确努力方向,积极思考个人发展规划,对高一新生进行"四知校训"活动(知校、知学、知班、知己)。校史馆以"知校"为目标开设讲座《你好,高桥园!》(2022年)、《漫谈高桥园》(2023年),讲学校布局,知道学校各部门位置及负责事务,譬如心情调节有困难可以找心理咨询室,开学籍证明可以到课程教学处;讲校园环境,知道在校园哪个地方可以大声读英语,在哪个地方可以默默给自己打气;讲学校历史、校友故事,知道高桥中学过往的辉煌,激发学生对学校的认同感……

校史馆可以开不同侧重点的讲座,也采用不同的方式引导参观者,校史馆老师讲解,学生讲解员讲解,也有参观者自助参观。譬如初中生了解高桥中学,校史馆会给出一个引导清单——《探秘高桥园》,设填空题20题,采用小组合作,按完成时间和成绩排序,给前三名的小组发放纪念品,激发参观者兴趣。

2. 深挖细掘,史尽其用

校史馆编写《高桥中学文化丛书》是高桥中学文化挖掘、整理、传播高桥园文化的另一途径。已编印的有《红色高桥园》(中华人民共和国成立前后党组织活动及学生运动回忆录)、《诗咏高桥园》(吟咏高桥中学内人、事、物的诗词)、《流金高桥园——程应镠资料选辑》(纪念中华人民共和国成立后第一任校长、史学家程应镠先生)和《清溪书院》(青年教师自组织活动记录,该组织为上海市学习型先进组织,浦东新区青年教师培养基地),基本完成的有《清溪石语》(高桥中学校友石文化和碑刻文化)、《清溪杏坛》(高桥中学教师故事),正在编辑整理的有《图说高桥中学》(图文版校史)等。

将校史内容文本化是个大工程,选题、组稿、校对、排版等都由校史馆完成,等拿到印刷的书仅仅是个开始,围绕这些读本策划开展相应活动,切实让校史成为学习的资源。譬如《红色高桥园》一书,在四史教育、党史教育中作为党员教师的学习读本,在党员大会上通过讲座、朗读等形式学习,效果得到肯定;在青马工程(学生党校)组织学习《红色高桥园》,让同学了解高桥中学党史校史,从校友身上汲取精神,树立为祖国建设挥洒青春的理想;党总支和校史馆还组织同学访问1949年前参加革命的老同志,听老校友讲自己的经历,使《红色高桥园》中的故事更真实;戏剧社及新疆部以《红色高桥园》为内容,学生自己编写舞台剧,在老师指导下将校史故事搬上舞台,2021年6月,校史舞台剧《百年高桥》在浦东新区第十七届学生艺术节展演中获得一等奖,党员教师也将舞台剧《红色高桥园》搬上舞台。

3. 精心设计，入心入行

讲座等形式信息单向传递，虽然有一些互动，但教育效果没有学生参与的活动理想，所以说"最好的教育就是参与"。校史馆组织活动时尽可能让学生参与，实现入脑、入心、入行，教育目标达成争取"润物细无声"。

以宝山烽堠碑邮品首发式为例。为传承航海文化，弘扬丝路精神，上海市集邮有限公司发行"宝山烽堠碑"（永乐御碑）纪念封一枚，航海邮局发行明信片和邮资机宣传戳。由于宝山烽堠碑在高桥中学校园内，邮品首发式在高桥中学举行。有人可能会问：这和教育有何关系？活动安排在农历九月初九，中华民族传统节日重阳节。活动分两部分：第一部分从碑文内容、碑的文物、历史、学术、文化、情感等多元价值等方面做了介绍，使师生对海上丝绸之路的重要文物、镇校之宝——宝山烽堠碑有了全面的认识；第二部分向2024届新疆部同学分发纪念封片，介绍重阳节的内涵，让同学们在纪念封片上写下对长辈的问候，将感恩的情感寄往新疆。这次活动的关键词有校史、传统节日、邮政、海上丝绸之路、民族融合、感恩等，学生积极参与，效果相当好。

图4-1 宝山烽堠碑邮品首发式

以访问抗美援朝烈属为例。2023年是抗美援朝战争胜利70周年，浦东新区烈管中心和共建单位开展了"打造引领区，奋进尊崇路——重温红色记忆，追寻烈士足迹"探访烈士事迹活动。7月，高桥中学学生发展处、校史馆和浦东新区烈管中心老师带领同学们拜访两位抗美援朝烈士家属，听他们讲述父辈的英勇事迹和对这段历史的感悟。学生访问非常成功。访问过程录制视频，用微信公众号发布在网络上，当然，最有价值的还是采访过程，这个过程就是受教育的过程。

图4-2 访抗美援朝烈属

学校提出"学习场"概念,校史馆将之理解为环境养人、精神树人,所以高桥中学校史馆工作时间对学生开放,随时可以参观,使校史馆成为校园的一部分,融入同学的日常生活。高一年级每班两位同学作为校史馆讲解员,通过集中培训,每天中午上岗,为参观校史馆同学讲解校史。校史馆讲解员在学校公众号发布介绍学校的推文,譬如"走进高桥园"系列,以校园内建筑为主题,结合校史,使老校友能找到回忆,使新同学能了解学校,推出的"越秀楼""校门"等颇受好评,参与活动的同学也感到很自豪。

图4-3 校史馆讲解团授旗

图4-4 校史馆讲解员讲解"星星之火"展板

图4-5 校史馆讲解员培训练习

图4-6 校史馆讲解员召开公众号"走进高桥园"看稿会

(三)思考

1. 形成家校社教育合力

校史馆组织活动多属于实践类,需要拓宽资源渠道,使活动更充实,更吸引学生兴趣。譬如人脉资源,教师、校友、家长、其他专业人士都是实践课程的助力,校友成为教育资源、教育实施者。在校史馆建设工作中,我们得到了浦东新区党史办公室、上海市地方志办公室、浦东新区文史学会、大学中学校史馆等专家帮助,开阔了眼界。在"访访老校友"的活动中,访问中华人民共和国成立前参加革命的校友、高桥中学第一届学生会主席、第一届高中校友等,都取得良好的效果。在校友归来活动中,事业有成的校友、毕业没多久的校友等均在职业生涯发展方向上对学生给出一些建议,受到学生欢迎。

再如单位资源,如高桥古镇老街上高桥绒绣馆、高桥历史陈列馆、徐建融艺术史学馆等优秀传统文化场馆设施,中国(上海)自由贸易试验区各类现代化企事业单位,还有浦东新区烈管中心、上海国际航运研究中心等,为学生综合实践活动提供内容与场所。校史馆需要积累更多社会资源,使实践课程更立体、更多元。

2. 丰富校史馆实践课程

对于校史馆实践课程的形成,要磨课。教师都有磨课经历,一节公开课磨课可以使教师深入学习、研究、实践,明显提高教师的专业素养,显著提高该课的教学有效性,校史馆实践课程也需要在活动中完善活动细节。活动组织要像上课一样准备教案,分析学生情况,明确活动目的,细致安排活动流程,活动后要有反思,对活动提出改进意见。将一些效果好、受学生欢迎的课程反复打磨,日臻完善,按精品目标形成德育实践案例,作为校史馆实践课程的一部分,日积月累,使高桥中学校史馆实践课程做出特色,做出成绩。

3. 探索跨部门协同联动机制

校史馆活动多是德育实践类,和学校德育部门是重合的,如何准确定位?过去的几年里,校史馆有独立组织的活动,也为学校德育部门策划活动,为学校各部门提供相应的校史素材,校史馆既要做好配角,又要做好主角,融合在学校教育教学过程中。学校在立德树人全面融入上下功夫,引导学生知史爱党、知史爱国,积极探索新时代发展素质教育的良方,由学校党总支牵头统筹,校史馆协调,学校各部门协助,师生社团、校友团等共同参与的工作机制。

二、数学、化学、物理——三大研学角

高桥中学为推进2022年区级重点课题"支持高中学生核心素养培育的'学习场'构建研究"实施,落实育人方式的转变,积极开展"学习场"的实践研究,实施以"碎片化学习、课程化架构、体系化引导和专业化指导"为内容的项目研究,通过"研学角""科普站"活动开展专题性研究和项目化学习,营造学习新空间,探索育人新方式,构筑成长新路径。

(一)数学研学角:"小角落"里的大能量

"教学研学角"活动旨在培养和激发学生的数学建模。第一期活动主要围绕"培养直观想象素养"的主题展开,借助研学角场地中的几何元素,设计了以"探究几何作图与论证"为主题的学习活动。指导教师向学生介绍了一个著名的"Steiner-Lehmus定理",板演了一种利用三角解决的证明方法,并鼓励学生在课外研讨其他证明方法;与此同时,学生在智能学习桌前研究一款名为"Euclidea"的数学游戏,这款游戏共有百余关,要求玩家用最少的步骤完成尺规作图,对学生的直观想象和逻辑推理能力要求很高,同学们在桌前一起讨论、尝试,头脑风暴。

图 4-7　数学研学角活动

"指向核心素养的数学研学角沙龙"活动方案

一、活动背景

《普通高中数学课程标准》中强调，要求学校和教师优化课程结构，为学生的发展提供共同基础和多样化选择；突出数学主线，凸显数学的内在逻辑和思想方法；精选课程内容，处理好数学学科核心素养与知识技能之间的关系，强调数学与生活以及其他学科的联系，提升学生应用数学解决实际问题的能力，同时注重数学文化的渗透。

在新课标对课程改革的指导下，学校针对校本课程进行了一系列的改革，提出"理趣——立交桥课程"的概念，在课堂、活动等学习环境中寻"理"达"趣"，通过在不同场所、环境，构造能促进学生学习兴趣和身心发展的"学习场"，使学生通向"未来之桥"。

另一方面，新课程标准提出了数学核心素养的概念，将数学学科的核心素养概括为"数学抽象、逻辑推理、数学建模、直观想象、数学运算和数据分析"，从不同角度体现了育人价值。在教学活动中，教师应建立合适的数学情境，使学生自然习得数学知识、技能以及思想方法。新课标还强调了数学建模活动与数学探究活动的重要性，在高中数学课程中，这两类活动属于必修课程，应当以学生为主体，在做中学习。

基于以上课程改革背景，学校提出"学习场"的概念，在教学楼中搭建数学研学角，布置了有利于开展数学学习活动的学习环境，由一线教师牵头组织学生共同参与活动。教师结合学生学情和身心发展规律，设计了一系列丰富多样的数学研讨活动，指向学生核心素养的培育。

二、活动目标

1. 通过数学研讨活动，鼓励学生主动发现问题、解决问题、表达问题，逐步培养学生的数学交流与表达能力。

2. 通过系列数学游戏,提升数学学习的动力,培养学生的数学核心素养。

3. 通过趣味数学竞赛,鼓励学生从生活中发现数学问题,培养学生的数学建模素养和问题解决能力。

三、活动地点

四号楼 2 楼数学研学角。

四、参与对象

高二年级部分学生(每次活动 15—20 人)。

五、活动内容

(一) 日常活动:"每日一题"

1. 活动时间:每周 2—3 次(不定期)。

2. 活动内容:由教师负责出题,并注明问题出处,向全年级征询答案(问题类型:高考、模拟考真题;竞赛真题;趣味题目;一题多解等)。

3. 活动评价:由教师负责评价答案的优劣,结合个人参与次数、班级参与次数,计入学期末班级评优体系和个人期末学分。

(二) 数学沙龙活动:本学期"尺规作图"(下学期结合学校图形计算器项目,遴选个别资优生研究 TI 图形计算器)

1. 活动时间:每月 1—2 次(利用午休、自习或体活课)。

2. 活动内容:由于本学期主要学习内容为解析几何、立体几何,为了建立学生的直观想象素养,结合硬件设施和软件条件,本学期的数学沙龙活动借助应用"Euclidea"和"几何画板",组织学生研究尺规作图相关问题。

3. 活动对象:1—10 班每班 1—2 人,11、12 班每班 2—3 人。

4. 活动形式:学生课后自主学习+定期沙龙研讨。

5. 活动评价:学生出勤率、游戏完成度、研讨参与度等,计入学生期末学分。

(三) 趣味数学竞赛

1. 活动时间:每月 1 次(利用周五中午)。

2. 活动内容:速算比赛、讲题比赛、算 24 点比赛、数数比赛、数立方体比赛等。

3. 活动对象:每班 2 人(如果超过,班内初赛)。

4. 活动评价:学生 PK,角逐冠亚季军,并计入期末学分。

(四) 数学文化交流

1. 活动时间:每周一次(利用社团课)。

2. 活动内容:为了培养学生的数学交流与表达能力,并凸显数学文化在日常育人、教学中的作用,在数学教师的指导下,学生自主选择数学文化相关内容进行展示(如介绍数学史、介绍数学家、介绍数学学科分支等)。

3. 活动对象:每周4位同学,每班至少一位同学(可多于一人,自愿报名),轮流演讲。

4. 活动形式:针对选题作8—12分钟展示(选择多于一种形式展示,如PPT、板书、互动问答、视频等)。

5. 活动评价:由学生打分,从内容准备、语言表达、数学文化等角度进行评价,并计入期末学分。

(二)化学研学角:"小作坊"里的大门道

"化学研学角"以"闻香品味知化学"系列为主题。研学活动源于生活、高于生活,以创造更美好的生活为主旨。第一期研学项目以"酒香"为载体,计划通过对于酿酒工艺和蒸馏酒技术的学习和复刻,结合相关的基础化学知识和化学实验技能,以达到从生活常识引发到书本知识的贯穿,以理趣相容激发学生核心素养培育。通过创设内容维度、动机维度和互动维度的三维广度,从时间、空间等方面进行全方位立体式的培育学生的学科素养,引导学生关注生活中的化学、化学中的生活,进而帮助学生树立良好的健康理念。

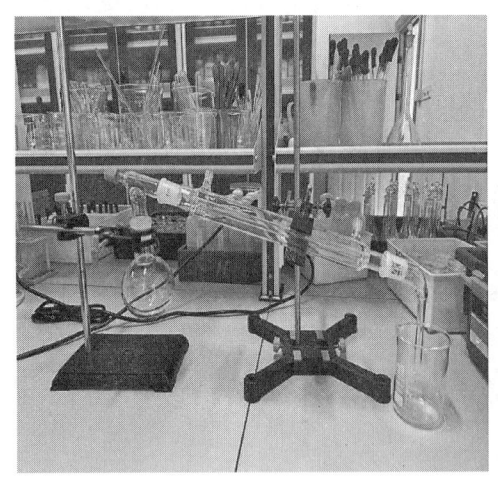

图4-8 化学研学角活动

高桥中学化学学科软硬件"学习场"打造[①]

在学校"支持高中生核心素养培育的'学习场'构建研究"项目的引领下,作为生化

---

① 引自生化教研组组长陆戴峰的交流分享。

教研组组长,更作为一名普通的化学教师,本着培育学生化学学科核心素养、提升教学效率与质量、满足师生发展需求的目的,于是我开始了基于现代信息技术建设指向下支持高中学生化学核心素养培育的"学习场"的构建路径和实践策略方面的一些尝试和探索,试图给学生提供无处不在、无时不在的软硬件条件,打造沉浸式、自主型、个性化的新型学习空间,初步探索高中育人方式改革在学校的创造性实践。

一、硬件打造

(一)打造化学学习天地

学校4号楼4楼的化学天地已基本建成,旨在给学生创造一个沉浸式的化学学习空间,主要体现在:① 所有的墙壁上都有化学元素的展现,例如张贴印有元素实物的元素周期表、张贴与化学学科知识有关的海报,把常见的化学符号、著名的化学发明等刷上墙。② 书架上摆放多种化学杂志、科技画报供学生翻阅。③ 书桌上放置一些常见物质的实物模型,并提供球棍模型等供学生自行拼搭。④ 触屏显示器供学生浏览一些知识与科技网站。⑤ 玻璃白板上设置每周一题,供学生思考与解答。

(二)建立可移动的小型实验室

配备一套可随身携带的简易实验盒,内装一些常见的药品,供上课作实验或课堂生成性实验用。相应的学习专题案例有——"能伸能屈"的H_2O_2、难溶电解质的溶解平衡等。

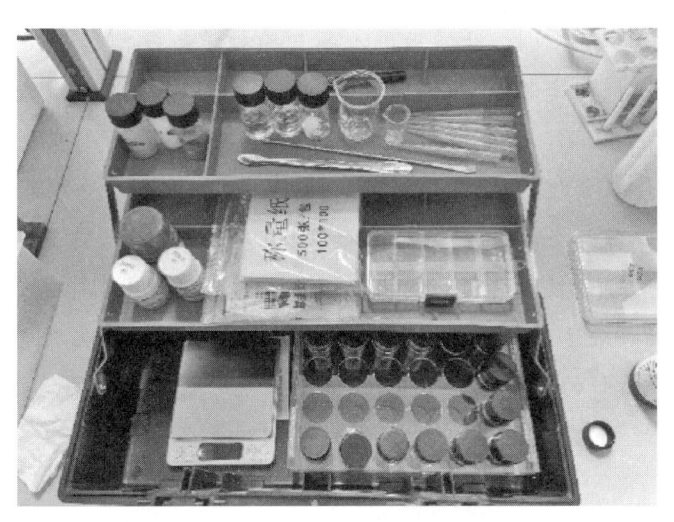

图4-9 可随身携带的简易实验室

(三)开展学科特色拓展实验课程

课堂从教室转移到实验室,甚至从室内转移到室外。上课时间从周一至周五,拓展到周末。上课内容从必修、选择性必修拓展到真正的选修。利用生物、化学的学科特色统筹课堂学习和课外实践,强化实验操作,培养学生中的创新人才。

与教研组同事共同合作的周六实验拓展课程:系列趣味实验——绽放的蓝色妖姬、"冷暖"自制、自制香皂、自制家用消毒剂、指纹鉴定、香香的化学、振荡反应、自制卤水豆腐等。

(四)开发系列线上学习资源

数字硬件:线上学习模块——校本化课程、教案课件、习题等学习资料。

二、软件设计

软件上,积极探索实践六大策略:① 优化课堂氛围,促进主动参与;② 注重知识建构,奠定思维基础;③ 培养主体意识,引导自主思考;④ 构建合作机制,促进思维发散;⑤ 联系现实生活,强化知识应用;⑥ 完善评价模式,实现提质增效。

在时间安排上除了在校学习时间之外还进行了以下尝试:① 新高一入学前,利用暑假做好衔接性学习学法指导,使新生顺利适应高中学习;② 周末及节假日在钉钉上提供教案课件、习题等线上学习资料;③ 课后及周末积极开设拓展课程——科学实验的实验旅程;④ 寒暑假根据年级特点在钉钉上提供线上学习模块(定期收发各类各级学习资料,高二升高三暑假线上进行针对性辅导)。

三、教师学习

为了实现上述实践,教师本身也积极投入学习中去。例如今年[①]暑假的学习可谓丰富多彩。首先便是学习新教材,开学后进入高三的教学新内容是从教以来从未涉及的,于是我们从阅读教材、阅读课标开始,到看网上新教材培训、看空中课堂、做配套练习,再到同事之间相互探讨、编写教案,忙得不亦乐乎。其次,今年8月利用2023年见习教师培训机会深入学习"双新"背景下大单元教学设计、"理趣——原动力课堂"教学设计。通过聆听专家讲座、与导师交流讨论、对学员的设计进行评价以及自身的实践等力图实现以单元设计为核心,通过教学内容结构化、情境化、过程活动化,引发学生认识方式的改变,在教学设计中"寻理达趣",有效落实学科核心素养,提高学生科学素养。虽然学习并实践大单元教学设计的过程略显辛苦,但由此收获的喜悦和满足感亦很强烈。除此之外,还进行了师德培训,完成了课程、小微课题的撰写等。

(三)物理研学角:"小场所"里的大磁场

"物理研学角"第一期研学的内容是"物理中的魔术——蛇形摆",即将长度不同的一列单摆在同一高度释放,便呈现出了有规律的周期变化图形,看起来好像十分魔幻。让学生们

---

① 编者注:此处保留原交流分享中出现的时间,不予更改。

从这"神奇"的现象里,去了解其中的物理原理和物理知识,从频率、振幅等方面去分析其中的关系。学生们在老师的指导下使用桌球和鱼线制作一个更直观的大型蛇摆。通过这些物理小实验,激发学生们的求知欲和创造力,引导学生观察生活、分析物理,体验"物在其外,理在其中"的学科魅力。

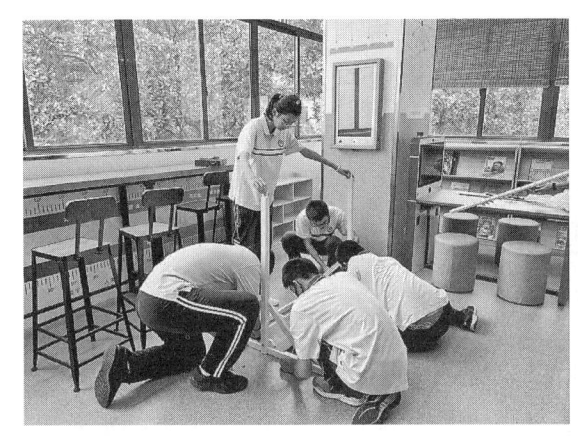

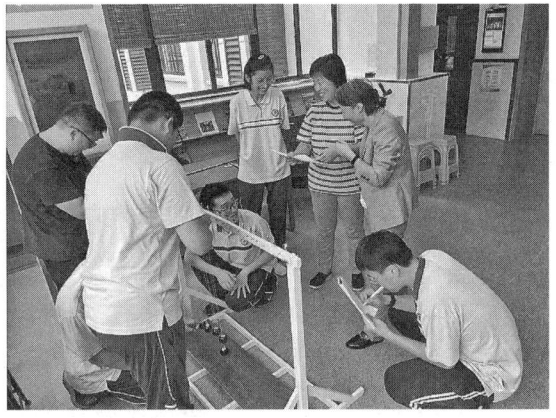

图 4-10　物理研学角活动

三、光伏发电站、水质处理站——两大科普站

（一）日常运维

科普站日常活动的开展,由学生处杨烨老师负责,由程逸飞老师担任指导教师,由高二年级各班学生担任科技值周工作。每周由各班选派 5 名学生负责科普站的观察、记录和相应装置的启动和维护,并认真完成各班的交接班工作。

（二）课程设置

科普站的课程设置,由高二年级的化学、物理和生物教师为学生工作的开展,提供课程服务。在基础级课程的基础上,开发发展级和研创级课程,不断拓宽学生的知识面,提升学生的核心素养。

（三）研究方向

科普站以"基于太阳能与不同生物量对生态鱼缸内湖泊水质处理的研究"为研究方向:群落内的水生生物与无机环境相互作用,最终维持在自稳态的状态。本探究利用生态系统物质循环和能量流动的原理,通过自动水循环植物水培简易装置,金鱼等水生动物为水生植物提供肥料,同时为鱼缸过滤、供氧,利用太阳能电池板为水循环装置供电。探究不同生物量的水生生物,通过以上设置对校园内湖泊水质进行改良。另外,水箱内可养殖观赏鱼,观赏性好。

基于太阳能与不同生物量对生态鱼缸内湖泊水质处理的研究

一、研究背景

在一个环境中,物种种类越多,食物网越复杂,最终形成的生态系统稳定性越高,物种的种类、种群的数量、生物量的不同都会影响环境。利用生态系统物质循环和能量流动形成生态系统自稳态。

二、研究目的

校内的湖泊水质需要花费一定的时间与精力通过仪器进行过滤改善,本研究探究不同的生物量对湖泊内的水质的影响,以达到利用生物改善湖泊水质的目的。

三、研究材料

1. 水生动物:金鱼、鲤鱼、草履虫、田螺、蚤类等。
2. 水生植物:绿藻、金鱼藻、水绵、满江红、荷花等。
3. 本实验用太阳能电池板为水循环装置供电。水泵采用 10—15 N 鱼缸抽水泵,水箱里的水用导管与上下水管连接,配 15 W/36 pcs 太阳能电动车用电池板、单晶柔性太阳能板和蓄电池,太阳能电池板安在窗子外面朝阳处,也可以使用家用照明电供电。

四、研究过程

第一,捞取湖泊水放置于水缸中进行预实验,探究多大的生物量较为合适,找到合适的区间进一步正式实验。

第二,设置分组正式实验,按照不同生物量分为 5 组,每组 3 个重复实验。每组保证物种种类相同,区别仅在生物量上。生态鱼缸内的植物按照植物在自然环境下的生态位摆放,如荷花为挺水植物,则需要根部有淤泥固定,叶片露出水面。

第三,定期检测记录水缸内水质的变化,并记录生物量变化。定期拍摄生态鱼缸情况,绘制时间与水质变化曲线图、时间与生物量变化图。

五、注意事项

1. 水生生物饲养时,不可以进行过多干扰,动物死亡后,等待自然降解,以达到模拟自然状态的效果。
2. 保证饲养环境光照强度一致,避免其他因素影响研究结果。

六、主要创新点

1. 利用不同生物量的水生生物改善湖泊水质。
2. 水箱内可养殖观赏鱼,观赏性好。
3. 通过自动水循环装置,既能为鱼缸过滤、供氧,又能利用养鱼水,为植物提供水肥。

4. 利用太阳能电池板为水循环装置供电,低碳绿色环保。

七、活动介绍:"小装置"里的大意识

科普站结合"水质处理"和"光伏发电"两套小装置,对得到初步过滤的校园水进行水质检测。在光合作用下,探究哪种水生植物可以进一步改善水质,找到最佳的水生生物组合,构建出水质优良、对物种有利的生态系统,最终将合适的方案应用于生态缸以及实际的湖泊内。每周值班的学生首先将湖泊中的水进行过滤处理,取等量的处理后的水放入小鱼缸中,每个小鱼缸里放置了不同质量的圆叶萍、荷花、虎皮莲等水生植物,以及15条金鱼,观察记录金鱼的存活情况,并进行水质检测。本研究意义在于学生参与、学生在实验中体验到科研的快乐与艰辛,帮助学生建立起环境与发展观,尊重自然,保护环境。

图4-11 "基于太阳能与不同生物量对生态鱼缸内湖泊水质处理的研究"照片

(四)工作平台

一是光伏发电站。 以安全用电为根本,记录好每天光伏发电量,维护好相关电器的使用情况。

二是水质处理站。 观察学校水系的日常情况,做好水质检测和记录。完成好污水处理器的运维工作。

> **污水处理器的运维流程**
>
> 　　正常情况下,将手动/自动旋钮打到自动状态,设备进入自动状态,由液位控制,当净水箱水位在低位时设备增压泵会自动启动开始给净水箱补水,直至水满自动停机。
>
> 　　(清洗1)石英砂过滤器清洗方式:确保原水箱满水的情况下,将石英砂过滤器上方黑色控制阀转动至反洗状态(BACK WASH)后,将控制面板手动自动旋钮打到手动状态,再启动增压泵对罐体反洗两分钟后,手动停止增压泵后将控制阀复原至运行状态。
>
> 　　活性炭过滤器冲洗:运行(清洗1)全部工序后,原水箱水位低的情况下可以手动开启取水泵补水,将活性炭过滤器上方黑色控制阀转动至反洗状态(BACK WASH)后,再启动增压泵对罐体反洗两分钟后,手动停止增压泵后将控制阀复原至运行状态。最后将手动自动旋钮打到自动状态即可。

四、校园环境监测研究站——一个创新实验室

　　2011年,高桥中学度过了它的百岁诞辰。历经一个世纪的风雨洗礼,高桥中学形成了悠久深厚的历史人文传统。跨入21世纪,学校致力于教育个体的完善和发展,并竭力探索一条历史名校的现代化之路,而创新正是现代化的核心。高桥中学是一所风光秀美的学校,一碑、二苑、三亭、四桥,十处胜景,百里闻名。然而学校所处的高桥地区是化工业聚集区,空气异味等现象屡见诸媒体。环境成了师生共同关注的话题和兴趣所在。兴趣是最好的导师,基于此,学校创建校园环境监测研究站,为学生搭建体验的平台,在操作、实践、探究中培养学生责任意识,提升学生创新能力。

　　普遍参与性和普及推广性是高桥中学在创建校园环境监测研究站时思考的两个问题。环境科学就在我们身边,校园里的绿树红花、土壤空气、虫鸣鸟叫,都可以成为实验的实施对象,校园里的每一个师生都可以成为实验的实施主体。同时,用身边的仪器设备来进行环境监测研究,除添置部分实验仪器外,学校更鼓励师生用好、用足原有现有的实验仪器。仪器设备的创新使用,确保了普遍参与性落到实处,也增强了校园环境监测研究站普及推广的可能性。

　　(一)创办理念

　　今天,人类面临着严峻的环境与发展的挑战。人类越来越认识到教育和环境科学知识的普及对于环境保护的重要性。《第比利斯宣言》明确提出了环境教育的目标包括意识、知识、技能、态度和参与五个方面,为全球环境教育的发展构建了基本框架。环境保护也是我国的一项基本国策,《中华人民共和国环境保护法》指出:要运用现代环境科学的理论和方

法，有计划地保护环境，恢复生态，控制环境污染。

学校所在的高桥地区为化工厂密集的地区，还是上海最大的热电厂所在地。为进一步研究高桥地区人类活动与环境演化规律之间相互作用的关系，寻求社会与环境协同演化、持续发展的途径与方法，学校创建了校园环境监测研究站——一个环境科学创新实验探究平台，以化学、生物、地理等基础型课程为支点，以多学科模式环境教学为起点，形成校本化、跨学科模式环境教学。校园环境监测研究站以"激发兴趣，亲历体验，合作探究，培养责任"为创建思路，让学生学会"用眼观察，用脑分析，用心领悟""从生活中发现，在发现中思考，在思考中探索"，在全面发展的基础上使学生的个性得到多元化的发展，不断培养学生的创新精神与实践能力。

环境科学就在我们身边。校园环境监测研究站引导学生探究身边的环境，从微观处入手，利用实验室仪器设备探究环境现象，体验环境科学实验的过程与快乐；从宏观处思考，思考我们的校园生态环境，高桥地区生态环境，上海地区、中国乃至全球的生态环境问题。校园环境监测研究站将在提高学生的环境意识、责任意识，使他们形成新的行为模式，激发他们主动参与保护环境的行动，乃至影响他们的一生，成为保护环境实践者等方面起到非常重要的作用。

（二）基本建设

作为一所百年老校，高桥中学有花园学校之美称。高桥园植被丰富、种类繁多，是各种鸟类的栖息地。校园内还有一条蜿蜒两百多米的河道——清溪河。校园成了开放的实验室，给学生环境监测研究提供了广阔的实验平台，如：通过植物种群密度的取样调查，了解校园内某一植物的种群密度。设计制作小生态瓶，观察环境变化对动植物的影响。模拟酸雨对绿色植物的影响，理解酸雨对绿色植物的危害。

此外，学校还为校园环境监测研究站建有环境理化检测实验室、生态研究实验室、校园气象站、环境信息交流研讨室等，并与浦东环境监测站建立共建关系，成立校外实验室，它们已经成为高桥中学学生进行课程学习与探索的摇篮。

1. 环境理化检测实验室

环境理化检测实验室主要进行水质、土壤、环境空气、沉积物、固体废弃物、室内外环境空气的研究和监测。实验室配备有微电脑BOD测定仪、有毒有害气体操作台、二氧化硫检测仪、二氧化氮检测仪、一氧化碳检测仪、臭氧检测仪、二氧化碳传感器、激光粉尘粒子计数器、pH传感器、浑浊度传感器、导电率传感器、钟式贮气装置、离心分离机、电子天平等仪器。环境理化检测实验室的配置，为学生创造了宽松的实验环境，提供了良好的外部条件。时间上的"放开"、空间上的"开拓"、实验药品及仪器的"开架"，开拓了学生的视野，学生由课本走向实验室，从教室内走到教室外，从校内走到了校外。学生借助该实验室可进行空气中二氧化硫含量测定等环境监测的拓展型实验。在基础实验仅获得初步实验结论的基础上，环境理化检测实验室使学生获得的实验数据更具有科学性、精确性和可信性。通过这种学习方式,学生可以学到许多课本上没有涉及的知识内容,从而扩大了知识面,同时可以增强自己观察思考、分析解决问题的能力和环保意识。

图 4-12 环境理化检测实验室

2. 生态研究实验室

生态研究实验室配置的仪器有数码生物显微镜、台式纯水器、高压蒸汽灭菌锅、超净台、恒温水浴锅、电热恒温培养箱等。实验室为开放型,每学期可以承担一些学生中的小课题研究,如观察和检测校园中大气污染对植物叶片的气孔开闭状态的影响;研究校园内的空气、河水中所含细菌的种类和含量,判断校园内的空气、水质是否有细菌的污染等有关的课题研究;校园植物种类调查研究,并引导学生争取利用1—2学期的时间完成《高桥中学校园植物志》以及完成校园植物的挂牌工作;进行校园植物的多样性调查、理解生态系统的功能,培养学生的生物多样性的理念和可持续发展的观念,懂得人和环境和谐发展的重要性。

图 4-13 生态研究实验室

3. 校园气象站

校园里的 Davis 无线气象站,可测量和显示气压、室内外温度、湿度、紫外辐射、降雨等。气象站定期播报学校周边环境的"微天气"情况,以及对监测区域内的天气变化和气象灾害进行预警,让师生第一时间获知并加强防范,避免受气象灾害的侵袭。气象台活动有利于整合学科教育资源,对学生自主探究科学,提高学生科学素质都有帮助。学生在校园气象台观测活动的结果在校园内公布,作为环境科学研究课题的第一手资料,相关学科的教学也可作为资料加以运用。

图4-14 校园气象站

4. 环境信息交流研讨室

环境信息交流研讨室由多媒体计算机、液晶投影机、数字视频展示台、中央控制系统、投影屏幕、音响设备等多种现代教学设备组成,可供学生上网查阅有关资料、制作相关实验报告、展示交流研究成果等。环境信息交流研讨室丰富了成果展示的形式,更提升了学生运用信息技术手段进行学科学习的能力。

图4-15 环境信息交流研讨室

5. 校外实验室

学校共建单位浦东环境监测站作为校外实验室，成为校园环境监测研究站的有力支撑。监测站工作人员定期为学生举办环境科普讲座。学生在进行课题研究实验时，也可借助环境研究站的先进仪器设备获得更精确的数据。学生在对各项环境指标数据的国家标准与国际标准的研究中，增强了标准化意识、检测意识、环保意识。

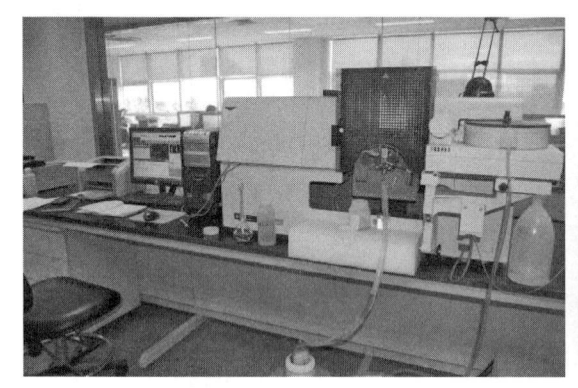

图 4-16 校外实验室

（三）相关课程设计

1. 课程设置

校园环境监测站已纳入校本课程，分为"基础型、拓展型、研究型"三个层次。"基础型"面向全体学生，着眼于学生基本素质的形成和发展，加强环境监测研究科学知识的学习与掌握。在基础实验过程中提高学生环境监测研究实验的有关技能，培养科学精神。"拓展型"重在完善学生的知识结构，拓宽学生在环境科学领域的视野，提高学生动手实验操作的能力。引导学生关注身边的环境现象，培养、激发和发展学生的科学兴趣爱好，开发学生的潜能。"研究型"旨在培养学生自主与创新精神、研究与实践能力、合作与发展意识，强调学习过程的参与与体验。学生依据自己的兴趣爱好自由组合，自主确定课题，选择相关学科教师做导师，分工合作开展课题研究，开展取样调查、实验论证、撰写研究报告等探究活动。

2. 课程目标

（1）了解环境的基本结构和特征，掌握环境问题的基础知识，认识环境与人口、资源、经济发展的关系。

（2）掌握环境质量评价的基本方法，了解我国环境保护的政策、法规和重大环境保护措施和行动。

（3）了解环境因素对生物生命活动的影响，运用自主创新的实验技术，初步探究学校周边环境对动植物生长发育的影响。

（4）培养学生跨学科的综合研究创新实践能力，初步形成自我规划和自主学习的意识，具有与他人交流的积极态度和基本能力。能根据自己的特长,发现、分析和初步解决问题。

（5）培养学生形成较广泛的兴趣,能够关心社会发展和科技进步,提升其环保意识和社会责任感。

3. 课程内容

根据学生的学习特点,以化学、生物、地理等课程为支点,采取班级授课与小组实践活动相结合的形式,在高一高二各班全面开设如下课程:

表4-1 校园环境监测站课程内容一览

课程类别 \ 课程内容	大 气 研 究	水 质 研 究
必修课程和选择性必修课程	➢ 大气运动与天气、气候:气候变化、大气污染、全球环境问题、人类活动对气候的影响 ➢ 城市化:城市化进程中城市环境问题 ➢ 工业区位:工业区位条件及其变化、区位环境分析 ➢ 二氧化硫、硫化氢的物理性质、化学性质 ➢ 氮氧化物的物理性质、化学性质 ➢ 二氧化碳的物理性质、化学性质 ➢ 植物光合作用和呼吸作用 ➢ 环境保护基础知识 ➢ 环境保护与生活的关系	➢ 水循环与水资源:水环境、水质污染 ➢ 城市化:城市化进程中城市环境问题 ➢ 工业区位:工业区位条件及其变化、区位环境分析 ➢ 人对自然资源的需求（土地资源与粮食、水资源、森林资源） ➢ 生物多样性与可继续发展
选修课程	➢ 酸雨对牵牛花的影响 ➢ 汽车尾气及氮氧化物的危害 ➢ 二氧化碳浓度测定 ➢ 用 DIS 仪器测定空气中各类成分的含量 ➢ 环境污染如何利用植物进行监测:指示植物监测法 ➢ 环境污染对植物光合作用和呼吸作用的影响 ➢ 燃料的充分利用 ➢ 利用校园气象站检测校园环境 ➢ 高桥地区大气污染对植物影响的研究 ➢ 酸雨的形成、成分及环境危害 ➢ 焚烧落叶产生的危害 ➢ 油印室臭氧浓度测定	➢ 化学肥料的种类使用及对环境的影响 ➢ 家庭自制消毒液 ➢ 水中溶解氧的测定 ➢ 用离心分离机测定水样中悬浮颗粒的含量 ➢ 水污染对种子萌发率的影响 ➢ 高桥地区水污染对植物影响的研究 ➢ 废电池对环境的污染研究 ➢ 校园河道清溪河水质研究

在"大气""水质"研究的基础上,学校后续将开发以"生态"和"噪声"为主题的环境监测研究,开展"校园生物多样性调查""外高桥地区集装箱卡车噪声研究"等课题。

4.课程评价

课程评价由过程评价和最终评价两部分构成。老师对学生的评价和生生评价的权重比为3∶2,分A、B、C、D四个等级。

(四)案例与成果

1.高桥地区酸雨对环境的影响研究

(1)研究背景

"激发兴趣,亲历体验,合作探究,培养责任"是校园环境监测研究站的创建思路,课程立足于本地本校实际,通过身边的问题和周边资源,培养学生的环保意识和社会责任感,让学生学会"用眼观察,用脑分析,用心领悟",提高学生环境科学知识和问题解决能力,培养创新型人才。

高桥地区的上空经常有怪味笼罩。同学们在上课时闻到该气味特别难受,深恶痛绝,甚至有人称自己产生了"头晕、恶心"之感。当同学们通过媒体得知"罪魁祸首"的恶臭气体为高桥石化3♯硫磺装置产生的硫化氢、二氧化硫等酸性气体高空泄漏所致时,产生了强烈的探究欲望,于是有一组同学成立了"高桥地区酸雨对环境的影响研究"调查小组。

(2)研究过程

一是实地调查。学生设计了调查表,进行实地调查。

表4-2 对于居住在高桥周边地区人员关于环境感受的调查结果

地 区	序	空气质量	腐蚀建筑物	酸雨了解程度	舒适度(3分满分)	空气质量问题
高桥	上炼新村	不好	有	一般	1分	空气污染
高桥	学前一村	不好	有	了解	1分	空气污染
高桥	富特五村	不好	有	一般	1分	空气污染
高行	东波苑	不好	轻微	一般	1分	空气污染
高行	幸福小镇	一般	没有	一般	1分	空气污染
浦东大道	居家桥路	不好	有	一般	1分	空气污染

结论:① 高桥地处化工区,造成附近空气污染,环境对周边居民的生活有较大的影响。② 浦东大道附近有被腐蚀的建筑物,影响市容市貌。

在调查走访中,同学们发现,不同楼层的居民对臭味的描述不同,同一天同一小区,有居民描述味道浓烈,有居民说有味道但不厉害,也有居民说略微闻到一点味道。这又引起了同学们的疑惑。他们请来了学校共建单位——浦东环境监测站的辅导员。在辅导员的指导下,同学们用钟式贮气装置分别收集了离炼油厂较近的某小区一楼、三楼、六楼、九楼和十二楼高度的大气。在环境监测站的精密仪器测定下,得到如下数据:

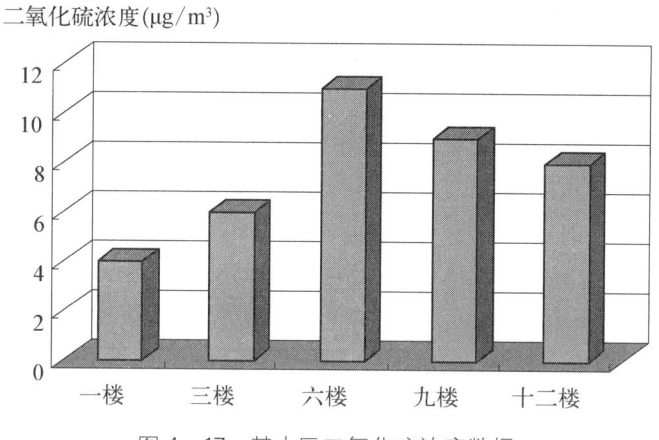

图4-17 某小区二氧化硫浓度数据

结论:化工厂、热电厂的烟囱高度比较高,大概有十层楼高度。他们大量排放的酸性物质扩散至居民区,由于二氧化硫的密度较大,所以测得居民区六楼高度SO_2的浓度最大。

二是动植物研究。同学们用玫瑰花瓣、小金鱼做实验,探求酸雨对动植物的影响。

① 植物实验

材料:玫瑰花瓣若干,收集到的雨水。

步骤:将玫瑰花瓣分别置于蒸馏水和雨水中,查看两者颜色的变化。

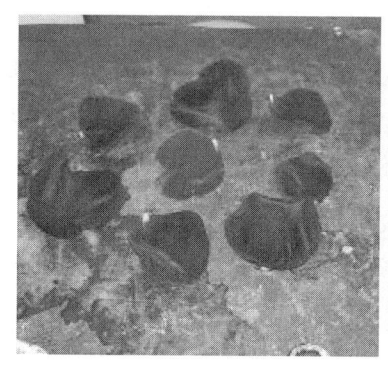

图4-18 植物实验

现象:置于雨中的花瓣红色明显变浅,与置于蒸馏水中的花瓣形成明显对比。

② 动物实验

材料:两条金鱼——一条龙井鱼,一条鹤顶红鱼;收集到的雨水。

步骤:将金鱼分别饲养在清水与收集到的雨水中。喂养一段时间后,查看它们的灵敏度、饮食情况和死亡时间。

图 4-19 动物实验

表 4-3 现象记录

样本、时间及现象	1—10 天	11—20 天	21—30 天	31—40 天
A（清水）	小鱼情况良好	小鱼情况良好	小鱼情况良好	小鱼情况良好
B（雨水）	小鱼情况良好	水面微有泡沫 小鱼情况一般	泡沫增多 小鱼迟钝	小鱼死亡

图 4-20 金鱼死亡状况特写

死亡状况特写：金鱼死亡的时候，全身覆盖着一层白色黏物，眼珠比正常时候还要突出。从远处查看，了无生机，就像一个橡胶玩偶，不复以往的生气。

③ 结果分析

从上述实验可以发现，酸雨严重影响了动植物的正常生长，并会使生物在较短时期内死亡。

（3）结论与举措

酸雨（acid rain）是指 pH 值小于 5.6 的雨雪或其他形式的降水。它不仅能引起土壤有机质的降低，危害植物生长，腐蚀古建筑物，对人的呼吸道也有一定的影响，破坏我们现在的生态系统平衡。

高桥中学处于化工密集区，炼油厂、上海最大的热电厂排放的废气中含有较多酸性气体，导致该地区酸雨情况明显高于浦东其他地区。经过该课题研究，我们深刻地认识到酸雨对环境的严重威胁，拟定了几个防治措施：

一是控制污染源。治理污染源是防治大气污染危害的根本措施，途径有：分散人群、合理布局工业、改变燃料构成、使用低硫燃料、使用清洁生产工艺、高烟囱排烟、控制废气的排放时间等。

二是栽培抗污染作物。 种植悬铃木、垂柳、银杏、柳杉等有较强的吸收二氧化硫的能力的植物。

三是加强空气质量管理。 除从技术上对大气污染进行治理外,还应通过一系列行政手段,加强空气质量管理工作,以保证在发展生产的同时,空气环境质量长久持续地得到控制。

(4) 教师反思

在参与"高桥地区酸雨对环境的影响研究"课题过程中,本组成员认真查阅资料,精心设计研究方案,主动热情地投入社会调查,环保意识、社会责任感明显提升。接下来同学们准备测定高桥地区校园内外 PM2.5 的浓度,并与浦东环境监测站的标准化数据进行对比。借助学校的环境监测研究站的平台,同学们进行了一次次的实验探究,监测意识、标准化意识、主人翁意识得到提高。

本课题的主要负责人张达同学高中毕业考取了同济大学。大学毕业后去了日本进行硕士和博士的深造,并主修化学电池的开发和研究。问他今后发展的方向,他毫不迟疑地说,回国,到大学里当老师,为祖国培养更多善于思考、敢于实践、有创新意识的研究人才。问他原动力是什么。他说,在母校高桥中学进行创新实验课题研究就是他后来搞科研的启蒙,并且当初小小的成功体验让他坚定了选择科研作为今后个人职业发展的方向。真可谓小实验培养大志向。

2. 校园河道清溪河水质研究

(1) 研究背景

校园环境监测研究站在确立课题时,重要的原则是"从生活中发现,在发现中思考,在思考中探索"。环境科学研究就在我们的身边,花园般的校园就是发现课题的场所。

波光粼粼、游鱼倏忽的清溪河畔,曾是高桥园师生促膝谈心、观鱼看书的佳处。然而,随着高桥镇城市开发建设的发展,清溪河失去了与校外河道的贯通,河水逐渐变浑发臭,游鱼大量死亡。学生们感到痛惜的同时,发动了"清澈清溪河"活动,向全校师生征集改善清溪河水质的方案,一个个课题研究小组应运而生。

(2) 研究过程

方案一:A 小组通过河水取样研究,发现河水浑浊主要是由于有许多悬浮小颗粒构成的胶体所致。学生们在河水样本中加入电解质明矾,使胶体发生凝固,达到了水质变清的效果。可从生物学角度分析,明矾会影响河道中鱼类的生长。最终,学生否定了该方案的可行性。

方案二:正所谓"问渠那得清如许,为有源头活水来",B 小组认为河水不流通是导致河水变臭的重要原因,在城建无法改变的情况下,学生提出在河道中加装水循环系统,人工加速水的流通与循环。学校采纳了这一方案,在河道中加装了两个水循环系统,水质有所改善。

方案三：C小组通过河水取样观察研究，发现河水中的大量藻类，特别是绿藻，是导致河水浑浊发臭的祸首。学生上网查找资料，发现鲢鱼等鱼类喜食绿藻。在学校资金的支持下，学生去花鸟市场买来近百条鲢鱼，放养在清溪河中，水质大有改善。如今，当初的鱼苗，长得大的已有十几斤重。

（3）调查结果

在"清澈清溪河"的近一年时间里，学生定期取样，观察水质变化，形成如下调查数据：

表4-4 高桥中学清溪河水污染调查数据

水样采集日期	3月1日	6月1日	9月1日	12月1日	自来水（对照）
一、水的物理性质（水的颜色、可见度）					
水色	墨绿	蓝绿	黄绿	土黄	/
可见度	5 cm	9—10 cm	15 cm	20 cm	/
二、水质（pH值、好氧细菌引起亚甲基蓝溶液褪色情况）					
pH值	7.8	7.5	7.3	7.1	7
亚甲基蓝溶液褪色情况	30分钟蓝色褪去明显	30分略有褪色	30分钟有褪色，不明显	30分钟有褪色，不明显	不褪色
三、生物[绿眼虫数、轮虫数，用显微镜的低倍镜（16×10倍）观察整滴水中的数据，连续观察三到五次，取其平均值]					
绿眼虫数	49	22	15	5	无
轮虫数	30	18	9	3	无
四、河水饲养小金鱼的情况					
呼吸次数/分钟（开始时）	125	122	122	120	118
呼吸次数/分钟（3小时后）	130	125	123	119	121
存活天数	4	7	19	26	30

（4）研究后续

如今，清溪河畔恢复了以往的欢声笑语，成为师生流连驻足之处。但学生的研究还在继续。虽然异味消失了，鱼儿欢跃了，但河水的清澈度还不令人满意，"水皆缥碧，千丈见底，游鱼细石，直视无碍"已成为学生课题研究的新目标。

图 4-21 清溪河现状

（5）教师反思

在这次环境调查过程中，全校学生积极参与，体现了校园环境监测研究站的普遍参与性；同时，教师指导学生充分利用实验室里原有现有的实验器材，研究身边的环境问题，体现了校园环境监测研究站的普及推广性。虽然由于仪器和能力所限，学生的实验数据可能不是很精确，但还是可以反映一定的问题。更重要的是，为改善校园环境出了一份力，培养了学生主人翁意识，增进了学生与教师、学校的感情。在调查过程的体验中，还锻炼了学生的操作实践能力，培养了学生的创新精神，增强了学生的责任意识和环保意识。

3. 高桥园的实验小达人

2006届的颜俊同学，从初中就酷爱化学，对一些化学现象、化学实验到了痴迷的程度，到了高中更是一发不可收拾，是高桥园的实验小达人。

颜俊同学在家里搞了一个化学实验室，把压岁钱、零花钱全部省下来，用于购置化学仪器和药品。有一天，班主任接到一个颜俊同学所在街道居委主任和管区民警打来的电话。他们在防火安全检查中发现颜俊同学家储存的大量化学药品对小区的安全带来隐患，希望学校、班主任做做工作，把这些东西处理掉。第二天化学老师就去家访，和颜俊同学长谈多次，晓以利弊，并明确表态：老师会想尽办法保护你的兴趣爱好，只不过地点、方式要改变一些。在多次的循序渐进式的谈话中，颜俊同学由反抗、妥协到欣然接受了老师的建议，由他父亲把实验仪器和药品运到学校，实验室老师为他开辟了一个专门的橱窗。颜俊同学既保住了那些宝贝，又可以在老师的指导下进行探索实验。

从高一到高二，颜俊同学在老师的指导下，有的放矢地设计实验，并一次次地到实验室进行探究和验证，提高了理论和实验动手能力。有一次他去学校复印间复印，闻到一种刺鼻的臭味(鱼腥臭),而且越靠近复印机的地方臭味越浓。这又引起了他的兴趣。他通过调查与实验,得出结论:复印室内的臭氧浓度足以对人体产生很大影响。建议复印间老师采取以下措施:(1)复印机每工作一段时间后,打开窗户进行通风,排出臭氧。(2)在复印室内放一些活性炭,吸附臭氧。在此基础上他设计并撰写了《复印室内臭氧浓度的测定》一文,获浦东新区二等奖。此外,颜俊同学在浦东新区"白猫杯"化学竞赛中获区重点中学第一名的好成绩,又参加了上海市复赛,获市二等奖。他带领研究小组完成了《废电池对环境的污染研究》,获上海市环境科学学生论文二等奖,并在《上海市环境科学》杂志上发表。

学生成才,兴趣是起点,实践是支点。在高桥园,颜俊同学努力探索,潜心钻研,高三毕业他顺利被同济大学录取,后又在同济大学进行研究生的深造。

图 4-22　颜俊同学在高桥中学实验室　　图 4-23　颜俊同学在大学实验室

(五) 组织与管理

1. 组织领导与管理特色

以培育教育品牌和创建实验性示范性高中为价值导向,运用现代教育理念和管理机制,已形成有学校特色的现代学校管理体系。学校已实现管理目标服务化、管理过程服务化、管理制度完善化的"三化"管理原则。校园环境监测研究站由校长直接领导,职能部门管理人员具体筹划,教研组、相关教师积极参与,条块清晰,职责分明,管理到位。

图 4-24　组织管理结构图

2. 师资队伍建设

学校根据"创建教师专业发展学校"的规划,大力推进教师的专业化发展,加强不同年龄阶段教师的梯队建设,重点加强青年教师的专业发展,建设一支有高度职业精神、专业能力、合作和创新意识的教师队伍。强调发展教师的教学能力、研究能力、信息技术应用能力。具体落实在：实施《高桥中学教师之星"103050 计划"》(目前,学校有国家级骨干教师、上海市名师后备、市级学科导师 9 名,区学科带头人、区骨干教师 12 名,校希望之星 45 名,其中有多名青年教师已获得上海市中青年教师教学比赛一等奖等荣誉);建立"高桥中学教师专业发展委员会";成立"高桥中学特级教师导师团";组建"清溪书院"实施中青年教师的继续教育工程;定期开展"高桥中学教师论坛"活动;以课题研究促进教师专业化的持续发展;教研组自培,校本研修促进教师专业发展。在校园环境监测研究站的创建过程中,教师的专业技能和专业素养也得到了不断提升,涌现了一批以浦东新区明星教师化学老师陆戴峰为代表的具有创新开拓精神的年轻教师。

3. 资源共享

校园环境监测研究站面向学校的每一个师生,各个实验室由专任老师负责管理,每周一至周五向全体师生开放。周六、周日,课题组学生若有特殊需要,亦可开放。同时,向周边辐射,资源共享,志愿者向周边居民宣传环境科学知识,向相关生产企业提供生产与环境改善意见等。

第二节 着力突破课程,开发"理趣——立交桥课程"

课程是学校发展的核心竞争力,是书院式学校创新发展的生命线。在新的时代,中小学课程改革步入了新的时空,中小学教育教学深化改革、课程建设发展迎来了更多的挑战与机遇。学校紧紧抓住创建上海市实验性示范性高中这一发展契机,紧密围绕新时代"培养什么人、怎样培养人、为谁培养人"这一教育根本问题,以育人方式改革为抓手,以"双新"实施和教育评价综合改革深入推进为任务驱动,系统设计、顶层架构学校的"理趣——立交桥课程",并以科学的多元评价思想贯穿课程建设始终,以此深度推动办学变革,全面提升育人水平,实现书院式学校的创新与可持续发展。

一、"理趣——立交桥课程"体系开发的校本逻辑

基于学校"为学以理,积学精业"的书院式办学理念,结合"文质彬彬、和而不同、兼济天下的'现代君子'"的育人目标,在"为学以理、理趣相融,为每一个学生架起通往未来之桥"的课程理念指导下,完善学校课程体系,丰富课程资源。我们强调"理趣——立交桥课程"因理而生、寓理于趣,以趣生理、趣理相融,它暗扣学校办学理念,明联高桥中学校名中的"桥"字,实则通过课程为学生发展搭建多元化、可选择、有层次、能融通的"立交桥",引导学生生动探

索自然之理、社会之理、人生之理、生活之理,"趣""理"之间架起了知识和智慧的桥梁,学生通过内容丰富的课程学习,踏上生命历程中的成长之桥、成才之桥,教师则是尊重每一位学生的认知基础和个性发展需求,引领学生顺利越过人生之桥、全面而有个性发展、到达成功彼岸的引路人。

```
上海市高桥中学
"理趣——立交桥课程"逻辑图

办学理念 ──── 为学以理,积学精业
课程理念 ──── 为学以理、理趣相融,为每一个学生架起通往未来之桥
育人目标 ──── 培养文质彬彬、和而不同、兼济天下的"现代君子"
课程结构 ──── 两个支点、三维空间、四大层级、五大模块
```

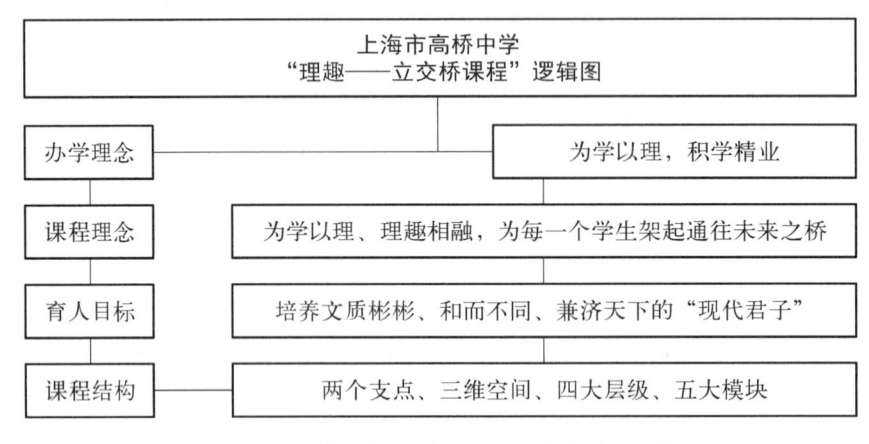

图4-25　高桥中学"理趣——立交桥课程"逻辑图

二、"理趣——立交桥课程"目标设计

(一) 课程内在属性分析

一是贯穿理育性。学校课程建设努力凸显学科育人功能,揭示学科的哲学之理、学法之理,紧扣学校培养"文质彬彬、和而不同、兼济天下的'现代君子'"这一育人目标而有效开发与精心实施;同时,学校课程与国家新高考招生改革、"强基计划"实施紧密联系,培养学生的家国情怀、爱党报国之志。

二是呈现趣味性。在课程内容设计及课程实施过程中,努力寓理于趣。

三是体现融合性。具体为国家课程与校本课程的融合将国家课程必修、选择性必修、选修三大模块课程有机衔接,将国家课程校本化实施与校本课程的特色建设有机衔接为一体,将学生的学习理解与实践体验有机结合。

四是展示多样性。学校课程努力为学生的个性发展提供多方面的支持,努力依据学生的个性发展需求,设置特色鲜明、点面兼顾的五大模块校本课程,促进学生的多元发展。

五是满足选择性。在学校课程资源中更好地关注自主选择的发展之路,更好地彰显每一位学生的独特人生价值,努力使每一位学生能根据自己的特长、兴趣、爱好等选择适合自己的课程进行学习。

六是突出发展性。基于学生发展相关课程学习所处的不同阶段和水平,因此也应为具有不同学业基础以及处于不同学业发展层次的学生提供适合其有效学习的课程内容。"理

趣——立交桥课程"以多样化、多选择的特性,"基础级""发展级""研创级""书院级"四级课程较好地体现了四个发展层次,力图确保处于发展不同阶段和水平的学生都能获得成功的学习体验,体现"百花齐放"的书院精神追求。

(二)课程建设的优势与挑战

学校基于国家育人目标和课程标准,制定了多轮课程实施方案,构建了完整的课程架构、实施和保障措施,确保国家课程要求落地的同时,开发高桥中学特色课程。

1. 课程建设优势

一是百年校史,底蕴深厚。横跨两个世纪的高桥中学,有着优秀的文化传统和厚实的发展底蕴。为了进一步挖掘和发扬本校优秀的历史文化传统,学校专门组织力量重新整理修订了《校史》,增加了校史资料,扩大了校史陈列室,提炼校魂,弘扬学校爱党爱国传统,推进学科育人、校史润人、环境养人、精神立人,形成了以"高桥中学三大生态课程群"为特色的校本课程,贯彻五育并举,培养学生的生态素养、创新能力和社会责任。

二是教师团队,智慧专业。高桥中学的教师团队爱岗敬业、勤奋执着,具有较强的课程开发和课程实施能力。学校以青年教师发展为重点,重视发展教师的教学能力、研究能力、信息技术应用能力和外语能力,建设一支有高度职业精神、专业能力、合作和创新意识的教师队伍。教师专业化发展的主要举措:设计和实施《高桥中学教师之星"103050 计划"》,建立"高桥中学教师专业发展委员会";成立"高桥中学特级教师导师团";实施中青年教师的继续教育工程;开设"高桥中学教师论坛";设立"高桥中学教师专业发展基金";建立和健全学校的课题管理制度;开展教育科研的教师全员培训。

三是课程开发,日趋完善。为了最大限度地满足学生个性化发展和终身可持续发展的需求,学校在强化基础型课程,保证基础课程实施的时间、空间和质量,培养学生基础学力的前提下,不断完善已有课程,开设了人文科学基础、社会学基础、美学、哲学、生命科学、科技动态、世界经济、天体学等拓展型课程,续办了《红杏》文学社团杂志,开办了天文爱好者俱乐部,设置了乒乓、艺术体操、美术、摄影等艺体类课程,举办各类讲座,让学生可选、能选、乐选,以此培养学生的发展性学力。高桥中学还通过"专题学习""合作学习"及开设"综合实践课程"等形式,培养学生的创造性学力。

四是资源整合,地域引领。作为本地区重要的教育单位之一,学校以区位优势为发展依托,积极挖掘联合校外资源,与多所高校合作开发课程,提升并丰富学校的课程资源,拓宽学生视野,帮助树立远大职业理想。另一方面,学校开展形式多样的交流活动,如家长会、招生巡回咨询、参加联谊活动、支援周边学校教学等,宣传、展示学校的办学理念、教学实绩和教师风采,担负起引领周边地域文化繁荣的重任。

2. 课程建设挑战

一是生源多样化。随着学校的不断发展,学校生源除了统招生,还有新疆部学生、艺术体育特长生等,学生基础素养和学习能力差异巨大。生源的多样化和学生发展需求的个性化差异,要求学校在国家课程实施过程中更注重分层分类,针对不同能力基础的学生提供不同的教学,并根据学生个性化的发展需求,开设门类丰富、层次递进的校本课程。

二是"双新"课改挑战。新课程新教材的实施、学科核心素养的提出对课程教学提出了更高的要求。如何跟上"双新"的改革步伐,落实课改要求,优化教育教学方式,培养创新人才,教师的专业素养尚待进一步提升。新高考"3+3"模式增加了学生的选择性,也增大了课程实施的难度,对学校的硬件和软件提出更高的要求。

三是课程评价体制改革提出的新要求。新课标中明确提出了"教学评一体化"的要求,这是落实核心素养培养目标、提高教育教学质量、促进评价改革的一项明确且强有力的举措,对教师也提出了新要求和新挑战。学校目前初步构建了课程评价体制,但仍需进一步探索,以提高学生学习的有效性及课堂教学的有效性。

(三)学校教育哲学

1. 办学愿景

高桥中学以"为学以理,积学精业"为办学理念,以培养"文质彬彬、和而不同、兼济天下的'现代君子'"为育人目标,以"引领地域文化繁荣、涵育报国耽学品性、跻身市内一流名校"的愿景为引领,充分把握教育整体变革前沿趋势,立足浦东与上海经济社会发展导向,深度探索具有高中学段特征的德、智、体、美、劳、创"5+1"实施方式,力争把高桥中学建设成为普通高中育人方式改革的典范、百年老校文化传承与校园文化建设的标杆,成为引领浦东、示范上海、辐射全国的现代化创新人才培养名校。

2. 毕业生形象

作为一所拥有百年校史的学校,其毕业生形象即"文质彬彬、和而不同、兼济天下的'现代君子'",既富有人文情怀,又弘扬个性。

所谓"君子",是对中华优秀传统文化的传承,而"现代君子",是对"君子"素养的时代发展要求,是具有爱党报国思想和民主、文明、和谐、自由等现代观念的君子,是具有红色理想信念、家国情怀、责任担当、独立思想、文化素养、科学思维、质疑精神等现代品质的君子,是德智体美劳全面发展的社会主义建设者和接班人。

"文质彬彬"是指"崇真行健、知行合一、表里如一",强调学生要崇尚真理、爱党报国、善于运用所学、勇于实践、内外兼修,成为身心和谐、人格统一的社会栋梁。

"和而不同"是指"博学独立、大气包容、合作共进",强调学生要虚心学习、夯实基础、胸怀宽广、尊重他人、学会合作、共同进步,成为善于合作、有能力、有作为的社会价值创造者。

"兼济天下"是指"博爱达人、胸怀天下、责任担当",强调学生要知恩感恩、乐于助人、以天下为己任、无私奉献、肩负使命感、责任感,成为胸怀天下、有信仰、有担当的社会发展引领者。

三、"理趣——立交桥课程"结构图谱

以《普通高中课程方案(2017年版2020年修订)》以及各学科课程标准等为指南,基于"为学以理、积学精业"办学理念,结合培养"文质彬彬、和而不同、兼济天下的'现代君子'"育人目标,学校着重从两个方面把握课程建设和创新走向:其一是,聚焦于"理",在若干"理"的探寻下,引领学生全面认识世界,追求全面发展;其二是,落实于"积",突出对学生"积"——实践与体验过程的关注,促进学生在做中学,做中体验、反思和发展。进而,我们逐步形成了高桥中学"理趣——立交桥课程"建设思路与课程图谱。它展现了学校国家课程校本化、校本课程特色化的实施路径——寓理于趣,以趣生理,成为学生生命历程中的成长之桥、成才之桥。我们将学校"理趣——立交桥课程"体系的科学结构具体解读概括为"一个理念、两个支点、三维空间、四大层级、五大模块"。

(一)一个理念

"一个理念"是"为学以理、理趣相融,为每一个学生架起通往未来之桥"。其中,"理"为课程的内核,"趣"为课程的动力和保障,"桥"是课程的功能与作用。

(二)两个支点

"两个支点"是"理"与"趣",它们共同支撑着学校课程内容与实施的质量及品位。

(三)三维空间

"三维空间"是指学校课程建设致力于为学生学习营造全息生态环境,有利于学生的和谐发展,有利于学生处理好"人与自我""人与自然""人与社会(他人)"的关系,从学校生态学习圈与绿色学习场学习的特点出发,构建"悟天道、寻地韵、求人和"的三维课程空间。

1. 悟天道

"天道"侧重指政治和历史等学科昭示的社会哲学之理,每一学科学习的方法规律,培养发展的学生思维禀赋。

2. 寻地韵

"地韵"侧重指语言学科、数理等自然科学学科、艺术人文体育学科的本体知识及其蕴含其中的科学与人文之"理与趣"。

3. 求人和

"人和"侧重指修身内省类课程为学生构建的"文质彬彬"的和谐身心以及"人与自然""人与社会(他人)"的和谐相处、相悦、相容。

(四)四大层级

"四大层级"是指从学生学业基础出发,学校课程为学生发展提供上升空间,包括基础级、发展级、研创级、书院级等四大层级,以多样化、多选择的特性,力图确保处于发展不同阶段和水平的学生都能获得成功的学习体验。需要指出的是,学校课程由必修、选择性必修、

选修三类课程构成。其中，必修、选择性必修课程即国家课程中的"必修""选择性必修"模块内容，对应学校"理趣——立交桥课程"体系的基础级课程，选修课程对应学校"理趣——立交桥课程"体系的发展级、研创级和书院级课程。

1. 基础级课程

基础级课程侧重指国家课程中的"必修"与"选择性必修"模块内容，这是学校为每一名学生必须夯实的学业基础。必修课程由体现共同基础要求的学科课程组成，即语文、数学、外语、物理、思想政治等13门；综合实践活动和劳动作为国家必修课程。选择性必修课程是学生根据高考新模式要求以及自身发展需要所选择修习的课程，体现了国家共同基础学科课程要求上的延伸。

2. 发展级课程

发展级课程侧重指国家课程中的"选修"模块内容、校本课程中包括学科拓展、活动拓展（含社团）以及其他主题拓展的课程内容。发展级课程更多基于学生个性满足、多元学习需求，且需要在家、校、社区开放学习及和谐联动的环境下加以实施；学校近年来新开办的新疆班相关民族特色与民族文化教育课程也是新疆班学生普遍研修的发展级课程。

3. 研创级课程

研创级课程侧重指学生研究性学习、科技创新类课程，研创类课程需要学校配套建设高标准的创新实验室，不断改善办学条件，为学生厚植研究性、创新性学习的环境土壤。

4. 书院级课程

书院级课程侧重指积极培养有志于服务国家重大战略需求且综合素质优秀或基础学科拔尖的学生，响应国家新高考改革招生和"强基"计划实施，联手高校，积极争取高校资源支持的特长学生课程，有效延续和满足特长学生的学习兴趣。在原有理综组的物理培优课程基础上，又增加了地理科目的培优课程，力争培养更多具有优秀学习能力和研究能力的特长学生。

（五）五大模块

"五大模块"包含"哲学方法之理、言语表达之理、科学自然之理、艺术人文之理、修身内省之理"五个方面的课程内容，它承担着不同学科的知识应用与能力发展重点，共同支持学生在德智体美劳创诸方面获得"5+1"的全面发展。

其中，"哲学方法之理"，具体衔接对应高

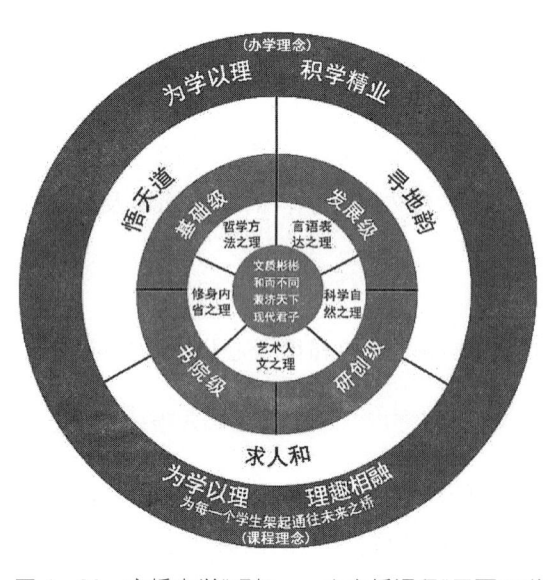

图4-26 高桥中学"理趣——立交桥课程"平面图谱

桥中学生态学习圈与绿色学习场文化建设中的"悟天道"之课程维度;"言语表达之理""科学自然之理""艺术人文之理"具体衔接对应高桥中学生态学习圈与绿色学习场文化建设中的"寻地韵"之课程维度;"修身内省之理"具体衔接对应高桥中学生态学习圈与绿色学习场文化建设中的"求人和"之课程维度。

图 4-27　高桥中学"理趣——立交桥课程"立体图谱

如以上两图所示,平面图谱重在揭示学校课程的总体目标、核心架构与办学理念的关系;立体图谱重在展现高桥中学课程的"立交桥"特点,学校以丰富立体的课程组合铺就学生健康成长和迈向美好明天的智慧之桥、幸福之路。

四、"理趣——立交桥课程"实施方式

(一)坚持立德树人,完善育人机制

学校坚持立德树人,德育为先,五育并举。立足做人基础,从培育学生基本的道德品质和行为规范做起,构建"三全育人"工作机制,充分发挥德育的引导作用。具体做法有:

1. 涵育素养品格,研发德育课程

学校落实"现代君子"的学生培养目标,谋划以"参与、融合、悟知"为进化线索的高中全

程德育课程体系,让学生通过三年的高中生活,不断提升核心素养,身心健康发展,成长为适应现代生活的未来建设者。

表4-5 学校德育课程体系

年级	聚焦重点	目标	德育课程
高一年级	君子规范养成	引导学生熟练掌握《中学生守则》,自觉养成"基本行为习惯"	君子素养研习课程 "君子六艺"社团课程
高二年级	君子责任践行	引领学生生活中深挖责任精神内核,实践活动中培养责任意识和能力	文化之旅融合课程 生涯教育体验课程
高三年级	君子人格确立	指导学生立足现实、放眼未来,进行人生规划确立奋斗目标	走进大学——拓展探究课程 走进职场——综合实践课程

2. 强化自主体验,布局德育活动

学校充分整合校内外各种资源,将课程与活动融合,以"一个学年"为德育活动周期,整体布局,实施德育主题教育和实践活动,多维度育人提升学生的综合素养。

"君子六艺"实践活动:学校将人文、艺术、科技、体育、公益服务等结合"君子六艺"修炼要求,成立射、御、书、数、礼、乐六大类31个学生社团,进行文化融合学习场的探究和实践。

人生启航系列活动:通过各种仪式教育,如升旗仪式、成人仪式、志愿者宣誓仪式,在环境氛围的影响下增强规范意识、责任意识,理解人生意义。

多元文化理解系列活动:组织学生寻根溯源传承经典,感受多元文化,修炼包容的气度,在思想碰撞和辨析中坚定爱国的情怀。

社会认知体验系列活动:学校教育和校外教育有机结合,鼓励学生自主策划活动,有组织地参与校外志愿服务,进行自我管理,丰富人生体验。

3. 升级管理网络,优化德育资源

在实行"学校—年级—班级"三级常规管理基础上,以"年级行政联系人制度"和"党员责任区"作为辅助和补充,通过校内的"三级管理"+校外学生德育基地(16个)+协作单位(9个),升级、延伸和拓展了学校德育管理网络体系,使学校及时掌握各年级师生的动态和班级教育管理情况,有助于学校理性、科学地制定切实有效的管理措施。加强家、校、社区联系,充分发挥校内三级家委会、校外学生德育基地的协同育人作用,延伸和拓展了学校德育管理网络。以生态班级创建为抓手,以"他律—自律—共律"为目的,由学生自管会全面负责,通过星级示范班的定期检查、评比、挂牌、示范等一系列的自主教育管理手段,促进学生行为规范养成和道德品质的提高。

学校推行全员导师制，指导学生发展，助力生涯起步。学校不断探索"高桥模式"的全员导师制，在近三年的实践中，发现"基于以解决学生问题为导向的结对模式"可以做到精准匹配。学生发展处对校内外教育资源进行摸底调查和梳理，设计构建高桥中学导师资源库，并委托专业科技服务公司根据学校需求专业定制，建立"人生导师"德育资源网络平台，使之在钉钉上呈现，为导师与学生及家长的及时沟通搭建了线上的交互平台。"学校提供选择、班主任指导选择、家长参与选择、学生决定选择"，最终确定导师，形成"一对一"组合的固定结对形式。除了固定搭配外，学生可能在不同的情况下需要不同专长的教师提点，那么学校导师资源库的其他成员都可以是学生寻求帮助的导师。2023年9月开始，学校启动导师制资源智慧管理平台，将导师资源（校内＋校外）录入资源库，实行师生双向选择，能为学生精准提供更加适切的导师指导、跟踪检测和评价，进一步丰富了导师指导学生的方式和通道。

（二）国家课程校本化实施中，强化各学科核心素养的细化落实以及学科育人工作的落地推进

1. 探索落实学科核心素养

在国家课程校本化实施的过程中，通过强化课程评价，突出日常教育教学实践对各学科核心素养的细化落实，体现国家意志。结合高中新课标的学习，我们有效地将各学科核心素养的融会落实作为优质课堂的建设标准，各基础学科教师积极提炼学术与生活元素实施教学，强调各学科之间的相互联系，完善学生的学科知识体系。同时，教师认真指导学生深入校园生活、家庭生活、社会生活，在生活中联系现象、发现问题，获得真实鲜活的学科学习体验，培养学生对社会生活的积极态度和综合实践活动的兴趣，打造"基于学科的学生生活课程"和开放性课堂。

2. 探索推进学科育人

全面贯彻党的教育方针，以立德树人为根本任务，以学科专业内容为载体，充分挖掘和提炼学科专业知识具有的德育内涵，将德育与学科专业知识教育有机融合，强化所有课程的德育功能和全体教师的德育职责，推进全员育人、全过程育人、全方位育人，引导学生传承和弘扬红色基因，努力成为德智体美全面发展的社会主义建设者和接班人。秉持方向性、整体性、融合渗透、知行合一、传承创新的原则，坚持做到以下主要任务：

一是确立明晰的德育目标。思政课及其教学应突出体现习近平新时代中国特色社会主义思想，重视价值引导和优秀传统文化的传承，引导学生自觉弘扬和践行社会主义核心价值观，不断增强中国特色社会主义道路自信、理论自信、制度自信和文化自信。理综类课程及其教学应突出培育科学精神、探索创新精神，重点展示本专业在新时代中国特色社会主义建设中的成就和当前要解决的重大课题。注重把辩证唯物主义、历史唯物主义贯穿渗透到专业课教学中，帮助学生确立科学的世界观、人生观、价值观，增强人与自然环境和谐共生意识，明确人类共同发展进步的历史使命和时代责任。文综类课程及其教学应突出以唯物史

观教育为基础,培养学生科学地准确地认识人类社会发展的客观规律,以学科核心素养为方向,培养学生具备高尚的道德品质,强烈的社会责任感、使命感和奉献精神,崇高的理想追求,以及健全的心理素质。艺体类课程及其教学应突出人本意识、人文关怀,引导学生强身健体勇于担当,提升审美能力,追求美好人生,努力培养有情怀、有担当的有志青年。劳动类课程及其教学应突出培养尊重劳动、热爱劳动的思想品质,注重社会实践教育,引导学生树立劳动光荣的理念,积极开展职业生涯体验,为走向社会、服务社会、报效国家开好头、起好步。

二是构建科学的德育内容体系。根据学科专业特点,深入挖掘提炼其中蕴含的德育价值和德育元素,明确教学设计、课堂教学等环节的德育要求,突出学科知识的科学属性、社会属性和育人属性,坚持整体设计与分类指导相结合,教学目标与德育目标相融合,知识学习与实践体悟相统一,科学构建系统的德育内容体系。

三是探索有效的育人方式。立足当代中学生思想道德及价值观发展需求,坚持贴近学生、贴近实际、贴近社会,加强学科专业德育规律和实效性研究,积极探索有效的学科专业德育方式,将德育有机融入学科教学设计之中。第一,在教学目标上,坚持专业教学目标与德育目标有机结合。学科教师在备课过程中,要深入挖掘课程的德育内涵和德育元素,结合教学实践,做好教学的德育设计,明确德育的具体节点、基本内容和基本方式。第二,在教学内容上,注重知识内容与德育内容相互渗透。学科教师在授课过程中,要结合专业课程特点与实际情况,注重德育内容的鲜活性,选择能够有效地体现德育目标要求、学生喜闻乐见的德育素材;采用生动活泼、操作性强、学生喜闻乐见的德育实施方式,把思想引导和价值观塑造融入每门课的教学之中,实现学科教学与思想政治教育有效融合。第三,在教学方法上,通过"理论讲授"等方式,帮助学生建立起完善的德育知识结构;通过"情境讨论"等方式,引导学生通过思考,培养健康的德育情感和道德判断能力;通过"实践体悟"等方式,引导学生养成正确的道德行为习惯。

(三)校本课程开发与实施中,重规范的基础上强调特色彰显

依据学校课程图谱,充分利用各种人才和资源,助力学校课程建设,形成了基于现实生活的跨学科学习、专题化研究的"生态素养培育"特色课程群、充分体现学生自主创意策划、自我风采展示的"君子六艺"实践活动课程群。在校本课程开发与特色建设实践中,通过课程评价,推进从选题到方案、从教学到总结全程优化与规范建设,呈现校本特色。近年来,在科学的课程评价支持保障下,我们汇聚全校的智慧力量,打造了一批内容丰富且具创新意义、富有品牌影响力的校本课程,汇编成优秀校本课程资源库。

语文组的《行走中的语文课堂》将语文"生活课程"深入下去,结合新教材和学校区域特点,推出新专题《从传统迈向现代》,引导学生走进家乡文化生活,参与社会生活,思考文化传承。《经典诵读》通过组织学生深入学习和理解经典美文,感悟中华传统文化的精髓,培植学

生的爱国主义情怀，培养良好的阅读、诵读习惯，提升语言文字应用能力，提高规范使用国家通用语言文字和传承弘扬祖国优秀语言文化的意识。学生从真实且开放的语文学习情境中积累了语言实践经验，提高了语言运用与分析能力，提升了思维品质和审美情趣，继承和借鉴了优秀文化，理解了文化的多样性，打通了课堂和生活、理论与实践，获得了弥足珍贵的人生体验。

数学组"双新"视角下的《数学建模》课程，旨在"双新"视角下更好地体现学生在学习过程中的主体地位，引导学生在学习过程中正确地观察生活中所蕴含的数学，不仅理解数学所拥有的真理，更能体会数学学习过程中必不可少的想象力和创造力，体会数学在生物学、物理、化学、经济、社会学和工程等方面无法替代的作用。通过本课程的学习使学生了解利用数学理论和方法去分析和解决实际问题的全过程，提高他们分析问题和解决问题的能力，提高他们学习数学的兴趣和应用数学的意识与能力。本课程通过单元重构，让数学模型从"离散的点"到"连续的线"；通过构建"活动课堂"，以及"自然作业"和"能力作业"的多样化设计，激发学生的主体能动性，让学生在数学的学习中充满乐趣。

英语组的《英语说中国》系列课程包括《中西生活习俗异同》《中国非物质文化遗产——二十四节气》《中国古代神兽介绍》《孔子语录赏析》等。《中西生活习俗异同》从贴近学生和社会生活的实际切入，引导学生通过学习比较中西生活习俗异同，了解英美文化，增强英语的文化底蕴。《中国非物质文化遗产——二十四节气》注重人与自然、人与社会的主题语境创设，通过了解每个节气的名称及时间，及其相关历史典故、人们的饮食喜好、特色生活习俗等的介绍，弘扬学生的民族自豪感，培养学生关心保护生态环境的意识和责任心。《中国古代神兽介绍》注重人与社会的主题语境创设，在增长知识的同时，培养学生的文化意识，树立文化自信。《孔子语录赏析》注重人与自我的主题语境创设，其内容包括孔子的生平介绍，与古人生活、社交活动等相关的经典语录，传递中国文化的哲理和人文思想，同时培养学生对材料进行批判性的思考，进而准确、有条理地发表观点并论证观点的能力。这些课程按照不同年级学生的英语语言能力水平，以不同的形式实施开展。如：高一年级以拓展课的形式围绕中西生活习俗、二十四节气为主题进行教学活动。高二年级以中国古代神兽为主题，以课堂演讲的形式，介绍神兽或以神兽为主角编写故事。高三年级以孔子语录为主题，在课堂演讲的基础上，鼓励学生进行辩论，培养学生的批判性思维。

文综组的《地理之美》，探索自然地理的魅力，树立人地协调观，以生活情境为课程原型，充分探索"寻理达趣"的理趣课堂，实施效果良好。《趣说国际关系》是思想政治选择性必修一《当代国际政治与经济》的延伸课程，选取国际关系中的经典案例，采用议题式教学，并与时事政治教育结合，通过课堂合作探究和课下调研实践，在引导学生拓展国际视野的过程中，将思政小课堂和社会大课堂结合起来，坚定"四个自信"，培养政治认同、科学精神和公共参与的学科核心素养。该课程还创设了丰富的学生活动，学生通过"外交决策推演"、时政演说、案例分析等活动，进一步加深对教材选择性必修一中相关知识的理解，并培养了分析问题、解决问题、公共演讲、团队合作等多方面的能力。

理综组的《物理培优课程》，满足资优学生的发展需求，支持他们达到更高更好的物理学习水平，提升物理学科核心素养。该课程开设的内容主要是力学部分（含直线运动、力与平衡、运动定律、抛体运动、曲线运动、万有引力、能量与动量、振动和波），为学有余力和对物理学科有特别兴趣和能力的学生提供一个学习平台和学习支持。学生在力学模块方面取得了较大进步，不仅是物理知识得到拓宽和加深，学习物理的方法更全面，运用物理知识解决问题的能力也有了很大的提高，学习兴趣和学习能力都得到了更大的发展。通用技术课程《数字电路基础》通过创设问题情境，使学生面对真实的问题，清楚设计需求，激发学生的学习兴趣和创新思维，引导学生成功探究循环流水装饰灯电路的设计。信息技术课程《程序助力健康生活之python中的函数》立足"双新"背景，在"编程应用助健康"的大单元项目背景下，通过BMI指数的计算，从提出问题到问题解决再到问题拓展，让学生在用Python实现顺序结构算法及程序优化的过程中，体会和理解函数的应用，体验编程解决问题的过程和现实意义。

生化组《科创课程》涵盖生化、环保等领域，指导学生进行科学问题的探究，涉及课题确立、文献查阅和检索、设计并实施实验（调查问卷）、数据分析、论文的撰写和科研成果的展示等环节。围绕高桥中学环境和生态学校的理念，创设"绿色生态"主题课程，如清溪湖水质的检测、高桥地区降水的检测、落叶恒温生态培养箱的制作等。学生自己在知网上面进行文献的检索以及方案的设计，再通过个案分析法、访谈法、问卷调查法等进行相应的实验，以此培养学生的创新精神、环保意识和资源意识。化学课程《真实情境之美好的化学》通过"多彩的化学""美味的化学""多产的化学""安全的化学""便利的化学"等内容，从实际生活、生产出发，发掘其中与化学相关的部分，创设真实的情境，引导学生开展多种探究活动，在感受化学物质之美、化学规律之美、化学实验之美、化学应用之美的同时，客观认识、评价化学对生活、生产及社会的影响，提升在解决复杂的不确定的现实问题过程中表现出来的综合品质和能力。

艺体组《音乐剧》课程融合了戏剧、音乐、舞蹈、舞台美术等表演艺术，音乐剧走进校园，大大提升校园的文化氛围，提高审美素养，塑造健全人格。在学习的过程中，学生的想象力得到激发，感知力得到扩展，为学生不断尝试美创造了无限的载体，为学生提高自身的审美修养搭建了宽广的平台。原创音乐剧《百年高桥》荣获浦东新区戏剧专项比赛高中组一等奖。《健身足球》课程以足球运动中的基本技战术、裁判法以及足球运动保健等基本理论知识为主要教材，培养学生对足球运动的兴趣和爱好，并以此为锻炼身体的手段，为终身体育奠定基础。

新疆部的思政教育课程包括入学教育、党史校史教育、法制法规教育、时事形势教育等，社会实践课程包括《寻访爱国主义教育基地》《打卡都市地标》《寻根上海文化》等,周末拓展课程包括艺术(高桥绒绣、海派剪纸、国画天地、舞台剧编演、吉他弹奏、围棋世界、龙神蛇形太极、音乐创作)、体育(足球、篮球、排球、乒乓球、羽毛球、健美操)14项特色项目,贯彻落实民族教育的内容要求,铸牢中华民族共同体意识,加强学生对伟大祖国、中华民族、中华文化、中国特色社会主义道路的认同,在社会交往中,具备正确对待和处理民族问题的基本素质。

(四)探索"理趣——原动力课堂"文化,突出主动探究与创新学习

在课程建设实施的过程中,以创新学习为成长驱动,以项目实践为载体,促进学生积极主动有兴趣地探究发展,展现开放包容。与学校课程建设相配套,我们积极探索建设充满活力教学相长的新型"理趣——原动力课堂"文化,努力以创新学习引领学生积极、主动成长,培养学生创新意识、创新能力及创新素养:一方面,教师通过学法引领和学习过程优化,提高学生对创新学习、主动发展的适应能力;另一方面,创设学生积极主动参与的教学环境,为培养学生创新素质造就条件,积极引导鼓励学生敢于发表自己的意见,使其敢于据理力争、敢于质疑发现。

五、"理趣——立交桥课程"评价与保障

(一)课程评价

围绕建设高效优质的学校课程,近年来,我们十分注重建立以学分制为主体的学校"理趣——立交桥课程"建设与实施的多元评价体系,以更好地促进学校课程不断提升品质、注重实效,促进学生全面而又个性发展,整体提升综合素养,落实立德树人的根本任务。

1. 学分评价与绩点评价相结合

学校倡导"一切教育教学行为皆课程"的理念,无论是学科课程,还是活动课程,无论是必修课程、选择性必修课程(即国家课程),还是选修课程(即校本课程),都纳入学分—绩点制管理体系。学分是客观反映学生学习"量"的计量方式,绩点是科学反映学生学习"质"的重要依据。学校实行学分与绩点评价相结合的方式,以满足学生全面而又个性特长发展。

2. 过程评价与结果评价相结合

在评价学生过程中,学校既关注结果评价,更重视过程与发展评价,以《高桥中学学生成长记录册》为载体,全息化记录每一位学生高中三年德智体美劳发展状况和成长轨迹,以及同伴、家长、导师、班主任的阶段评价,将思想政治表现、学业成绩、艺体发展、劳动服务等纳入学校构建的数字化评价系统进行发展性、综合性评定,关注学生在成长过程中的态度和行为,关注学生的动态发展变化,探索增值评价。

3. 自我评价与多方评价相结合

通过自我评价,促进学生学会自我管理、自律自强,实现自我成长。通过多方评价,学校充分发挥班主任、导师以及家长多元评价主体的作用,促进各方面全面呵护学生成长,形成

育人合力。

4. 综合评价与特长评价相结合

常规的综合性奖励如市区校各级优秀学生、优秀学生干部,每年有100多位学生获奖。与此同时,为激发学生潜能,促进学生个性特长发展,学校在加强学业发展综合评价的同时,还专门设立校内"君子奖"表彰在各项工作和活动中有突出表现的学生,奖项包括"崇德君子奖""明礼君子奖""自强君子奖""善思君子奖""公益君子奖""勤俭君子奖""才艺君子奖""行健君子奖"等,充分肯定学生的特长和各种能力,让每一位高桥学子充分体验到成功的喜悦,引导全校学生积极主动践行良好品行,发展"五育",成为传播真善美、传递正气、德才兼备的"现代君子"。学校积极搭建舞台,通过各类校园节、艺术科创活动,展示君子风采,为学生发展提供舞台。三年来共有近900人次获得校内"君子奖"的殊荣,其中2020届沈亦乐同学家庭荣获"2020年上海市中小学生家风家训展示活动"优秀奖,2020届学生谢君临荣获浦东新区"百优新时代好少年"中"尊老爱幼奖",2022届学生周炜劼荣获浦东新区"十佳新时代好少年"的"勤俭节约奖"。2020年至今共有190人次学生在国家、市、区各级各类学科竞赛中获得奖励。

5. 智能评价与传统评价相结合

融入信息技术的智慧教育更加突出评价从学生个性特长发展以及终身可持续发展出发,我们在不断探索优化传统评价方式的同时,将智能评价作为加强学生个别化教育的重要手段,通过大数据分析,助力学校课程建设与实施进一步实现科学化、优质化。实践证明,多元评价模式的应用,有效地建立了学校课程优质实施的保障,推动了学校课程对于学生成长、教师发展、学校品牌建设的影响力和贡献力。

(二)课程保障

1. 组建课程组织机构

为充分保证课程的落实与推进,学校建立有效的课程组织机构,明确各部门的职业和权限,有力推进课改工作。

表4-6 课程组织机构与责任分工

名　　称	成　　员	任　　务
课程领导小组	校长,分管教学、德育的副校长	根据学校实际情况做出具体决策,规划学校三类课程建设总体方向;从理念上引领、指导三类课程教学与管理工作;明确每学期课程教学工作重点;指导课程教学处开展工作。
课程开发小组	课程教学处、学生发展处、学校发展处等部门负责人	围绕学校培养目标和办学理念,全面落实学校课程的研发工作,主要包括:规划学校课程框架结构、课时配比和课程开发方案,制定学校三类课程开发方案和评价方案,制定校本研修方案。

续表

名　　称	成　员	任　　务
课程教学处	主任	安排、部署学校三类课程教学工作；落实三类课程管理和教学常规工作；加强教研组长、备课组长队伍建设，提高组织能力。
学校发展处	主任	对学校课程方案提出建议；配合课程教学处做好专题教研组织工作；指导教研组、教师个体课题研究工作；组织、修改、编辑教师教学反思和科研论文。
年级组	各年级组长	关注本年级三类课程教学质量，及时与组内教师沟通，及时向学校领导反馈年级组教学情况；每次大型考试之后做好本年级质量分析，组织召开年级质量分析会。
教研组	各教研组长	组织和指导组内教师开发和实施三类课程；引领组内教师开展本组教研专题研究工作；组织教研活动和校本研修活动，有效落实本组教学常规工作；组织组内教师听课、评课活动；关注组内教师的专业发展；积极向上反馈本组工作情况；对组内教师进行教学常规考核。
备课组	各备课组长	认真策划备课组每学期教学内容；配合教研组长做好专题教研活动；组织组内教师开展集体备课活动。
教师		明确课程教学的职责，认真完成三类课程教学常规工作；树立责任意识，为学校课程建设献计献策；积极参与教研活动、备课活动；加强理论学习和技能训练，提升专业素养。

2. 优化课程管理制度

学校的创新、转型发展以实现育人方式的改变，必须依靠课程的引领，将学校的各项育人工作进行优化并统整归入学校课程体系，制定了《高桥中学特色课程实施策略》《高桥中学实践活动课程实施策略》《高桥中学学生课程综合评价实施方案》和《高桥中学在必修、选择性必修、选修课程中深化学科育人工作实施方案》。我们将课程建设重点落实在针对"双新"要求，以提升学生发展核心素养为目标，体现"和谐共生，动态有序"生态理念的、充满活力和时代精神的课程内容，构建起了重基础、宽边界、多样化、多选择，有层次、综合性的"理趣——立交桥课程"结构，课程结构充分体现全学科覆盖、课内外贯通、校内外联动的丰富课程资源，聚焦核心素养培育，满足学生发展需求。

高桥中学学生课程综合评价实施方案

一、指导思想

以新课程理念和学科课程标准为导向，坚持教育创新，通过对课堂实施质量的评价，促使教师转变教学行为,指导学生改变学习方式,提升教学质量和水平。同时,规范学校课程实施行为,推进素质教育的深入实施,全面落实课程方案,开全课程,开足课时,切实减轻学生过重课业负担,为全面落实"立德树人"根本任务奠定坚实的基础。

二、学校课程实施评价的目标

1. 以国家课程标准对各学科、各学段的教学要求为依据,聚焦核心素养,体现课程标准对不同学段的学生在知识与能力、过程与方法、情感态度与价值观等方面的不同要求。

2. 注重学生的学习成果,追求有效的课堂教学。关注教师的教学行为和学生的学习方式,提倡采用启发式教学方法,引导学生自主学习、合作探究,培养学生的创新精神和实践能力。

3. 注重教师的专业发展。通过教师对自己的教学思想和教学行为进行反思,不断提升教师的思想素质和专业素养,使教师逐步形成自己的教学个性和教学风格。

4. 注重评价的可信度,做到公平、公正、公开。关注教师的起点,体现出教师成长、发展的过程;尊重客观事实,切忌主观武断;采取多元评价的方式,及时回馈评价信息,允许教师有不同意见。

三、课程实施评价的内容

学生课程课堂教学评价的内容分为教学目标、教学行为、学习方式和教学效果四个方面。具体要求是:

1. 紧扣教学内容设定教学目标,体现《课程标准》基本要求。

2. 有效地组织开展学习活动,对教学过程进行合理调控与优化,尽可能采用先进的教学手段,采用启发式的教学方法,使学生在原有的基础上有所提高。

3. 充分发挥学习主体的主观能动性,引导学生选择适合自己的学习方式,在教师指导下自主学习,合作探究,营造师生互动、生生互动的教学氛围。

4. 面向全体学生,让学生动口、动脑、动手,学到知识,培养能力,陶冶情操,在一定的单位时间内使教学效益最大化。

四、课程实施评价的方式

新课程的实施评价是促进教师成长的发展性评价,强调教师对自己的教学行为进行分析与反思,注重学生的学习效果。在评价的过程中,要充分考虑教师的综合素质,关注教师个体的差异,通过教师的自评及同事、教学管理者、学生、家长共同参与的多元评价方式,多渠道收集体现教师理论素养和教学水平的实证和数据,对教师进行全面评价,促进教师素质的自我提升和完善。

1. 自评。教师对自己的教学行为和教学效果进行反思:教学设计是否适合学生的学习实际,是否科学、有序地组织、指导学生开展学习活动,以及学生的学习状态和学习效果等。自评应注意教学个性(风格)的自我评价与反思,特别要突出帮助学生构建"三案六模块"的新型学习方式的方法与反思。

2. 互评。听课的同事对执教教师的课堂教学进行评价:主要从教学目标、教学行为、学习方式及教学效果四个方面进行评价。

3. 他评。教学管理者、学生、家长对教师的教学行为进行评价:包括教学能否激发学习兴趣,学生有了哪些收获,教学是否有利于学生的发展,提出改进教学的意见和建议等。

五、课程实施评价结果及运用

1. 学生课程实施评价的结果以等级方式呈现,分为 A、B、C、D 四个等级。A 等:优秀;B 等:良好;C 等:一般;D 等:不合格。

2. 学生课程实施评价是一种发展性的评价,它重视被评价者的起点与发展过程,重视被评价者的差异及发展的多样性,并根据评价的结果进行回馈,提出具体的、有针对性的改进建议。从这一理念出发,评价中应鼓励教师在反思自己的教学行为、听取各方意见的基础上,不断改进教学方法,提高自己的教学能力。评价的结果主要用来进行纵向比较,让教师看到自己发展变化和成长进步的轨迹。

3. 评价结果除了提供给教师本人参考外,也可作为教师业绩评价的重要依据之一,由学校教师评价工作小组核定后,进入教师的业务档案,作为职称评定、晋级和年度评先、评优的参考。

与此同时,学校还逐步建立和完善年级组及班级量化考评、班主任绩效考核、德育学科评价等德育评价机制,经过梳理、整合形成了一系列的管理制度和奖惩办法。管理制度类有《行政联系人制度》《班主任工作职责》《年级组长工作职责》《班级管理手册》《班主任管理手册》《导师手册》《学生健康体质管理制度》等;考核办法有《高桥中学生态班集体量化评比指标》《高桥中学班级考核制度》《班主任绩效考核奖励办法》等,通过科学客观地评价学校德育工作和队伍,更好激励他们立足本职工作、大胆实践、多创佳绩,促进学校教师队伍整体素质和德育管理水平的提高。

3. 广泛开拓课程资源

学校主动加强与高校、科研院所的联系,丰富优化学校课程资源,积极寻求合作和实验项目,让学生及早了解并进入高等教育阶段的学习状态。通过高校专家的讲座、实验指导、实验室参观、专题辅导等活动,为学有所需、学有所长的学生提供更加广阔的平台和舞台,实现中学阶段的主动延伸至和大学阶段的无缝连接,力争成为高校高质量生源基地。学校多次与复旦大学、上海交通大学、同济大学、上海科技大学等开展书院级课程研学活动。学校通过综评输送名校学生规模逐渐扩大,"低进高出"的"高质"效应日益扩大。特招人数逐年攀升,2021年综评达线率近25.28%,2022年综评达线率37.38%。2023年更是喜获丰收,综评达线率57.2%,高考最高分603分,全市排名第395名;多位优秀学子被顶尖高校强基班和实验班录取,其中不乏清华、复旦、交大、浙大等知名院校。为上海市浦东新区教育综合改革示范区建设的高质量发展提供了新鲜的"高桥样本"和"高桥案例",也为上海市高中高质量办学树立了标杆,起到了很好的辐射作用。

表4-7 行稳致远,同济天下——高桥中学书院级课程研学活动安排(2023年7月13日)

序号	环节	地点	详情	时间	落实单位
1	高桥中学书院级课程第一期(同济大学)开班仪式	高桥中学5号楼3楼演播厅	1. 龚明老师主持 2. 王志杰老师介绍当天活动并提要求 3. 徐正宇老师报告《高中学习生涯指导》 4. 陶涛老师报告《仰望星空、脚踏实地》	7:30—8:30	高桥中学课程教学处
2	校园游览	土木学院大楼—人文学院大楼—中德学部大楼—医学院大楼—游泳馆—体育馆—中法中心—教学南楼—图书馆—毛主席像—校史馆	步行,参观沿线建筑,同济大学生志愿者讲解	9:15—9:45	学生志愿者
3	参观同济校史馆	校史馆	了解同济三个"一百年"	9:45—10:30	校史馆
4	参观大学物理科普基地	瑞安楼	物理科普基地学习	10:45—11:30	物理学院
5	用餐	学苑饮食广场	午餐	11:45—12:20	后勤饮食中心
6	同济印象	瑞安楼	招生宣讲,介绍同济近几年招生情况及同济学科优势和特色专业	12:30—13:30	外国语学院、招生办
7	参观同济博物馆	博物馆	1. 米兰国际设计周获奖作品回顾展 2. 古建筑展 3. 机械展	13:45—14:30	博物馆

第四章 构建"学习场"物质,打造学习新空间 | 173

续 表

序号	环 节	地 点	详 情	时 间	落实单位
8	参观建筑抗震实验振动台、风洞实验馆	建筑抗震实验振动台、风洞实验馆	土木科普基地学习	14:40—16:00	土木学院
	参观结束后志愿者将师生带回大巴,游学结束,离校					
	回校后方其林副校长简短总结发言《行稳致远、未来可期》					

图 4-28 行稳致远,同济天下——高桥中学书院级课程研学活动

高桥中学与上海体育学院[①]联动

学校自20世纪60年代起成为上海体育学院体育本科教育实践教学基地,2021年起成为专硕教育实践教学基地,几十年来培养了大批体育教育骨干和体育运动人才。

每年学校都会根据《上海体育学院学生实习工作的若干规定》和《上海体育学院学生实习工作质量标准纲要》的有关要求,结合学校实际情况,有效提升人才培养质量,更好地完成培养目标,加强对实习工作各环节的统筹、监督与管理,切实提高实习工作质量,保障实习工作的顺利进行。为实习生培养成为体育教育专业和运动训练专业体育教师方向而努力。

2021年10月20日,上海体育学院体育教育训练学院院长高炳宏教授与学校举行了教育实践教学基地签约授牌仪式。

图4-29 教育实践教学基地签约授牌仪式

附:《上海体育学院学生实习工作的若干规定》

1. 为人师表,尊师爱生,自觉遵守学校各项规章制度
2. 实习时间:8:00—17:05
3. 客观角色转变

[①] 编者注:2023年6月,上海体育学院更名为上海体育大学。

实习生安然度过了将近三年大学生活,依然还是一名学生。而在实习期间却是以教师的身份来面对学生,可以说在瞬间身份发生了质的变化,这对大多数实习生来讲不一定适应得过来——过去是听教师讲,然后按要求去做就可以了;现在不仅要简明扼要地讲出动作的要领,在学生面前做出规范正确的动作,还要让学生快速领会动作要领,教会学生怎么做,有好的办法纠正学生的错误动作,这对实习生来说确实有点难了。

4. 熟悉情况,做好准备(备场地、备器材、备学生)

实习生需要了解实习学校的场地、器材设施、体育课程设置、早操、课外活动与体育竞赛等情况,了解实习班级学生的具体情况,在此基础上,根据实习工作计划,结合大纲、教材、学校实际,认真完成实习生手册。

要在上课前规划好本班上课所需器材和场地,做到上课从容不慌乱。上课前实习教师要了解的内容包括哪些班级同时上课,本班集合场地在哪里,上课需要的器材有哪些,等等。

5. 多与带教老师沟通、听课

教育实习第一周,实习生应观摩指导教师上体育课和当好指导教师上课小助手,努力为进入角色做好各方面准备。

实习生要认真上好每节课。每次上课前教案都必须经指导教师审查同意后才能上课,指导教师应帮助每一位实习生不断改进教学方法,提高教学质量,组织教学严谨,教法安排得当,指导教师要对实习生的每次教学提出具体意见。

6. 上好实习第一课

实习生的第一节课是实习生树立信心培养自信的关键,也是他人生第一站的经验和感受,将在潜意识里影响他对教师职业的热爱及今后的发展。因此指导教师必须对实习生的备课情况进行检查,认真听取实习生备课的思路、结构重点和难点,分析实施的办法,提出合理化的建议,指导帮助实习生修改教案,然后进行试讲,对不妥之处进行修改,确保上得成功。上课之前指导教师还应对实习生进行心理培训和站位指导,要放松心理、仪表端庄、着装整洁、语言清晰、站位正确。如:准备活动要求教师和学生成一个等腰三角形,便于观察每一个学生活动情况,也便于学生模仿与观察。讲解示范中根据所教的项目选择的距离也不同。如:铅球示范动作选择近距离,短跑与跳跃选择中距离,让学生能看得清楚较快领会。

7. 注重集体备课、磨课

8. 学生突发状况的设定

体育课不同于室内课,在室外有很多外在因素需要考虑。如:学生自身的身体状况;教学环境嘈杂,周围班级多,要合理分配场地,布置教学任务;课堂氛围热烈需要教师积极地调控,不能失衡,还要管控;师生个别矛盾与小冲突;面对课堂一些潜在危险,要在课前做出预判,提前告知学生需关注的安全事宜等。

9. 加强课后反思,提出改进方法

10. 强化实习生主动开展体育活动与社团课的意识

体育教师的职责不能局限于课堂教学,而要更多地培养学生的兴趣,提高学生的身体素质,使其养成自觉参加体育锻炼的良好习惯。

这就要求实习生主动参与课外活动的训练和辅导,组织好各种课外比赛。实习生在学校面对的是教师的训练,实习时在指导教师的带领下,以教师身份出现,积极主动参与训练和辅导,建立课外活动训练辅导的概念,这样成为体育教师走向工作岗位后,不再是自己摸索。在自主创新条件不允许的情况下,可以自制教具变被动为主动,把能利用的东西都利用起来,这样使课外活动不再枯燥;同样,根据地方特色开设一定的传统项目课外活动并加以训练和辅导,把整个学校的体育活动开展起来,活跃学校气氛,丰富学生课余文化生活,也给自己找到一个发展的空间。

【仪容仪表】作为一名即将走上岗位的新体育教师,在课前首先要做到为人师表。在开学第一课,教师给学生的第一印象非常重要。比如:一头干净、干练的头发;一身整洁、靓丽的运动服;一双舒适、适合的运动鞋,都会让学生对这个体育老师的第一印象加分。

【专业能力】体育老师要有强健的体魄、娴熟的运动技能、深厚的体育理论基础。这些都不是一蹴而就的,没有常年的日积月累,很难在体育专业能力上有所突破。体育教师因为课堂的特殊性,教师的亲身示范是最直观的教学方式,也是最快让学生信服的办法。

【心理状态】调整状态,整理好心情,好好上课。面对即将要上课,首先自己要调整作息时间,有了好的休息,后面的工作才会更顺利。

【课堂常规要求】体育课是学生纪律养成的重要场所,严格明确的体育课堂常规有利于学生养成遵守纪律的好习惯。下面总结几条适用于第一节体育课的课堂常规:① 上课一切行动听指挥;② 学生上体育实践课必须穿着运动服、运动鞋,着装整洁;③ 学生应自觉遵守课堂纪律,爱护场地器材,主动配合教师完成教学任务;④ 学生应提前赶到体育课教学场地,由体育委员在指定地点准时集合、整队,向任课教师报告出勤情况;⑤ 课前认真做好准备活动,课后做好整理活动;⑥ 注意安全,未经教师允许不能随意动用器材,防止意外事故发生;⑦ 非特殊要求下学生严禁携带私人运动器械进入体育课堂;⑧ 学生应严格遵守考勤制度,禁止迟到早退,病事假必须按学校有关规定履行请假手续;⑨ 下课后,体育委员及值日生主动帮助教师收还器材。

表 4-8　上海体育学院教育实习考核表

实习生姓名		学　　号	
所属系部		实习学校	高桥中学
实习评语			
实习成绩	同时采用百分制和 A、B、C、D、F 五级评分制		
			A：85—100 B：75—84 C：62—74 D：60—61 F：0—59
指导教师签名		体育教研室主任（或有关负责人） 签名：	
		实习单位盖章：	

第三节 打造教改品牌，推进"理趣——原动力课堂"

课堂教学是落实立德树人根本任务的主阵地，是撬动深化课程改革，推进育人方式变革的主战场。任何课程改革只有触动课堂层面，才算真正进入深水区，才能改变师生学习行为和学校生活。"教案不变，课堂不会变；课堂不变，教师不会变；教师不变，学校不会变"，核心素养自然也落不了地，这是学校改革的定律。基于此，我们围绕新时期学校发展的新战略，在认真总结学校课堂文化、教学特色的基础上，聚焦课堂教学实践，提出了探索"理趣——原动力课堂"，试图整体重构学科育人的新形态。

一、"理趣——原动力课堂"的理念系统

（一）基本内涵

"理趣——原动力课堂"是学校在创建书院式学习环境的总体框架下，在实践多年的育人学科化、内容生活化、过程活动化的"生态课堂"基础上，基于新时代育人方式的改革、学校发展定位和学生的培养目标，对标"双新"教改情境化、结构化、活动化的教学要求而提出的学校课堂教学优化策略。"理趣——原动力课堂"强调在生活场景中的活动参与，在课堂教学中的情境体验，以学科知识的整体性和课堂教学内容的部分性的有机衔接，以激活学生学习的主体意识为途径，变"教学"为"研学"，从"能讲"到"会讲"，变"独放"为"争鸣"，从"兴趣"到"志趣"，进而培育学生的学科核心素养，形成自主学习的能力，聚合终身学习的动力。

1. 情境导向，变"教学"为"研学"

"理趣——原动力课堂"，"功"在课外。现代教育理论都强调在问题的设计时，结合生活实际或学生感兴趣的情境，以情境与学习的结合，实现生活逻辑和学科逻辑的对接，以激发学生的学习兴趣和动机。因此，探索设计综合性、关联性、实践性的学习情境，激发学生的学习兴趣，提升学生学习理解、应用实践、迁移创新的学用能力，发展多元思维和批评性思维是现代教育发展的重要内容。

2. 贴近生活，变"能讲"为"会讲"

"理趣——原动力课堂"，"理"在课内。书院讲会制度鼓励不同学派共同讲学、平等论学。其以学理为重，推崇辩论证明、取长补短。"理趣——原动力课堂"注重以学科知识理论为基础，以生活化、情境化的问题的创设为条件，以学生"能讲"为前提，让差异性学习个体经过思维碰撞、方法交流和技能运用，生成证明和结果。因此，教师在此过程中更多是一个引

导者的角色,引导学生学习内容、目标、方式、评价等的丰富化。教师作为"引入的人",在学习的过程中,要使学生成为"证明的人",使同学成为"商量的人"。"讲台"不再是教师的专利,"讲会"的主角应该是学生,在"讲会"中实现学生"会讲",促进学生个性化发展,促进实践与理论的结合,实现能力运用和知识技能的对接。

3. 聚焦素养,变"兴趣"为"志趣"

"理趣——原动力课堂","趣"在其中。以"趣"为驱,助力学科教学的德育功能。书院式学习以学生"自立"的独立人格培养、"自由"的民主意识的塑造、"自觉"的责任情怀的养成和"自治"的自我管理的生成为方向,激发学生学习兴趣和乐趣,产生自觉志趣,沉淀出学生学习的动力和志向。

4. 教学相长,变"独唱"为"合唱"

"理趣——原动力课堂"是构建师生畅所欲言、争鸣百家的重要平台。从课堂教学这个角度,探索对互联的教学关系的构建、有效的教学方法的实施、贴实的教材内容的处理和民主的课堂氛围的营造,这是实施"理趣——原动力课堂"教学的关键所在,也是书院式学习理念的核心内容。"理趣——原动力课堂"强调在尊重学习个体的差异性的前提下,培育共生共长、和谐持续的教学生态环境,实现课堂教学效果的最优化。课堂教学不再是单向传授,而应是多点生成;教学相长不再是两点一线,更应是立体交错;课堂教学不再是教师独自一人、娓娓道来的"个人秀",更应是"一石激起千层浪"的"引爆点",变教师的"独唱"为师生的"合唱",实现自我学习与合作学习的结合,百家争鸣,各有所获。在营造课堂教学的民主氛围,打造理趣交融的课堂教学方面进行了积极的探索。在课堂教学中,师生互动,生生互联需要引入者(教师)对情境的创置和氛围的营造加以有效设计,才能使学生身临其境,有感而发,激发学生参与课堂的主动性和积极性。另一方面,教师需要在情境中设计递进式的任务(问题),引导学生深入情境,深化理解。因此,创设思辨性的问题就是"一石",思辨性意味着创设的情境需要具有一定的复杂性和冲突性,能够启发学生思考。在情境中,教师需要设计具有递进性、驱动性的问题,环环相扣,从而引导学生探究、激发学生思辨。通过思辨性情境设计,一石激浪,水波涟漪,产生持续不同声波"大合唱"。

"理趣——原动力课堂"中所谓的"理",即教育的常理、科学的原理、做人的道理,是学生作为学习主体去探究的学科之理;所谓的"趣",是学生在学习过程中被动激发的兴趣、自发产生的乐趣以及自觉树立的志趣,是激发学生终身学习的动力源泉。在教学设计中要强调以教学内容的生活化构建课堂教学的情境化,以教学目标的结构化呈现学科体系的整体化,以教学方式的活动化实现育人方式的差异化,以教学氛围的民主化促进师生关系的和谐化。

"理"是课堂文化的精髓所在,"趣"是课堂文化的生动体现,"原动力"则是来自学生自身、被有效激活并为其自身可持续性学习发展所产生的内在支持力量。"理趣——原动力课堂"实践探索,既让教师开展基于学科课程标准的教学,情智交汇、理趣相伴、理趣融合,也让教师具备把激活学生学习原动力视为己任的明确意识,努力创设重视学生主体性发挥、能触及学生思想与灵魂、让学生世界观人生观价值观真正发生变化的课堂形态,让学生在学习过程中拥有当下的生命成长的幸福感。

（二）实施方式

我们所探索出的具有校本特点的"理趣——原动力课堂"实施方式是"四有五步":四有——教有理、学有则、课有趣、日有效;五步——自主预习、展示质疑、互动助学、图谱连桥、移理致用。在此基础上,学校逐步建设形成全校各学科课堂的共有文化精髓与课堂特色,构成绽放师生教学智慧与学习生机的绿色生态圈、学习场。

（三）价值意义

"理趣——原动力课堂"建设,秉持"为学以理"的学校传统文化,融入书院式校园环境、学校创建全国生态项目校等优势,既有学校宏观层面的号召,也有各部门在中观层面的深入推进,更有各学科教师及全校学生在微观层面的有效落实。我们认为,"理趣——原动力课堂"不仅是学生成长的重要场域,让学生在学习过程中的主体地位得到凸显,原动力、能动性得以激活,也是教师成长的重要场域,让教师队伍发展逐步具有深度的凝聚力、自觉性与专业性,更是一步步助推学校可持续、高质量发展的重要路径。

二、"理趣——原动力课堂"的主要路径

为积极探索撬动普通高中育人方式改革和优质高中品牌建设的有效途径,学校以"双新"背景下大单元课堂教学为突破口,积极开展基于书院式学习环境下的"理趣课堂"的教学实践与探索,以实现学生个性化发展和通识化教育、教学内容的生活逻辑和学科逻辑、学校特色化办学和持续化发展的有效结合。

《普通高中课程方案（2017年版2020年修订）》以及各学科课程标准,明确了学科目标从知识点的了解、理解与记忆,转变为学科核心素养培育,即学生学习该学科课程后应达成的正确价值观、必备品格和关键能力。这就要求每一位教师必须从自己的学科做起,提升教学设计站位,即从关注单一的知识点、课时转变到指向学科核心素养的大单元设计,实现教学设计与素养目标的有效对接。在理论引领方面,学校邀请市教研室韩艳梅博士对全校师生开展讲座《单元教学设计——从理念到行动的专业路径》,从"是什么""为什么"和"怎么办"三个维度进行了专业培训和指导。

1. "大单元"与"大单元教学设计"的内涵理解

通过对文献资料的学习解读,我们在实践中初步形成了对"大单元"之"大"的基本理解:第一是"大立意",教学指向发展学生的核心素养,而非只是简单指向知识和技能;第二是"大

格局",把单元视为一个有机整体,而非像原来那样将单元视作一堆零散的知识点;第三是"大结构",以大概念、大任务、大问题来统领单元要素,使之成为结构化体系。进而,我们形成对"大单元教学设计"的基本认识:从大的观念、任务、问题等角度出发,对教材进行整合处理,使之形成结构化、情境化、活动化学习要素系统,据此制定整个单元的教学方案;并立足于学科核心素养,以主题为线索,以任务为驱动,以情境为依托,以活动为载体,进行连续课时的单元整体教学。

2."大单元教学设计"实践的展示活动

2021年11月25日,由上海市教委基教处、上海市教研室和浦东新区教育局指导,浦东新区教发院和上海市高桥中学成功地举办了"寻理达趣:基于大单元视角的高中学科课堂实践——2021年上海市高桥中学'双新'专题论坛暨课堂实践活动"大型观摩研讨活动,就是对开展大单元教学设计实践探索的一次阶段性总结,全视角、全学科、全年级展示了"原动力"课堂教学32节,市、区教研员和学科专家全程参与了公开课观摩研讨活动,展现了"理趣——原动力课堂"以育人方式转变为导向,以结构化和情景化为典型特征的课堂教学范式。沈正东校长向全市教育界同仁进行了高桥中学"理趣——立交桥课程"的专题汇报,并举办了"理趣——原动力课堂"微论坛活动,论坛教师交流了在课堂教学展示活动过程中对"理趣"的所思所想所悟,即兴碰撞,共享感悟,充分体现了高桥中学对教学新模式的价值与理想的选择和执行,展示了新时代发展素质教育的高桥范式,回应了教育对"美好生活"的引领、诠释与促发。参加现场研讨的专家、领导和教师达800多人,线上参与研讨活动人数达6 000多人。市教委教研室主任在集体点评公开课时,给予了高桥中学"理趣——原动力课堂"以高度评价,上海市教委领导和浦东新区教育局领导对此次活动的意义和效果给予了充分肯定和赞许,整个活动得到了教育界同行的普遍认可和高度赞同,在高中阶段教育教学改革创新方面起到了很好的辐射和示范作用。

三、"理趣——原动力课堂"的典型案例

以"寻理达趣:基于大单元视角的高中学科课堂实践——2021年上海市高桥中学'双新'专题论坛暨课堂实践活动"和"寻理达趣:基于大单元视角的高中学科课堂实践——2022年高桥中学教育集团教学展示活动"两次大型活动为例,从中选取部分课堂的教学设计、教学反思、评课表等作为典型案例分享一二。每一次展示活动都是各科教研组内教师进行交流研讨的良机,也是教研组开展深度教研的重要抓手,更是学校教师展现自身专业发展水平的绝佳平台,在提升教师专业素养、扩大学校课改辐射影响力方面发挥着重要作用。

图 4-30 "寻理达趣:基于大单元视角的高中学科课堂实践"活动掠影

图 4-31 《浦东时报》活动报道

图 4-32 上海教育电视台活动报道

表4-9 "寻理达趣：基于大单元视角的高中学科课堂实践——2021年上海市高桥中学'双新'专题论坛暨课堂实践活动"活动安排（2021年11月25日）

学科	开课教师	单元（章节）	课题	上课班级	上课时间	上课地点	评课时间	评课地点	评课主持人	评课专家	观课、评课教师
语文	龚赟豪	第三单元	《〈人物形象的典型意义〉专题》	高二（12）班	9:00	2号楼高二（8）班	10:40	2号楼高二（8）班	胡根林	杨勇	市教委教研室教研员、学科专家，浦东教育发展研究院教研员、学科中心组成员，55所中学共300余人线下参加观课、评课
语文	高伟平	选择性必修上册第三单元外国小说主题贯通教学设计	在孤独中抗争	高二（1）班	9:50	2号楼高二（8）班	10:40	2号楼高二（8）班	胡根林	李琳	
语文	徐洁	第七单元	第14课《故都的秋》《荷塘月色》	高二（12）班	9:50	2号楼高二（9）班	10:40	2号楼高二（8）班			
数学	朱咏梅	数学建模	数学建模——医院推床通道宽度的设计要求（1）	高一（11）班	9:00	4号楼录播教室	10:40	4号楼录播教室	李永华	方耀华	
数学	杨晨昊	数学建模	数学建模——医院推床通道宽度的设计要求（2）	高一（11）班	9:50	4号楼录播教室	10:40	4号楼录播教室			
英语	凌春戎	Oxford English Senior Ⅲ (A) Module 3	Unit 5 A tale with a twist	高三（5）班	9:00	5号楼底楼阅览室	10:40	5号楼底楼阅览室	沈冬梅	唐晓澄	
英语	陆静雯	必修一第四单元 My space	The 1940s house（第一课时）	高一（6）班	9:50	5号楼底楼阅览室	10:40	5号楼底楼阅览室		汤清修	
物理	许四安	第四章 牛顿运动定律	第二节 牛顿第二定律	高一（13）班	9:00	1号楼物理实验室	9:50	1号楼物理实验室	路海军		
通用技术	王荣国	第一章 电子技术基础 第二单元 数字电路基础	循环流水装饰灯的设计与制作	高二（5）班	9:00	1号楼劳技实验室	9:50	1号楼劳技实验室	胡少舜	管文川	

续 表

学科	开课教师	单元（章节）	课题	上课班级	上课时间	上课地点	评课时间	评课地点	评课主持人	评课专家	观课、评课教师
思想政治	董一	必修2第一单元生产资料所有制与经济体制	第二课 从蔬菜价格变化看市场机制如何有效	高一（1）班	9:00	2号楼高二（10）班	9:50	3号楼2楼会议室	刘作忠	庄坚俍	
历史	唐文勤	必修1第三单元法律与教化	第8课 中国古代的法治与教化	高二（7）班	9:50	2号楼高二（10）班	10:40	2号楼高二（10）班	吴广伦	李峻	
地理	符裕	第二单元大气环境	主题6 常见的气象灾害（第一课时台风）	高一（6）班	9:00	4号楼智慧教室	9:50	3号楼清溪书院	王利霞	段育楠	
心理	张文	专题四学习创造	学习创造专题《破解记忆密码》	高一（9）班	9:50	4号楼智慧教室	10:40	4号楼智慧教室	吴俊琳	张晓冬	
化学	彭晓岚	第3章硫、氮及其循环	3.1硫及其重要化合物二氧化硫第二课时	高二（7）班	9:00	2号楼高二（9）班	9:50	1号楼化学实验室	万聪	徐睿	
生物学	李勤	必修1分子与细胞第3章	第1节《细胞由质膜包裹》	高一（2）班	9:00	2号楼高二（7）班	9:50	2号楼高二（7）班	胡向武	周韧刚	
体育与健康	邵文凯	篮球防守战术	篮球局部防守战术：补防配合	高二（13、14）班	9:50	室外篮球场	10:40	3号楼3楼会议室	邹晓军	李芳芳	
美术	叶聿祯	源远流长的中国美术	土木营造	高二（3）班	9:00	5号楼美术教室	9:50	5号楼美术教室	瞿剑苑	徐韧刚	
信息技术	陈迪	必修一第二章第二节程序设计语言基本知识	程序助力健康生活之Python中的函数	高一（9）班	9:00	2号楼410机房	9:50	2号楼311室	金社平	费宗翔	

表 4-10 "寻理达趣：基于大单元视角的高中学科课堂实践——2022年高桥中学教育集团教学展示活动"活动安排（2022年12月）

序号	学科	授课教师	单元（章节）	课 题	上课班级	上课日期	上课时间	上课地点
1	生物学	王佰秋	必修一第三单元	细胞各部分结构既分工又合作	高一9班	12.5	13:15—13:55	高一9班
2	英语	钱于红	选择性必修U2	Island story	高二9班	12.6	9:10—9:50	高二9班
3	思想政治	申巧巧	必修二第一单元	毫不动摇鼓励支持引导非公有制经济	高一6班	12.6	9:10—9:50	高一6班
4	美术	叶卉祯	必修 第五单元	抟泥幻化——陶瓷艺术	高二7班	12.6	10:00—10:40	美术教室
5	数学	唐家璐	选择性必修一第四章数列	等差数列及其通项公式	高二4班	12.6	10:00—10:40	高二4班
6	心理	张 文		多面人生	高一13班	12.7	10:00—10:40	高一13班
7	数学	白丽婷	选择性必修一第四章数列	等差数列前n项和	高二1班	12.7	12:35—13:15	高二1班
8	地理	陈雪莹	必修一第二单元	大气运动——热力环流	高一14班	12.7	13:15—13:55	高一14班
9	英语	苏文清	必修一 Unit 4	The 1940s house	高一14班	12.8	13:15—13:55	高一14班
10	思想政治	周玉文	必修二第一单元	更好发挥政府作用	高一2班	12.9	8:00—8:40	录播教室
11	体育与健康	苏星玲	健身健美操：自编啦啦操队形变化	健身健美操：自编啦啦操队形变化	高二9—12班	12.13	10:00—10:40	体育馆
12	语文	张 芹	选择性必修上册第三单元	复活	高二5班	12.14	15:00—15:40	高二5班
13	语文	蔡丽君	选择性必修上册第三单元	百年孤独	高二7班	12.15	9:10—9:50	高二7班
14	体育与健康	邵文凯	篮球：快攻战术	篮球：长传快攻	高二13.14班	12.16	8:00—8:40	体育馆

(一)语文——徐洁"第 14 课《故都的秋》《荷塘月色》第二课时"

1. 单元教学设计

表 4-11 《语文》必修上册第七单元"一枝一叶总关情"单元教学设计

学习任务群	文学阅读与写作
人文主题	
自然情怀:感受自然之美,提升感悟力,激发对自然的珍爱和对生活的热爱;培养与自然和谐相处的理念,树立合理的自然观;探寻民族文化观念和审美心理。	
语文素养	
1. 整体感知文学作品,涵泳品味,领悟作品的内涵,把握作者的情感态度,获得审美体验; 2. 从不同角度、不同层面鉴赏文学作品,对作品的表现角度和艺术价值有独到的感悟和思考,感受作品的文辞之美; 3. 捕捉创作灵感,运用一定的艺术手法,用自己喜欢的文体样式写作。	
课文(或学习活动)	14. 故都的秋/郁达夫 　　*荷塘月色/朱自清 15. 我与地坛(节选)/史铁生 16. 赤壁赋/苏轼 　　*登泰山记/姚鼐
写作	情景交融
单元教学目标参考	
1. 品读不同时期、不同风格的写景抒情散文,感受名家笔下的自然美景,关注作品中的景物描写和人生思考,激发对自然的珍爱之心和对生活的热爱之情。进一步体会民族审美心理,增强对民族文化的认识和了解。 2. 分析和把握文章观察景物的角度和表现景物的艺术手法,重点关注作者是如何抓住景物的突出特点,表现景物的独特之美的。写景散文往往都融入了作者的思想感情,引导学生体会文章情景交融、情理结合的特点。 3. 经典语段反复诵读,品味散文独特的语言美。 4. 了解写景抒情散文的特点,把握写景抒情散文的基础写法,引导学生选取自己最喜欢的景物,来写一篇散文,力争做到情景交融。	
单元教学整体设计		
课文	内容与活动	课时
故都的秋 荷塘月色	1. 品读散文作品,抓住经典语段,来体会散文独有的文辞之美,从情景交融、艺术手法、审美意趣、文人情思等不同角度来领略名家散文。	3
我与地坛	2. 围绕"自然情怀",结合"校园写真"活动,学习和尝试写景抒情、阐发哲思、思考自然与人生的散文创作。	2

续 表

课　文	内容与活动	课　时
赤壁赋 登泰山记	3. 疏通文字，整体感知经典古文。通过"赤壁水月"与"巍峨泰山"感知古典文人的山水意趣。	2
	4. 借鉴传统的评点法，品读意境优美或生动传神或哲思悠远的段落文字，领略作家根植于传统文化和审美，在个人经历和社会影响下升华而成的独到精神境界。	2
	5. "寻找自我的自然山水"寻找属于自己的自然风景，找到与山水相契合的精神境界，获得心灵的慰藉与人生启示，用PPT来跟大家交流分享。	1

2. 课时教学设计

(1) 教学设计说明

本课时的教学设计是第七单元"文学阅读与写作"任务群中的组成部分，紧扣品味语言、情景交融与读写结合的大单元目标。创设比较阅读的情境，学习情景交融的手法差异，并运用到写作实践活动中。

本课时的教学设计紧扣展示课主题"寻理达趣"，在对写景抒情散文的品读中，探究情景交融的手法，通过讨论和写作实践来进一步提升学生的语文素养。

本课时的教学设计充分考虑了学情。高一学生对文学阅读与写作充满兴趣，但在鉴赏能力和写作方法与技巧等方面，还有所欠缺。引导学生抓住鉴赏和写作的关键，提供一定的方法指导，希望可以让大家有所收获，共同提升。

(2) 教学设计具体内容

表4-12　第14课《故都的秋》《荷塘月色》第二课时教学设计

设计者信息			
设计者姓名	徐洁	设计者所在单位	高桥中学
教学定向			
单元内部关系	(本节课与单元其他课之间的关系) 第七单元选取的五篇课文，都是写景抒情的名篇，引导学生体会文章情景交融的写作特点是单元教学目标、学习任务群的重要组成部分。《故都的秋》对"秋味"的反复吟唱来呈现故都情怀与文人情思；《荷塘月色》以无边的荷香月色来书写唯美的意境和知识分子的独立人格……情景交融，情韵相生。情景交融的散文给我们带来独到的审美体验，反复品读，韵味无穷。 这两篇经典散文与本单元的其他篇目《我与地坛》《赤壁赋》《登泰山记》等名篇有序组合，景、情、理相生相融，反复涵泳咀嚼，感受文辞之美。		
学习目标	品味语言，探讨情景交融的写法，体验文辞之美和人文内涵。		

续　表

重点和难点	比较探究情景交融的写法的差异,感悟作家深沉的情感。
情境与任务	
情境创设	自然风景,人文情怀,融入人类的精神世界,也是人类心灵的寄托。 写景抒情的散文给予我们审美的体验和享受,情景交融是最常见最实用的写作方法。品读《故都的秋》《荷塘月色》比较探究情景交融的手法在不同情感预设与驱使下产生的差异及多样化的呈现。引导学生体验和感悟文字的美好和渗透纸背的人文内涵。
任务与要求	探究情景交融的写作手法在不同文本中的差异。 品读作品,让学生找到喜爱经典作品的理由。 学习情景交融的艺术手法(写作)。
教学环节	

	情境与任务	引导学生比较探讨"情景交融"的写法在《故都的秋》与《荷塘月色》中的不同呈现。品读《故都的秋》。
	主要步骤	
活动一		1. 引导学生品读《故都的秋》,探讨情景交融的写法。 2. 可以预设的问题: 《故都的秋》描写了北平秋天的哪些场景?哪些景物? 这些景物的共同特征是什么? 作者写故都的秋为什么选择这些景物? 作者在景物描写中融入了怎样的情感? …… 3. 小结——情景交融 《故都的秋》融情入景(寓情于景)
	情境与任务	引导学生比较探讨"情景交融"的写法在《故都的秋》与《荷塘月色》中的不同呈现。品读《荷塘月色》。
	主要步骤	
活动二		1. 引导学生品读《荷塘月色》,探讨情景交融的写法。 2. 可以预设的问题: 作者写"荷塘月色"写了哪些典型景物? 作者笔下的荷塘月色具有怎样的特点? 作者的情感有没有变化?是怎样变化的? (情与景如何交融?) …… 3. 小结——情景交融 《荷塘月色》情随景移 4. 比较品读结论 　　两篇文章都是情景交融的典范之作,但由于自然环境、时代背景不同,作者内心感受、成长背景、审美趣味等的不同而产生了情景交融方式的差异,不管是融情入景还是情随景移,都是作家对自然的体悟、对人生与社会的思考,对家国的赤子深情,感动了一代又一代的读者。

续　表

活动三	情境与任务	第七单元的学习任务群为"文学阅读与写作",我们即将推出"校园写真"的摄影写作活动。请你在《故都的秋》《荷塘月色》中选择一篇散文推荐给同学们,让同学们有写作的参考。
	主要步骤	
	1. 讨论与交流：我要推荐的作品是……因为…… 　提供可以推荐的角度： 　如语言风格、艺术手法、选材、情感主题、审美心理…… 2. 点评与小结 　　朴实自然贮满诗意的语言,灵活多变的艺术手法和独特的角度,合理、典型、生活化的选材,深沉含蓄而又饱满的情感(作家对生活和人生的感受与思考,民族审美心理)……一切景语皆情语,情景交融,就是把自然、社会和文人的独特感受与情怀融为一体,不仅有融情入景、情随景移这样的交融方式,还有寓情于景、触景生情、以景结情等等。景、情、理相生相融,大美天地、独抒性灵、哲思悠远、寻"理"达"趣"……我们会在后续的单元篇目中和学习任务群中深入学习。	
活动四	情境与任务	结合"校园写真"活动布置作业。
	主要步骤	
	"校园写真"：找到你心目中高桥中学的美丽场景(校园一角)结合本堂课的学习内容,运用情景交融的写作手法来写一写我们美丽的校园(照片与文字放在同一页面,可以电子文档,也可以贴照片手写)。	

(二)数学——唐家璐《等差数列及其通项公式》

1. 教学设计

(1) 单元设计

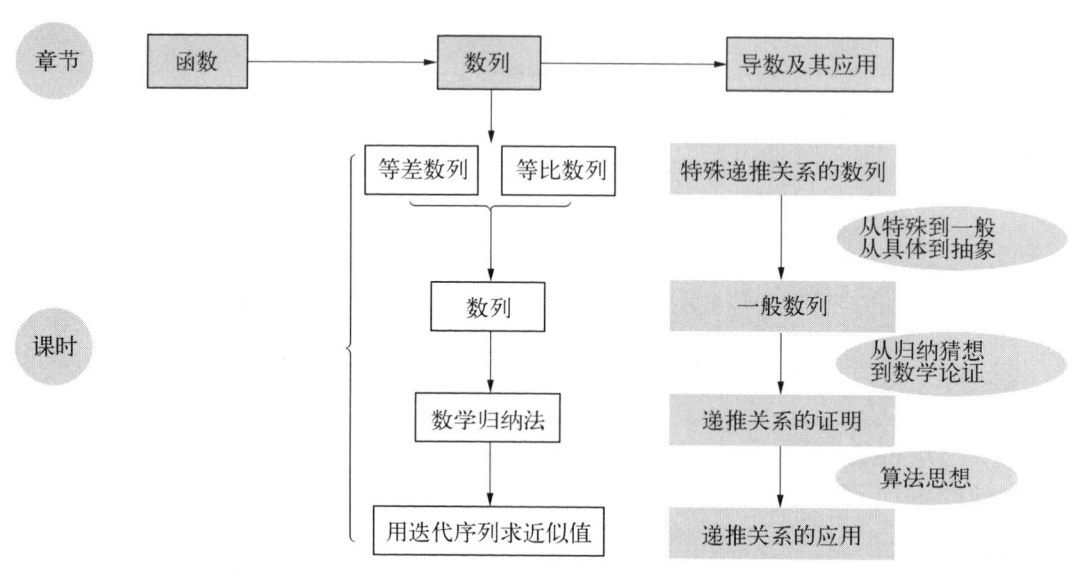

图 4-33 单元结构导图

数列章节位于《普通高中教科书·数学》(上教版)选择性必修第一册的第 4 章,从章节位置来看,数列在整个中学数学教学中,处于一个知识汇合点的地位,很多知识都与数列有着密切联系,以前学过的数、式、方程、函数、简易逻辑等知识都可在数列章节中得到充分的应用;同时,数列(极限)的学习为以后学习导数等内容做了铺垫.

从内容层面来看,数列是一个重要的数学概念,更是反映自然规律的一个基本模型,对数列的研究是基于现实生产、生活的需要。学生在进入高中学习前,通过对规律的探讨对等差数列、等比数列有了一些感性的认识。因此,在本章节的学习中,从学生较熟悉的、具有特殊递推关系的数列——等差数列和等比数列着手,经历生活情境的抽象、定义精致化、递推、求和公式推导的过程,将感性认识上升到理性认知,通过类比,建构对数列问题的一般研究思路。之后,从特殊到一般,从具体到抽象,研究一般数列;经历从归纳猜想到数学论证的过程,感悟数学归纳法的本质;最后,通过"用迭代序列求 $\sqrt{2}$ 的近似值"这一探究活动,渗透数列蕴含的算法思想。

在章节的编排中,蕴含着以"数列的递推公式"为明线的结构安排,即"特殊的递推公式—一般递推公式—递推关系的证明—递推公式的应用",以"研究数学问题的基本方法"为暗线,渗透类比、归纳、数形结合、方程、算法、从特殊到一般的思想方法,全面提升学生的数学抽象、逻辑推理、直观想象、数学运算、数据分析、数学建模的核心素养。

基于上述思考,设置了如下单元目标:

① 从生活中的实例入手,在具体的问题情境中发现规律,抽象出等差数列和等比数列定义,建立通项公式和前 n 项和公式,渗透类比思想,培育数学抽象、逻辑推理核心素养;

② 能运用等差数列、等比数列解决简单的实际问题和数学问题,感受数学模型的现实意义与应用,培育数学建模核心素养;

③ 通过日常生活和数学中的实例,了解一般数列的概念和表示方法,渗透从特殊到一般的思想方法;

④ 了解数学归纳法的原理,并能用数学归纳法证明与数列有关的一些简单命题,培育逻辑推理素养;

⑤ 通过用迭代序列求 $\sqrt{2}$ 的近似值初步了解算法的思想。

(2) 教材分析

本节课是《普通高中教科书·数学》(上教版)选择性必修第一册的第 4 章《数列》中的第 1 节《等差数列》的第 1 课时《等差数列及其通项公式》。与旧教材相比,本章在内容编排上发生了一定的变化,将等差数列与等比数列的学习前置。因此,作为本章的序言课,本节课从具体实例中抽象、归纳出等差数列的定义,从文字语言,特殊到一般,归纳出等差数列的数学表达——递推关系,继而由递推关系推导出通项公式,并对其进行简单应用,暗合"定义—递推公式—通项公式—简单运用"这一研究主线,在解决了"什么是(等差)数列"的基础上,更是引导学生思考"为什么学? 如何学?"。同时,在本节课之后,等比数列的学习也将延续这样的思路,因此,本节课起到了承上启下的作用。

(3) 学情分析

本节课的授课对象是高二年级平行班学生,经历了函数单元的学习,已具备了一定的逻辑推理能力,同时,在之前的学习中对于等差数列的规律已经有了一定的感性认识,因此,本节课的重点和难点即在如何将学生从感性认识提升到理性认知,从数学的角度、从定义出发,通过不同的方式(递推关系、通项公式)刻画等差数列。

(4) 教学目标

① 经历在具体的问题情境中发现规律的过程,归纳、抽象出等差数列的概念,发展数学抽象的核心素养;

② 经历对等差数列概念精致化的过程,从特殊到一般,能用递推关系呈现等差数列的定义;经历从归纳猜想到数学论证的过程,掌握等差数列的通项公式,渗透方程思想、累加法,培育逻辑推理、数学运算的核心素养;

③ 能够利用等差数列的通项公式解决一些实际问题,培育数学建模与数学应用的意识。

(5) 教学重难点

教学重点：等差数列的概念；

教学难点：等差数列通项公式的推导；等差数列通项公式与一次函数的联系与区别。

(6) 教学过程

① 创设情境、引入课题

[教师] 在现实生活中，我们经常会见到按照一定顺序排列起来的一列数，例如：

【引例】 小明从 1 岁到 17 岁，每年生日那天都会测量身高，将这些身高数据（单位：cm）依次排成一列数：

$$75, 87, 96, 103, 110, 116, 120, 128, 138,$$
$$145, 153, 158, 160, 162, 163, 165, 168。$$

[教师] 我们将其称为数列。

【定义】按照一定顺序排列起来的一列数，称之为数列。数列中的每一个数叫作这个数列的项，排在第 1 位的数称为这个数列的第 1 项（首项），记为 a_1，排在第 2 位的数称为这个数列的第 2 项，记为 a_2，……，排在第 n 位的数称为这个数列的第 n 项，记为 a_n，等等。该数列简记为 $\{a_n\}$。

[教师] 那么今天我们就从一类特殊的数列入手，开启数列章节的学习。

【设计意图】创设情境，引出本章的研究主题——数列，并介绍数列相关概念，为后续研究等差数列作知识准备。

② 形成概念、理解辨析

【情境 1】如下图，是 2022 年 12 月的日历，你能说出周六分别是几号吗？

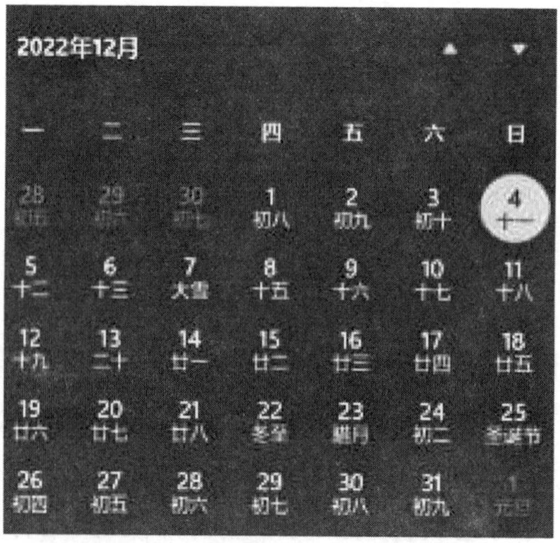

图 4-34 2022 年 12 月的日历

$$3,10,17,24,31,\cdots\cdots\cdots①$$

【问题1】这组数是数列吗?判断依据是什么?

【情境2】我国在2022年举办了第24届冬奥会,已知冬奥会是每4年举办一次的,你能说出2022年之前哪些年份举办了冬奥会吗?

$$2018,2014,2010,2006,\cdots\cdots\cdots②$$

【情境3】按照一定规律堆放在一起的食品罐头,共堆放了7层。请说出从上到下的罐头数依次是?

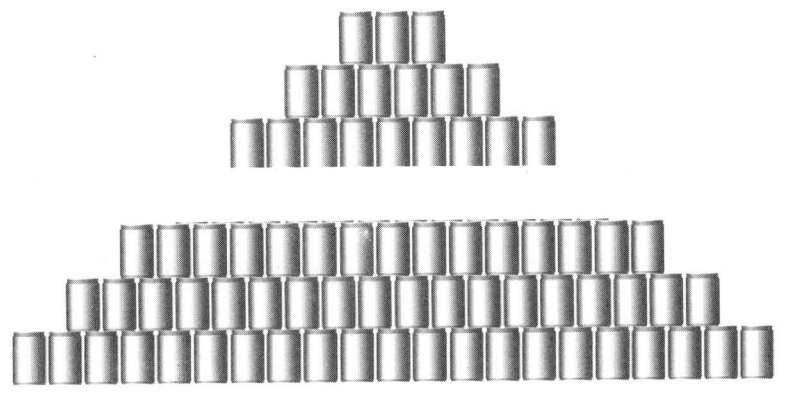

图4-35 食品罐头堆放图

$$3,6,9,\underline{\quad},15,18,21,\cdots\cdots\cdots③$$

【问题2】如何得到第4层的罐头数为12的呢?

【设计意图】以日历、冬奥会、食品罐头这三个生活实例为情境,让学生经历观察、推理、分析得到三个数列:借助情境1,巩固数列概念;借助情境2,渗透数列中的递推关系;借助情境3,暗含递推关系和项之间的关系,为后续等差数列概念的抽象、递推关系的数学化以及通项公式的推导埋下伏笔的同时,发展逻辑推理素养。

【问题3】观察上述三个数列,你能发现从运算的角度,它们有什么共同特征吗?

[预设回答] 相邻两项的差相等。

[教师引导] 差是一个具有"方向性"的概念,哪个是被减数?哪个是减数?

[预设回答] 后一项与其前一项的差都相等。

[教师引导] 非常好,为了突出这是每相邻两项都具有的性质,即"任意性",老师这样描述你们觉得可以吗?每一项与其前一项的差都相等,等于同一个常数。但这个叙述还不是那么精准,"每一项与其前一项",第一项呢?

[预设回答] 从第二项起,每一项与其前一项的差都相等,等于同一个常数。

【概念生成——等差数列】如果一个数列从第 2 项起,每一项与其前一项的差都等于同一个常数,这个数列就叫作等差数列,其中,这个常数叫作等差数列的公差,公差通常用小写字母 d 表示。

【思考】上述三个等差数列,项数分别为 5,23,7,思考,一个等差数列项数最多是多少?项数最少又是多少呢?

【问题 4】若 a,A,b 是等差数列,这三个数之间有什么关系?

【等差中项】若 a,A,b 是等差数列,则 A 是 a 与 b 的等差中项,且 $A=\dfrac{a+b}{2}$

【问题 5】能否尝试用符号语言来表示等差数列的定义?

$$a_n - a_{n-1} = d(n \geqslant 2, n \in Z) \text{ 或 } a_{n+1} - a_n = d(n \geqslant 1, n \in Z)(\text{递推关系})$$

【设计意图】从特殊到一般,从具体到抽象,通过观察三个具体的数列,经历了发现共同特征、抽象本质特征、精致数学表达的过程,在不断深化对等差数列的理解的基础上,抽象出等差数列的概念,培育数学抽象、逻辑推理的素养,提升数学表达的能力;经历从文字语言到符号语言的过渡,体会等差数列概念中的"任意性",提升数学抽象素养。

③ 自主探究、探索新知

【问题 6】能否尝试用递推关系来描述上述三个等差数列?

表 4-13 例 题 示 意

等 差 数 列	递 推 关 系
3,10,17,24,31	$a_n - a_{n-1} = 7(n \geqslant 2, n \in Z)$
2 018,2 014,2 010,2 006,……	$a_n - a_{n-1} = -4(n \geqslant 2, n \in Z)$
3,6,9,12,15,18,21	$a_n - a_{n-1} = 6(n \geqslant 2, n \in Z)$

【问题 7】如果已知上述递推关系,能否推得这三个等差数列?

[预设回答] 不能。

[教师引导] 那么还需要增加什么条件才能得到唯一的等差数列呢?

[预设回答] 数列的首项。

[教师引导] 一定要是首项吗?如果知道第二项?第三项?

【设计意图】通过问题链的设计,引导学生思考:要确定唯一的一个等差数列,是由公差 d 和数列中的某一项(一般是首项 a_1)两个基本量确定的,为后续推导等差数列的通项公式作准备。

[教师] 非常好,当我们知道了等差数列的首项和公差,就能够计算出等差数列的每

一项。

【活动】忽略数列①的实际含义，$\{a_n\}$：$3,10,17,24,31,\cdots\cdots$，该数列的首项为 3，公差为 7，那么其第 100 项 $a_{100}=?$ 其第 n 项 $a_n=?$

［预设回答］$a_{100}=a_{99}+d=a_{98}+2d=\cdots\cdots=a_1+99d=696$

$$a_n=a_{n-1}+d=\cdots\cdots=a_1+3(n-1)$$

［教师引导］非常棒，对于等差数列的概念掌握得非常好，从特殊到一般，通过归纳猜测，由首项和公差，得出了该等差数列第 n 项的值，由于 n 的任意性，也就是每一项的值，像这样用数列的序数 n 表示相应项 a_n 的公式称为数列 $\{a_n\}$ 的通项公式。但是刚刚的说明方式是一种猜想，下面老师介绍一种方法来证明该等差数列的通项公式。

【累加法】$\begin{cases} a_n-a_{n-1}=3 \\ a_{n-1}-a_{n-2}=3 \\ \cdots \\ a_2-a_1=3 \end{cases} \Rightarrow a_n-a_1=3(n-1) \Rightarrow a_n=a_1+3(n-1),\ n\geqslant 2,\ n\in Z$

又 a_1 也符合上式，所以 $a_n=a_1+3(n-1),\ n\geqslant 1,\ n\in Z$。

【思考】对于一般的等差数列 $\{a_n\}$，已知数列首项为 a_1，公差为 d，其通项公式为？

【设计意图】从特殊到一般，从具体到抽象，从具体的等差数列入手，从第 100 项到第 n 项，基于学生的活动经验，归纳猜想出等差数列的通项公式，并引入累加法证明；之后，从具体的等差数列推广到一般的等差数列，推导出其通项公式，渗透方程思想，培育逻辑推理素养。

④ 学以致用、理解感悟

【例1】已知等差数列 $\{a_n\}$，首项 $a_1=-5$，公差 $d=-4$。

（1）求该数列的通项公式；

（2）判断 -401 是不是该等差数列的项？如果是，请指明是第几项？如果不是，请说明理由。

【设计意图】能根据等差数列的定义，得出其通项公式，并理解序数和项之间的联系，检测教学目标 2。

【例2】假设体育场一角看台的座位从第 2 排起每一排都比前一排多相等数目的座位，若第 3 排有 10 个座位，第 9 排有 28 个座位，那第 12 排有多少个座位？

【设计意图】分析并能用数列的语言表达问题，理解等差数列的定义，体会等差数列这一基本数学模型，并能用方程思想解决简单的实际问题，检测教学目标 1、2 和 3。

【例3】已知数列 $a_n=pn+q$ 是数列 $\{a_n\}$ 的通项公式，其中 p 和 q 均为常数，试判断数列 $\{a_n\}$ 是否为等差数列，并证明你的结论。

【设计意图】从特殊到一般,在判断的基础上,能够用等差数列的定义判断数列是否为等差数列,发展逻辑推理素养;体会通项公式暗含的项与序数之间的对应关系,建立数列与函数之间的联系,检测教学目标1和2。

⑤ 课堂小结、凝练升华

A. 数学知识:数列、等差数列、等差中项的概念;等差数列的递推关系;等差数列的通项公式

B. 数学思想方法:从特殊到一般、方程思想、累加法

(7)作业设计

① 基础练习:校本作业

② 能力拓展

若在7和21中插入3个数,使这5个数成等差数列,求这3个数。

在等差数列$\{a_n\}$中,若$a_n=m$,$a_m=n$,且$n\neq m$,求a_{m+n}。

2. 教学反思

教学本质上是一门实践的艺术,登上金字塔顶端的秘密,就蕴藏在一次次实践、反思、再实践的过程中。每一次教学实践,于我而言,都是一次发现进步空间的宝贵契机。

在本次教学展示活动中,我选择了等差数列的第一课时《等差数列及其通项公式》一课,基于对《数列》章节的大单元设计,遵循"情境→定义→递推公式→通项公式→数列的性质与数列求和→简单运用"的设计主线,以深度学习为设计理念,以有效性提问为手段,以信息技术为辅助,基本收到了预期的教学效果。现从以下几个方面对本节课的教学进行反思。

(1)设计理念

在"双新"背景下,遵循着从特殊到一般的教材编写思路,对《数列》章节而言,新旧教材最大的变化就是,新教材将等差数列和等比数列置于一般数列前,因此,从教材位置和课时地位而言,《等差数列及其通项公式》一课就发生了质的变化。变化一是"等差数列的概念在数列的概念、性质之前提出";变化二是"《等差数列的概念及其通项公式》变为了章节起始课"。

内容的变化带动了教学方式的变化,比如:"章节起始课的作用是什么","如何在对数列概念模糊处理的情况下,突破等差数列的'概念关'和'通项公式关'",等等。

基于上述思考,通过查阅相关文献,明确了章节起始课的作用:第一,不能急于进入知识的讲解、技能的训练、习题的演练,而需要创设合理的生活情境,向学生介绍即将学习的单元的典型性、趣味性、艺术性等人文价值,体现主要内容和思想方法,厘清全章脉络,调动学生兴趣。第二,关注序言课的思想性和人文性,传授知识、树立理念的同时,发挥数学课的德育功能。第三,序言课既有知识和技能的落实要求,又有对以往知识的回顾、对今后学习的展望。同时,尝试以深度学习的理念开展等差数列的教学。

(2) 课堂教学

① 注重学生经验、构建知识结构

深度学习是指在教师引领下,学生围绕着具有挑战性的学习主题,全身心积极参加、体验成功、获得发展的有意义的学习过程。而就高中数学学科而言,其深度学习之一即为经验与结构,指学生将已有经验融入课堂学习并得以提升、结构化。

数列,对于学生而言是陌生的概念,但是如果将数列概念讲细讲深,却又不是本节课的重点,因此在教学过程中,我通过贴近学生生活的情境——小明同学每年的身高数据,建立学生生活与数学知识的联系,从而使"数列的记号"抽象化的过程易得、易懂。

② 设计学生活动、注重概念生成

深度学习的特征之二为活动与体验:学生是学习活动的主体,有"亲身经历"数学知识的发现(发明)、形成、发展或问题解决过程的机会。通过活动引发内心体验,在教师的引导下,将"体验"转化为新的"经验"。

在突破了数列概念关之后,通过"日历""冬奥会""食品罐头"三个贴近学生生活的实例,在巩固数列概念的同时,进一步地为等差数列概念的生成做铺垫。值得一提的是,三个概念分别有三种用途。"日历"的功能在于"识"数列,"冬奥会"通过说明项与项之间的关系让学生"说"数列,而"食品罐头"的例子则是通过空缺的一排让学生基于"规律""猜"数列。在活动的设计中,在学生体验的深化中自然而然地,学生初步给出了模糊的他们所认为的等差数列。

③ 本质与变式、注重概念辨析

深度学习的特征之三为本质与变式:学生能对数学学习对象进行深度加工,抓住学习内容的本质属性,全面把握数学知识的内在练习,并能够由本质推出若干变式。

等差数列的概念有几个关键词:"从第二项起""每一项与前一项的差""同一个常数"。在学生活动经验的基础上,通过分析其共同特征——差相等,继而提出问题"差是一个具有方向性的概念,谁减谁",如果对于一般的等差数列,给出共同的定义等等。自然而然地,学生轻易地突破了后两个关键词,但是对于"从第二项起"这个概念,从课堂学生的及时生成来看,并没有理解到其本质。因此,在第二天的课上,我列举了如下例题,给学生做辨析:

思考:已知两个数列$\{a_n\}$和$\{b_n\}$的递推公式分别为
$\begin{cases} a_1 = 1 \\ a_{n+1} - a_n = 2 \end{cases}$ 和 $\begin{cases} b_1 = 1 \\ b_{n+1} - b_n = 2, n \geq 2, n \in Z \end{cases}$
则这两个数列是否为同一个数列?

图 4-36 例题示意

但是如何在第一课时就能突破这一难点,有待进一步地思考。

以上是对于本节课我个人的一点体会与思考。随着"双新"教学改革的不断深入,不仅要关注学生活动经验,更要关注课后的反馈与评价,在今后的教学过程中,我也将不断尝试多元的活动方式和评价方式,在有限的教学时间内提升教学效率,助力每一位学生数学素养的发展。

图 4-37　授课照片

图 4-38　听课照片

（三）数学——徐振宇"用函数观点求解方程与不等式"

1. 教学设计

（1）教学内容分析

函数是贯穿高中数学课程的主线，函数的引入使数学工具可以对动态的对象进行定量的研究。本节课位于上教版必修一第 5 章第 3 节《函数的应用》的第二课时。

第 5 章函数的概念、性质和应用是必修一的最后一章内容，学生在前四章已经学习过如何用集合语言进行描述，掌握了不等式的求解方法，学习了指数、对数运算，并研究了幂指对函数的图像和性质，对研究函数性质的方法有了初步的了解。因此学生能从初中学习过的一次函数、反比例函数和二次函数，以及前面章节中学习过的幂指对函数中归纳出研究函数的一般方法，也为必修二研究三角函数的图像和性质打好基础。

本章分为 5.1 函数的概念、5.2 函数的基本性质和 5.3 函数的应用。5.1 函数的概念介绍了函数的概念和表示方法；5.2 函数的基本性质介绍了函数的奇偶性、单调性和最值，从数和形两方面研究函数的对称性、增减性和最大、最小值，为 5.3 函数的应用做好铺垫。

5.3 函数的应用这一节内容主要由两部分内容组成，第一部分是函数关系的建立，将日常生产生活问题转化为函数模型来解决；第二部分是用函数观点求解方程与不等式，旨在使用动态的观点审视方程与不等式。因此本单元的知识框架图如下：

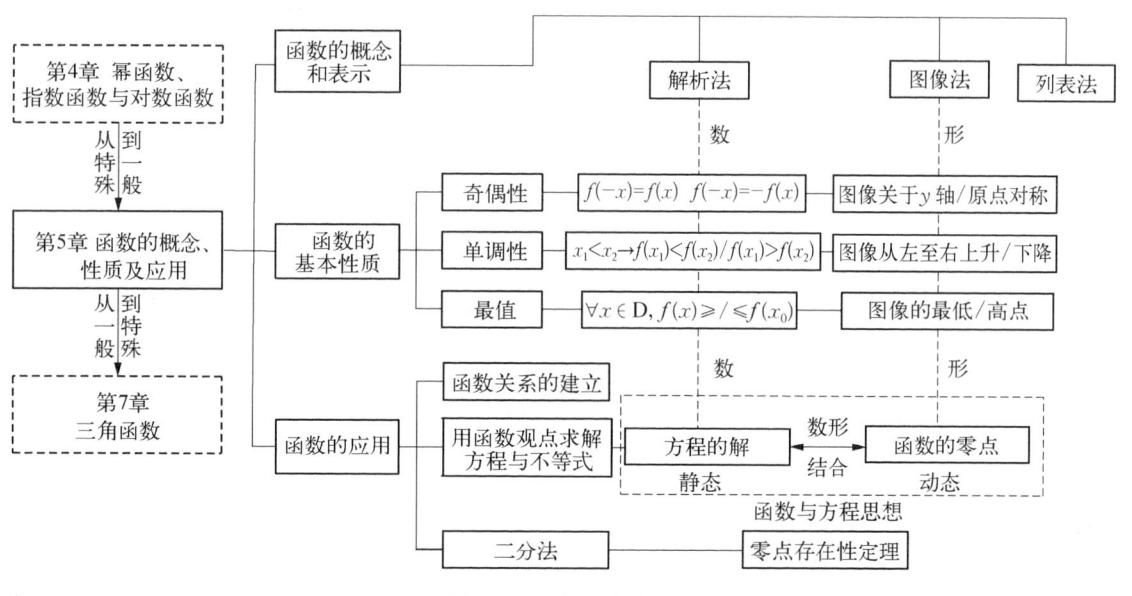

图 4-39　单元框架图

（2）学情分析

本节课的授课对象是高一学生。高一学生对函数的理解是从初中学习正（反）比例函数、一次函数和二次函数开始的，进入高中后学生又学习了幂指对函数，对几类基本函数的表示、性质和图像都有了较为深刻的认识,因此为学生系统性学习函数的基本性质打下了基础。另一方面,学生在学习过集合、不等式等知识后,已经能使用符号语言进行数学表达,能初步使用函数模型解决实际问题。

在必修一第 2 章中,学生已经学习了一元二次不等式的求解,并通过对整式分类讨论的方法掌握了不等式的求解方法;在第 5 章的学习中,学生已经理解了函数的概念,并掌握了函数的奇偶性、单调性和最值等基本性质;在前一课时"函数关系的建立"中,学生也初步了解使用函数模型求解实际问题的步骤。

学生在学习完函数的基本性质后,会产生疑问:函数的基本性质除了可以解决函数问题,还能解决其他问题吗? 带着这样的疑问,老师将引导学生使用函数的观点重新审视方程与不等式。

(3) 教学目标

① 通过列举实例,了解函数零点的概念,知道函数的零点与方程的解之间的关系;

② 借助函数的性质,研究方程有解问题,经历动态观点审视方程的求解过程,体会函数与方程思想;

③ 在较简单的情形下,借助函数的性质求解不等式,渗透数形结合、函数与方程思想,培养逻辑推理和直观想象素养。

(4) 教学重难点

① 重点:理解函数的零点与方程的解之间的关系;用函数观点求解方程和不等式。

② 难点:构造合适的函数,选择合适的方法求解方程与不等式。

(5) 教学过程

① 创设情境,引入新知

【数学情境】方程是否有整数解? 说明理由。

意图:一元三次方程是否有整数解,学生第一反应是代入特殊值,代入特值后学生猜测无整数解,但难以用严谨的数学语言描述,从而引出通过构造函数来解决方程问题的思路。

② 形成概念,理解辨析

【问题 1】观察下列表格,思考方程与函数之间有何联系?

表 4-14 例 题 示 意

方程	函数
$2x-1=0$	$y=2x-1$
$x^2-7x+10=0$	$y=x^2-7x+10$
$x^3+2x-99=0$	$y=x^3+2x-99$

意图：通过列举方程和函数，学生不难得出方程与函数之间的联系，从而引出零点的概念。

函数的零点：对于函数 $y=f(x), x\in D$，若存在实数 $c\in D$，使得 $f(c)=0$，那么称 c 为函数的零点。

【问题 2】函数的零点是该函数图像上的点吗？

小结 1：函数 $y=f(x)$ 的零点就是方程 $f(x)=0$ 的<u>实数解</u>，也就是函数 $y=f(x)$ 的图像与 x 轴的<u>公共点的横坐标</u>，所以方程 $f(x)=0$ 有实数解 $\Leftrightarrow$ 函数 $y=f(x)$ 有<u>零点</u>$\Leftrightarrow$函数 $y=f(x)$ 的图像<u>与 x 轴有公共点</u>。

意图：通过概念辨析，学生知道方程的解与函数零点之间的联系，并初步将方程有解与函数图像之间建立起联系。不过此处不宜辨析得过于细致，以免打乱重点。

③ 问题解决，深化概念

【例 1】方程 $x^3+2x+1=100$ 是否有整数解？说明理由。

证明：设函数 $f(x)=x^3+2x-99$，则对任意 x_1，x_2，当 $x_1<x_2$ 时，都有 $x_1^3<x_2^3$，$2x_1<2x_2$，所以 $f(x_1)<f(x_2)$，因此 $f(x)$ 是 R 上的严格增函数。易知 $f(4)=-27$，$f(5)=36$，所以对任意 $n\in Z$，当 $n\leqslant 4$ 时，有 $f(n)\leqslant f(4)<0$，当 $n\geqslant 5$ 时，有 $f(n)\geqslant f(5)>0$，所以不存在整数 n 使得 $f(n)=0$，即函数 $y=f(x)$ 不存在整数零点，因此方程 $x^3+2x+1=100$ 不存在整数解。

意图：通过构造函数将方程有解问题转化为函数有零点问题，带领学生经历用函数观点求解方程的过程，并归纳求解步骤：构造函数——研究函数性质——用动态眼光审视方程。

思考：除了可以构造函数 $f(x)=x^3+2x-99$ 之外，还可以构造怎样的函数以解决问题？

意图：引导学生思考构造函数是否有唯一性？能否构造其他函数来解决问题？

④ 典例分析，巩固提升

【例 1】解方程 $x^3=-2x+99\Leftrightarrow$ 求解函数 $y=x^3$ 与函数 $y=-2x+99$ 的图像的公共点的横坐标；解不等式 $x^3>-2x+99\Leftrightarrow$ 求解函数 $y=x^3$ 落在函数 $y=-2x+99$ 的图像上方的点的横坐标；解不等式 $x^3\leqslant -2x+99\Leftrightarrow$ 求解函数 $y=x^3$ 落在函数 $y=-2x+99$ 的图像下方的点的横坐标。

意图：上面的思考题，学生不难思考可以将方程有解问题转化为三次函数与一次函数是否有交点的问题，从而引出用函数观点求解不等式的问题。

【例 2】用函数观点解不等式 $2^x+\log_2 x<2$。

[思路一] 设函数 $f(x)=2^x+\log_2 x$，则对任意 x_1，$x_2\in(0,+\infty)$，当 $x_1<x_2$ 时，都

有 $2^{x_1} < 2^{x_2}$，$\log_2 x_1 < \log_2 x_2$，所以 $f(x_1) < f(x_2)$，因此 $f(x)$ 是 $(0, +\infty)$ 上的严格增函数。易知，$f(1) = 2$，因此 $f(x) < f(1)$ 当且仅当 $0 < x < 1$，所以不等式的解集为 $(0, 1)$。

[思路二] 不等式可化为 $\log_2 x < 2 - 2^x$，设 $f(x) = \log_2 x$，$g(x) = 2 - 2^x$，则该不等式等价于求解函数 $y = f(x)$ 落在函数 $y = g(x)$ 图像下方的部分的横坐标组成的集合。通过绘制函数的草图可知，$f(x)$ 是 $(0, +\infty)$ 上的严格增函数，经过定点 $(1, 0)$；$g(x)$ 是 R 上的严格减函数，经过定点 $(1, 0)$，渐近线为直线 $y = 2$，所以由图像可知，该不等式的解集为 $(0, 1)$。

[思路三] 不等式可化为 $2^x < 2 - \log_2 x$，其余步骤类似思路二。

意图：这道题改编自课本例题，经过修改后，本题不仅考察了函数的单调性，也考察到了函数的定义域，说明在使用函数观点求解方程不等式时，不仅需要考虑函数的奇偶性、单调性和最值这三个基本性质，也需要考虑函数的定义域、图像等，从函数的观点来审视方程不等式。

【练习】设 $f(x) = \dfrac{1}{x} - \lg x$，解不等式 $f\left(\dfrac{1}{x} - 1\right) < 1$。

解答：由题意得 $f(x)$ 是 $(0, +\infty)$ 上的严格减函数，且易知 $f(1) = 1$，则原不等式化为 $f\left(\dfrac{1}{x} - 1\right) < f(1)$。由 $f(x)$ 的单调性可知，该不等式等价于 $\dfrac{1}{x} - 1 > 1$，解得 $x \in \left(0, \dfrac{1}{2}\right)$。

意图：在上一题的铺垫下，学生能借助题目所给的函数性质，合理转化不等式。

⑤ 课堂小结，升华主题

函数的零点概念；方程的解、不等式的解与函数图像之间的联系。

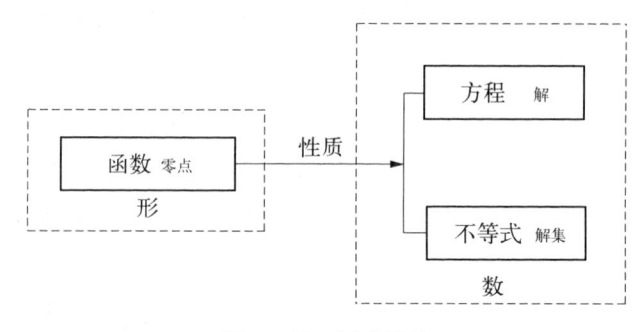

图 4-40 板书设计

意图：课堂小结将函数的零点和方程不等式的解进行比较，体现了"数"和"形"之间的关系；另一方面，从动态的观点审视静态的方程不等式，体现了用函数思想解决方程问题的

"函数思想"。

⑥ 课后思考,迁移应用

A. 思考：用函数观点解方程 $3^x + 4^x = 5^x$

B. 课后作业

方程 $2x^2 + 2^x - 3 = 0$ 的实数根的个数为_____。

不等式 $x^{\frac{1}{3}} \geqslant x^{-2}$ 的解集为_____。

方程 $\log_{\frac{1}{3}}(x+3) + 3^{-x} = 0$ 的实数根的个数为_____。

方程 $\log_2(x+4) = \left(\frac{1}{3}\right)^x$ 的实数解个数为_____个。

方程 $x^2 - 4|x| - \log_2 x - 5 = 0$ 的实数解个数为_____个。

关于 x 的方程 $5^x = \lg(a+3)$ 有负根($a \in Z$),则 a 的值构成的集合为_____。

存在 $x \in \mathrm{R}$,使得 $|x-2| \leqslant a + |x-4|$ 成立,则实数 a 的范围是_____。

关于函数 $f(x) = \dfrac{|x|}{||x|-1|}$ 给出下列四个命题：当 $x > 0$ 时,$y = f(x)$ 单调递减且没有最值;方程 $f(x) = kx + b(k \neq 0)$ 一定有解;若方程 $f(x) = k$ 有解,则解的个数一定是偶数;$y = f(x)$ 是偶函数且有最小值。则其中真命题是_____。

若不等式 $x^2 + |x+a| - 4 \geqslant 0$ 对任意 $x \in \mathrm{R}$ 恒成立,则实数 a 的取值范围是_____。

已知 x_1 是方程 $x + \lg x = 3$ 的解,x_2 是 $x + 10^x = 3$ 的解,则 $x_1 + x_2$ 的值是_____。

若函数 $f(x) = \lg(x^2 + 2x + a)$ 在 $x \in [1, +\infty)$ 上总有意义,则实数 a 的取值范围是_____。

已知函数 $f(x) = 2^x - \dfrac{1}{2^{|x|}}$,若 $2^t f(2t) + mf(t) \geqslant 0$ 对于 $t \in [1, 2]$ 恒成立,则实数 m 的取值范围是_____。

2. 教学反思

(1) 单元内容回顾

"用函数观点求解方程与不等式"这节课位于上教版高中数学必修一,是函数的应用的第二课时。从本节的内容顺序来看,本节先研究了实际应用问题中的函数模型,再是本节课从函数观点求解方程不等式,第三节则是二分法求函数的零点。

首先是函数关系的建立,学生学习完这一节课内容后,能从实际情境或其他学科情境中抽象出函数模型,并借助函数模型刻画有关变量的变化规律。学生在将实际问题抽象为数学语言表述的数学问题时,对学生阅读文字材料的能力有一定的要求,学生从这一节课中能培养数学抽象、数学建模素养,并培养了学生的数学交流与表达能力。

其次是函数观点求解方程与不等式,这节课在本节中的地位非常重要,学生通过本节课的学习,能将原本学习的代数方程、不等式问题转化为函数问题,从动态的观点审视静态的代数问题,这是一种解决问题视角的改变。通过这节课的学习,学生充分感受了"数"和"形"的区别,也能尝试用"动态"的眼光审视静态的方程,体会数形结合思想和函数思想。另外,在作业中除了设计"函数思想解决方程、不等式问题"之外,也增加了一道用"方程思想"解决函数问题的例子,用于比较函数思想与方程思想的区别。

最后是二分法求函数的零点,这节课则是函数章节中的另一个重要分支,从知识技能方面学习二分法用于确定零点的近似值,从数学思想方法层面,这一节内容是算法思想很好的载体,教师在设计这一节课时,可以加入程序框图和算法语言的设计,以此渗透算法思想。

本节课是另一条隐藏主线的起始课,在这一节课后我设计了"函数观点"的小单元,包括四个课时,分别是:用函数观点解方程和不等式、二次函数零点分布问题、恒成立问题、有解问题。这个小单元,从函数观点出发,研究了同一类问题的不同表达形式。其中第 2 课时从二次函数图像的特征出发,针对二次函数图像的开口、对称轴、特殊端点对零点位置进行分类讨论,从而解决问题;第 3 课时是第二章一元二次不等式(在 R 上)恒成立的一个变形,将恒成立问题限定在某个给定区间进行求解,学生可围绕含参二次函数图像进行分类,也可以参变分离,将含参二次函数与 0 的关系转化为固定函数与含参常值函数的关系,从而简化问题;第 4 课时则是研究有解问题,与处理恒成立问题的思路类似,学生也可以先通过移项,合理选择函数模型,再利用函数观点进行求解。

(2) 磨课过程

本节课共经历了 2 次主要的磨课过程。

① 第一次磨课

第一次磨课是 11 月 22 日,数学教研组长缪小燕老师和数学组何龙华老师作为带教导师,针对我这节课和陶新宇、韦孟盈老师的两节课进行了磨课。本次研讨缪小燕老师提出,应正确理解"分类讨论法""判别式法"和"参变分离法"三者之间的联系,本质上是同一种思想,区别则是构造函数的模型不同;何龙华老师则提出,新教材在本节课的标题设计上别出心裁,需要把握"函数观点"这四个字的理解,本节课是对前面"函数的基本性质"的一节应用课,授课期间应始终围绕用函数方法、函数性质解决代数问题。

通过这次磨课,我大致定下了本节课的框架,即从几个典型的方程、不等式问题出发,通过构造合适的函数模型,利用函数性质和函数方法来解具体的方程和不等式。

② 第二次磨课

第二次磨课是在 12 月 2 日,高一数学组内秦丽老师和张旭琰老师听了我的试讲课,并针对试讲课中出现的问题提出了自己的看法。秦丽老师认为,利用二次函数图像求解一元二次不等式可以不用占有这么大的篇幅,教材上在这一部分的篇幅比较大,是因为第二章中没有涉及用函数方法求解的例子,但考虑到学校学情,学生已经能大致掌握图像法解决的情况下,可以将这一部分精简,变为本节课的情境引入;张旭琰老师认为,应重新理解"函数观点"的内涵,这一次试讲课将重点放在了"函数性质"上,整节课太过强调用"函数性质"解决问题,容易让学生的理解产生偏差:"函数观点是否等同于函数性质?"因此后续的设计应该将"函数观点"的范围扩大,在利用函数观点解决问题时,应注重函数的定义域、基本性质、值域、图像,不应局限于用函数的单调性解决问题,另一方面,由于函数的零点概念并不是本节课的重点和难点,因此没有必要展开这么多篇幅。

基于这次磨课研讨,我弱化了零点概念的辨析,删去了例 3(1),将例 3(2)和思考题提前,并将例 3(2)解不等式 $2^x+\log_2 x>2$ 修改为 $2^x+\log_2 x<2$,以此强化函数定义域的讨论;至于图像法求解一元二次不等式的环节,改变了其表述方式,作为一个衔接出现在例 1 和例 2 之间。

后续还有两次试讲,对上课的语言和课后小结进行了打磨。

(3) 课堂表现

正式上课是在录播教室内进行,教室环境宽敞整洁,学生注意力集中,上课较为专注。

从课堂引入环节看,本节课的情境引入效果较好:"三次方程是否有整数解?"当这个问题出现在屏幕上时,不少学生马上拿出了手中的计算器,这是因为本题的两个关键之处,第一是三次方程,第二是整数解。对于三次方程,学生没有系统学习过一般的三次方程的求解,也没有掌握过三次方程的求根公式,面对这样一个方程,学生根据题干中"整数解"这个关键词,马上想到了赋值验证,赋值后也能判断出方程无整数解。但当教师询问理由时,学生却难以完整表达,由此引出如何站在函数观点研究方程,从而进入第二个环节。

第二个环节是新概念理解,教师通过列出两个表格,让学生观察方程与函数之间的区别和联系,学生很容易说出了两者的关系,教师顺势给出函数零点的定义,并总结了方程的解与函数零点之间的联系,暗示方程有解问题可以转化成函数图像有交点的问题。

第三个环节就是对情境问题的解决,先将方程变形,提炼出函数模型,接着研究函数性质,从单调性、特殊点等角度分析了函数的性质,第三步则是利用函数的性质说明该函数没有整数零点,最后再将函数问题转化为方程有解问题。值得一提的是,在教师的引导下,学生能很自然地生成解答的过程,比起刚上课时学生对这个问题的模糊描述,到数学语言的精确表达,正是用函数观点求解方程问题的体现。这一环节过后,教师对整个题目求解的过程进行了总结,并提问,除了上述构造方法外,还有没有其他构造的方法?由此引出用函数观点求解不等式问题。

第四个环节给出了例 2(1)用函数观点解不等式 $2^x+\log_2 x<2$,学生仿照前例的过程,对这个不等式进行变形,构造不同函数来解决同一个问题。学生①构造了函数 $f(x)=2^x+\log_2 x$,利用函数的单调性和定义域直接求出了函数的解集;学生②构造了函数 $f(x)=$

$\log_2 x$,$g(x)=-2^x+2$,通过描绘函数的图像,结合两张函数图像的单调性、特殊点,由图像的变化趋势说出了不等式的解集;学生③则与学生②类似,构造了函数$f(x)=2^x$,$g(x)=2-\log_2 x$,也利用函数图像得出了结果。在这一例题的求解过程中给学生留有了充足的发挥空间。

在例2后又做了一个练习,该练习题是2021年普陀区高三一模数学填空题,对高一学生而言难度较大,但在本节课的学习过后,约有一半的学生能顺利得出答案。

课堂小结环节,教师从两方面对函数零点与方程(不等式)的解集进行了分析,首先是"数"与"形"的角度,本节课利用函数观点,用直观的"形"的方法求解了代数问题;其次是"动态"与"静态"的角度,本节课从函数角度解决了方程问题,是从函数的观点,借助函数的性质、定义域、解析式、图像等解决了方程问题,体现了函数与方程思想。

本节课的上课效果较好,学生的反映和回答与预设基本吻合。令人出乎意料的是,班级内一位学困生袁同学在解决例3时想出了不同方法,教师给予了表现机会,提高了学生的学习动力。

图 4-41　授课照片

图 4-42　听课照片

（4）改进空间

通过本节课的学习，学生初步感受了函数方法解决方程问题的例子，教学目标基本达成，但本节课仍有遗憾：一是因受疫情影响，本节课延后了一周才得以实现，进度的不匹配导致学生共鸣不是最强。二是因对场地不熟悉，所以没有借助希沃白板、实物投影等多媒体工具展示学生成功解答，课堂气氛还可以更热烈，可以给学生更多上黑板展示的机会。三是课堂容量不足，课后只留出了3分钟左右的空余时间，其实针对最后的思考题可以给学生更多的表达机会。四是教室座位的布局可以适当调整，方便让学生有更多的交流表达的机会。

（四）英语——凌春戎 A tale with a twist

1. 教学设计

（1）教材分析

本教材单元属于"人与社会"主题语境、"历史、社会、文化、大众传媒、科学与技术"的主题群，语境内容为 Unit 5 "A tale with a twist"，Unit 6 "A wilde play for love"，Unit 7 "The poetry of nature"。本单元包括五个阅读语篇：Unit 5 中两个语篇是莫泊桑的短篇小说《项链》上、下两部分；Unit 6 中一个语篇是王尔德的喜剧《认真的重要》的节选片段；Unit 7 中两个语篇分别是《咏水仙》和《未选择的路》。这五篇材料均围绕文学欣赏这一主题展开，分短篇小说、戏剧及诗歌三种类型让学生接触并体验世界优秀文学作品。本单元主要分类为阅读、听、说、写作四个模块。

表 4-15 本教材单元语篇一览

语 篇	语篇类型	教 材 内 容	主题语境关联性分析
The necklace（Part 1）	文学小说	莫泊桑的短篇小说（介绍女主人公马蒂尔德借项链、丢项链的始末）	一个曲折的故事
The necklace（Part 2）	文学小说	莫泊桑的短篇小说（介绍女主人公马蒂尔德还项链、得知项链真相的过程）	一个曲折的故事
The importance of being earnest	戏剧	奥斯卡·王尔德的喜剧《认真的重要》节选片段	王尔德的喜剧爱情故事
I wandered lonely as a cloud	诗歌	威廉·华兹华斯的诗《咏水仙》	大自然的诗意
The road not taken	诗歌	罗伯特·弗罗斯特的诗《未选择的路》	大自然的诗意

（2）学情分析

本次授课对象是高桥中学高三（5）班的 33 名学生，其中男生 20 名，女生 13 名。经过两年多的高中学习，已积累了相当的词汇量，绝大多数同学具备了运用英语表达自己观点的能力，但是对于经典文学作品的欣赏，学生在以往的学习过程中接触得比较少。大多数学生对莫泊桑的这部小说只是听说过，没有完整仔细地阅读过。本篇阅读材料语言难度不高，对于现阶段学生的语言水平而言看懂故事不成问题，但如何透过人物的言行探讨人物的性格，以及该故事所传递的对人生观和价值观的思考对学生而言是有挑战的。

(3) 单元目标

表 4-16 单元目标

单 元	单 元 目 标
Unit 5	① 认识作者 Guy de Maupassant； ② 了解小说的背景、人物、情节； ③ 分析小说人物性格； ④ 探讨小说通过人物命运的跌宕起伏所传递出的对人生的思考,树立正确的价值观、人生观。
Unit 6	① 认识作者 Oscar Wilde； ② 了解戏剧作品的背景、人物、情节； ③ 分析戏剧作品中的人物性格； ④ 发现戏剧作品中反映的对人物社会地位的偏见,树立正确的价值观、人生观。
Unit 7	① 认识作者 William Wordsworth 和 Robert Frost； ② 了解诗歌中拟人的修辞手法及押韵； ③ 比较两位诗人写作方式的差异； ④ 体会在自然中寻找人生的启示。

(4) 课时分配表

表 4-17 课时分配表

语 篇	课 型	课 时 目 标	课 时
The necklace(Part 1)	阅读	了解小说的背景、人物、情节；分析人物性格	1
The necklace(Part 2)	写作	了解小说情节；描述人物性格	1
The importance of being earnest	阅读	了解戏剧作品的背景、人物、情节；分析戏剧作品中的人物性格	1
I wandered lonely as a cloud	阅读	读懂诗歌所传递的情感；了解诗歌中拟人的修辞手法及押韵	1
The road not taken	阅读	读懂诗歌所传递的人生启示；比较两位诗人写作方式的差异	1

(5) 课时设计

Textbook: Book 5 for Senior 3 students by Oxford Shanghai edition

Teacher: Ling Chunrong (Shanghai Gaoqiao High School)

Content: Unit 5 *A tale with a twist*: *The Necklace* (Part 1) (1st period)

【Learning Objectives】

At the end of the lesson, the students are expected to

① get to know the personality traits of the main character Mathilde by analyzing her behaviors.

② predict how the story develops based on the main character's personality.

③ cultivate the students' right value and outlook on life.

【Teaching difficulties and focuses】

① The students may fail to find out the personality traits of the main character Mathilde.

② The students may fail to develop the right value and outlook on life.

【Learning Procedures】

I. Led-in

Interactive Task 1: Share a simplified version of the short story with Ss' own words.

> *T: Guide Ss to check the preview work and share a simplified version of the story.
> *Ss: Share a simplified version of the story with the help of the mind map in the preview work.
> Purpose: Check Ss' preview work and help Ss have an overall understanding of the story.

Guiding Questions:

① How did the story develop?

② Can you give us a simplified version of the story with the help of the mind map?

II. While-reading

Interactive Task 2: Analyze the personality traits of the main character Mathilde.

> *T: Guide Ss to analyze different personality traits of Mathilde.
> *Ss: Analyze different personality traits of Mathilde by providing supporting details.
> Purpose: Guide Ss to better appreciate the story and get a clearer picture of the thoughts conveyed by the author.

Guiding Questions:

① What kind of person is Mathilde?

② Can you support your opinion with her actions or feelings in the story?

Interactive Task 3: Share opinions on a success in the story and in real life.

* T: Ask students to discuss their opinions on success in the story and in real life.
* Ss: Discuss and share opinions on success in the story and in real life.
Purpose: Enable Ss to think deeply behind the story and develop Ss' right value and outlook on life.

Guiding Questions:

① What made one a great success from Mathilde's perspective?

② What was the reason behind such thought?

③ What contributes to a great success in our life?

III. Post-reading

Interactive Task 4: Predict how the story would develop.

* T: Ask students to predict how the story would develop after the necklace was lost.
* Ss: Make predictions about what would happen based on the previous analysis of Mathilde's personality traits.
Purpose: Enable Ss to cooperate, think creatively and apply some of the words and expressions learned in class into practice.

Guiding Instructions:

Predict how the story would develop after the necklace was lost. Your speech should cover the following elements:

- Prediction of the following story
- Reasons based on Mathilde's personality traits

Interactive Task 5: Think further about Guy de Maupassant's words.

* T: Ask students to read and think further about Guy de Maupassant's words.
* Ss: Read aloud Maupssant's words and share their understanding of it.
Purpose: Deepen the understanding of the theme of the story.

Guiding Questions:

How do you understand the sentence "How little is needed to ruin or to save"?

IV. Assignments

① Learn more about the writer Guy de Maupassant.

② Read the passage with emotion in groups of 3.

③ Write your description of Mr. Loisel in no more than 100 words.

2. 专家评课

浦东新区中小学课堂教学评价表（试行稿）

姓名	凌春戎	学校	上海市高桥中学	授课班级	高三(5)
学科	英语	时间	2021/11/25	节次	2
课题	Necklace				

	评价指标	10~9	8~7	6~5	4以下
教学目标	目标明确、具体、适切，符合学科课程标准和学生学习实际。	✓			
教学内容	内容正确充实，符合学生认知规律，突出重点，联系实际。	✓			
	凸现学科内涵，能整合教学资源，力求恰当、有效。	✓			
教学过程	激发学生兴趣，培养旺盛的求知欲。学生学习主动、积极、投入，敢于质疑，发表自己的看法。	✓			
	关注全体，重视学法指导，注重启发性和针对性。教学方法灵活、生动，注意生成资源，发挥教学机智。	✓			
	教学环境有序、互动、民主、和谐。	✓			
教学效果	落实"双基"，增强体验，身心愉悦。	✓			
教师素养	为人师表，教学基本功扎实，技术运用得当。	✓			
	学科功底厚实，知识面广，有探求新知的热情。	✓			
	努力形成教学特色，有创新意识。	✓			
教学点评	本课是高桥中学"寻理达趣：基于大单元视角的高中学科课堂实践"的展示课，课型为高三阅读课，教学内容为高三上第5单元Necklace。 本课基于学情，把小说基本信息的梳理任务设计成预习作业，为本课的深度阅读打下了基础。通过第一环节的故事复述，借助于环环相扣的问题链，师生共同推测人物性格、分析社会背景及其对个人的影响、探讨成功的定义，并基于已有讨论，预测故事的走向。学生在教师的鼓励下，思维活跃，语言表达充分。 教师语言流畅，良好的评价助力学生思维品质的培养和语言能力的提升。				
总分	92	等第	优	评议人	
备注	累计得分85分以上为优，75—84分为良，60—74分为中，60分以下为差。				

图 4-43　专家评课

（五）思想政治——董一《从蔬菜价格变化看如何使市场机制有效》

1. 单元教学设计

表 4 - 18 《生产资料所有制与经济体制》单元教学设计

主题单元标题	生产资料所有制与经济体制 ——从民生热点看我国经济制度优势		
教师姓名	董一		
学科领域(在□内打√表示主属学科,打+表示相关学科)			
☑ 思想政治 □ 物理 □ 地理 □ 美术	□ 语文 □ 化学 □ 体育与健康 □ 心理健康	□ 数学 □ 生物 □ 信息技术 □ 社会实践	□ 英语 □ 历史 □ 劳动技术 □ 其他
适用年级	高一		
主题单元学习概述			
《生产资料所有制与经济体制》是必修二的重要内容。本单元讲述了中国特色社会主义经济建设中最基本的原理,介绍了我国经济社会建设所处的基本制度环境与经济体制,为第二单元的学习奠定了坚实的理论基础,为学生参与经济生活、正确认识经济现象提供了有效的理论武器。 本单元的教学活动设计教师始终坚持这样一个原则和理念:将教材的内容进行有机整合,形成一个逻辑连贯的有机整体,避免教材内容的零散化。必修二围绕"社会主义国家的财富"这个主题分别引导学生思考社会主义国家物质财富的生产背景、交换、生产、分配问题,这是中国特色社会主义政治经济学的核心问题。 本单元是全书的起点,实行什么样的经济制度,决定着一个国家的性质和发展方向,同人民的命运密切相关。本单元依据习近平新时代中国特色社会主义经济思想的基本原理,讲述我国社会主义基本经济制度,解析社会主义市场经济的基本特征,帮助学生理解坚持和发展公有制为主体、多种所有制经济共同发展的必要性,理解我国实行社会主义市场经济体制的基本特征,理解为什么要使市场在资源配置中起决定性作用,更好发挥政府作用。探究如何构建市场机制有效、微观主体有活力、宏观调控有度的经济体制,通过探究这些问题,展现中国特色社会主义道路自信、理论自信、制度自信、文化自信,坚定中国特色社会主义共同理想,帮助学生树立为共产主义远大理想和中国特色社会主义共同理想而奋斗的信念,提升学生参与新时代中国特色社会主义建设的自觉性和能力。这些内容也承接了必修一的内容,是习近平新时代中国特色社会主义经济思想与马克思主义基本原理与时俱进、一脉相承的重要体现。 从教材内容上看,本单元由两课《我国的生产资料所有制》《我国的社会主义市场经济体制》以及一个综合探究《完善社会主义市场经济体制》组成。 从教法上看,新课程标准要求构建以培育思想政治学科核心素养为主导的活动型课程,通过一系列课内外活动的设计呈现教学内容,实现"课程内容活动化""活动内容课程化",真正做到理论联系实际。具体来说:第一,要采用议题教学法,即每课时围绕一个核心议题展开,通过问题情境的创设和社会实践的参与,在自主探究和合作学习中,习得知识并深入理解。第二,要从"学科知识本位"转向"学科核心素养本位",在课堂教学中时刻关注政治认同、科学精神、法治意识、公共参与这四大学科核心素养的培育。 就学生而言,本单元的授课对象是高一学生。通过前面必修一的学习,他们已经对中国特色社会主义有了初步的了解,也已经认识了新时代的科学内涵、我国发展经济的本质所在,但是对习近平新时代中国特色社会主义经济思想虽然通过新闻媒体等接触了一些,尚缺乏深刻的认知,对于我国基本经济制度与经济体制的内容这一理论性较强的内容,学生要么很关心,但是不知道怎么把握和学习,要么不太会主动去关注和了解,觉得离自己的生活很远,学习起来也很枯燥。因此需要教师通过收集真实案例、设计探究活动、组织实地调研,帮助学生在理论结合实际的过程中引导学生通过学习增进了解,教师在授课时要更多地结合现实生活,采用合作学习和探究学习的方式,让学生产生学习的兴趣,真正做到"理趣结合、寻理达趣"。			

续　表

主题单元学习目标

　　1. 通过了解人类社会发展基本规律,结合我国经济社会发展实际,理解我国社会主义初级阶段基本经济制度形成和确立的原因,坚定对我国基本经济制度的认同,自觉坚持社会主义初级阶段的基本经济制度,坚定中国特色社会主义制度自信,坚定中国特色社会主义信念。

　　2. 通过组织学生搜集不同所有制企业在抗击疫情过程中的担当和贡献,通过深入分析了解公有制经济和非公有制经济的组成及作用,明确国有经济控制国家经济命脉,对经济发展起主导作用;理解我国坚持公有制的主体地位的原因,明确公有制经济与非公有制经济的关系,锻炼学生合作探究的能力。通过对武汉抗"疫"各类经济主体作用的分析,提升学生总结归纳能力;通过小组讨论交流,提升学生的理解分析、团队协作能力;通过师生交流互动,增强学生的理论分析能力。通过课堂讨论学习,使学生理解我国经济制度的优越性,树立对中国特色社会主义制度的政治认同。

　　3. 结合我国国企改革的典型案例,了解发展壮大国有经济的政策措施;结合我国农村改革的典型案例,阐述发展壮大农村集体经济的有效措施,理解和认同国家改革发展和政策措施;知道公有制经济和非公有制经济的关系,树立各种所有制经济诚信经营、合法经营、公平公开公正竞争的观念;明确坚持毫不动摇巩固和发展公有制经济,毫不动摇鼓励、支持、引导非公有制经济发展。

　　4. 通过组织学生开展社会调查和家庭访谈,了解蔬菜这一重要民生物资近期的价格走势及变换原因,能联系自身的经济现象,分析市场是如何配置资源,阐明市场决定资源配置是市场经济的一般规律,说明市场机制的优点;通过案例分析,识别市场中违反公平竞争的现象,阐释建立统一开放、竞争有序的市场体系的必要性;通过组织学生围绕具体情境开展小组讨论,阐明市场调节的局限性,分析仅依靠市场调节产生的不良后果。通过学习,树立公平竞争意识和规则意识,进一步领会我国进行社会主义市场经济体制改革的正确性,发展科学精神和公共参与的学科核心素养。

　　5. 通过课前搜集资料、课堂分享展示,梳理上一轮猪肉价格上涨的主要原因,了解猪肉价格上涨是由多重因素叠加造成的供求失衡所致,理解市场调节的机制,培养用科学辩证的方法分析问题的习惯。

　　通过"模拟 A 县政府'稳肉价'政策听证会"活动,运用已学知识分析热点经济现象,辨析观点,最终提出切实可行的"稳肉价"政策建议,从而更好地理解在社会主义市场经济体制下应该如何更好发挥政府的作用。在此过程中,提高深沟通能力和社会参与能力,培养团队协作精神,从模拟政府决策的活动中体会政府履行经济职能、进行科学宏观调控的必要性,增强对中国特色社会主义市场经济体制的自信。

对应课标

依据《普通高中思想政治课程标准(2017 年版 2020 年修订)》,本单元对应的课标内容如下:
(一)内容要求
　　1.1 理解公有制为主体、多种所有制经济共同发展,按劳分配为主体、多种分配方式并存,社会主义市场经济体制等社会主义基本经济制度,既体现了社会主义制度优越性,又同我国社会主义初级阶段社会生产力发展水平相适应,是党和人民的伟大创造。
　　1.2 了解各种所有制经济的地位与作用,阐释公有制经济与非公有制经济相互促进、共同发展,明确坚持毫不动摇巩固和发展公有制经济,毫不动摇鼓励、支持引导非公有制经济发展。
　　1.3 阐述建设高标准市场体系的意义,辨析经济运行中政府与市场的关系,解析宏观调控的目标与手段。
(二)学业要求
　　通过本模块的学习,学生能够结合社会实践活动,初步运用中国特色社会主义政治经济学的基本观点,观察和分析经济社会现象;了解社会主义基本经济制度的优越性;理解坚持社会主义市场经济和深化经济体制改革的意义;明确加快建设现代化经济体系的必要性。
(三)学科核心素养水平要求与学业质量水平要求
　　1. 政治认同素养【-1】
　　学业质量水平 2-1 分析具体事例,归纳中国特色社会主义经济制度的特点和优点
　　学业质量水平 4-1 跟进全面深化改革的进程,论证坚持中国特色社会主义制度不动摇的理由

续 表

2. 科学精神素养【-2】

学业质量水平 1-2 运用相关学科的方法,表述相关体制运行的意义,在实践中识别决策目标和主要限制性条件,确认合理的选择方案

单元教学主题	从民生热点看我国经济制度优势
单元核心议题	专题一:从武汉抗"疫"看我国的经济制度具有怎样的优势? 专题二:从蔬菜价格变化看市场机制如何发挥作用? 专题三:从猪肉价格上涨看如何更好发挥政府"有形之手"的作用?
单元专题结构	**从民生热点看我国经济制度优势** 主题情境 → 课程内容 **专题一** 【央企有力量】走近公有制经济 —— 公有制为主的表现;国有经济的主导作用 ⎫ 相得益彰 【民企在行动】走近非公有制经济 —— 非公经济的重要作用 ⎭ 共同发展 **专题二** 【近期蔬菜价格上涨】 基于学生生活发现问题—探究问题 —解决问题—揭示本质、预测趋势 —— 市场配置资源的运作机制和优点 ⎫ 市场决定性作用 【解析"蒜你狠"变"蒜你惨"】 —— 单靠市场调节的局限性 ⎭ & 政府作用 **专题三** 【A县发布的《保供稳价告诫书》引争议】 政府能否限制猪肉价格? —— 政府无权限定猪肉价格 ⎫ 更好发挥政府作用 【模拟听证会】 ⎪ 不缺位 政府应该制定哪些"稳肉价"政策? —— 政府应该积极履职 ⎭ 不越位 托好底
专题一	从武汉抗"疫"看我国的经济制度具有怎样的优势?
专题学习目标	

1. 了解公有制经济和非公有制经济的组成及作用,理解我国坚持公有制的主体地位的原因,明确公有制经济与非公有制经济的关系,锻炼学生合作探究的能力。
2. 通过对武汉抗"疫"各类经济主体作用的分析,提升学生总结归纳能力;通过小组讨论交流,提升学生的理解分析、团队协作能力;通过师生交流互动,增强学生的理论分析能力。
3. 通过课堂讨论学习,使学生理解我国经济制度的优越性,树立对中国特色社会主义制度的政治认同。

| 专题问题设计 | 1. 在武汉抗"疫"中,央企发挥了怎样的作用?
有人建议,为了巩固公有制经济的主体地位,疫情之后应该大幅度增加国有企业的数量。你同意吗?为什么?
2. 结合民企等其他非公企业在武汉抗疫中的作用,思考非公经济在经济社会发展的作用。
有人说:从上面数据看,非公经济对中国的贡献已经超过公有制经济,不需要再坚持公有制经济的主体地位了。你同意吗?为什么?
3. 回忆武汉抗"疫"过程中各类企业的作用,谈谈你对公有制经济和非公经济的关系的理解? |

续 表

		学习活动设计	
教学活动	学生活动	教师活动	设计意图
导入： 感受制度优势	回忆疫情瞬间。	导入： 回忆武汉疫情的几个瞬间 2020年1月23日　2020年1月24日 10天、18天　　2020年4月8日 思考：为什么这只有中国才能做到！也只有中国才能创造这样的奇迹！	通过回忆武汉疫情的几个瞬间，感悟中国特色社会主义制度的优势。
活动一： 【央企有力量】 ——走近公有制经济	学生观看视频，小组讨论回答问题。 交流央企在武汉抗疫中的作用，深入理解公有制为主的表现。	播放视频： 《武汉抗"疫"央企有力量》 思考： 1. 武汉抗"疫"中为什么把粮油果蔬、保障用品、民生商品放在第一位？ 2. 央企属于哪一种生产资料所有制形式？在武汉抗"疫"中，央企发挥了怎样的作用？ 3. 有人建议，为了巩固公有制经济的主体地位，疫情之后应该大幅度增加国有企业的数量。你同意吗？为什么？	理解物质资料的生产是人类社会存在和发展的基础。 理解公有制经济的构成和作用。 理解公有制为主体的具体表现。
活动二： 【民企在行动】 ——走近非公有制经济	学生观看视频，小组讨论回答问题。 交流对民营企业在武汉抗疫中的作用，深入理解非公经济的作用。	播放视频： 《武汉抗"疫"民企在行动》 思考： 1. 民营企业属于哪一种所有制形式？ 2. 结合民企等其他非公企业在武汉抗疫中的作用，思考非公经济在经济社会发展的作用。 3. 有人说：从上面数据看，非公经济对中国的贡献已经超过公有制经济，不需要再坚持公有制经济的主体地位了。你同意吗？为什么？（了解学生探究状况，及时指导）	理解非公有制经济的构成，内涵及特征。 理解非公有制经济的作用。 理解公有制为主体的原因。
活动三： 【相得益彰、共同发展】——理解公有制经济和非公有制经济的关系	小组讨论，交流对公有制经济和非公经济关系的认识，深入理解我国的基本经济制度。	思考： 回忆武汉抗"疫"过程中各类企业的作用，谈谈你对公有制经济和非公经济的关系的理解？	理解公有制经济和非公有制经济相互促进、共同发展的关系。

课后探究作业

【作业要求】以小组为单位进行探究，选择调查目标、研究调查对象、总结调查结果。
【作业内容】今年是浦东改革开放30周年，选择一家坐落在浦东，在改革开放进程中发展起来的企业（国有或私营），了解该企业的发展历程，谈谈这类企业是如何发展壮大的？
【设计意图】基于对我国基本经济制度的了解，将课堂成果应用于实践。通过小组合作、调查研究获得相关结论。

续 表

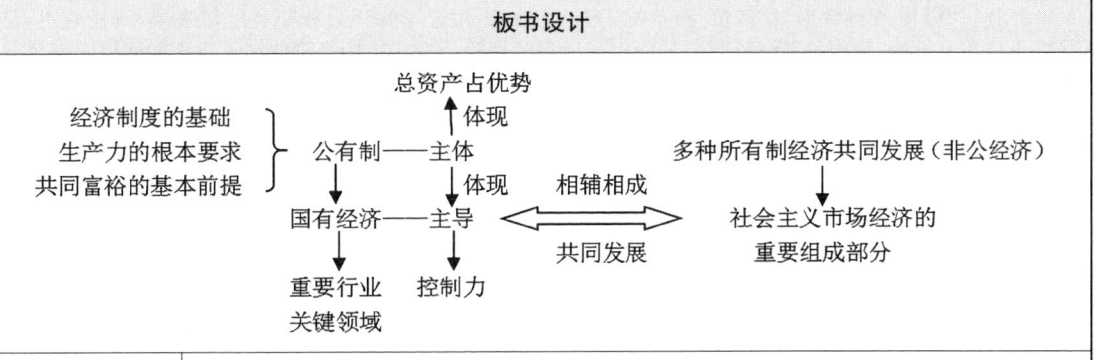

板书设计

```
                    总资产占优势
                       ↑
                       体现
经济制度的基础   ┐
生产力的根本要求  ├ 公有制——主体              多种所有制经济共同发展（非公经济）
共同富裕的基本前提 ┘           ↓                        ↓
                       体现      相辅相成
                    国有经济——主导  ⟷    社会主义市场经济的
                       ↙    ↘     共同发展      重要组成部分
                   重要行业  控制力
                   关键领域
```

教学评价与反思	1. 关于主题单元教学的思考 　　《公有制为主体　多种所有制经济共同发展》是统编版高中政治必修二经济与社会第一课的第一框，是经济与生活的开篇之作。第一单元是全书内容的逻辑起点和理论支撑，是理解我国经济社会发展成绩的重要理论依据。通过本框题内容的学习，可以使学生了解我国生产资料所有制的基本内容，理解我国经济制度的优势，为下一框题学习两个"毫不动摇"奠定基础。 　　感想：主题单元教学应该围绕主题教学内容前后呼应，在理解教材结构的基础上进行教学设计，能有利于达成教学目标，提高课堂教学效率。 2. 要积极寻找学生关注的社会背景资料，有利于增强学生的理解和认同 　　对于我国制度的理解和认同，需要学生亲身感受和领悟。"武汉抗疫"这一过程学生亲身感受过，有着丰富的感性材料，所以在教学环节的设计上，要贴近学生实际，充分调动学生的积极性和主动性，结合学生的经历和社会生活，设计教学环节，有助于提高学科核心素养，增强学生实践能力，培养学生的政治认同。 　　感想：要在更多地关注学生的生活经历和体验上设计课堂教学，让学生有兴趣参与课堂教学，这一点在这节课中做得还是不错的。 3. 通过问题设计，培养和提升学生的思维能力 　　在教学中，应该注重方法的培养，而非仅仅注重知识的传授。教会学生如何将实际生活中碰到的各种问题与教学中所学知识结合起来。在课堂上，从武汉抗疫"央企有力量"——走近公有制经济，到"民企在行动"——走近非公经济，到回忆武汉抗"疫"过程中各类企业的作用，理解公有制经济和非公经济的关系等环节的问题设计，都是让学生在问题引导下，结合生活实际理解公有制、非公有制经济建立的制度优势。 　　感想：学生在讨论的时候，还是仅限于教师提供的材料，试图从教材中找结论，一方面是对社会现象和社会信息关注得还不够，另一方面，还是缺乏一定的独立思考、归纳等方面的能力，这需要教师在平时教学中的引导和课堂渗透，把学生从简单的对社会现象的讨论中引入到对现实问题的深入思考，这样才能取得预想的效果。
专题二	从蔬菜价格变化看市场机制如何发挥作用？（详见课时教学设计）
专题三	从猪肉价格上涨看如何更好发挥政府"有形之手"的作用？
专题学习目标	

　　1. 通过课前搜集资料、课堂分享展示，梳理2019年猪肉价格上涨的主要原因，了解本轮猪肉价格上涨是由多重因素叠加造成的供求失衡所致，理解市场调节的机制，培养用科学辩证的方法分析问题的习惯。

续　表

2. 通过"模拟A县政府'稳肉价'政策听证会"活动，运用已学知识分析热点经济现象，辨析观点，最终提出切实可行的"稳肉价"政策建议，从而更好地理解在社会主义市场经济体制下应该如何更好发挥政府的作用。在此过程中，提高深沟通能力和社会参与能力，培养团队协作精神，从模拟政府决策的活动中体会政府履行经济职能、进行科学宏观调控的必要性，增强对中国特色社会主义市场经济体制的自信。

专题问题设计	1. 猪肉价格飞涨的原因是什么？ 2. 政府应该制定猪肉价格吗？ 3. 政府应该制定哪些"稳肉价"政策？

学习活动设计

【情境激趣，新课导入】猪肉价格飞涨牵动着亿万国人的心，从网友的吐槽中不难看出猪肉与人民生活息息相关，因此稳肉价是事关民生大计的当务之急。今天我们一起来探讨这个话题。

【环节1】探讨猪肉价格飞涨的原因是什么？

活动设计：① 课堂交流分享；② 分析猪肉价格上涨的原因；③ 预测未来猪肉价格变动趋势。

设计意图：交流预习成果，运用市场调节的原理，分析本轮猪肉价格上涨的原因，预测未来猪肉价格变化的趋势，培养学生用科学辩证的方法分析问题的习惯，为模拟听证会环节服务。

【环节2】回应争议：政府应该制定猪肉价格吗？

活动设计：学生根据已学知识，阐释观点，说明理由。

设计意图：以近期我国西南部A县发布的《保供稳价告诫书》为材料创设情景，引出议题二，鼓励学生发表自己的观点，引导学生用已学经济原理分析论证观点。

【环节3】模拟听证会——听证议题：政府应该制定哪些"稳肉价"政策？

活动设计：① 分组饰演A县政府、城乡居民、养殖户（养殖企业）等角色；② 按照流程，充分参与讨论，简明扼要地陈述观点，说明理由，最终提出可行的"稳肉价"政策建议。

设计意图：以"模拟听证会"活动为载体，通过师生、生生互动，养成辩证思考问题的习惯，提高分析和解决问题的能力；同时培养沟通能力和团队协作精神。在活动中体会政府履行经济职能的必要性，增强对中国特色社会主义市场经济体制的自信。

【总结】回应总议题，如何更好发挥"有形之手"的调控作用？

(1) 当经济运行出现较大波动时，不能仅靠市场来调节，政府要综合考虑各方的利益诉求，实施科学、适度的宏观调控，从而保供稳价，使国民经济平稳运行。——不缺位

(2) 市场形成价格，猪肉价格必须交由市场决定。——不越位

(3) 面对困难群众可能吃不起猪肉的问题，切实保障他们的基本生活。——托好底

【作业设计】根据讨论结果，分组撰写正式的政策建议书，并提交给学校的区人大代表，与区人大代表讨论政策。

板书设计

主板书：

更好发挥政府作用

不缺位 ⎫
不越位 ⎬
托好底 ⎭

副板书（学生答案）：

原因：

略　　供求失衡（供不应求）

政策：

教学评价与反思	首先，本课是一堂探究型、活动型课程，围绕总议题"如何更好发挥'有形之手'的调控作用"展开探究，注重对学生理论联系实际能力的培养。因此本课的亮点在于以模拟听证会为载体，通过合作讨论，让学生在参与"稳肉价"政策的听证过程中，自觉树立政治参与意识，培育科学思维、加强对政府政策的认同感。在提出政策的过程中，掌握总和分析、辩证思维的能力，将理论知识融汇到实际问题中，分析问题解决问题。

	续 表
教学评价与反思	其次,注重学生课堂主体的地位。在课堂活动中,通过问答、讨论、合作探究等方式,鼓励学生积极参与,引导学生自主归纳知识点,多角度激发学生的认知、情感和实践体验,并在师生共同讨论中突破本课的教学难点,从实际生活出发,在对政策的听证过程中让学生切实感悟到政府在社会主义市场经济中的重要作用。 通过课堂实践发现了几处问题:第一,探讨议题二"政府应该制定猪肉价格"时,学生会纠结于分析政府定价的意图,从而肯定政府定价的行为,这会影响教学环节的推进。因此教师应及时提示学生联系已学知识,提高讨论的效率。第二,学生课前需要做更充分的准备,以提高"模拟听证会"的效率。

2. 课时教学设计

(1) 教学设计说明

本课的教学设计是在"双新"背景下,通过打造理趣交融的课堂,落实高中思想政治学科核心素养的体现。该教学设计通过创设贴近学生生活的真实情境并将学生家庭生活中的场景进行课堂再现的方式实现趣味性,通过对经济现象背后本质规律的探求引导学生"寻理",并将思政小课堂和社会大课堂结合起来实现理趣交融,最终落实学科核心素养。

(2) 教学设计具体内容

① 课程标准分析

必修二第一单元《生产资料所有制与经济体制》依据《普通高中思想政治课程标准(2017年版 2020年修订)》必修课程模块 2《经济与社会》内容要求编写,其中与第二课第一框"使市场在资源配置中起决定性作用"相关的课程标准内容要求及分析如下:

内容标准: "1.1 理解……社会主义市场经济体制等社会主义基本经济制度,既体现了社会主义制度优越性,又同我国社会主义初级阶段社会生产力发展水平相适应,是党和人民的伟大创造。""1.3 阐述建设高标准市场体系的意义,辨析经济运行中政府与市场的关系……"

分析: 2021 年 1 月,中共中央办公厅、国务院办公厅印发《建设高标准市场体系行动方案》,首次提出"通过 5 年左右的努力,基本建成统一开放、竞争有序、制度完备、治理完善的高标准市场体系"。市场决定资源配置是市场经济的一般规律,而高标准的市场体系是使市场在资源配置中起决定性作用的基础。构建高水平社会主义市场经济体制,必须坚持社会主义市场经济改革方向,更加尊重市场经济一般规律,充分发挥市场在资源配置中的决定性作用,更好发挥政府作用。

② 教材内容结构分析

A. 单元内容结构和目标分析

本单元紧紧围绕"生产资料所有制与经济体制"展开,着重探讨公有制为主体、多种所有制经济共同发展的生产资料所有制,探讨市场经济运行的一般原理、社会主义制度与市场经济有机结合的优势。

通过本单元学习，引导学生了解我国的生产资料所有制，知道各种所有制经济的地位与作用，理解坚持"两个毫不动摇"的意义；认识社会主义生产资料所有制与社会主义市场经济体制的关系，掌握社会主义市场经济的相关知识，理性分析各类经济现象，树立诚信意识和规则意识；理解我国政府的经济职能，认识社会主义市场经济体制的优越性，坚定中国特色社会主义道路自信、理论自信、制度自信、文化自信，发展学生政治认同、科学精神和公共参与的思想政治学科核心素养。

B. 课时内容结构分析

第二课《我国的社会主义市场经济体制》分为两框，第一框"使市场在资源配置中起决定性作用"，主要讲述市场在资源配置中的优势及其局限性；第二框"更好发挥政府作用"，主要讲述社会主义市场经济体制的基本特征及我国政府的经济职能。本课的逻辑结构是：由市场配置资源的优点引出市场体系—再由市场缺陷引出要更好发挥政府作用—由社会主义市场经济体制的基本特征引出我国政府的经济职能和宏观调控。

本课时学习内容为第一框"使市场在资源配置中起决定性作用"的主要内容，包括市场配置资源的具体运行机制及优点、建设统一开放、竞争有序的市场体系的必要性、市场调节的局限性及仅依靠市场调节可能产生的后果。

依据课程标准和教学基本要求，结合学校本次"寻理达趣：基于大单元视角的高中学科课堂实践"的课堂实践研讨活动主题，针对该课时，本节课以"从蔬菜价格变化看市场机制如何发挥作用"为总议题。

③ 学情分析

本节课的学习主体为高一学生。从学生已有的认知基础来看，学生对生活中的经济现象有一定的理解和分析能力，对市场和政府在经济运行中的作用有较为准确的感性认识，能够举例说明生活中的经济现象。

从学生的思维特点来看，学生具有强烈的好奇心和进行社会实践的热情。因此，本课的教学设计注重开展议题式教学，选取生活中的真实情境，鼓励学生走向社会进行调查实践，引导学生主动挖掘现象背后的本质规律。

教师在对任教班级进行了学情调查后，了解到学生对市场和政府在经济运行中的不同作用有一定的了解，并且能够使用相关的学科术语。例如，学生知道市场可以使用"价格、供需"等手段进行"资源配置"，也知道政府可以采用"宏观调控"的手段。但学生对市场和政府作用的认知存在误区，例如有的学生提到"政府像一只无形的大手在背后操纵市场价格"，这表明学生对市场在资源配置中起决定性作用和更好发挥政府作用的辩证关系还不够明晰。并且，学生能够列举生活中的经济现象，例如"蒜你狠""房价上涨""猪肉价格上涨"等，但对于经济现象背后所体现的市场运作机制缺乏足够的认知。因此，本课的教学设计注重引导学生探究市场运作机制及优点，明确市场在资源配置中起决定性作用的一般经济规律。（关于政府的作用及市场和政府的关系留待下一课时进行探究。)

通过"我家的菜篮子"的课前调查,教师发现90%的学生都关注到了10月份以来蔬菜价格上涨的消息,基于此,本课选取"蔬菜价格变化"这一贴近学生生活的真实情境开展教学设计。

④ 教学目标

针对蔬菜价格变化,运用市场运作机制预测价格走势,阐明市场配置资源的运作机制,说明市场配置资源的优点,明确市场在资源配置中起决定作用;

结合案例,阐明市场调节的局限性,分析仅依靠市场调节产生的不良后果,阐释建立统一开放、竞争有序的市场体系的必要性;

通过学习,树立公平竞争意识和规则意识,进一步领会我国进行社会主义市场经济体制改革的正确性,发展政治认同、科学精神和公共参与的学科核心素养。

⑤ 教学重难点

本课的重难点在于市场配置资源的运作机制及优势,教学设计中选取"蔬菜价格变化"的真实情境并通过"预测蔬菜价格涨幅"等一系列探究活动使学生从经济现象深入背后的本质规律,从而理解市场运作机制及优势。

⑥ 教学技术与资源

学生:自主学习微课视频《配置资源的两种基本手段》。

教师:制作学案和多媒体课件。

⑦ 教学过程

表 4-19 教 学 过 程

议题	从蔬菜价格变化看市场机制如何发挥作用	
教学活动	学与教的活动设计	设 计 意 图
蔬菜(绿叶菜)价格为什么会突然上涨?	【情景剧1】 小桂家饭桌上的谈话(成员:爷爷、爸爸、妈妈和小桂) 【课堂展示:市场调查成果】 ——课前:小桂和同学组成调查小组,前往高桥菜市场进行市场调查,通过采访卖菜人和买菜人,了解蔬菜价格具体变化和10月份菜价上涨原因。 ——课前:学生问卷调查:"我家的菜篮子",学生通过访问自己的父母,了解10月份蔬菜价格上涨的原因及家庭对蔬菜需求的变化。 ——课堂:小桂分享市场调查成果。 【思考并回答】 问题:根据小桂的市场调查成果,天气灾害为什么会导致绿叶菜价格上涨? 教师引导学生思考供求变化对价格的影响。	1. 情景剧引入课堂,富有趣味性,可以激发学生兴趣。并且,情景剧是学生家庭饭桌场景的再现,作为课堂的引入,既富有趣味性,又贴合学生实际,激发学生探究的兴趣。 2. 课前的问卷调查和市场调查,使得学生通过社会实践关注现实、了解社会,并鼓励学生主动探求现象背后的原因。

续 表

教学活动	学与教的活动设计	设 计 意 图
蔬菜(绿叶菜)价格会一直涨吗?	【探究与分享一:预测绿叶菜价格涨幅】 1. 以小组为单位,绘制绿叶菜价格涨幅的趋势图,并说明趋势变化原因。 2. 运用供求与价格变化的运作机制解释某段价格趋势变化的原因。 【出示】 1. 11月,我国蔬菜价格开始回落。 2. 2014—2019年我国蔬菜月均价格走势图。 3. 市场运作机制路线图。 教师引导学生总结梳理市场如何通过价格、供求和竞争机制发挥作用。 【概括归纳】 问题:结合市场运作机制,谈谈市场调节的作用是什么。 教师引导学生总结市场配置资源的优势,理解使市场在资源配置中起决定性作用。	通过预测蔬菜价格涨幅的小组合作探究,引导学生思考价格变化背后所体现的市场运作机制,理解市场配置资源的优点,从而更加深刻理解我国为什么要进行社会主义市场经济体制改革,使市场在资源配置中起决定性作用。
在蔬菜市场中,只靠市场调节会出现什么问题?	【情景剧2】 小桂家饭桌上的谈话(成员:爷爷、爸爸、妈妈和小桂) 【探究与分享二:市场调节的局限性】 阅读材料,小组讨论并回答: 1. 大蒜市场出现"蒜你狠"和"蒜你惨"现象的原因是什么? 2. 我们可以采取什么手段尽可能避免"蒜你狠""蒜你惨"这一类问题在市场中出现? 教师引导学生总结梳理市场调节的局限性和单靠市场调节的不良后果,以及市场机制作用的发挥需要建立统一开放、竞争有序的市场体系。	情景剧作为过渡,引出"蒜你狠"的案例。通过小组合作探究分析"蒜你狠"和"蒜你惨"的原因,引导学生阐明市场调节的局限性及单靠市场调节可能带来的不良后果,使学生辩证地看待市场机制的作用;通过探讨问题的解决方法,引导学生明确建立统一开放、竞争有序的市场体系的必要性。
课堂小结	【出示】 本课知识框架图。 教师引导学生回顾本节课所学内容,进一步明确市场配置资源的运作机制和优点、市场调节的局限性和仅依靠市场调节可能带来的后果,以及建立统一开放、竞争有序的市场体系是使市场在资源配置中起决定性作用的基础。	引导学生建立关于本节课学习的思维框架,总结市场机制如何发挥作用,领会我国进行社会主义市场经济体制改革——使市场在资源配置中起决定性作用的正确性。

⑧ 板书设计

从蔬菜价格变化看市场机制如何发挥作用

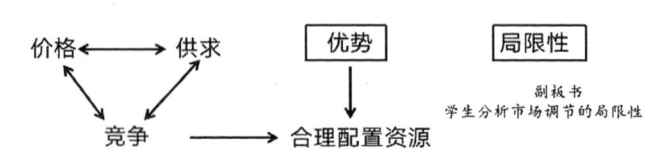

价格 ↔ 供求   优势   局限性
  ↘ ↙   ↓   *副板书*
  竞争 → 合理配置资源   *学生分析市场调节的局限性*

副板书
学生分析蔬菜价格涨幅和供求的相互作用

图 4-44 板书设计

⑨ 作业

9月,全国一些地方出现"拉闸限电"的现象,为此,国家有关部门出台通知要求稳步推进电价市场化。

请运用本节课所学知识,查找相关资料,就我国为什么要推进电价市场化和如何推进电价市场化写一篇小论文。

3. 专家评课

图 4-45　专家评课

图 4-46 专家评课

（六）历史——唐文勤"中国古代的法治与教化"

1. 单元教学设计

表 4-20　《法律与教化》单元教学设计

主题单元标题	历史选择性必修1《国家制度与社会治理》 第三单元"法律与教化"
教师姓名	唐文勤
学科领域(在□内打✓表示主属学科,打十表示相关学科)	
□思想政治　□语文　□数学　□英语 □物理　　　□化学　□生物　☑历史 □地理　　　□体育与健康　□信息技术　□劳动技术 □美术　　　□心理健康　□社会实践　□其他	
适用年级	高二
所需时间	3 课时
主题单元学习概述	
法律与教化是古今中外国家治理和社会管控的两个基本手段。中华法系连绵不断历经 4 000 多年的发展,皇皇法典一脉传。"礼"与"法"的相互渗透和融合,构成了中华法系最本质的特征,也形成了特有的中华法律文化。西方法律在罗马法、日耳曼法、教会法的基础上,分别发展了予宗教伦理于其中注重司法独立的英美法系和大陆法系。新中国成立后"坚持依法治国与以德治国相结合"是传统"礼法结合"思想在当代的回响。	
主题单元学习目标	
① 利用多重史料了解中华法系的发展历程,归纳中华法系发展的阶段特征; ② 能够运用唯物史观,从历史传承、政治制度、思想文化及社会背景等不同视角解释"礼"与"法"的演变原因及影响; ③ 追溯西方法律制度的渊源,了解近代英美法系、大陆法系发展脉络; ④ 感悟近代西方法律价值观念与行为标准,辩证看待宗教伦理对近代西方法律的影响; ⑤ 了解改革开放以来全面推进依法治国和精神文明建设的战略方针,理解当代中国法治建设及社会主义精神文明建设的重要意义。	
对应课标	
① 知道中国先秦时期成文法的产生过程,以及这一时期思想家对于德治、法治关系的讨论; ② 知道自西汉起历代王朝法律、礼教并用的统治手段; ③ 了解近代西方法律制度的渊源和基本特征,知道宗教伦理在西方社会发展进程中的作用; ④ 了解当代中国的法治建设和精神文明建设成就。	
主题单元 问题设计	1. 中华法系发展过程中与"礼"紧密相关的原因 2. 基督教对于西方法律观念形成的作用 3. 当代"礼法结合"与古代"礼法结合"的差异

续 表

学习活动设计	1. 课前预习，根据新课时序制作主题时间轴 2. 通过"任务驱动""问题探究""师生问答"等多种方式从史料中获取、概括历史信息 3. 分组讨论问题情境，内化新课知识并形成自己的观点
专题划分	
专题一	第8课 中国古代的法治与教化
所需课时	1
专题学习目标	

① 利用图片、文字史料、出土文物等，了解中国古代中华法系的发展历程，梳理中华法系形成过程中"礼"与"法"的演变，提升时空观念和史料实证素养；
② 能够运用唯物史观，从历史传承、政治制度、思想文化及社会背景等不同视角解释"礼"与"法"的演变原因，归纳中华法系发展的阶段特征；
③ 感悟古圣先贤们汲取儒家学说的思想精华，长期探索"礼"与"法"在治国方略与社会管理模式中的运用，"礼法合流"将中华法系推向巅峰同时也限制其转型。

专题二	第9课 近代西方的法律与教化
所需课时	1
专题学习目标	

① 了解西方法律制度的起源，通过多重史料对比英美法系与大陆法系的异同；
② 从国家权力结构层面、法律内容和司法实践过程中分析西方法律制度的特征，结合时政新闻引导学生辩证看待西方法律制度；
③ 结合中古时期欧洲的政治、经济、文化发展情况，分析宗教对中古时期欧洲的影响，理解基督教在文化传播、思想教化、法律观念对西方国家的影响。

专题三	第10课 当代中国的法治与精神文明建设
所需课时	1
专题学习目标	

① 了解当代中国的法治和精神文明建设成就；
② 知道我国颁布的五四宪法、八二宪法及其修正案以及精神文明建设的史实；
③ 理解中国法治建设由初创到破坏再到发展、完善的过程和精神文明建设的不断发展，认识法治和精神文明建设完善对实现中华民族伟大复兴中国梦的重要意义。

所需教学环境和教学资源	
信息化资源	多媒体课件
常规资源	教科书
教学支撑环境	多媒体教室
其他	

续 表

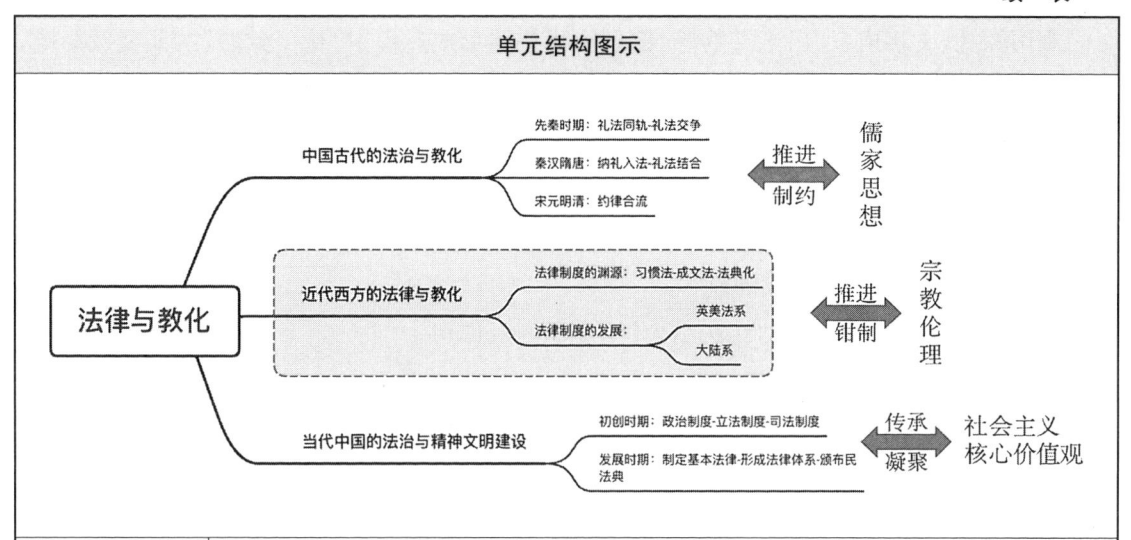

单元结构图示
法律与教化 ├─ 中国古代的法治与教化 │ ├─ 先秦时期：礼法同轨·礼法交争 │ ├─ 秦汉隋唐：纳礼入法·礼法结合 │ └─ 宋元明清：约律合流 │ ⇄ 推进制约 ⇄ 儒家思想 ├─ 近代西方的法律与教化 │ ├─ 法律制度的渊源：习惯法·成文法·法典化 │ └─ 法律制度的发展：英美法系／大陆系 │ ⇄ 推进钳制 ⇄ 宗教伦理 └─ 当代中国的法治与精神文明建设 　├─ 初创时期：政治制度·立法制度·司法制度 　└─ 发展时期：制定基本法律·形成法律体系·颁布民法典 　⇄ 传承凝聚 ⇄ 社会主义核心价值观

| 教学评价与反思 | 基于大单元框架之下的单课教学设计对于新教师来说是一个挑战,既要整合中外历史纲要(上、下)与选必修教材相关的内容,又要在专题单元内寻找到中外历史相关的连接点。
从单元课标的核心内容来看,第三单元法律与教化涉及较多的事件,需要一个核心概念的进行统整。以核心概念统摄子目内容,明晰单元结构。
教化的作用在于防患于未然,使人们自觉地不去犯罪;而法律则是对犯罪的追责,依靠刑罚的威慑力量强制人们去遵守。法律与教化两者相辅相成。《普通高中历史课程标准(2017年版2020年修订)》指出:"人类社会进入文明时代的一个重要标志是国家的产生,国家统治依赖一系列制度建设,法律是其中不可或缺的重要组成部分。"中华法制文明史历经数千年,辗转相承,绵延不绝。学生通过对本课内容的研习,梳理中华法系发展过程中"礼"与"法"的因袭蜕嬗,感悟中国古圣先贤们汲取儒家学说的思想精华和道德精髓,展现了高超的政治智慧、理性的法治思维和化民成俗的治国方略,这些经验对于我们今天建设中国特色社会主义法治道路依然有借鉴意义。
本课与第9课《近代西方的法律与教化》和第10课《当代中国的法治与精神文明建设》既有横向勾连又可纵向对比,在尝试大单元框架之下的单课教学设计,初步完成在单元内容主旨的统摄下,聚焦本课核心概念,围绕关键问题展开教学。但是由于时间及能力的限制在厘清单元与课、课与课、目与目之间的逻辑关系,知识结构化地呈现方面还有所欠缺。路漫漫其修远兮,在钻研新教材的每一节历史课堂中且行且思。 |

2. 课时教学设计

(1) 内容主旨

中华法系在夏朝之时便已有雏形,成文化于春秋,儒家化于西汉,成熟化于盛唐,皇权化于明清,皇皇法典一脉传。"礼"与"法"的相互渗透和融合,构成了中华法系最本质的特征,形成了具有民族特色的中华法律文化。"礼"柔劝善,"法"刚止恶,两者相辅相成。透过"礼""法"演进可以看到古代中国在国家治理模式、社会管控方法、法律制度构建、伦理意识培育等问题上所做出的选择与坚守。

(2) 教学目标

利用图片、文字史料、出土文物等，梳理中华法系形成过程中"礼"与"法"的演变及影响，归纳中华法系发展的阶段特征；能够运用唯物史观，从历史传承、政治制度、思想文化及社会背景等不同视角解释"礼"与"法"的演变原因；辩证看待"礼"与"法"在治国方略与社会管理模式中的运用。

(3) 教学重难点分析

教学重点：中华法系形成的过程。

教学难点："礼法交争"到"礼法结合"演变原因及作用。

(4) 教学过程

导入：引导学生观察"礼"与"法"的古体字，拆解表意后设问学生：最初先人们赋予"礼"与"法"怎样的内涵？

设计意图：通过对甲骨文"礼"与"法"的表意解读，追溯"礼""法"的源头，提升课堂教学生动性，引起学生学习兴趣。

① 初创：殷周之变下的礼法同轨

环节一：教师展示西周出土文物《𫗧匜》图片，引出"牧牛案"，学生思考：司法官伯扬父给出的败诉理由为何？为什么会进行这样的判决？温故周礼制度并在此基础上总结西周"礼""法"演变的阶段特征。

设计意图：培养学生从出土文物、文字史料中提取有效历史信息的能力；通过设疑造境，学生初步感知古代中国奴隶制国家鼎盛时期如何运用"礼""法"治理国家。

② 分野：王纲解纽下的礼法交争

环节二：出示《春秋列国形势图》《左传·昭公六年》等材料，简述郑国名相子产"铸刑书于鼎"这一历史事件引起的舆论纷争，设问学生：铸刑书引发了什么社会矛盾，以致遭到孔子的责难、叔向的反对？

设计意图：借助地图回顾旧知，通过对史料的研读，学生归纳总结早期成文法颁布的时代意义。

环节三：以子产复信"吾以救世也"引出早期"礼法交争"时空之"世"为过渡。出示表格，学生阅读教材后填写相关内容。对比：儒家、法家治世方式的不同。

设计意图：化教材为学材，学生在阅读教材提取有效信息的基础上归纳"礼法交争"，感悟先秦诸子探索治国之道的思想交锋，同时培养学生运用唯物史观解释历史现象的能力。

③ 嬗蜕：春秋一统下的纳礼入法

环节四：小结礼法之争，叙述秦国力行法治兼并六国的史实，思辨：为什么法塑造了成功的秦国，但也将秦朝推向了灭亡。教师出示《盐铁论·刑德》，通过细节刻画秦法的特征。学生思考：法的刚性能奏一时之效，并非治国长久之计，如何在法的名义下实现"刚柔相济"?

设计意图：以叙述的形式呈现史事，以讲故事的形式进一步细化史实，了解秦朝专行法治之弊端。

环节五：讲述武帝时期《杖击生父案》，提问学生：已经有官员给出了"当枭首"的审判意见后，董仲舒仍要改判的依据是什么？他是如何调节礼法之间的关系？教师总结"春秋决狱"方式后，提问学生：为什么"纳礼入法"会发生在西汉这一时期？这种新型裁决方式对中华法系的发展产生了怎样的影响？

设计意图：引导学生总结秦汉时期礼法关系演变特征，试图从政治制度、思想文化、社会背景等不同视角对演变作出解释，明了"纳礼入法"是特定时空下的产物。

④ 因袭：盛世荣光下的礼法结合

环节六：以魏晋南北朝时期"引礼入法"的进程为过渡，讲述"长孙无忌带刀入宫案"。提问学生：你认同封德彝的判决吗？为什么会出现同罪异罚的现象？

设计意图：制造案件矛盾冲突，以此设置悬念，通过案件结果揭示中华法系发展至唐已完成"礼法结合"的进程。

环节七：教师出示《唐律疏议》，学生思考：《唐律疏议》是如何做到礼法结合的？

设计意图：引导学生从定罪、量刑、注释三个方面解释《唐律疏议》的特征。

⑤ 异化：理学时代下的礼法合流

环节八：出示表格，大致了解宋元明清时期法律的制定与颁行。引导学生阅读学思之窗后思考：《吕氏乡约》为什么会被国学大师钱穆先生称为中国人的"精神宪法"？教师总结乡约颁行的意义后，追问：明清时期乡约发生了什么变化？

设计意图：引导学生从长时段观察乡约的发展，比较得知宋元明清时期礼法相融的趋势不断得到增强，并成为皇权的组成部分。

总结：学生围绕李复新血亲复仇案分组讨论，教师点评后，小结全课。

设计意图：梳理中华法系形成中"礼"与"法"的演变及作用，置于特定的时间和空间框架下辩证看待"礼法结合"这一现象。

（5）结构板书

| 成文化
儒家化
皇权化 | 西周：礼法同轨
战国：礼法交争
西汉：纳礼入法
盛唐：礼法结合
明清：约律合流 | 时代性
民族性
独特性 |

图4-47 板书设计

(6) 作业设计

结合本课所学内容谈一谈你对作者观点的看法。

中国古代,在自然经济之上,形成了家国合一的宗法伦理。中国法紧随宗族制成为道德执行工具,维护宗法等级是中华法系的特质。

——《中国古代的"依法治国"》

设计意图:这段材料是对课堂教学内容的巩固和延伸,学生可以温故《中外历史纲要》(上)的旧知,运用唯物史观解释"礼法结合"形成的原因。

(7) 资料附录

① (司法官)曰:牧牛!嗟!乃可湛(同堪)!女(汝)敢以乃师讼……

——庞怀清:《陕西省岐山县董家村西周铜器窖穴发掘简报》

② 昔先王议事以制,不为刑辟(刑罚),惧民之有争心也……民知争端矣,将弃礼而征于书。

——《左传·昭公六年》

③ 秦法繁于秋荼,而网密于凝脂。

——桓宽:《盐铁论·刑德》

④ (董仲舒)判曰:"甲生乙,不能长育以乞丙,于义已绝矣!虽杖甲,不应坐。"

——〔唐〕杜佑:《通典》卷六十九

⑤ 尚书右仆射封德彝议道:"监门校尉不觉无忌带刀入宫,罪当死;无忌误带刀入,可处徒刑三年,罚铜(铜钱)二十斤"。

——郭成伟、肖金泉:《中华法案大辞典》

⑥ 七曰不孝。(谓告言、诅詈祖父母父母……闻祖父母父母丧,匿不举哀……)

【疏】议曰:依《礼》:"闻亲丧,以哭答使者,尽哀而问故。"父母之丧,创巨尤切……

——《唐律疏议·名例》

⑦ 一是德业相劝,即互勉于修身齐家之事;二是过失相规,如戒烟酒,戒赌博,戒斗殴等;三是礼俗相交,即乡党之间要有长幼之序,相亲相敬之礼;四是患难相恤,包括防盗,防灾,防疫,恤贫,恤孤等。

——党晓虹:《中国传统乡规民约及其当代转化研究》

⑧ 父之仇,弗与共戴天。

——《礼记·曲礼上》

⑨ 若父母为人所杀而子不告官,擅杀行凶人者,杖六十…少迟即以擅杀论。

——《大清律例》卷二十八《刑律·斗殴下》

3. 专家评课

浦东新区中小学课堂教学评价表（试行稿）

姓名	殷文勤	学校	高桥中学	授课班级	高二(7)
学科	历史	时间	2021.12.25	节次	1
课题	中国古代的法治与教化				

	评价指标	10~9	8~7	6~5	4以下
教学目标	目标明确、具体、适切，符合学科课程标准和学生学习实际。	9			
教学内容	内容正确充实，符合学生认知规律，突出重点，联系实际。	9			
	凸现学科内涵，能整合教学资源，力求恰当、有效。	9			
教学过程	激发学生兴趣，培养旺盛的求知欲。学生学习主动、积极、投入，敢于质疑，发表自己的看法。	10			
	关注全体，重视学法指导，注重启发性和针对性。教学方法灵活、生动，注意生成资源，发挥教学机智。	9			
	教学环境有序、互动、民主、和谐。	10			
教学效果	落实"双基"，增强体验，身心愉悦。	9			
教师素养	为人师表，教学基本功扎实，技术运用得当。	10			
	学科功底厚实，知识面广，有探求新知的热情。	9			
	努力形成教学特色，有创新意识。	10			

教学点评	能高度指向本次活动的主题进行课堂实践。教学目标清晰，符合学生认知规律，在教学设计中以学为中心，通过设计情境化问题，改变学习环境，培养学生核心素养。教学过程流畅，教学效果好，是一堂高品质的教学范课。
总分	94	等第	优	评议人	李峻
备注	累计得分85分以上为优，75-84分为良，60-74分为中，60分以下为差。

图4-48 专家评课

图 4-49 专家评课

(七) 地理——符裕《台风》

1. 单元教学设计

(1) 单元内容

地理必修第一册第 2 单元《大气环境》共分为三个主题和一个实践活动,分别为:① 主题 4"大气的组成和垂直分层";② 主题 5"大气的受热过程与运动";③ 主题 6"常见的气象灾害";④ 实践活动——校园气象站建设与气象观测。

每一个主题下由一个"探究"、正文内容、若干"阅读"和若干"活动"组成,主题 4 由"探究——航天服的秘密"、大气的组成、大气的垂直分层组成,主题 5 由"探究——走马灯的原理"、大气受热过程、热力环流、大气水平运动——风组成,主题 6 由"探究——台风路径"、台风、洪涝组成。

(2) 单元内容解析

本单元主要的学习对象是大气环境,研究对象是地球外部圈层中的"大气层",承接了上一单元中对地球圈层结构的概述。大气环境是地球自然地理环境的重要组成部分,是必修 1 中涉及的"岩石、大气、水、土壤、生物"五大"自然环境物质组成"要素中的重要一环,同时,也内涵了大量人地关系的内容,在内容上,本章节起着承上启下的作用。

从教材内容看,本单元主要分为三个主题,三个主题相互关联,专题 4 介绍了大气成分和大气结构,专题 5 学习了大气的热力作用与运动,前两个专题主要对大气的概况进行学习,专题 6 更注重人地关系,关注到了大气运动与人类活动的联系,学习了常见的气象灾害,在常见的气象灾害中选取了上海较常见的台风和对我国影响范围广泛的洪涝作为例子。

从整体结构看,整个单元以知识点入手,最终都落实在了人与大气关系上,无论是专题内部还是整个单元,都贯穿着这一理念。

在整个单元的最后,教材设计了单元实践活动,校园气象站的建设与气象观测,主要针对科学探究的精神和地理实践力的培养,也可以将本章节学习内容学以致用,进行一些小课题的研究活动。

(3) 单元设计思路

由于本校拥有校园气象站设备,硬件条件上满足本单元实践活动的开展,所以,在单元设计时,将文本位于单元最后的实践活动提前,先通过学校的校园气象站,指导学生从日常天气现象、气象数据入手,对大气圈有一个初步的了解和认识,再通过校园气象站测得的各项数据,对本单元的三个专题进行教学。全单元共分 9 课时完成教学任务。

第一课时《校园气象站与气象观测》,主要认识校园气象站设备,学会登录校园气象站网站,查询实时气象数据和历史气象数据,并了解各气象数据的含义,对各项数据之间关系有初步认知。

第二课时《大气的组成》,使用到校园气象站中二氧化碳和 PM2.5 指标,配合课本地质年代发展过程中大气成分的变化,让学生从长时间尺度和一天的时间尺度里发现大气成分的变化,并思考原因,增加对大气成分作用和影响的认识。

第三课时《大气的垂直分层》,从校园气象站数据来讲解对流层大气各项特征,引入本课。同时在课上通过大气成分和气压变化,认识逆温现象的原理。

第四课时《大气受热过程》,通过校园气象站太阳辐射数据认识大气的受热过程,比较不同天气下的气温数据,认知大气的削弱作用和保温作用,另通过实践活动,学生用温度计测量校园内水泥地面上方空气温度,与校园气象站温度做比较,对人类活动影响大气受热过程加深认识。

第五课时《热力环流》,按照教材中的活动,利用校园气象站历史数据,比较气温、气压、相对湿度和降水量之间的关系,认识大气运动最常见的形式——热力环流。

第六课时《大气水平运动——风》,通过校园气象站的风向风频玫瑰图,帮助认识风,以及观测风力风向信息的能力。

第七课时《台风》,以台风"灿都"为案例,运用校园气象站测得"灿都"影响数据,辅助对常见气象灾害台风的学习。掌握常见气象灾害的学习方法,布置自学《洪涝》。

第八课时《洪涝与寒潮》,讲解学生自学章节《洪涝》;因教学期间恰逢上海寒潮,指导学生利用校园气象站测得的寒潮数据,进行寒潮的探究。

第九课时《单元复习》。

(4) 单元设计流程图

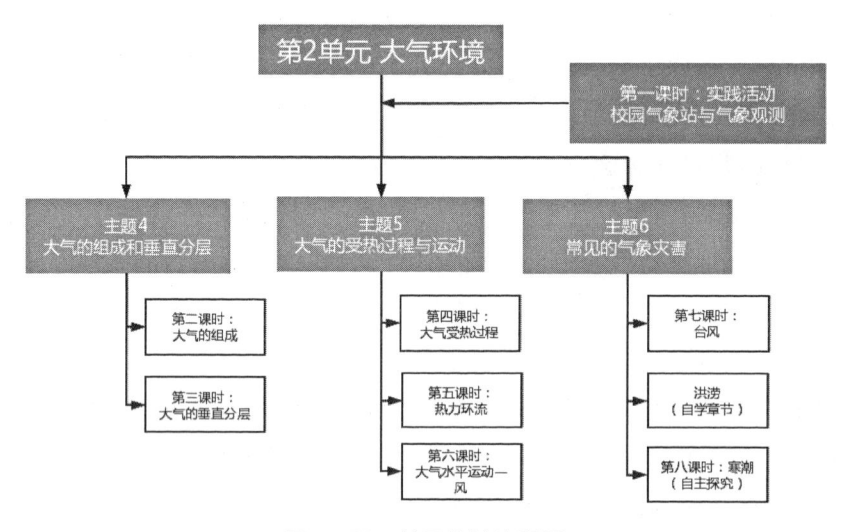

图 4-50 单元设计流程图

2. 课时教学设计

(1) 教学目标

① 运用图文资料,描述台风的形态、源地、路径和带来的天气现象。

② 结合实例,概括台风灾害对人类的危害。

③ 通过为社区撰写《抵御台风告居民书》,进一步加深对防灾减灾的认识,提升地理实践力。

(2) 教学重点和难点

重点:了解台风结构和致灾过程,举例说明防灾减灾的具体措施。

难点:在实际情境中,综合考量,提出防灾减灾的具体措施。

(3) 教学资源和工具

教材、练习部分、多媒体课件。

(4) 教学流程示意图

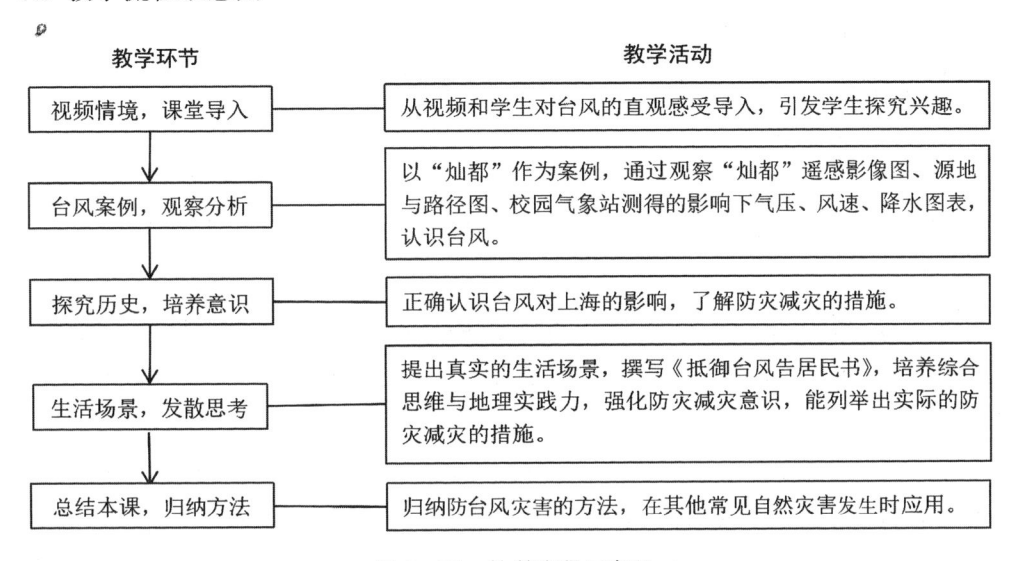

教学环节	教学活动
视频情境,课堂导入	从视频和学生对台风的直观感受导入,引发学生探究兴趣。
台风案例,观察分析	以"灿都"作为案例,通过观察"灿都"遥感影像图、源地与路径图、校园气象站测得的影响下气压、风速、降水图表,认识台风。
探究历史,培养意识	正确认识台风对上海的影响,了解防灾减灾的措施。
生活场景,发散思考	提出真实的生活场景,撰写《抵御台风告居民书》,培养综合思维与地理实践力,强化防灾减灾意识,能列举出实际的防灾减灾的措施。
总结本课,归纳方法	归纳防台风灾害的方法,在其他常见自然灾害发生时应用。

图 4-51 教学流程示意图

(5) 教学过程

【环节 1】视频情境,课堂导入

[教师活动] 预备铃播放视频:展示台风的威力及破坏性。

今天我们学习的内容是常见的气象灾害台风。大家生活在上海,都经历过台风,你们眼里的台风是什么样的呢?能用一些词来描述台风吗?

[学生活动] 描述台风感受,描述分类为"强""风雨""停课""魔都结界"等。

[教师活动] 台风是众多气象灾害中,经常对上海造成影响的,今天,我们就从大家对台风的直观感受入手,认识一下台风。

设计意图:帮助学生回忆记忆中的台风,通过学生对台风的直观印象,导入新课。

【环节 2】认识台风,观察分析

[教师活动] 想要认识台风,我们先从最熟悉的入手,今年的 9 月,上海就受到了一次台风的影响,大家还记得它的名字吗?

[学生活动] 灿都。

[教师活动]没错,我们先来看看台风"灿都"在卫星云图上的样子。这张照片是气象卫星拍摄的"灿都"的样子,通过观察这张遥感影像图片,你们能描述一下,台风的形态吗?

[学生活动]涡旋,风眼。

[教师活动]确实,从图中我们能明显地看到大气运动形成一个涡旋的形态,中心有一个台风眼,而且这个涡旋范围巨大,图中隐约能看到我国的台湾岛,从台湾岛的大小来看,"灿都"的直径与台湾岛差不多,我们知道台湾岛南北距离大约395千米,可见,台风是一个范围很大的涡旋。我们现在看到的是一个平面,那么台风的内部结构是什么样的呢?我们通过一个视频了解一下。(播放视频)

哪个同学能结合这张示意图,给大家描述一下台风的内部结构?

[学生活动]读图,描述。

[教师活动]很好,那么了解了台风的形态和结构后,我们回到"灿都",这是中央气象台对"灿都"从形成到衰弱的过程示意图,哪位同学能给大家解读一下,"灿都"发源于哪?路径又是怎样的?

[学生活动]读图,发源于西太平洋,北纬16°附近,先向西运动,再转向向东偏北。

[教师活动]那么其他影响我国的台风是否也是在这里发源呢?他们的路径又是如何?读图回答问题。

[学生活动]主要发源在热带西太平洋洋面上,路径大致向西,部分转向向东北。

[教师活动]在大家在家学习的一天半时间里,我们学校的校园气象站可一刻没有歇着,它记录下了"灿都"影响我们学校的全过程,我们来看看校园气象站记录下了怎样的数据。(展示9月13日0时—9月15日24时气压、风速、降水数据)哪位同学能给大家描述一下,从校园气象站测得的数据可知,台风带来的天气现象是怎样的。

[学生活动]气压降低,大风,降水。

[教师活动]从图中,我们看到,在整个台风影响的过程中,校园气象站测得最大风速为6.6 m/s,大家可能对这个风速没什么概念,对比一下"灿都"近中心达到42 m/s的风速,我们就发现,两者差异很大,你们觉得是什么原因呢?

[学生活动]校园气象站位置导致影响测量结果,上海距"灿都"中心比较远。

设计意图:以"灿都"作为案例,通过卫星遥感照片、视频等素材,认识台风的形态、结构、源地、路径;贯彻单元设计思路,通过校园气象站数据,分析"灿都"影响下上海的天气现象。

【环节3】探究历史,培养意识

[教师活动]确实,从中央气象台发布的信息看,台风"灿都"成为又一个和上海擦肩而过的台风,刚才在本节课一开始的时候,也有同学提到了魔都的"台风结界",每年都有很多台风与我们"擦肩而过",我们总是能在新闻报纸上看到这样的报道,甚至有时报道中都开始关注到了台风带来的好处,如给炎热的城市降了温等。可是,每一个台风都与上海擦肩而过

吗？上海就没有受到过台风正面登陆吗？其实并不是，读图可见，1949年—2018年，共有9次台风登陆上海，其中1949年的这次台风造成了1 600余人身亡，2018年的三连登陆也是造成了非常巨大的经济损失。另一方面看，有些台风，并没有在上海直接登陆，但是外围对上海的影响依然巨大，大家暑期里就经历过一次名为"烟花"的台风，谁能给大家讲讲当时的感受吗？

［学生活动］描述烟花的破坏力，大风大雨的天气。

［教师活动］确实如此，虽然直接在上海登陆的台风较少，台风威力巨大，就算外围影响，也很可能造成严重的灾情，所以，我们的政府始终抱着宁可十防九空，不可失防万一的态度，做好应对。

［教师活动］相信大家在"灿都"影响我们的当天，都关注了微信公众号"上海发布"，你还记得"上海发布"当时发布了哪些信息吗？

［学生活动］描述"上海发布"内容。

［教师活动］由此可见，政府在灾前做好了及时准确的预警预报，灾中及时调整交通、户外场所的运营，一系列的防灾减灾措施。其实在我们看不见的地方也有许多的措施与安排，我们的公安消防战士全部在岗，及时处理整个城市因灾情而产生的各类问题。另外，每年台风影响过后，有非常多的居民响应号召，参与到滨江景观平台的净滩工作，最快速度让上海从台风灾害中恢复正常的秩序。可见，我们每一个人都是这座城市防灾减灾重要的组成部分。

设计意图：帮助学生正确理解台风的影响，树立对自然灾害的正确态度，培养人地协调意识，掌握一定的防灾减灾措施。

【环节4】生活场景，发散思考

［教师活动］既然我们每个人都是城市防灾减灾力量的一部分，那我们也试着肩负一下社会责任，假如现在是9月12日的早晨，当你看到中央气象台的台风预报时，能不能试着为你所在的社区，写一封《抵御台风"灿都"告居民书》。小组6人讨论完成，先列出提纲，再进一步成文。

［学生活动］讨论，撰写告居民书。

［教师活动］（投影上传学生作品）我们请作者给我们朗读一下，大家听的过程中，可以从结构的完整性、措施的科学性、行文的规范性三个方面，对这个作品进行评价。

［学生活动］何处好，何处不好，我是怎么写的。

［教师活动］大家写得很好也说得很好，从告居民书的结构，我们不难发现，这样一份我们平时容易忽略的文案，集合了气象部门、社区工作者、公安消防等各方面的努力，正是全社会的防灾减灾的意识、能力的不断提升，使我们在灾害面前避免了更大的人员伤亡和经济损失。

设计意图：通过实践活动，培养综合思维、地理实践力，树立正确的人地观。

【环节5】总结本课，归纳方法

［教师活动］回顾一下今天我们的课，台风作为上海最常见的气象灾害，我们从台风的概念、发展过程、致灾情况、应对措施这几个方面对他进行了认识，大家日后，在学习其他自

然灾害的时候,也可以按照这样的方法对其进行研究。今天的作业是:1. 教材配套练习;2. 以学习"台风"的模式,自学教材"洪涝"内容,下周课上交流。

设计意图:回顾本节课知识点,归纳出学习自然灾害的方法,为下一课时做铺垫。

(6) 作业

① 教材配套练习册;

② 以学习"台风"的模式,自学教材"洪涝"内容,下周课上交流。

3. 专家评课

图 4-52 专家评课

浦东新区中小学课堂教学评价表

姓名	符裕	学校	高桥中学	授课班级	高一（6）
学科	地理	时间	2021.11.25	节次	第5节
课题			台风		

	评价指标	10~9	8~7	6~5	4以下
教学目标	目标明确、具体、适切，符合学科课程标准和学生学习实际。	9			
教学内容	内容正确充实，符合学生认知规律，突出重点，联系实际。	9			
	凸现学科内涵，能整合教学资源，力求恰当、有效。	9			
教学过程	激发学生兴趣，培养旺盛的求知欲。学生学习主动、积极、投入，敢于质疑，发表自己的看法。	9			
	关注全体，重视学法指导，注重启发性和针对性。教学方法灵活、生动，注意生成资源，发挥教学机智。	9			
	教学环境有序、互动、民主、和谐。	9			
教学效果	落实"双基"，增强体验，身心愉悦。	9			
教师素养	为人师表，教学基本功扎实，技术运用得当。	9			
	学科功底厚实，知识面广，有探求新知的热情。	9			
	努力形成教学特色，有创新意识。	9			
教学点评	本节课的教学设计在一定程度上体现了双新课程改革的要求。如以今年的台风"灿都"为例展开教学，贴近学生的生活实际，易唤起学生对台风危害的认知，让学生有话可说，保证了课堂教学的参与度；再如以学校气象站的观测数据为证，说明台风的巨大，处于不同台风结构影响下的天气变化等，使抽象的知识形象化，也让这些知识变得可感、可见，降低了知识学习和记忆的难度。最后的"告居民书"活动也让课堂教学中的生命教育在一定程度上脱离了空洞的说教。				
总分	90	等第	优	评议人	王利霞
备注	累计得分85分以上为优，75-84分为良，60-74分为中，60分以下为差。				

图 4-53　专家评课

（八）生物——王佰秋《细胞各部分既分工又合作》

1. 教学设计

（1）教材分析

本节课位于生物学第一册《分子与细胞》第三章第二节"细胞各部分结构既分工又合作"。本节课内容与医疗药物开发密切相关。学生能够通过本节课的学习解决实际问题。细胞结构是生命活动的基础，本节内容为学习细胞内各种代谢反应、细胞分裂打下重要基础。

（2）学情分析

本节内容学习之前，学生已学过细胞的分子组成成分、细胞由质膜包裹，有一定的物质与结构基础，对于理解本节课内容并不难，但对于繁多的细胞结构，需要了解相应的生命活动，才能更好掌握，这也是难点。

（3）教学目标

① 结合电镜照片，概述动植物细胞内部结构特点及其主要功能；
② 举例说明细胞各部分结构能分工合作，共同执行细胞的各项生命活动；
③ 通过显微镜观察，感性认识细胞质是流动的；
④ 展示细胞的结构模型，解释各部分结构的分工合作。

（4）教学重难点

教学重点：细胞各部分结构及其与功能，理解细胞的生命活动由各部分相互合作完成。

教学难点：细胞各部分结构及其与功能，理解细胞的生命活动由各部分相互合作完成。

（5）教学过程

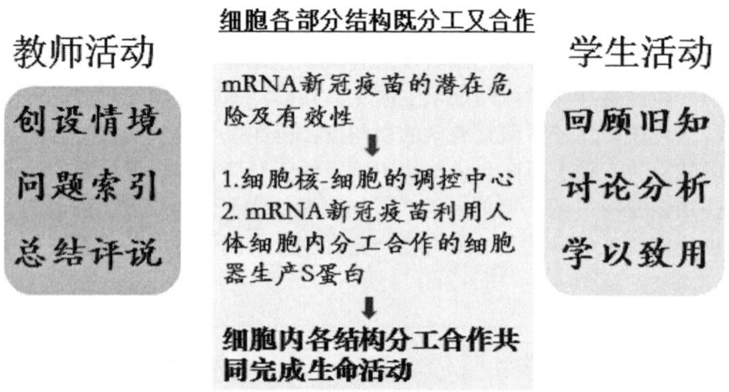

图 4-54　教学思路一览

表 4‑21 教学过程一览

内容	教师行为	学生行为	设计意图
基本单位	【创设情境、导入新课】 教师：由 mRNA 新冠疫苗引入本节课内容，提出两个问题。 1. 为什么存在潜在风险，DNA 主要储存在细胞核中，细胞核有什么样的结构和功能？ 2. 为什么 mRNA 疫苗有效率很高？mRNA 疫苗在人体细胞中指导 S 蛋白的合成，需要利用哪些结构合成、加工、运输、分泌 S 蛋白？ 从而分析细胞内部各结构与其功能。 【问题驱动，探究新知】 第一部分：细胞核-细胞的生命活动调控中心 1. 教师展示各种细胞的照片。 提问1：学生们分析总结细胞内的细胞核数量。 提问2：学生们尝试分析如何设计小实验检测细胞核的功能。 2. 教师展示细胞核电镜下照片。 提问1：同学们观察描述细胞核的形态特征。 提问2：总结细胞核的功能。 第二部分：细胞器-细胞内相对独立的结构 1. 教师根据第二个问题，请同学们根据导学案上，已经预习过的细胞器结构与功能，小组选择出认为相关的结构粘贴在人体细胞中，按照一定的生产流程放置，演示并说明理由。 教师在学生展示回答后，请学生们一起来分析纠正错误的地方，从而加深对各种细胞器的结构与功能的了解；同时了解植物细胞与动物细胞的区别。展示实际实验的结果，验证假设。 教师播放分泌蛋白的生产过程，了解动态过程。并展示细胞骨架照片，了解帮助物质运输的结构。	思考问题、活跃思维 预设回答1：1、0、多个。 预设回答2：取出细胞的细胞核或者将细胞切成两半，一半含有细胞核，一半不包含。 通过实验结果总结细胞核的功能：是细胞生命活动的调控中心。 预设回答1：双层的膜结构、不连续、染色深的结构，即为核膜、核孔、核仁。 预设回答2：储存遗传物质的主要场所。 学生们4—5人为一组，小组讨论。学生讨论后上前展示并说明需要的细胞器。并说明生产分泌蛋白质流程。	创设情境，激起兴趣，导入新课。 根据已学内容尝试设计实验。 小组合作，激发兴趣。

续　表

内容	教师行为	学生行为	设计意图
基本单位	**2. 教师展示显微镜下细胞质流动的动图以及模拟动画。** 提问1：细胞内各种生命活动如何做到互不干扰的？ 提问2：细胞内各部分结构相互联系和合作的结构基础是什么？ 【总结评说】 修改导学案表格总结细胞内各结构与其功能，共同合作完成分泌蛋白的细胞结构，完成相关练习。	学生认识到细胞质是流动的，细胞质中活动是繁多复杂的。 预设回答1：分工明确、独立的细胞结构。 预设回答2：内膜系统。	

（6）板书设计

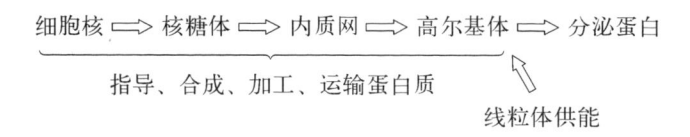

细胞核 ⇒ 核糖体 ⇒ 内质网 ⇒ 高尔基体 ⇒ 分泌蛋白

指导、合成、加工、运输蛋白质

线粒体供能

图4-55　板书设计

2. 教学反思

本节课是生物学必修一《分子与细胞》第三章第二节的内容，一节课的内容较多，有少数活动设计可以使学生更好地参与进来。但是不足的是没有使学生更加理解，提出的问题学生们还不是很清楚。这次开课后带给我的反思就是：第一，管理好自己的情绪。第二，一定要让学生参与进来，设计更好的问题循循善诱，设计更好的活动与教学教具让学生们有更深刻的感受，而不仅是平面结构。

(九)信息技术——陈迪《程序助力健康生活之 Python 中的函数》

1. 单元教学设计

表 4-22 《用 Python 程序解决简单问题》单元教学设计

主题单元标题	用 Python 程序解决简单问题
适用年级	高一
所需时间	10 课时
主题单元学习概述	
本单元是华师大版高中信息技术必修1《数据与计算》的第二章第二节"程序设计语言基本知识"的内容。单元围绕 Python 程序设计语言基本知识展开,包括程序设计语言的发展,Python 常用数据类型,常量与变量,运算符与表达式,内置函数与模块的基本概念,以及使用 Python 实现顺序结构、分支结构和循环结构的语法。旨在让学生学习后能够使用最基本的 Python 程序设计语言语法完成简单问题的程序实现,可以看懂简单的 Python 程序,为后续两个章节中的进一步应用打好基础,并在进行程序设计的同时,体验编程解决问题的一般过程。	
主题单元学习目标	
1. 掌握 Python 程序设计语言的基本知识,并使用程序设计语言编写程序解决简单问题,掌握运行和调试程序的方法。 2. 在体验编程解决问题的过程中,提升信息意识、计算思维、数字化学习与创新、信息社会责任等学科核心素养。	
对应课标	
1.7 掌握一种程序设计语言的基本知识,使用程序设计语言实现简单算法。通过解决实际问题,体验程序设计的基本流程,感受算法的效率,掌握程序调试和运行的方法。	
主题单元问题设计	用Python程序解决简单问题 — 程序设计语言及分类 — Python程序设计语言基础知识 — 顺序结构的Python实现 — 分支结构的Python实现 — 循环结构的Python实现
专题划分	1. Python 程序设计基础 2. 顺序结构的 Python 实现 3. 分支结构的 Python 实现 4. 循环结构的 Python 实现

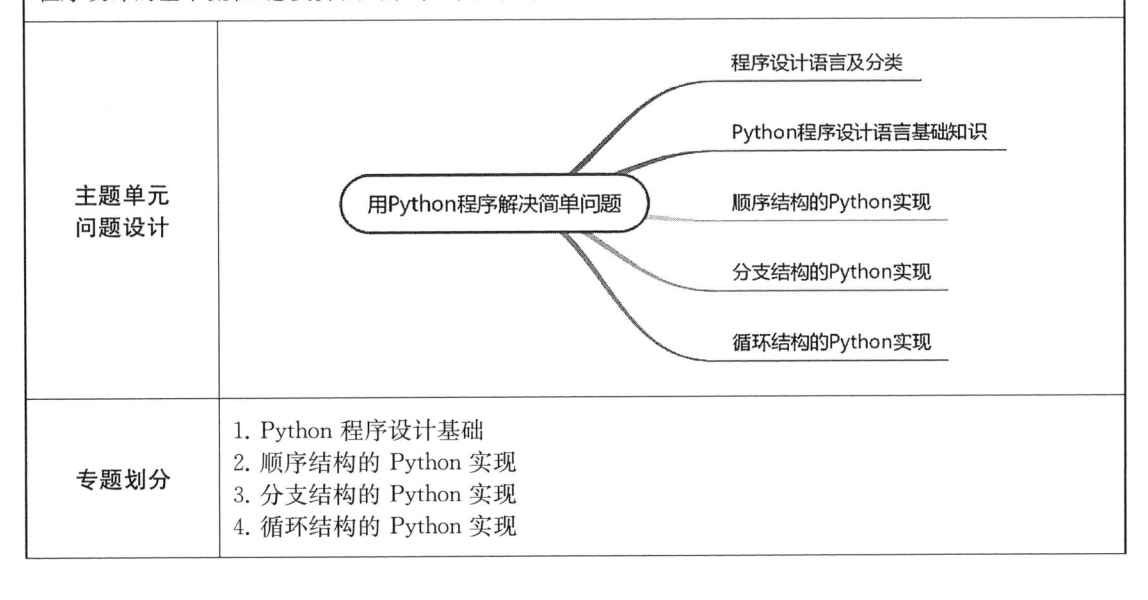

续　表

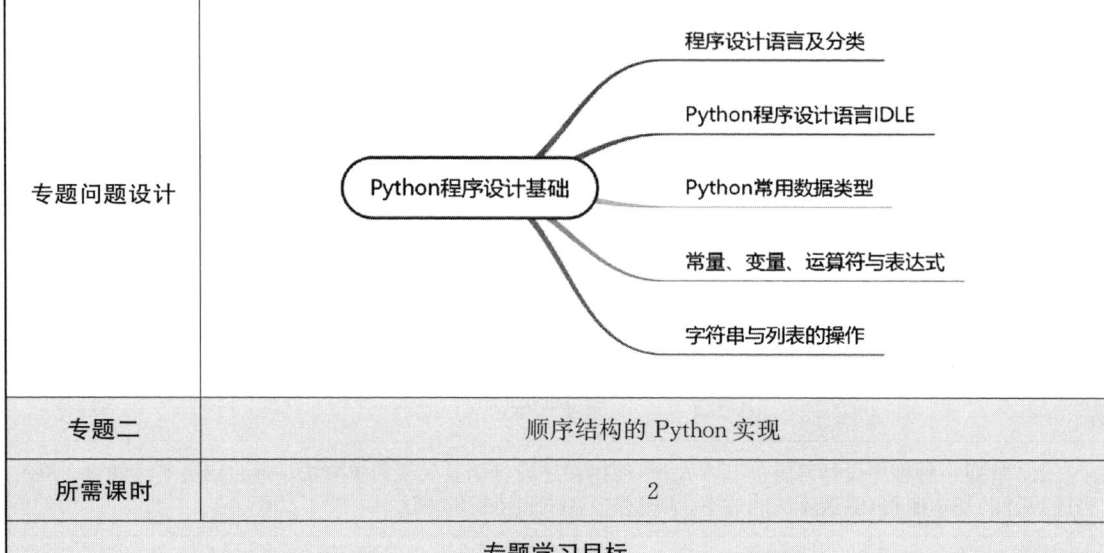

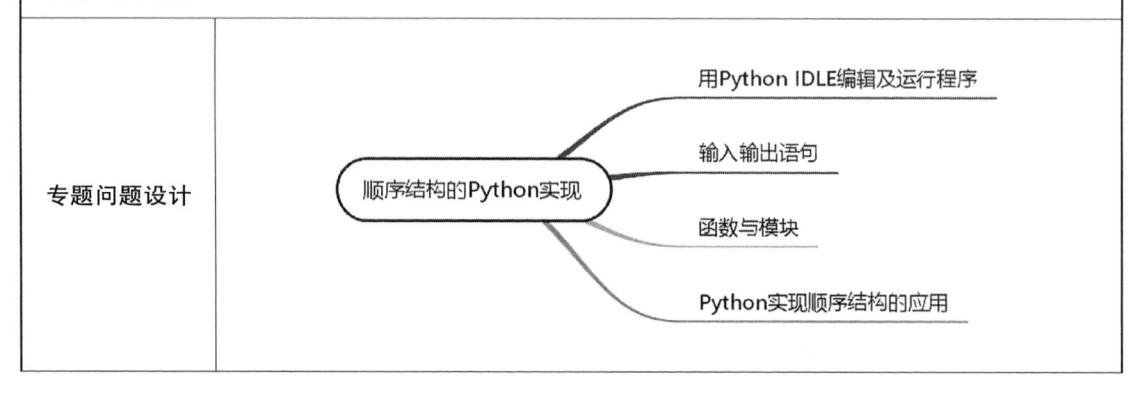

所需教学环境和教学资源	
信息化资源	视频、图片、多媒体课件、程序等
教学支撑环境	计算机教室,PowerPoint,屏幕广播软件,Python IDLE
专题一	Python 程序设计基础
所需课时	2
专题学习目标	
了解程序设计语言的发展及分类,熟悉 Python 常用数据类型,常量与变量,运算符与表达式等基础知识,以及字符串和列表的一般操作。熟悉 Python IDLE 集成开发环境,掌握单行语句的执行方法。	
专题问题设计	Python程序设计基础 　　— 程序设计语言及分类 　　— Python程序设计语言IDLE 　　— Python常用数据类型 　　— 常量、变量、运算符与表达式 　　— 字符串与列表的操作
专题二	顺序结构的 Python 实现
所需课时	2
专题学习目标	
掌握赋值、输入、输出等 Python 基本语句,学会使用 Python 基本语句实现顺序结构算法的方法。理解内置函数与模块的基本概念及使用,了解 turtle 库的简单命令。熟悉在 Python IDLE 环境中编辑和运行程序的方法。	
专题问题设计	顺序结构的Python实现 　　— 用Python IDLE编辑及运行程序 　　— 输入输出语句 　　— 函数与模块 　　— Python实现顺序结构的应用

续　表

专题三	分支结构的Python实现
所需课时	2
专题学习目标	

熟悉 if 语句, if...else 语句, if...elif...else 语句的语法及应用,学会根据目标需求使用合适的 Python 分支语句实现分支结构算法。掌握在 Python IDLE 环境中编辑和运行程序的方法。

专题问题设计	分支结构的Python实现： — if语句语法及应用 — if...else语句语法及应用 — if...elif...else语句语法及应用 — Python实现分支结构的应用

专题四	循环结构的Python实现
所需课时	4
专题学习目标	

熟悉 while 语句, for 语句基本语法及应用,能根据目标需求使用合适的 Python 循环语句实现循环结构算法。能综合运用 Python 基本语句及基本控制语句编程解决简单问题。熟练使用 Python IDLE 环境编辑和运行程序。

专题问题设计	循环结构的Python实现： — while语句语法及应用 — for语句语法及应用 — Python实现循环结构的应用 — Python实现简单算法的应用

2. 课时教学设计

（1）教学设计说明

本节课是华师大版高中信息技术必修 1《数据与计算》的第二章第二节"程序设计语言基本知识"中"Python 语言基础"中的部分内容。函数,是 Python 语言中非常重要的部分,丰富的库,正是 Python 语言的特点之一,学习 Python 离不开函数的使用。教材中,函数与模块导入被安排在顺序结构 Python 实现之前,且描述较理论,而单独学习函数与模块,对于高一学生而言偏理论化,不利于理解和掌握。所以,将程序设计语言的基本知识作为一个单元进行整体设计,以"程序助力健康生活"为项目活动主题,以一个个健康生活相关的小问题引导学生进行编程实现,将函数学习与顺序结构 Python 实现相结合,尽可能地把零散的基础知识与概念融入项目活动,可以更有利于学生掌握。

本节课前,学生对 Python 中的常用数据类型、常量、变量、运算符与表达式等基础有了一定的理解,对 Python IDLE 环境中单行语句的执行,及程序文件的运行和调试有所熟悉,对输入输出语句有了简单了解,但尚未学习类型转换函数。由于上机时间有限,学生对程序编辑的操作还不够熟练,代码输入速度较慢。本节课,通过 BMI 指数的计算,从提出问题到问题解决,让学生在用 Python 实现顺序结构算法及程序优化的过程中,体会和理解函数的应用,体验编程解决问题的过程,随后进行函数概念引入和应用提升,并尝试探究 turtle 库的简单命令,给学生拓展和提升的空间。让学生在实践中学习与思考,培养计算思维,提升学科核心素养。同时,为后续学习打好基础。

(2) 教学目标

① 通过 BMI 指数计算的 Python 编程实现过程,巩固赋值、输入、输出等 Python 基本语句的应用,及 Python 实现顺序结构算法的方法,熟悉在 Python IDLE 环境中编辑、运行和调试程序的方法;

② 在 BMI 程序优化的过程中,学会类型转换函数、round()函数,并通过体重范围计算程序的设计,实践内置函数的应用,体会编程解决问题的过程;

③ 通过对 sqrt()等函数应用的实践与体会,理解内置函数与模块的基本概念,及模块导入与函数使用的方法,了解 turtle 库的简单命令。

(3) 教学重难点

① 教学重点:类型转换等函数的使用、模块导入与函数使用的方法。

② 教学难点:理解内置函数与模块的基本概念。

(4) 教学资源

PPT 课件、BMI 画图等小程序。

(5) 教学过程

表 4-23 教 学 过 程

教学环节	教师活动	学生活动	设计意图
问题导入	上节课,我们完成了 Python 计算自己的 BMI 指数的程序,如何让我们的程序具有普适性,可以根据用户的输入,计算任意用户的 BMI 指呢?	引发思考。	以优化程序引入主题,体验用计算机解决问题的普适性特点。

续　表

教学环节	教　师　活　动	学生活动	设计意图
BMI指数计算	活动一： 用Python编程解决问题。 ① 抽象与建模：输入、处理、输出分别是？ ② 设计算法：在上节课的BMI算法上如何修改？还记得输入输出语句吗？ ③ 编写程序。 ④ 调试运行：为什么会错？ 在Python Shell中演示，用input()输入后，接收的数据是字符串类型数据。 如何解决？ 讲解演示数据类型转换函数float()、int()、str()。 请完善你的程序。 如何保留小数位数？round()函数讲解。 如何让输出显示效果更好？如何去除print(,)输出时的空格。(str()函数应用) 请再次完善你的程序。	思考、与教师互动。 思考、回答。 操作实践。 思考。 观察、思考、体会、与教师互动。 跟随操作、思考体会。 操作实践。 思考、倾听。与教师互动。 操作实践。	体验编程解决问题的过程。引出数据类型转换函数。【计算思维】 用计算机通过执行语句验证的方式获得信息。通过不断地优化程序体验函数的作用。【信息意识、计算思维、数字化学习与创新】
思考与实践	活动二： 请完善程序，实现根据输入的身高(m)，输出符合标准BMI(18.5～24.9)的体重范围(kg)。 教师巡视，答疑。	思考、操作实践。 与教师互动。	实践编程解决问题，函数的使用。【计算思维】
函数与模块	如果知道某同学的BMI指数和体重，要计算他的身高，计算模型是？ 以sqrt()函数为例演示讲解函数的使用与模块(库)导入的方法。 在之前的程序中，我们使用了多个函数，什么是函数？ 讲解函数、内置函数与模块的概念及使用。	思考、回答。 跟随操作实践、思考、体会。 思考。 思考、倾听。	从已学中归纳新知，在操作实践中学习新知。【计算思维、数字化学习与创新】
课堂小结	使用函数时注意： 正确书写函数名；明确函数来源。	思考、倾听、回答。	归纳总结，巩固所学。
拓展turtle库	输入turtle.circle(100)，观察发生了什么？ 依次输入import turtle, turtle.circle(100)，观察发生了什么？ 简单讲解turtle库。	操作实践、思考、体会。	在操作实践中体会新知。【计算思维、数字化学习与创新】
拓展及思考	完善现有程序代码，实现根据输入的身高(m)、体重(kg)，计算并输出BMI指数，同时画出BMI数据在横轴相应位置的圆。 (可参考教材P.65 turtle库相关介绍) 提示：画布中心位置坐标为(0，0)。	思考、操作实践。	分层教学、拓展与提升。【计算思维、数字化学习与创新】

3. 专家评课

浦东新区中小学课堂教学评价表（试行稿）

姓名	陈迪	学校	高桥中学	授课班级	高一(8)
学科	信息科技	时间	2021.11.25	节次	上午第2节
课题	程序助力健康生活之Python中的函数					

	评价指标	10~9	8~7	6~5	4以下
教学目标	目标明确、具体、适切，符合学科课程标准和学生学习实际。	9			
教学内容	内容正确充实，符合学生认知规律，突出重点，联系实际。	9			
	凸现学科内涵，能整合教学资源，力求恰当、有效。	10			
教学过程	激发学生兴趣，培养旺盛的求知欲，学生学习主动、积极、投入，敢于质疑，发表自己的看法。	9			
	关注全体，重视学法指导，注重启发性和针对性。教学方法灵活、生动，注意生成资源，发挥教学机智。	9			
	教学环境有序、互动、民主、和谐。	10			
教学效果	落实"双基"，增强体验，身心愉悦。	9			
教师素养	为人师表，教学基本功扎实，技术运用得当。	9			
	学科功底厚实，知识面广，有探求新知的热情。	9			
	努力形成教学特色，有创新意识。	9			
教学点评	陈老师本节课有完整的单元规划和项目主题设计，设计中关注学生的学习体验，关注学科核心素养的落实，关注用项目任务串联课堂教学活动。在课堂教学中，陈老师善于发现学生的典型错误，发现问题，并鼓动学生一起解决问题。教学基本功扎实，堂堂课目标达成度高。				
总分	92	等第	优	评议人	费宗翔
备注	累计得分85分以上为优，75-84分为良，60-74分为中，60分以下为差。				

图4-56 专家评课

浦东新区中小学课堂教学评价表

姓名	陈迪	学校	高桥中学	授课班级	高一（8）
学科	信息技术	时间	2021年11月25日	节次	上午第2节
课题	程序助力健康生活之Python中的函数					

	评价指标	10~9	8~7	6~5	4以下
教学目标	目标明确、具体、适切，符合学科课程标准和学生学习实际。	10			
教学内容	内容正确充实，符合学生认知规律，突出重点，联系实际。	10			
	凸现学科内涵，能整合教学资源，力求恰当、有效。	9			
教学过程	激发学生兴趣，培养旺盛的求知欲。学生学习主动、积极、投入，敢于质疑，发表自己的看法。	9			
	关注全体，重视学法指导，注重启发性和针对性。教学方法灵活、生动，注意生成资源，发挥教学机智。	9			
	教学环境有序、互动、民主、和谐。	9			
教学效果	落实"双基"，增强体验，身心愉悦。	9			
教师素养	为人师表，教学基本功扎实，技术运用得当。	9			
	学科功底厚实，知识面广，有探求新知的热情。	9			
	努力形成教学特色，有创新意识。	9			
教学点评	教师教学资源充分、教态自然、课堂语言规范。 　　课前，教师设计了规范的单元教学规划，进行项目主题研究；课中，教师通过BMI指数的计算，采用问题解决的方式，指导学生用Python实现顺序结构算法、体验编程解决问题和程序优化的过程，从而掌握函数的正确应用方法和技巧、理解函数的概念。并进一步指导学生探究turtle库的一些简单命令，拓展了学生的知识宽度，有助于学生信息素养的提升。 　　教学中注重启发和思维引导，关注学生的学习体验和学科核心素养的落实。课堂气氛和谐，学生积极参与提问，学生上机操作时，教师认真巡视辅导，鼓励学生解决问题，教学效果好。				
总分	92	等第	优	评议人	金社平、钟丽佳
备注	累计得分85分以上为优，75-84分为良，60-74分为中，60分以下为差。				

图4-57　专家评课

（十）体育——邵文凯《篮球局部防守战术：补防配合》

1. 单元教学设计

（1）单元基本信息

表 4-24 《补防配合》单元基本信息

学科	体育与健康	实施年级	十年级	设计者	邵文凯
课程标准模块	必修选学第二册					
使用教材	沪教版《体育与健康》				
单元名称	补防配合				
单元课时	18-7				

（2）单元主题概述

本单元主题名称为"深度学习，以赛促练"。"以赛促练"引领本单元设计的主线，通过教会、勤练、常赛来检验课堂效果，进一步体现结构化教学。

现在的篮球比赛对于篮球防守的要求越来越高，防守战术形式也越来越多样。篮球防守战术作为篮球运动中最重要的战术，值得学生去深度的学习。但是防守战术对学生来说难掌握、难理解，学生需要通过不断的学习、思考、练习、运用比赛来完善这个过程。任何篮球运动的学练手段和方法都服务于提高实战比赛水平这一目标。同时在高中阶段的篮球专项课教学中，实战比赛最能够检验课堂效果。在实战比赛中，学生不仅身体积极参与运动，思维也高度活跃。将"以赛促练"贯穿单元的教学情境之中，将有助于学生理解技战术的运用，并在比赛中不断提高技战术从而形成比赛能力。

体育与健康学科核心素养包括运动能力、健康行为和体育品德，学生在篮球实战比赛中展现出的技战术能力、体能和心理能力就是篮球项目的运动能力，通过战术的制定与讨论、位置的分配与责任、同伴的配合与协作、对规则的遵守、对对手的尊重、正确面对胜负、赛事的组织与欣赏等行为表现，充分进行深度学习，有效培养学生良好的健康行为与体育品德。基于以上原因，将实战作为本单元教学内容，将深度学习作为本单元学习模式，要求通过 18 课时大单元设计，除基于实战的技战术教学外，加入比赛欣赏与分析和赛事编排，使学生获得完整的篮球实战体验，有效促进学科核心素养的培育。

以小组为学习单位，以解决篮球实战比赛中的各种问题为导向进行小组合作学习。教师提出问题引导学生进行思考，学生通过合作学习、实践、练习、比赛，逐步明白问题的关键，带着关键的问题进行后面的练习与比赛，从而促进学生的深度学习概念。

补防配合是《高中体育与健康》教材中篮球防守战术模块之一,是指当防守队员被对方突破或出现漏防时,邻近的同伴大胆放弃自己的防守对象,及时快速地进行补漏防守的一种配合。补防配合可以阻截对方一次直接的投篮或减少对方一次有威胁的进攻机会。在学练过程中,让学生进行深度思考,发现问题、提出问题、解决问题并体验篮球运动带来的乐趣,学会参与比赛、欣赏比赛。

(3)学情分析

本单元教学对象为高桥中学高一年级篮球专项班学生,在初中阶段他们有过篮球的学习经历,对篮球技战术有一定的基础,但过分注重个人主义,缺乏团队意识。通过前几次课的学练,学生已具备较好的身体素质和篮球素养及自主学习与团队协作能力。因此,本单元在教学过程中让学生不断通过合作学习,小组学练等方式增强学生合理预判与相互沟通交流的能力。高中学生具有独立思考、自主锻炼的能力。接受能力比较强,本单元通过自主探究学习、合作学习以及分层学练等提高学生补防的意识,并充分挖掘每个学生的潜在能力,更好地促进学生努力达到教学目标,为后续的全队防守战术打下扎实的基础。

(4)内容分析

表4-25 《补防配合》单元内容分析

	内容名称	教 学 内 容	教学关注点
补防配合	知识与原理	◇ 战术示意图的演示方法:移动、轮转防守和运动员轮换的动画演示方法。 ◇ 补防配合:补防配合是指当防守队员被对手突破或出现漏防时,邻近的同伴大胆地放弃自己的对手,及时快速地进行补漏防守的一种配合方法。 ◇ 补防的基本要求:1.防守队员应全面观察和判断场上出现的漏防情况,补防时应果断、迅速地抢占有利位置,避免犯规。2.被对手突破的防守队员应快速向补防队员方向移动,并观察对方的传球意图,争取抢断球。 ◇ 补防的步骤:随时观察、及时呼应、迅速补漏和防守轮转。 ◇ 合法的补防:在发生漏人时,防守队员果断补漏,延误进攻队员的进攻。尽量保持一定的防守距离,根据进攻意图调整防守脚步延误其继续突破、直接投篮、观察传球。避免防守位置过近造成阻挡犯规或位置靠后被直接投篮造成进攻威	● 在观看篮球比赛视频的过程中引导学生思考如何进行补防配合。 ● 通过视频讲解实战比赛中补防配合产生的情况和运用的方法。 ● 强调补防配合过程中动作的规范性,避免动作错误从而造成进攻威胁与产生犯规甚至受伤。 ● 教会学生绘制战术示意图,学会从视频中学习配合路线 ● 能够正确对比赛中的违例或犯规情况进行判罚,手势正确。 ● 根据专项班内的分组情况制定小赛季的比赛规程并合理编排赛程。

续 表

内容名称	内容名称	教 学 内 容	教 学 关 注 点
补防配合	知识与原理	胁。当队友被突破后，及时呼应进行防守补漏与轮转，防止造成再次漏防。在迅速移动的同时，减少犯规。 ◇ 篮球比赛的组织与编排：制定竞赛规程、淘汰制与循环制竞赛编排、篮球比赛名次评定 ◇ 篮球裁判的执裁手势及宣判程序：违例手势、球员号码手势、犯规手势、宣判程序。	
补防配合	技战术运用	◇ 补防移动脚步：起动、急停、转身、攻击步、碎步、滑步、单脚跳、双脚跳。 ◇ 补防无球队员方法：断球、防接球。 ◇ 补防有球队员方法：防投篮、防突破、防运球、防传球、抢打球。 ◇ 补防技术分析：防守的位置和距离、防守的姿势、移动步法、抢打球。 ◇ 补防时机：当场上明显出现漏人情况并且进攻队员的进攻威胁较大。 ◇ 进行漏人补防1：及时果断移动到漏防的进攻队员面前，调整防守脚步，观察情况防止其接球甚至断球。 ◇ 进行漏人补防2：观察情况，在漏人位置的进攻队员接球发起进攻之前，迅速移动到进攻队员面前，延误进攻。 ◇ 进行漏人补防3：在队友被进攻队员持球突破时，迅速观察情况，及时呼应队友并果断上前补延误其进攻，队友在产生补防的同时迅速移动到漏位的进攻队员面前进行补漏防守。 ◇ 补防后轮转：产生补防的同时，及时呼应队友去补防自己原先的防守对象。 ◇ 补防轮转综合运用：强侧强延误，弱侧观察预判，及时补防，争取抢断球。	◇ 相互之间有沟通和呼应，防止漏人。 ◇ 补防配合时移动动作正确不犯规，脚步时刻调整，敢于发生合理的身体接触。 ◇ 同伴被突破时，同伴队员之间能够及时呼应，补防时机合理，延误质量高。 ◇ 队友呼应进行补防配合时，同时进行防守轮转。 ◇ 做出合理的防守选择来应对各种方式的进攻。
补防配合	体能储备	◇ 有氧耐力 ◇ 速度耐力 ◇ 爆发力 ◇ 移动速度 ◇ 核心力量	◇ 在每节课的体能环节中逐步加强各项体能的训练。

（5）问题链

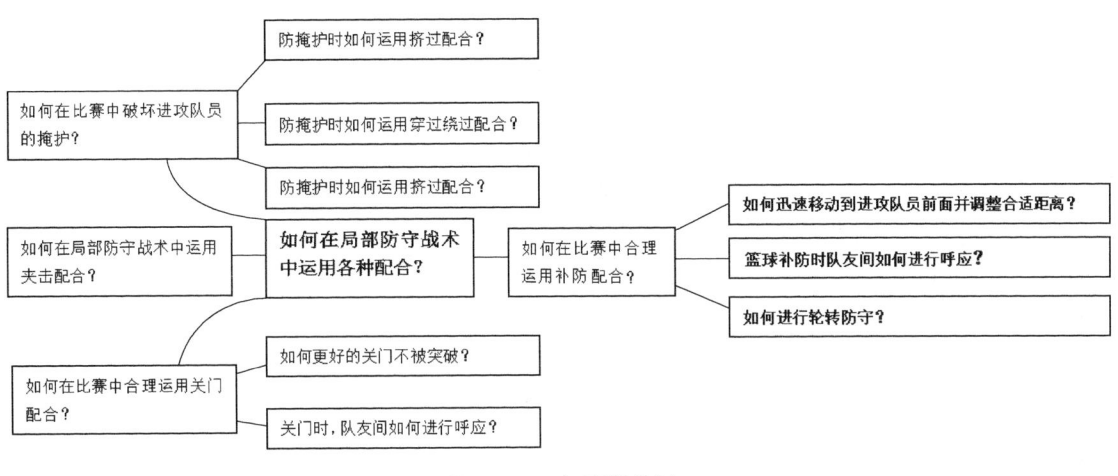

图 4-58　问题链设计

（6）18 课时教学内容安排

表 4-26　课时教学内容安排

序号	三级目录		三级目录
1	防掩护——挤过配合	10	防快攻配合
2	防掩护——穿过、绕过配合	11	区域联防"2-3"阵型
3	防掩护——交换防守配合	12	区域联防"2-1-2"阵型
4	"关门"防守配合	13	区域联防"3-2"阵型
5	"关门"防守配合的运用	14	区域联防综合运用
6	夹击防守配合	15	全场紧逼人盯人
7	补防配合	16	半场人盯人
8	轮转防守配合	17	篮球赛事的编排与执裁
9	补防配合的综合运用	18	比赛与评价

（7）教学流程

表 4-27　教 学 流 程

年级	十	学期	一	课时	3	执教	邵文凯
单元学习目标	\multicolumn{5}{l	}{1. 了解补防配合的方法、特点与运用时机以及局部防守下基础配合对场上位置的要求，掌握防守战术配合的要点，强化合作意识，学生能在实战中灵活运用，通过补防配合和综合体能的学练，提高学生的力量、速度、灵敏、协调等身体素质。 2. 通过补防配合，提高对篮球防守的认识和兴趣，培养学生良好的运动习惯。 3. 提高学习的自觉积极性，加强学生之间的团队配合，建立良好竞争关系，在合作学练中体会团结协作的重要性，提高集体荣誉感和奉献精神。}	教学重点	\multicolumn{2}{l	}{配合的时机与移动路线}

课时	学习内容	学习目标	重点难点	活动设计与评价
1	补防配合 ① 防守脚步 ② 补防假人 ③ "1防2"补防 ④ "2防2"补防 ⑤ "2防3"补防 ⑥ 教学比赛 ⑦ 体能 • 对抗运球 • 俯撑单手低运球 • 行进间运球	1. 通过补防练习，学生能够用正确的脚步形成补防，掌握补防的时机，发展学生速度、力量、灵敏、协调等素质。 2. 培养学生的运动兴趣，养成终身体育运动的习惯。 3. 提高学习的自觉积极性，加强学生之间的团队配合，建立良好竞争关系，在合作学练中体会团结协作的重要性，提高集体荣誉感和奉献精神。	重点：补防的脚步与时机 难点：队友间的协调沟通	了解学生对防守基础配合的掌握情况，根据单元教学重点"配合的时机与移动路线"，提出补防配合时迅速做出判断，及时补漏并轮转防守到位是补防配合的关键技术要点之一。补防配合是充分发挥全队智慧和严密配合的有效组织形式，能对学生形成战术意识起到抛砖引玉的作用。为此设计以下活动内容： 主要活动一： 解决问题： 1. 如何迅速移动到进攻队员面前并调整合适距离？ 2. 同伴之间怎样呼应？ 活动实施： 1. 介绍补防配合的战术及意图，使学生形成战术意识。 2. 示范补防配合时的脚步动作，建立正确动作概念，强调动作要点。 3. 采用观看视频、看战术图与拍摄视频的纠错方法提高练习效果。 4. 组织学生进行学练，并讲解动作要领。 5. 组织小组长带领组员进行分组练习。引导学生思考在练习中如何选择防守步伐。

续　表

课时	学习内容	学习目标	重点难点	活动设计与评价
1				6. 分小组认真观看视频，设置问题情境，并复习动作，互相纠正动作。 7. 教师引导学生通过防守队员和进攻队员的角色转换，进行反复练习，熟悉掌握交换防守。 8. 通过半场对抗练习和教学比赛，使学生在实战中养成良好的补防配合意识和防守能力。 9. 通过体能练习，提高学生的力量、速度、灵敏性和协调性等身体素质。 **评价要点：** 能基本完成补防配合，补防时同伴之间能协调配合，跑动及时准确
2	补防配合 ① 防守脚步 ② "2对2"补防换防轮转 ③ "3对3"补防换防轮转 ④ 全场"2防3" ⑤ 教学比赛 ⑥ 相关专项体能 • 敏捷脚步 • 原地跳起投篮 • 动态核心力量	1. 通过补防练习，学生能够面对不同进攻采用合理的补防行为，并形成有效换防，发展学生速度、力量、灵敏、协调等素质。 2. 通过练习培养学生的运动兴趣，养成终身体育的运动习惯。 3. 提高学习的自觉积极性，加强学生之间的团队配合，建立良好竞争关系，在合作学练中体会团结协作的重要性，提高集体荣誉感和奉献精神。	重点：补防动作的选择 难点：轮转防守	了解学生对防守基础配合的掌握情况，根据单元教学重难点"补防动作及轮转"，提出补防时迅速做出判断，通过合理防守干扰进攻并轮转防守是本节补防配合课的关键技术要点之一。补防配合是充分发挥全队智慧和严密配合的有效组织形式，能对学生形成战术意识起到抛砖引玉的作用。为此设计以下活动内容： **主要活动一：** **解决问题：** 1. 补防到位时，如何运用正确的防守动作对进攻进行延误甚至破坏？ 2. 如何有效快速轮转？ **活动实施：** 1. 介绍补防轮转防守配合的战术及意图，使学生形成战术意识。 2. 示范补防配合时的防守方法，建立正确防守动作概念，强调动作要点。

续 表

课时	学习内容	学习目标	重点难点	活动设计与评价
2				3. 采用观看视频,看战术图与拍摄视频的纠错方法提高练习效果。 4. 组织学生进行学练,并讲解动作要领。 5. 组织小组长带领组员进行分组练习。引导学生思考在练习中如何选择防守动作并及时轮转防守。 6. 分小组认真观看视频,设置问题情境,并运用多种进攻方法,互相改进防守动作。 7. 教师引导学生通过防守队员和进攻队员的角色转换,进行反复练习,熟悉掌握补防配合。 8. 通过半场和全场对抗练习和教学比赛,使学生在实战中养成良好的轮转防守意识、临场判断能力。 9. 通过体能练习,提高学生的力量、速度、灵敏性和协调性等身体素质。 **评价要点:** 能基本对进攻行为进行正确的防守延误,轮转路线正确。
3	补防 ① 移动脚步 ② 半场"3对3"补防轮转 ③ 全场"2对1接3对2"攻防轮转 ④ 半场"4对4"补防轮转 ⑤ 教学比赛	1. 通过补防练习,学生能够面对不同进攻采用合理的补防行为,并形成有效换防,发展学生速度、力量、灵敏、协调等素质。 2. 通过练习培养学生的运动兴趣,临场判断、阅读比赛的能力,养成终身体育的运动习惯。 3. 提高学习的自觉积极性,加强学生之间的团队配合,建立良好竞争关系,在合作学练中体会团结协作的重要性,提高集体荣誉感和奉献精神。	重点:强弱侧补防轮转 难点:判断进攻意图	了解学生对防守基础配合的掌握情况,根据单元教学重点"强弱侧的防守轮转及判断",阅读比赛是重要的实战能力之一,准确判断进攻意图能有效完成防守配合。为此设计以下活动内容: **主要活动一:** **解决问题:** 1. 如何进行强侧的防守轮转? 2. 弱侧同伴如何呼应? **活动实施:** 1. 介绍强侧防守与弱侧防守要点,建立战术意识。 2. 利用动画演示展示各位置防守的轮转。

续 表

课时	学习内容	学习目标	重点难点	活动设计与评价
3				3. 复习"半场3对3轮转补防"。 4. 分组练习全场"2对1接3对2"建立强弱侧的防守要点及补防时机。 5. 引导学生思考在练习中如何阅读进攻，判断进攻意图。 6. 分小组认真观看视频，设置问题情境，并复习换防轮转纠正动作。 7. 教师引导学生通过防守队员和进攻队员的角色转换，进行反复练习，熟悉掌握交换防守。 8. 通过全场对抗练习和教学比赛，使学生在实战中养成良好的防守配合意识和防守能力。 9. 通过体能练习，提高学生的力量、速度、灵敏性和协调性等身体素质。 评价要点： 能基本完成强弱侧的防守轮转，阅读比赛能力提高。
安全保障	1. 课前检查场地器材情况并对器材进行合理的布置。 2. 加强练习前的热身活动，充分拉伸，防止损伤的发生。 3. 落实保护与帮助的方法，重视责任感教育，将安全教育贯穿始终，提升自我保护意识。		评价与方法	评价方法： 1. 从学生学练过程中的认知、实践、心理发展角度出发，进行过程性评价（60%）和以动作质量为主的终结性评价（40%） 2. 终结性评价采用师评、自评、互评相结合

（8）开放性学习环境

场地：室内篮球场一片（提前布置好位置点和路线地贴）。

器材：篮球24个、标志垫24个、假人9个、背心24件。

信息技术：多媒体设备1套。

数字资源：比赛视频、战术演示动画、"补防配合"学习资料包、练习音乐。

人文环境：采用团队分组、组内合作、组间竞争、自主探究的学习形式，创造相互交流、相互竞争，积极热烈的学习氛围。

(9) 单元作业

① 以学习小组为单位,与同学进行一场 10 分钟的篮球比赛,在比赛中尝试运用补防配合战术,并拍摄视频。赛后对照视频对比赛进行复盘,思考如何改进比赛中的移动和防守选择。

② 以小组为单位,观看 FIFA 篮球比赛录像,记录其中一队成功使用补防战术的片段。小组讨论、分析这个补防配合是如何进行的,用战术示意图进行记录。

2. 课时教学设计

(1) 课时教材分析

篮球局部防守是在篮球比赛中,防守队员两三人之间所采用的协同防守配合的方法。补防配合是《高中体育与健康》教材中篮球防守战术模块之一。补防配合是指当防守队员被对方突破或出现漏防时,邻近的同伴大胆放弃自己的防守对象,及时快速地进行补漏防守的一种配合。补防配合可以阻截对方一次直接的投篮或减少对方一次有威胁的进攻机会。补防配合的特点是脚步快、时机对。本单元共 9 课时,本课是第 7 课时,在学练过程中,让学生发现并体验篮球运动带来的乐趣,学会参与比赛、欣赏比赛。

(2) 课时学情分析

本次课教学对象是高一年级篮球专项班学生,在初中阶段他们有过篮球的学习经历,对篮球技战术有一定的基础,但过分注重个人主义,缺乏团队意识,已具备较好的身体素质和篮球素养及自主学习与团队协作能力。因此,本课在教学过程中让学生在不断通过合作学习,小组学练等方式增强合理预判与相互沟通交流的能力。高中学生具有独立思考、自主探究的能力,接受能力比较强,本课通过自主探究学习、合作学习、分解练习以及分层学练等提高学生补防配合的意识,并充分挖掘每个学生的潜在能力,更好地促进学生努力达到教学目标,为后续的防守战术打下扎实的基础。

(3) 课时学习重难点

重点:补防配合正确的合理脚步与时机。

难点:队友间的协调配合。

(4) 开放性学习环境

场地:室内篮球场一片。

器材:篮球 24 个、背心 24 件、球车 2 个。

信息技术:多媒体设备 1 套。

数字资源:比赛视频、战术演示动画、补防配合战术学习资料包、练习音乐。

人文环境:采用团队分组、组内合作、组间竞争、自主探究的学习形式,创造相互交流、相互竞争,积极热烈的学习氛围。

(5) 课时学习目标

① 尝试不同的补防配合练习,学生能了解补防配合的技术要点,把握正确的脚步动作

和补防时机，增强学生反应能力和应变能力，发展学生速度、力量、灵敏等素质。

② 在自主练习和协作配合中激发学生的思考能力与篮球实战能力，学会欣赏比赛，培养良好的意识和体育锻炼习惯。

③ 积极迅速补防，敢于做动作，培养机智灵活、勇敢果断的品质，创设良好的沟通协作环境，努力与同伴做好补防配合，形成团队协作意识和培养集体主义精神。

(6) 课时教学过程

① 开始部分：教师讲解课堂学习目标，提出课堂学练要求，学生迅速集中注意力，进入上课准备状态。

② 准备部分：热身部分采用了专项准备活动，首先在小组长的引领下练习行进间各种脚步移动，接着进行四角传接球练习。这两个练习既能提高学生学习注意力，引导学生进入学习状态，又使学生充分活动，收到快速有效的热身效果，同时为主教材快速的脚步移动、创设良好的沟通环境做铺垫，从而为接下来的补防配合学练打好基础。

③ 基本部分

第一，创设战术分析情境。带着"如何快速移动到进攻队员面前并调整合适距离？"这个问题观看视频，进行思考并一起讨论，视频采用CBA赛场上补防配合成功的片段进行战术配合分析，让学生快速明确发动补防配合时的脚步移动与时机，并且感受到补防配合的实战价值，激发学生学练补防配合并运用的渴望。

第二，每位同学得出自己的答案后，带着这个答案进行第一个练习：补防"假人"。将"假人"模拟成进攻队员，防守队员迅速利用脚步移动技术移动到"假人"面前，可以将"假人"模拟成无球进攻队员，及时守住防守位置，做干扰接球的防守方法，或者将"假人"模拟成有球进攻队员，迅速果断上前进行防守，做出防投篮、防突破、防传球的防守方法，通过防守"假人"的练习，学生能初步学会如何快速补防到进攻队员面前并保持相应距离。

第三，创设连续补防情境。进一步理解补防配合的概念，进行"1防2"练习，四人一组，防守队员连续补防2位进攻队员，对进攻队员提出进攻要求，可适当移动接球，防守队员迅速补防到位并做出防守方法，若干次防守后调整攻防对象，教师参与并纠错，通过连续补防的练习使学生主动调整脚步，快速对漏位进行补防，在实战中能够快速应对连续出现进攻空位需要补防的情况。练习结束，教师吹停集合，得出答案：快速启动、合理制动、不断调整脚步，及时补防。

第四，创设沟通情境。观看"2防2"的战术演示，提出"1防2"与"2防2"的区别，并引出第二个问题：篮球补防配合时队友间如何进行有效沟通？带着这个问题，4人一组先进行"2防2"练习，防守者通过不断补防，提升快速补防的能力。

第五，在"2防2"基础上设置了"2防2"进阶练习，进攻队员突破防守队员产生了较大的进攻威胁时，同伴立即呼应队友，并快速放弃自己的防守人，果断上去补防，队友及时轮转防守到出现空位的进攻队员,防止再次漏人。通过"2防2"练习,学生能够在场上时刻保持沟通、互相补防、轮转防守。在实战过程中,学生能时刻观察场上情况,在面对进攻时能够及时判断进攻意图,队友间能够做好及时的沟通,在补防到位时,同时防守轮转完成,避免再一次漏人。

第六,创设难度情境。模仿比赛中可能出现的场景,挑战一下更高的难度,进行"2防3"的练习。在半场范围内"2防3",防守成功后立马转换攻防成全场"2防3"。理论上"2防3"防守成功的难度较大,此练习是为了使学生在防守人数不够的情况下,队友能够时刻沟通,强侧延误进攻,弱侧补防进攻威胁较大的进攻队员,进行补防配合,强化补防意识、沟通能力和阅读比赛水平。在练习中强化健康行为的教育,补防配合是为了延误、破坏进攻,并不是让对方出不了手,得不了分,更不是通过犯规对对手造成伤害。

第七,创设实战情境。教学比赛"4防4",半场四人进攻四人防守,另外四人在中线观看比赛并交流战术,同时做好比赛准备。进攻成功则运球出三分线继续进攻,中线队员立马加入进行防守;若是防守成功则转换攻防,中线队员立马上来防守。此练习是为了模拟实战,快速的攻防转换能够使学生时刻注意场上的情况,轮换的模式引导学生进行战术交流,教师进行规则教育,鼓励学生在实战中积极运用本课补防配合的战术,减少犯规,积极比赛。

第八,创设专项体能情境。体能练习环节安排了抗阻力运球、俯撑单手低运球、行进间运球三个体能循环练习,发展上肢与核心力量、速度与灵敏等素质,提高学生的综合身体素质。通过教师的激励,培养学生坚持不懈、顽强拼搏的体育精神。

④ 结束部分:通过放松练习,使学生的身心得到放松;通过师生互评、师生畅谈结束本节课。

(7) 课时作业设计

以小组为单位,看一节CBA比赛的录像,记录一个职业球队的防守战术。

以小组为单位,进行一次十分钟的比赛并进行录像讨论与分析。

表4-28 《补防配合》第7课时教学设计

年级	高一	人数	24	日期	2021.11.25	执教	邵文凯
班级	高一篮球专项班	组班形式	男合	周次	13	课时	1
内容主题	补防配合		重点	补防配合正确的脚步和时机		
^^	^^		难点	队友间的协调配合		
学习目标	1. 尝试不同的补防配合练习,学生能了解补防配合的技术要点,把握正确的脚步动作和补防时机,增强学生反应能力和应变能力,发展学生速度、力量、灵敏等素质。 2. 在自主练习和协作配合中激发学生的思考能力与篮球实战能力,学会欣赏比赛,培养终身体育锻炼的意识和行为。 3. 积极迅速补防,敢于做动作,培养机智灵活、勇敢果断的品质,建立良好的沟通协作环境,努力与同伴做好补防配合,形成团队协作意识和培养集体主义精神。						

课序	时间	课的内容	运动量 次数	运动量 时间	运动量 强度	教与学活动	组织与队形
一	1'	课堂常规 1. 体育委员整队，报告人数 2. 师生问好 3. 宣布本次课学习内容、目标及要求 4. 安排见习生并做安全教育				◎ 宣布本课学习目标与要求，语言引导，激励士气 ◇ 明确课的任务和要求 ☆ 精神饱满，注意力集中，做到快、静、齐	集合队形：
二	7'	专项热身（音伴） 1. 行进间各种脚步移动 ① 抱膝走＋前踢腿 ② 慢跑＋侧滑步 ③ 慢跑＋交叉步 ④ 小碎步＋加速跑＋小碎步急停 ⑤ 后退跑＋加速跑＋急停 2. 四角传接球	2 组 15 次左右	180 秒 120 秒	中 高	◎ 观看多媒体，组织学生进行热身，针对练习中出现的问题及时指导、纠正 ◇ 观看视频，明确方法与要求，组长引领，积极学练，及时改正错误动作 ☆ 跑动路线到位，启动快速，急停及时 ◎ 布置练习内容，多媒体演示，针对练习中出现的问题及时指导、纠正、参与 ◇ 仔细观看，明确方法及要求，积极学练，及时改正 ☆ 传、跑、接的时机正确	热身队形： 四角传球队形：
三	30'	1. 观看视频				◎ 组织学生集体观看并提出问题：如何迅速移动到进攻队员前面并调整合适距离？引导学生进行讨论。 ◇ 认真观看，明确学习内容，讨论演示，共同进步 ☆ 认真观看，讨论积极	观看视频队形：

续　表

课序	时间	课的内容	运动量 次数	运动量 时间	运动量 强度	教与学活动	组织与队形
三	30'	2.补防的脚步与时机 ① 补防"假人"	10次左右	100秒	中	◎ 教师讲解示范,鼓励学生自主学练,通过重复练习,不断完善动作 ◇ 认真观看正确动作示范,带着问题进行练习,分组合作进行练习 ☆ 上步迅速,控制与假人的距离,同时快速碎步调整站位	补防"假人"队形:
		② "1防2"补防	30次左右	120秒	高	◎ 鼓励学生进行连续的补防练习,巡回纠错,给出答案 ◇ 合作练习,互相鼓励,改进动作,提升自我 ☆ 补防脚步迅速,把控和传球人之间的距离,根据持球人持球行为进行防守干扰甚至抢断。	"1防2"队形:
		3."补防"基础配合 ① "2防2"补防配合	20次左右	100秒	中	◎ 组织观看战术演示,并讲清要求,鼓励学生积极交流,提示方法与要点 ◇ 认真观看,明确要点,着问题积极练习 ☆ 迅速上前补防,调整脚步,准备补防的队员判断传球路线拦截传球,形成有效防守	"2防2"练习队形

续　表

课序	时间	课的内容	运动量 次数	运动量 时间	运动量 强度	教与学活动	组织与队形
三	30'	②"2防2"进阶补防配合	20次左右	120秒	高	◎ 师生演示两人之间防守协同配合,鼓励学生大胆尝试,进行展示与评价 ◇ 认真观看,明确动作方法,积极尝试,分组自练,大胆展示与评价 ☆ 迅速上前补防,调整脚步,补防换防之间队友进行积极沟通	"2防2"进阶练习队形：
		③"2防3"补防配合	120左右	160秒	高	◎ 组织观看战术演示,并讲清要求,鼓励学生大胆尝试,教师参与,巡回纠错,解答问题 ◇ 观看战术,小组讨论,听清要求,尝试练习,师生互动,队友呼应,学生踊跃回答问题 ☆ 补防换防之间队友进行积极沟通,对持球人进行进攻延误,队友及时判断传球路线进行补防,并及时换防	"2防3"队形：
		4.教学比赛	5	200秒	中	◎ 引导学生分组练习,鼓励学生大胆运用补防动作,巡视指点、及时纠错与评价,教师参与,师生互动,分组实战,展示成果 ◇ 尝试运用补防技术,积极展示与评价,热情参与比赛,学会欣赏比赛 ☆ 攻防转换迅速,时刻保持沟通	比赛队形：

续 表

课序	时间	课的内容	运动量			教与学活动	组织与队形
			次数	时间	强度		
三	30'	5.体能分组循环(音伴) ① 抗阻力运球 ② 俯撑单手低运球 ③ 行进间运球	1组	300秒	高	◎ 多媒体演示,讲解方法 ◎ 组织循环练习,言语激励 ◇ 观看视频,明确方法 ◇ 积极参与,勇于挑战 ☆ 抗阻力运球要求大力运球向前,防守者施加一定阻力 ☆ 俯撑单手运球要求核心保持稳定,减少晃动 ☆ 行进间运球要求快速突破,不限变向动作	体能练习队形:
四	2'	1.放松 ① 手臂拉伸 ② 肩肘拉伸 ③ 站立股四头肌拉伸 ④ 呼吸调节 2.师生互评,布置课后作业 3.归还器材,师生再见	1	80秒	低	◎ 教师讲解放松要求,语言诱导学生积极放松 ◎ 课后小结 ◇ 积极放松,舒缓身心 ◇ 注意听讲,积极反馈 ☆ 快、静、齐	放松队形:
场地器材		篮球场1片、投影设备1套音响设备 "假人"9个 球车2个 篮球24个	安全保障			1.教师布置、检查场地器材 2.充分的热身准备活动 3.课中实施保护与帮助 4.同伴间加强保护与帮助,学会自我保护	
			预计 运动负荷			练习密度		强度
						全课	内容主题	高
						60%	61%	
课后反思							

3. 专家评课

浦东新区中小学课堂教学评价表（试行稿）

姓名	邵文凯	学校	上海市高桥中学	授课班级	高一篮球专项班
学科	体育与健康	时间	2021.11.25	节次	3
课题	篮球局部防守战术：补防配合				

	评价指标	10~9	8~7	6~5	4以下
教学目标	目标明确、具体、适切，符合学科课程标准和学生学习实际。	√			
教学内容	内容正确充实，符合学生认知规律，突出重点，联系实际。	√			
	凸现学科内涵，能整合教学资源，力求恰当、有效。	√			
教学过程	激发学生兴趣，培养旺盛的求知欲。学生学习主动、积极、投入，敢于质疑，发表自己的看法。	√			
	关注全体，重视学法指导，注重启发性和针对性。教学方法灵活、生动，注意生成资源，发挥教学机智。	√			
	教学环境有序、互动、民主、和谐。	√			
教学效果	落实"双基"，增强体验，身心愉悦。	√			
教师素养	为人师表，教学基本功扎实，技术运用得当。	√			
	学科功底厚实，知识面广，有探求新知的热情。	√			
	努力形成教学特色，有创新意识。	√			
教学点评	本课教学目标清晰、重难点明确、组织有序、练习内容多样，很好地落实了新课程标准的要求和建议。在教学过程中充分诠释了"教会、勤练、常赛"的概念，深度思维，以赛促练。 教师基本功扎实，教学方法运用得当。本课多媒体教学与课堂教学合理运用，在情境创设和结构化教学方面做了许多富有创新的尝试。 本课对于学生核心素养的培养做得相当不错，通过教师的语言引导、视频导入、规则教育等，提升学生的运动技能，培养学生的健康行为，增加学生的体育品德，提升了学生思辨、分析、解决问题的能力，较好地落实了"双新"的理念。				
总分	92	等第	优	评议人	李芳芳、邹晓军
备注	累计得分85分以上为优，75-84分为良，60-74分为中，60分以下为差。				

图 4-59 专家评课

四、"理趣——原动力课堂"的推进保障

（一）注重学生全面发展

课程引领和课堂模式创新，直接指向学生的全面发展，直接指向学生的核心素养和学科核心素养培育，直接指向为学生终身发展奠基。建立学生发展指导制度，加强对学生理想、心理、学习、生活、生涯规划等方面的指导，帮助学生树立正确理想信念、正确认识自我，更好地适应高中学习生活，处理好个人兴趣特长与国家和社会需要的关系，提高选修课程、选考科目、报考专业和未来发展方向的自主选择能力。三年来，学生的高考选科和专业填报越来越趋于自己的兴趣和志趣。2023年，有多名学生被著名高校强基班和实验班录取。

学校不断完善发展指导，保障全面发展，已成立了学生发展指导中心，协调卫生室、心理中心、年级组共同做好身心健康指导工作。落实"五项管理"，保证健康成长，根据上级要求，认真做好睡眠管理、作业管理、手机管理、课外读物管理和体质健康管理。引导生涯规划，确立人生方向：学校以"职业生涯规划"作为高中生的"必修课"，引导学生确立正确的人生方向。2021年11月23日，《解放日报》曾用半个版面报道了学校的"浸染式生涯教育"，引发了社会的热切关注。即便在居家学习期间，也未出现同学因为心理问题而影响学业和成长。

（二）健全教学常规制度

在课堂教学改革过程中，以发展学生核心素养为导向，高度关注课程、教学、评价的一致性，制定了《高桥中学课堂教学规范》，设计了《上海市高桥中学"理趣课堂"教学评价表》，颁布了《高桥中学"学业之星"评选办法》。针对学生学业进步，采取导师、学科教师、班主任、家长多元主体评价和学生自评互评相结合的教育教学质量综合性评价方式，重视学生体质健康和体育素养的培育。

通过课程引领，坚持课堂教学创新改革，学校教育教学质量得到了显著提高，师生共同成长效果明显。积极探索教育教学质量综合性评价机制、与学生综合素养评价体系的建设，各学科教研组积极探索新型基于核心素养提升的学科评价机制，体现学科特色。

（三）优化学科评价机制

语文组在课程实施中，探索和建立了多元参与的课程评价机制，评价中注重过程性、语文性和技术性，不仅关注学生课程参与过程中的每个环节的表现、最后结果呈现中的课件展现、文字成果、表达与交流等，还关注学生在参与过程中的情感、价值、态度等的具体表现。

数学组常规考核通过自然考卷考核形式体现建模解模，以应用题方式呈现；能力考核以撰写建模报告或建模小论文的形式体现；还以"数学剧场"的形式考查学生的综合素养，以班级为单位制作"数学美剧"视频，举行汇演，根据数学美剧"评分细则"决出最终优胜者。在浦东新区第二届数学建模思维体验活动中，学校有13位学生的小论文获奖。

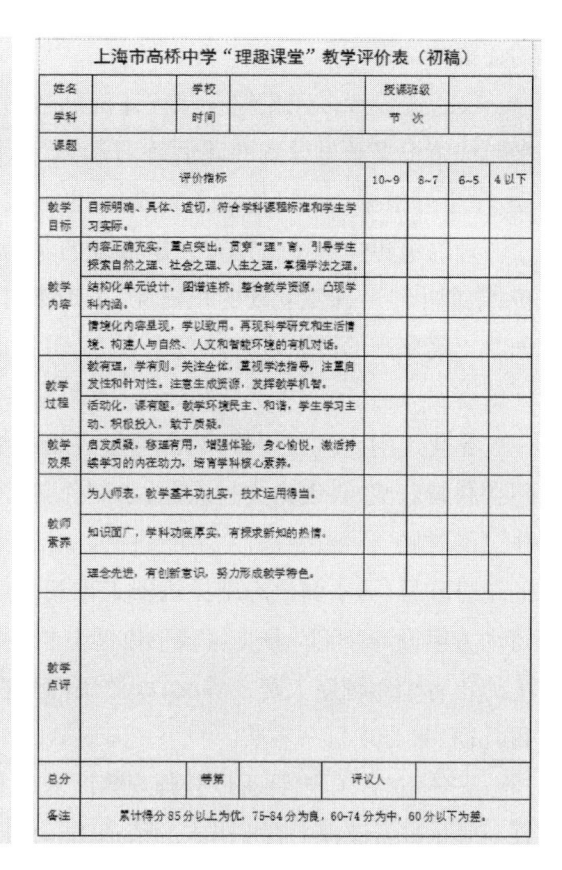

图 4-60　高桥中学课堂教学规范　　　　　图 4-61　高桥中学理趣课堂教学评价表

表 4-29　学科评价机制一览

组　　别	评　价　机　制
语文组	"多元参与"评价
数学组	"数学建模"和"数学剧场"考查
英语组	"四结合"评价
文综组	综合实践活动评价
理综组	课题表现和课堂参与的过程评价
生化组	"科创指数"评价
艺体组	"课堂观察"评价

英语组在评价形式上,采取"四结合"的形式:教师的评价与学生的自评、互评相结合;对小组的评价与组内个人的评价相结合;对书面材料的评价与对学生口头报告、活动、展示

的评价相结合。

　　文综组设置多元化综合课程评价机制,分为平时成绩和考评成绩两个部分,各占50%。平时成绩根据教材设置的课后练习和思考题进行评分。考评成绩则设置6项综合实践活动,学生可根据个人兴趣自选完成,成果形式不限,根据成果赋分评价。

　　理综组建立一个长期有一定传统的学习机制,通过课题表现和完成作业的情况进行评价,定期小结。课堂互动的积极性、正确率可以作为对学生上课参与度的评价,积极参与且回答正确率高的可以进行加分。在2021年通用技术竞赛中,学校学生荣获区一等奖1名、区二等奖3名、区三等奖1名、市一等奖2名。

　　生化组引入科创指数,结合学习成绩的综合评价体系对学生进行评价。科创指数主要包含科技获奖、科创论文和课题、小制作等,不同的科创指数的分值不同。在最后进行综合排名的时候,科创指数有一定的占比。对于十分突出的学生,还会授予"高桥中学科创之星"的荣誉称号。《水面生态维护机器人项目》获得2021年上海市第二十二届中小学壳牌美境行动方案设计(STEM)奖;《基于模型分析的高桥中学水质环境提升方案研究》论文获得了上海市青少年创新大赛二等奖;顾浩民同学在2021—2022庄臣杯青少年绿色生活行动中获得TED报告项目一等奖。

　　艺体组《音乐剧》课程以教师观察评价为主要评价机制,以学生自我评价为辅助评价机制。在对学生日常课程中表现出来的情感、能力、行为进行观察并进行记录。不以分数等级来衡量学生学习结果,重在对学生的课堂表现和剧目呈现的观察和考评,如学生的沟通能力、团队的合作能力等综合素质,以及剧目呈现期间成员参与角色分配、创作剧本、扮演角色、担任后台岗位中的体验与过程性记录,道具服装制作管理等方面的体验评价等。《健身足球》课程关注学生运动能力,包括体能与技能水平;健康行为,包括身心健康和适应外部环境的综合表现;体育品德,应当遵循的行为规范、规则意识和精神风貌。注重发展性评价,在关注比赛成绩的同时,更注重学生参与活动的兴趣、合作的意识、团队精神的形成等。原创音乐剧《百年高桥》荣获2021年浦东新区学生艺术展演戏剧(音乐剧/歌舞剧)专场比赛一等奖。2022年居家学习期间,同学们同心共享音乐的力量,制作MV《你从未离去》,希望大家平安健康,早日回归我们热爱的课堂。

　　2022年,有3位教师被评为2021—2023学年浦东新区骨干教师;1位青年教师被评为2021—2023学年浦东新区"青年新秀教师"。2021学年,学校师生在第20届中学生古诗文大赛、第34届中学生作文大赛中,有近20人次获得区、市不同奖项,区获奖率为100%。第16届上海市高中名校读书节中,学校同学在"青中杯"读书征文、书目推荐、"春天诗会"表演中表现突出,斩获多个奖项。英语组教师在近5年参加新区各种比赛中频频获奖,共6人获得区级比赛约10个奖项。学生参加市级英语口语比赛获奖约7人。文综组教师在各级各类刊物上发表教学论文6篇,几十名学生获得市级和区级时政大赛奖项。在2021年上海市高一物理竞赛中1名学生获市级一等奖,航模社多次参加比赛并获奖。2023年1名同学获高一物理竞赛市级三等奖;艺体类个人区级一等奖1次,团体一、二等奖4次;学科类个人国家级一等奖1次,个人市、区级等级奖16次,团体三等奖1次;科创类个人市、区级获奖7人,团体获奖2项。吴嘉麟老师和邹晓军老师撰写的论文分别获得浦东新区中小学体育教师论文评比一等奖和三等奖。邵文凯老师撰写的论文获得"浦东杯"数据驱动的教学变革征文二等奖。

第四节 依托新疆班建设,铸牢中华民族共同体意识

高桥中学新疆班办班始于2020年9月,目前在籍学生211名学生,涵盖汉族、维吾尔族、回族、哈萨克族、柯尔克孜族、蒙古族、锡伯族、俄罗斯族8个民族。学校坚守"为党育人,为国育才"的使命,以铸牢中华民族共同体意识为主线,把铸牢中华民族共同体意识落实到日常生活工作学习中,开展基于彰显民族教育特色背景下提高办班质量的研究,探寻适合新疆高中班学生成长的教育教学模式和学生管理良方。三年来,学校不断探索新疆班教育教学模式和学生管理策略,积极开展基于彰显民族特色背景下提高办学质量的研究。

学校新疆部根据民族教育特点,围绕铸牢中华民族共同体意识这一主题,着力打造满足学生多元需求的"民族团结教育课程",形成了以思政课程、拓展课程、社会实践课程为主的系列特色课程体系。2022年9月28日学校被授予"浦东新区铸牢中华民族共同体意识示范校园"称号。

图4-62 "浦东新区铸牢中华民族共同体意识示范校园"授牌

一、坚持立德树人,建立健全三全育人民族教育特色育人体系

(一)思政教育,坚持常抓不懈

以铸牢中华民族共同体意识为主线,把民族教育落实到日常生活工作学习中,依托学校德育工作体系,发挥"三全"育人的机制,促进学生思想政治水平的进一步提升,落实立德树人根本任务,努力构建新疆班特色德育工作模式。

图 4-63　参观高桥老街

图 4-64　参观航海博物馆

图 4-65　参观钱惠安纪念馆

图 4-66　滨江森林公园搭帐篷

图 4-67　探访老校友

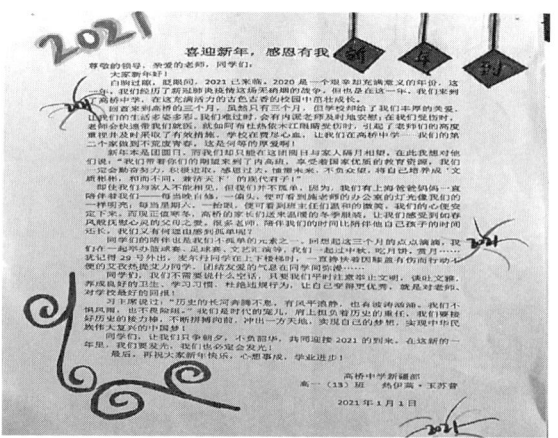

图 4-68　社会实践小报

通过“三会一实践”(即学生大会、专家辅导会、班会和社会实践)等形式加强新疆班学生的爱国主义和民族团结教育。充分依托学校“红色课程”体系，借力学校红色资源，推进党史学习教育。鼓励学生参与志愿活动，如高桥烈士陵园志愿者、社区志愿者、回乡宣讲团志愿者等，培养学生社会责任感和奉献精神。

（二）学生培养，推进自我管理

结合学校学生培养目标，在前期“学长制”的基础上，成立学生会新疆部分会，分别设立体育部、文艺部、生活(劳动)部、学习部、宣传部、纪检部，实现学生的自我教育、自我管理、自我提高，最终目的是实现师生共同管理，设立主席、副主席和学习、生活、纪检、宣传、文艺、体育六个部门，让学生在岗位实践中实现自我服务、自我管理和自我教育。学生会组建后，学生的出勤考勤、劳动卫生、就餐纪律、活动组织、志愿者服务等方面，由学生全过程组织、参与。让学生在活动中弘扬个性，在实践中锻炼能力，在困难中磨炼意志，培养有高桥特色的学生干部。新疆部为学生提供各类岗位，搭建各类平台，全面提升学生的综合能力，从而培养出政治合格、能力突出的优秀内高学子。

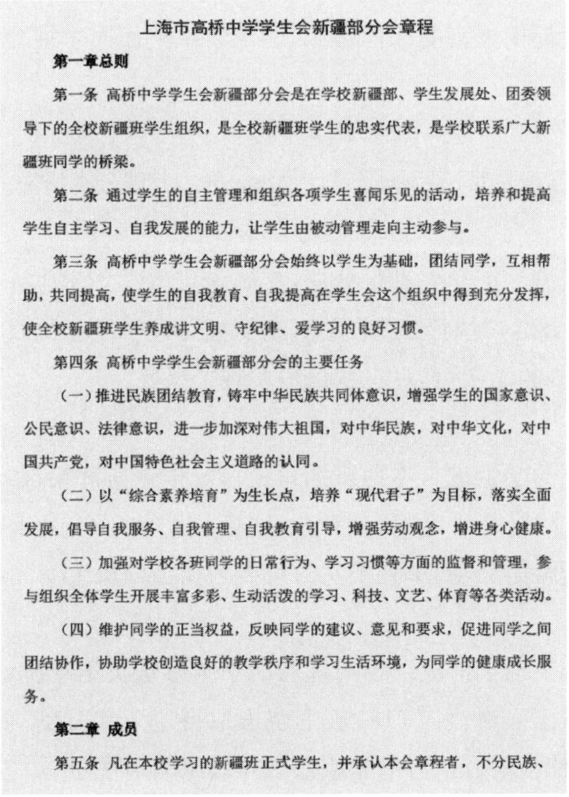

上海市高桥中学学生会新疆部分会章程

第一章总则

第一条 高桥中学学生会新疆部分会是在学校新疆部、学生发展处、团委领导下的全校新疆班学生组织，是全校新疆班学生的忠实代表，是学校联系广大新疆班同学的桥梁。

第二条 通过学生的自主管理和组织各项学生喜闻乐见的活动，培养和提高学生自主学习、自我发展的能力，让学生由被动管理走向主动参与。

第三条 高桥中学学生会新疆部分会始终以学生为基础，团结同学，互相帮助，共同提高，使学生的自我教育、自我提高在学生会这个组织中得到充分发挥，使全校新疆班学生养成讲文明、守纪律、爱学习的良好习惯。

第四条 高桥中学学生会新疆部分会的主要任务

（一）推进民族团结教育，铸牢中华民族共同体意识，增强学生的国家意识、公民意识、法律意识，进一步加深对伟大祖国，对中华民族，对中华文化，对中国共产党，对中国特色社会主义道路的认同。

（二）以“综合素养培育”为生长点，培养“现代君子”为目标，落实全面发展，倡导自我服务、自我管理、自我教育引导，增强劳动观念，增进身心健康。

（三）加强对学校各班同学的日常行为、学习习惯等方面的监督和管理，参与组织全体学生开展丰富多彩、生动活泼的学习、科技、文艺、体育等各类活动。

（四）维护同学的正当权益，反映同学的建议、意见和要求，促进同学之间团结协作，协助学校创造良好的教学秩序和学习生活环境，为同学的健康成长服务。

第二章 成员

第五条 凡在本校学习的新疆班正式学生，并承认本会章程者，不分民族、

图 4－69　学生会新疆部分会章程(节选)

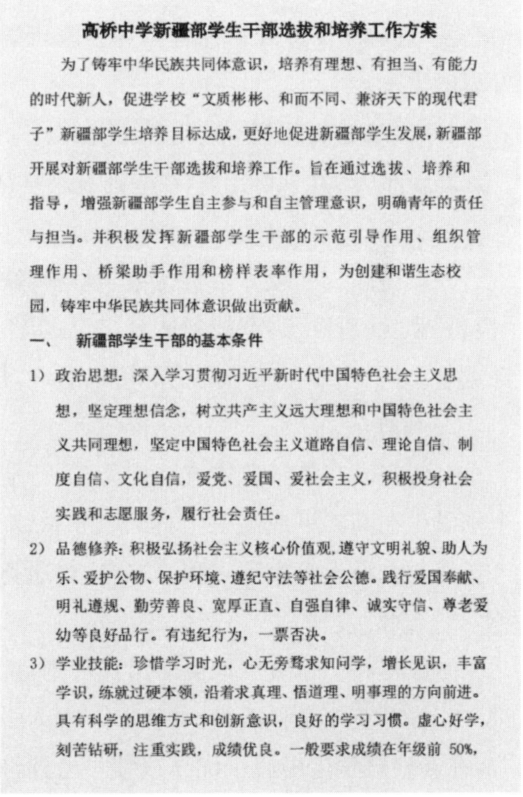

高桥中学新疆部学生干部选拔和培养工作方案

为了铸牢中华民族共同体意识，培养有理想、有担当、有能力的时代新人，促进学校“文质彬彬、和而不同、兼济天下的现代君子”新疆部学生培养目标达成，更好地促进新疆部学生发展，新疆部开展对新疆部学生干部选拔和培养工作。旨在通过选拔、培养和指导，增强新疆部学生自主参与和自主管理意识，明确青年的责任与担当。并积极发挥新疆部学生干部的示范引导作用、组织管理作用、桥梁助手作用和榜样表率作用，为创建和谐生态校园，铸牢中华民族共同体意识做出贡献。

一、　新疆部学生干部的基本条件

1）政治思想：深入学习贯彻习近平新时代中国特色社会主义思想，坚定理想信念，树立共产主义远大理想和中国特色社会主义共同理想，坚定中国特色社会主义道路自信、理论自信、制度自信、文化自信，爱党、爱国、爱社会主义，积极投身社会实践和志愿服务，履行社会责任。

2）品德修养：积极弘扬社会主义核心价值观，遵守文明礼貌、助人为乐、爱护公物、保护环境、遵纪守法等社会公德。践行爱国奉献、明礼遵规、勤劳善良、宽厚正直、自强自律、诚实守信、尊老爱幼等良好品行。有违纪行为，一票否决。

3）学业技能：珍惜学习时光，心无旁骛求知问学，增长见识，丰富学识，练就过硬本领，沿着求真理、悟道理、明事理的方向前进。具有科学的思维方式和创新意识，良好的学习习惯。虚心好学，刻苦钻研，注重实践，成绩优良。一般要求成绩在年级前 50%，

图 4－70　新疆部学生干部选拔与培养工作方案(节选)

图 4-71　学生会新疆部分会干部竞聘　　　图 4-72　学生会新疆部分会干部竞聘结果公示

二、对标国家方案，优化新疆部课程规划与实施

在"为学以理，理趣相融，为每一个学生架起通往未来之桥"的课程理念指导下，学校着力开发"理趣——立交桥课程"，为新疆班学生提供丰富的课程资源，满足学生全面而个性化发展的需求。

（一）基础级课程

新疆部从学生实际出发，在基础级课程中，尊重差异，采用动态调整策略，推进分层分类指导。

1. 分层

一般在高二年级开始实行数学学科"快慢班"，把学生进行分层，实施走班教学。学生在"快班"和"慢班"中逐渐找到适合自己的学习节奏，"快慢班"的定期流动也促进了学生的良性竞争。从 2023 年高考的情况可以看出，快班的学生可以拔尖，慢班实现了保底。

2. 插班

一般在高二年级选拔成绩优秀、品行端正的学生进入本地班插班就读。根据实际情况，个别学生在高二下或高三上插班。从高考的情况来看，插班就读学生成绩优异，2023 年高考普通类文科上海市第一和第二名、普通类理科第二名、单列类文科第四名均为插班生。

3. 培优

一般在高二年级启动英语培优计划，挑选英语学科成绩相对优秀的学生参加英语培优，进一步提升英语学科能力。2023 年的英语高考一考高三(13)班李晓彤取得了 132 分的高分，在新疆班学生中属于优异成绩。另外，推荐学科有优势的学生参加年级组的培优班。

（二）发展级课程

在发展级课程实施中，合理规划，不断完善思政教育课程、周末拓展课程、社会实践课程等学校特色课程，满足不同学生的多元需求，促进学生多样化发展。

1. 思想政治课程

新疆班学生的思想政治教育工作是新疆部工作的重中之重。学校以民族教育讲座、主题教育活动、拓展活动课程为载体，落实思政教育的主要内容要求，增强各族学生维护民族团结、维护国家统一、反对分裂的责任感和自觉性，铸牢中华民族共同体意识，进一步加强学生对伟大祖国、中华民族、中华文化、中国特色社会主义道路的认可。

（1）入学教育，树立规则意识

高一新生到校后，上好"高中入校"第一课，组织进行学训、政训、军训等"三训"系列入学教育，固化"校园生活常规、学校课程管理、君子养成教育、学校发展历史以及民族团结教育"等专题讲座，让高一学生进一步明确行为规范要求，了解校史、校园文化以及学校课程设置、考试要求等，从而更好融入新环境、适应新生活，养成良好的行为习惯，守纪律，懂规范。借助东方绿舟社会实践基地送训入校，通过军训进一步规范学生的行为和习惯，帮助学生磨砺自我，增强体质，培养团结协作精神。

图 4-73 东方绿舟送训入校

图 4-74 新疆部开学学生大会

图 4-75 新疆班老生带新生参观校史馆

图 4-76 校史馆馆长陈勇老师讲校史

图 4-77　新生开学第一课　　　　图 4-78　集体观看新疆地方史教育影片

(2) 民族教育,树立责任意识

在大思政教育背景下,学校开设民族团结教育课程,以铸牢中华民族共同体意识为主线,依托学校德育工作体系,以民族教育影片、民族教育讲座、主题教育活动、拓展活动课程为载体,把民族教育落实到日常生活、工作、学习中,促进学生思想政治水平的进一步提升,增强各族学生维护民族团结、维护国家统一、反对分裂的责任感和自觉性,树立"强国有我"的信心和决心。根据教育协作中心提供的《简明新疆地方史》,联合历史教研组编写《新疆地方史》校本读本。教师们从新疆美食谈到新疆美景,从西域故事说到新疆近代史,全方位介绍了新疆历史发展脉络。

图 4-79　观看七一庆祝大会　　　　图 4-80　谢昌蓉书记讲第三次中央新疆工作会议精神

(3) 党史教育,传承红色基因

学校从立德树人的根本任务出发,以厚植家国情怀为核心,以传承红色基因为主线,借力学校红色资源,推进党史学习教育的有效落实。从新疆班新生入学政训开始,校史党史革命史教育就随之展开。组织主题升旗仪式、清明节高桥烈士陵园祭扫先烈、聆听红色大课

第四章　构建"学习场"物质，打造学习新空间 | 275

图 4-81　李国君老师讲女排精神

图 4-82　李元校长谈新疆班学生教育成长

图 4-83　红色大课堂

图 4-84　参观中共一大会址

图 4-85　聆听家乡英雄的故事

图 4-86　祭扫龙华烈士陵园

图4-87 高桥烈士陵园合影　　　　　　图4-88 参观中共二大会址

堂、参观一大及二大会址、参观龙华烈士陵园等活动，落实了立德树人的根本任务，切实加强了新疆班德育和学生思想政治教育工作，铸牢中华民族共同体意识，增强了学生对伟大祖国、中华民族、中华文化、中国特色社会主义道路的认同。通过学校史党史、访知名校友、讲红色故事、演红色剧本，让党史知识变得活灵活现，使学生感悟红色精神，传承红色基因，在民族团结教育中，厚植爱党爱国情怀。

在寒假的迎新晚会上，新疆部学生们把《红色高桥园》舞台剧搬上了舞台，收到了广泛的好评。

图4-89 舞台剧剧本（节选）　　　　　　图4-90 舞台剧展演

2. 拓展课程

新疆部继续利用周末、节假日、寒暑假,结合新疆班学生的特点和优势开设了人文、艺术、体育三大门类的拓展课程,力求做到系列化设计、多样态呈现、全方位关联、多渠道融入。高桥绒绣课、艺术剪纸、国画、朗诵与演讲、舞台剧、吉他入门、围棋入门、太极拳等丰富多彩的拓展课程,培养、激发和发展了学生的兴趣爱好,拓展了学生的眼界,培养了学生的动手能力,对提高学生的综合能力起到了重要的作用。各类拓展课程成果展示已经成为新疆班的亮点之一。

图 4-91　参观高桥镇剪纸活动

图 4-92　参观高桥镇绒绣活动

图 4-93　参观高桥镇太极拳展示活动

图 4-94　"高东杯"龙身蛇形太极拳比赛奖杯

学生也以撰写学习心得、主题感悟，制作学习小报、校园展板，组织课堂展演及制作微信公众号等方式将自己的所学、所感、所想表现出来。

图 4-95　微信公众号　　　　　　　　图 4-96　学生文章汇编

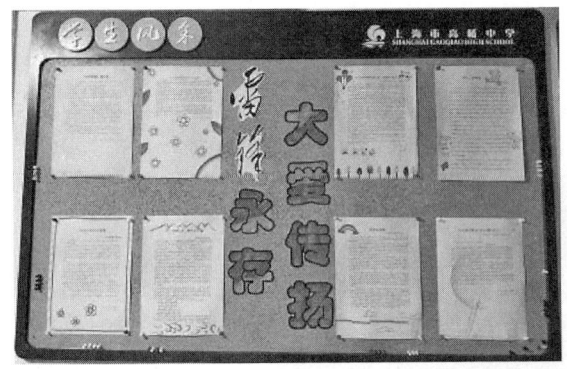

图 4-97　学习小报

3. 社会实践课程

拓展学习空间，本学期继续组织学生走出校园，开展城市景观研学、自然教育拓展、文化古迹探寻等类别的主题实践活动。城市景观研学活动包括参观东方明珠、南京路、外滩、豫园、上海迪士尼乐园等，自然教育拓展活动包括参观上海海洋水族馆、自然博物馆、海昌海洋公园、上海动物园、辰山植物园等，文化古迹探寻活动包括参观中共一大及二大会址、上海天文馆、航海博物馆、广富林遗址公园等。

图 4-98　参观东方明珠　　　　　　　图 4-99　参观高桥仰贤堂

学校把高桥古镇资源和上海爱国主义教育基地、都市地标等资源作为学生民族教育的实践场所，用传统文化、革命文化和社会主义先进文化滋润新疆班学生的成长。让学生以小组合作的方式，通过前期查找相关资料了解这些人文景观和文物古迹的文化背景，再通过实地考察深入了解其文化内涵，最后以参观感悟或小组活动小报的形式展示自己的学习成果。这些活动激发了学生主动探索、勤于实践的热情，培养了学生勇于探索、精诚合作的精神，增进了学生的文化认同。

除此之外，为了丰富学生的生活，围绕着各类节日的主题庆祝活动也有序开展：中秋做月饼，国庆包饺子，元宵节做汤圆，春节写福字、写春联、剪窗花，端午节绣香囊……结合中国传统节日的传统文化教育无处不在。

结合新疆学生活泼好动的性格特点，新疆部每年在寒假期间都组织"朝阳杯"体育节系列活动，羽毛球比赛、乒乓球比赛、跳绳比赛、五子棋比赛、象棋比赛、体育知识竞赛……增强学生体质的同时，激发了学生的体育兴趣，培养了学生勇敢顽强的意志品质和努力拼搏的团队精神，将体育精神融入学生的核心素养之中。

图 4-100　各类演出活动

图 4-101　各类节庆活动

图 4-102　体育节开幕式

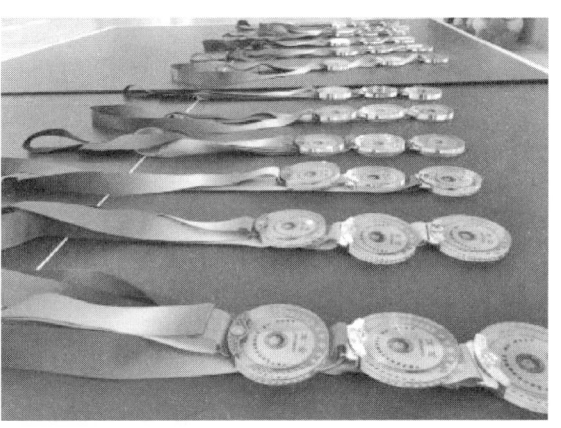

图 4-103　颁奖典礼　　　　　　　　图 4-104　体育节奖牌

三、围绕核心素养,着力于教学规范与改革

(一)教学相长,分层分类指导

以学校"理趣——原动力课堂"的教学实践为契机,不断优化教学方法,探索适合新疆班学生的教学模式,激发学生学习的"原动力",实现教学相长。新疆部对学生实施全息化管理,学生参与各项活动,在各项活动中表现优异可获得加分。通过一个学期的量化评分结果,对优秀学生进行表彰奖励。新疆部数学学科根据学生实际情况实行分层走班开展教学,激发了学生学习数学的兴趣,提升了学生的自信。新疆班与本地班学生数学学科差距在缩小,后进学生正向大部队追赶,优秀学生的信心越来越足。第二学期,有四位同学插班到本地班就读。其中邓照新同学已达到本地班优秀学生的水平,王文娜同学的生物、地理等级考获得双 A+。

图4-105　体育节各类比赛活动掠影

(二) 全息化管理,精准施策

推进全息化管理,关注学生发展全过程。以建立学生"一生一档"为契机,学校新疆部探索学生全息化成长记录工作,以此记载学生自己成长中的点点滴滴。新疆班学生全息化成长记录包括:学生三年发展规划、日常行为规范管理记录、学生学年总评报告单(学业)、学生个性化记录(心得体会、活动过程记录)。

图4-106　《学生成长记录册》(封面) 　　图4-107　学生学年总评报告单

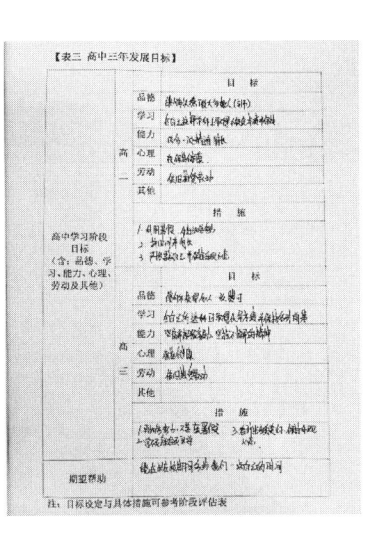

第四章 构建"学习场"物质,打造学习新空间 | 283

图 4-108 学生三年发展规划

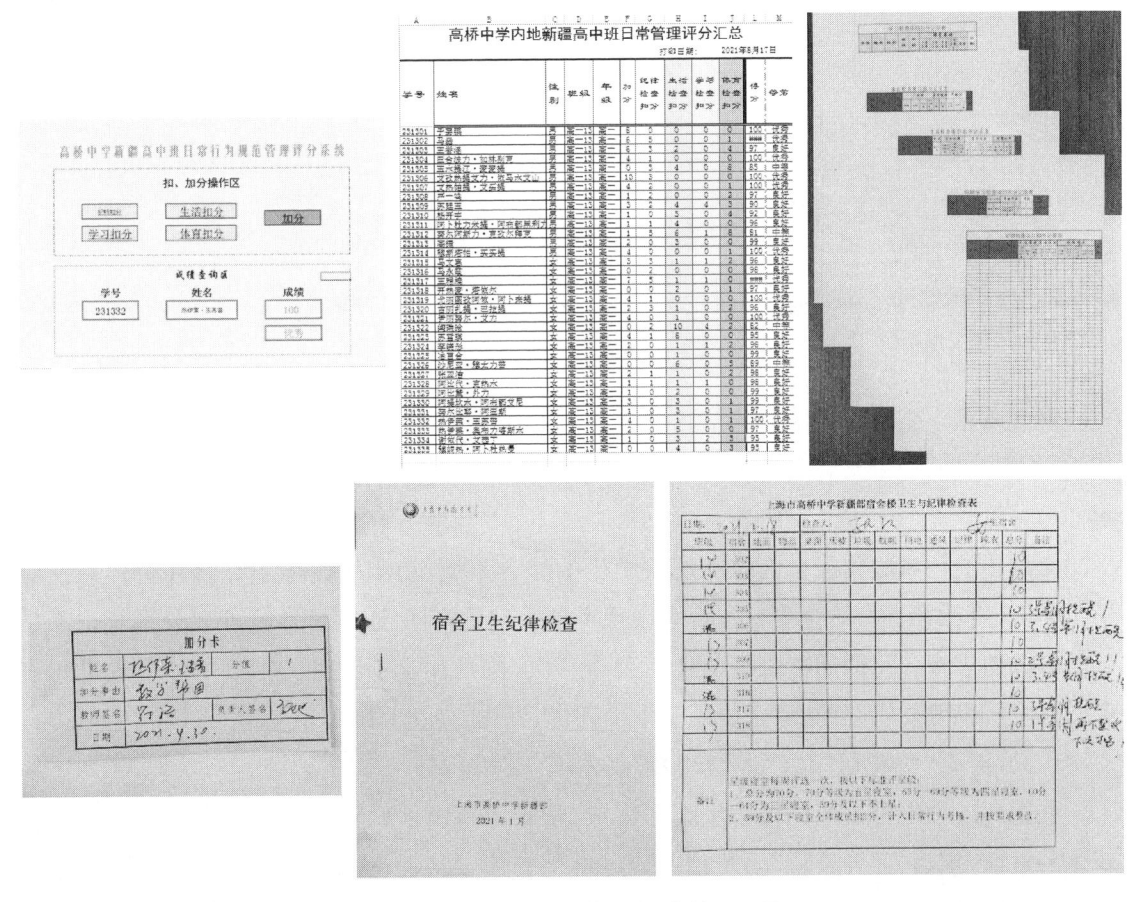

图 4-109 学生日常行为规范管理记录

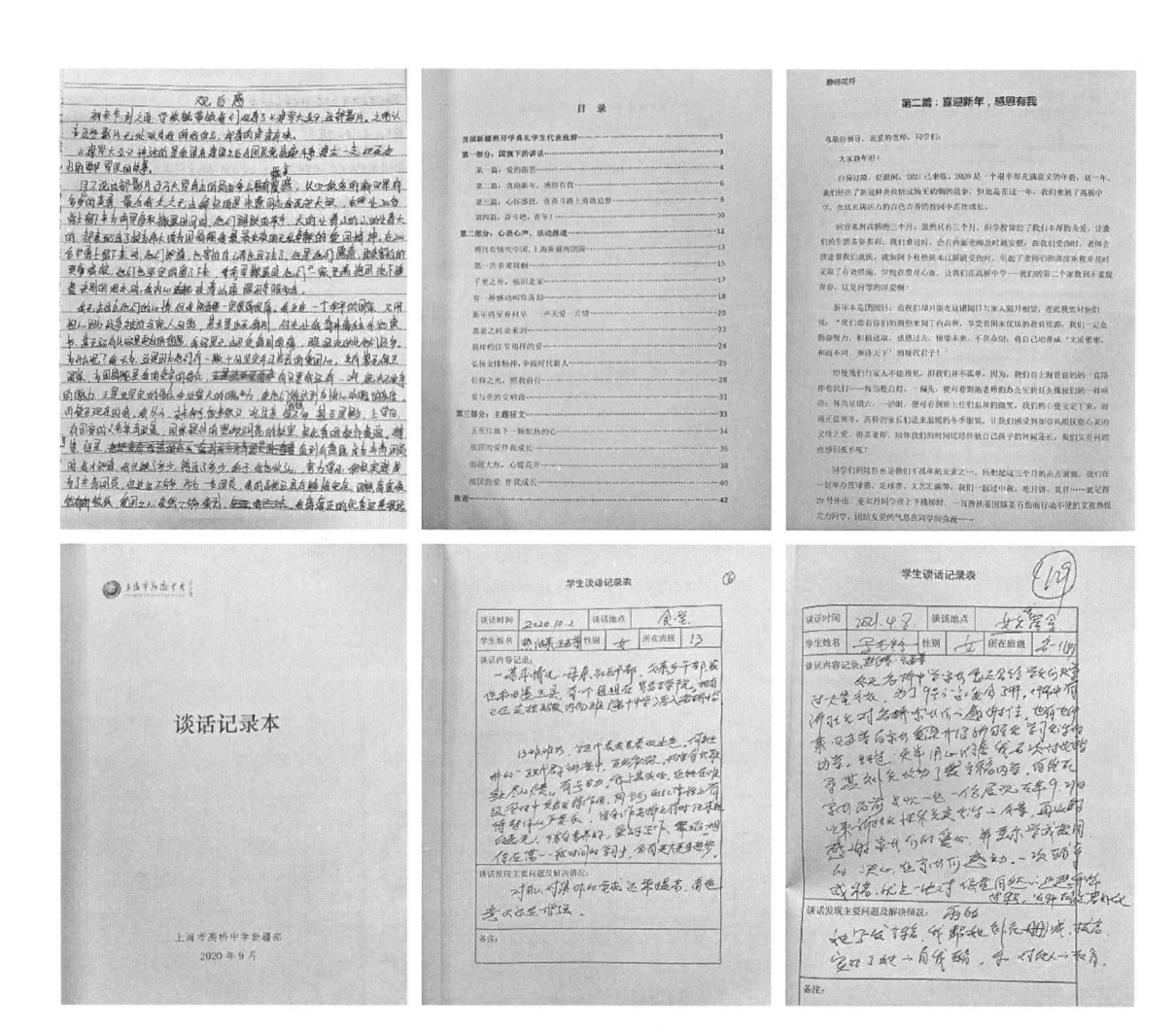

图 4-110　学生个性化记录

在纸质版学生成长记录册的基础上，2022学年第一学期全体班主任用"印象笔记"进行学生"一生一档"记录。利用电子信息平台实时记录学生成长轨迹，具有记录形式便利、内容多样等特点。

全息化的信息收集能全面客观反映学生的综合素质，初步构建学生综合评价体系。对学生学习、生活、纪检、体育等日常行为表现实施全息化管理，通过日常管理评分系统记录学生的各方面表现。每两周在班级公告栏公布一次，按月和学年度对优秀集体和个人进行表彰，以先进促后进。评分结果主要用于学生评优、评先，处罚奖励等。

（三）探索"学长制"，以"老"带"新"促成长

在新高二学生中挑选优秀学生干部组成"学长团"，由他们担负起更多帮助和指导高一新生的责任，担当"部分教师"的角色。通过学生的传、帮、带，让新生快速融入学校生活、学习，积极参与学校活动，正确认识生活中的困难和挫折，制定科学合理有效的学习规划。在

图4-111　学长伴读

图4-112　岛亭琴音

图4-113　学长测温

图4-114　学长带领参观校史馆

图4-115　学长介绍镇校之宝

图4-116　学长布置工作

这一过程中实现学生的自我教育、自我管理、自我提高。学长制的最终目的是实现师生共同管理,让学生实现学习上的自助、生活上的自理、成长中的互助。目前在新疆部学生返沪、开学前学生内务整理、纪律检查等方面已经初见成效。

四、相互守望陪伴,用心浇灌民族团结之花

学校选派能力强、责任心强的同志担任新疆班的班主任,挑选工作业绩突出的教师给新疆班学生授课。每位教师对学生倍加关爱,悉心指导其学业,关注他们的思想动态。新疆班的工作事无巨细、琐碎庞杂,需要爱心、细心、耐心和责任心。作为新疆班教师,无论是工作日还是双休日、节假日,无论是白天还是晚上,只要是新疆班有需要,教师们随时做好工作准备。

高桥中学的本地班学生家长通过家委会自发组织,为新疆班学生捐赠了御寒衣物。党员教师结对活动全覆盖。每一位新疆班学生都有自己的上海"爸妈"。党员导师定期与学生谈心谈话,帮助他们解决生活的困难和思想上困扰。

新疆班办班以来,新疆班学生得到了各级领导的关注和关爱。不定期的工作指导,从学校的硬件设施到教师团队,从新疆班学生的衣食住行到身心健康,指导和关心细致入微。特别是每逢春节的关爱慰问,让离家的孩子们感受到了家人般的温暖。

2022年是特殊的一年,4—6月居家学习期间,学校主要领导和新疆部的全体同仁义无反顾进入学校,全身心投入为封控学生的教育服务中。所有在校驻守的教师,除了日常的线上教学任务和各种工作安排,还要化身"保洁""食堂工作人员""教辅"为学生搬运物资,打扫卫生、送饭、复印打印学习资料等;因个别学生需要长期吃药,教师们在外界全面防控期间,通过途径想尽办法为学生配药。点滴之间是教师们的责任心,是对民族学生的关心和爱护,是民族团结教育最好的体现。

新疆部有一名学生获评上海市三好学生,一名学生获评浦东新区优秀学生干部,学生参加各种综合知识竞赛、学科竞赛、科技活动、体育比赛30余次。在2023年的首届高考中,新疆部参考人数68人,总分上海排名第三。本科达线率100%,一本率89.7%,多名同学被全国著名高校录取。

表4-30 新疆部学生市、区级获奖情况(部分)

序号	年级	班级	姓名	级别	获奖名称
1	高三	14	王文娜	市级	2020年"祖国的爱,伴我成长"征文一等奖
				市级	上海市内地中学民族班庆祝建党百年征文比赛二等奖

续　表

序号	年级	班级	姓　名	级别	获 奖 名 称
1	高三	14	王文娜	区级	浦东新区第18届中学生时政知识大赛高中组三等奖
				区级	《善弈者谋势,善谋者致远》浦东新区中学生共产主义学校第36期培训班优秀课题
				区级	2020年浦东新区优秀学生
2	高三	14	邓照新	市级	2020年上海市"祖国的爱,伴我成长"征文大赛三等奖
3	高三	14	阿卜杜许库尔·麦麦提	市级	第37届"海港上汽杯"《新民晚报》中学生足球赛高中组第五名
4	高三	14	马艺铭	市级	2020年上海市"祖国的爱,伴我成长"征文大赛三等奖
				市级	2021年第17届全国语文规范化学习活动中学组优胜奖
5	高三	14	王艺	市级	2020年上海市"祖国的爱,伴我成长"征文大赛二等奖
6	高三	14	许婷瑜	区级	第18届浦东新区中学生时政大赛(高中组)三等奖
7	高三	14	阿依娜尔·努尔沙吾列	区级	浦东新区"童心逐梦"摄影比赛优秀奖
				镇级	高桥镇优秀学生
8	高三	14	董国玉	市级	2021年上海市庆祝建党百年征文比赛三等奖
				区级	2021年浦东新区第18届中学生时政知识大赛高中年级组三等奖
9	高三	13	马永霞	镇级	高桥镇优秀学生
10	高三	13	杨开宇	区级	2021年上海市时政大赛三等奖
11	高三	13	热伊莱·玉苏普	市级	2023年上海市三好学生
				区级	2021浦东新区中等学校(高中、中等职业学校)优秀学生干部
12	高三	13	王雅楠	国家级	第17届全国语文规范化知识学习活动中学组优胜奖
				市级	上海市内地民族(班)校学生庆祝建党百年征文比赛三等奖

续 表

序号	年级	班级	姓名	级别	获奖名称
13	高三	13	苏廷玉	市级	上海市内地民族（班）校学生庆祝建党百年征文比赛一等奖
				区级	2021年上海市时政大赛三等奖
14	高三	13	古丽扎提·巴拉提	区级	2022年浦东新区优秀学生
15	高二	13	蒋程锦	区级	2021—2022学年浦东新区中等学校三好学生
16	高二	14	荆元锴	市级	第二届浦东新区中小学生语文课文诵读大赛（高中组）一等奖
				区级	上海市第16届"青中杯"读书节活动"春天诗会"表演（视频）三等奖
17			高三(14)班古娜依木·毛力达力、布麦丽艳·玉苏甫江、许婷瑜、努尔楚瓦克·巴合提波力、祖拉牙提·乌卜力喀斯木、热伊莱罕·阿卜杜热黑木、排日代姆·阿布来提；高三(13)班谢依代·艾西丁、伊丽努尔·艾力、闫瑞晗、热伊莱·玉苏普，等	区级	2021年浦东新区校园足球联盟"中国人寿杯"中小学生足球超级联赛女子组第三名
18			高三(13)班热伊莱·玉苏普、谢依代·艾西丁、伊丽努尔·艾力、闫瑞晗	区级	2022年浦东新区校园足球联盟"中国人寿杯"中小学生足球超级联赛女子组第五名
19			高三(14)班伊卜拉伊木·图尔苏、麦尔丹·米吉提、阿卜杜许库尔·麦麦提、斯地克江·艾买尔、高三(13)班穆斯塔帕·买买提、高捷、高一(13)班阿布都力艾孜孜·哈力克、阿卜杜外力·艾尔买江、哈斯特尔·叶尔扎提	区级	2022年浦东新区校园足球联盟"中国人寿杯"中小学生足球超级联赛男子组第三名

回顾本章内容，学校从校史馆功能拓展、三大研学角、两大科普站和一个创新实验室切入，系统展现了"书院式"学习场这一物理空间重构的诸多探索与实践努力。在此基础上，围绕"理趣——立交桥课程"和"理趣——原动力课堂"两条学校教育变革的核心主线，将学校课程和课堂的变革思考与实践娓娓道来。同时，考虑到新疆班建设的特殊性，将学校在铸牢中华民族共同体意识的尝试分而述之。

第五章 加注"学习场"智能，拓展空间新功能

随着社会的不断发展,数字化、信息化已逐渐成为人类生存与实践的主导方式,互联网、大数据、云计算、人工智能和区块链等技术不仅对人类的生产、生活、思维方式带来重大变革,也深刻影响着教育系统的发展。本章就从教育数字化转型的学理分析谈起,围绕发展溯源与内涵辨析、理论与实践框架建构、发展机遇与趋势分析等维度系统呈现目前学界的相关研究成果,并在此基础上结合高桥中学的具体实践,分析学校是如何通过智能化的"学习场"构建以拓展其功能的。

第一节 教育数字化转型的历史、现状与未来

《中华人民共和国国民经济和社会发展第十四个五年规划和 2035 年远景目标纲要》提出:"迎接数字时代,激活数据要素潜能,推进网络强国建设,加快建设数字经济、数字社会、数字政府,以数字化转型整体驱动生产方式、生活方式和治理方式变革。"①教育数字化转型已然成为当前教育改革与实践的热点问题,也是未来教育创新变革的发展趋势。社会和文化的变迁、技术革新的动力、国家政策的主导和教育系统内生发展四个因素形成推拉合力驱动着教育数字化转型。②

一、教育数字化转型的发展溯源与内涵辨析

(一) 发展溯源

为迎接数字技术带来的机遇与挑战,世界各国纷纷出台一系列的数字化发展战略和计划,来推动科技和经济的发展,更重点推动教育领域的数字化转型。③俄罗斯联邦政府 2017 年发布的《俄罗斯联邦数字经济规划》,确定了俄罗斯数字经济发展的路线图,其中"人才和教育"是该规划提出的五个基本发展方向之一;此后,于 2018 年启动"数字化教育环境"项目,明确要建立安全数字化教育环境。日本的数字化发展战略源于 2009 年制定的《2015 年 I-Japan 战略》,在教育方面强调要通过教育和人力资源领域建设,提高学生学习的积极性,培养信息技术人才;2018 年 9 月,日本内阁发布《人工智能战略草案》,其中明确指出要培养中学生的数字化素养和人工智能专业人才。2019 年,德国联邦政府正式启动《学校数字协定》,计划未来五年进行学校信息化平台建设;2021 年 7 月,德国学术交流中心发布《21 世纪高教数字化转型——全球学习报告 2021》,聚焦包括公平使用、机构数字化转型、数字素养、虚拟协作的四项行动,以及领导力、政策和行业的三大建议。2020 年 9 月,联合国教科文组织、国际电信联盟和联合国儿童基金会联合发布了《教育数字化转型:学校联通,学生赋能》,关注教育的数字化连通。同年,欧盟发布了《数字教育行动计划(2021—2027 年)》,明确了欧盟层面未来需要推进"促进高性能的数字教育生态系统的发展"和"提高数字技能和能力以实现数字化转型"两大战略事项。

结合世界各国发布的教育数字化政策文件和采取的教育改革举措可以发现,当前国际

---

① 第十三届全国人民代表大会第四次会议关于国民经济和社会发展第十四个五年规划和 2035 年远景目标纲要的决议[J].中华人民共和国全国人民代表大会常务委员会公报,2021(03):428-502.
② 祝智庭,胡姣.教育数字化转型的实践逻辑与发展机遇[J].电化教育研究,2022,43(01):5-15.
③ 祝智庭,胡姣.教育数字化转型的理论框架[J].中国教育学刊,2022,(04):41-49.

教育数字化转型主要体现在：不断升级改造数字化基础设施，稳步提升数字教育资源供给能力，推进数字技术支持的教育教学创新，注重培养教师的数字素养与技能，高度重视教育数字化标准规范研制，优化完善数字技术应用伦理规范6个方面。[1]

2021年8月，我国教育部批复同意上海成为教育数字化转型试点区。2022年1月，国务院印发《"十四五"数字经济发展规划》，明确提出要加快推动文化教育等领域公共服务资源数字化供给和网络化服务。由此可见，数字化已然成为经济发展和社会转型的新方向，教育作为实现可持续发展的重点领域，教育数字化转型理应也必然成为未来教育改革和发展的重要趋势。

（二）内涵分析

近年来，数字化转型虽然被越来越频繁地提及，但目前尚未形成统一的概念共识。[2] 目前，有关数字化转型的描述主要集中在两个方面：一方面，将数字化定义为"使用数字设备进行通信、记录、数据传输的数字方法"[3]，基于此，数字化转型被看作一种策略或方法。例如，Riemer等将数字化转型定义为由数字技术推动的变化，其发生的速度和规模颠覆了价值创造、社会互动、经营业务的既定方式，以及更普遍的思维方式。[4] Fleaca认为数字化转型是借助于ICT技术和应用过程思维原则，在试图捕捉和模拟将数字技术融入教学、学习和组织实践所需的相互关联的活动方面，教育系统现代化的现代发展。[5] 另一种观点是，认为"数字化是人与社会之间的交流和互动范式的改变"[6]，基于此，数字化转型被视为一种过程或模式，包括基础设施、管理、行为、文化特征的复杂解决方案。例如，美国高等教育信息化协会（EDUCAUSE）将数字化转型定义为"通过文化、劳动力和技术深入而协调一致的转变，优化和转变机构运营、战略方向和价值主张的过程"[7]。Sandhu认为数字化业务转型可以定义为修改业务流程、程序、能力和政策，以利用新的数字技术带来的变化和机会，以及它们对社会的影响，同时始终考虑到当前和未来的趋势。[8] Wade认为数字化转型从根本上说是一种变

---

[1] 吴砥，李环，尉小荣.教育数字化转型：国际背景、发展需求与推进路径[J].中国远程教育，2022(07)：21-27+58+79.

[2] Morakanyane R, Grace A, Reilly P. "Conceptualizing Digital Transformation in Business Organizations: A Systematic Review of Literature": Proceedings of the 30th Bled E-conference: Digital Transformation—From Connecting Things to Transforming Our Lives[C].Bled: Bled e-Conference Press, 2017.

[3] Cichosz M, Wallenburg M, Knemeyer M. Digital Transformation at Logistics Service Providers: Barriers, Success Factors and Leading Practices[J]. The International Journal of Logistics Management, 2020, 31(2): 209-238.

[4] Riemer K, Gal U, Hamann J, et al. Digital Disruptive Intermediaries: Finding New Digital Opportunities by Disrupting Existing Business Models[R].Sydney: Australian Digital Transformation Lab, 2015.

[5] Fleaca E. Embedding Digital Teaching and Learning Practices in the Modernization of Higher Education Institutions[A]. International Multidisciplinary Scientific Geo Conferences: SEGM[C].Albena: Curran Associates, Inc., 2017: 41-47.

[6] Marey A. Digitalization as a paradigm shift[EB/OL].[2021-11-01].https://www.bcg.com/ru-ru/about/bcg-review/digitalization.aspx.

[7] Christopher D, Mccormack M. Driving Digital Transformation in Higher Education[EB/OL].[2022-01-12]. https://library.educause.edu/resources/2020/6/driving-digital-transformation-in-highereducation.

[8] Sandhu G. The Role of Academic Libraries in the Digital Transformation of the Universities[A]. International Symposium on Emerging Trends and Technologies in Libraries and Information Services(ETTLIS)[C]. Noida: IEEE, 2018: 292-296.

化,它涉及人、流程、战略、结构和竞争态势。[①]

但是,无论是将之视为策略或方法,还是过程或模式,数字化转型的内核始终是技术推动。由此,"数字化"作为以技术为载体的一种手段,其意义随着数字技术的发展而不断嬗变,使之经历数字化转换(Digitization)、数字化升级(Digitalization)和数字化转型(Digital Transformation)的概念发展。[②] 换言之,教育数字化转型是建立在数字化转换(从模拟格式到数字格式的转变)、数字化升级(利用数字技术和信息改变组织的运作过程)基础上的创变过程。

二、教育数字化转型的理论与实践框架建构

(一)核心要素

尽管学者对数字化转型的概念定义不一,但可以提取三个不同的要素:[③]一是技术,数字化转型机遇新数字技术的使用,如社交媒体、移动、分析或嵌入式设备;二是组织,数字化转型要求更改组织流程或创建新的模型;三是社会化,数字化转型是一种通过提升客户体验等方式影响人类生活各个方面的现象。还有学者指出,参与者、目标和技术是数字化转型的关键。[④] 从某种程度上看,教育数字化转型与技术、组织和社会化的视角层次,以及参与者、目标和技术方法的过程层次相互关联,加之数据的赋能作用,形成了教育数字化转型的核心要素框架,[⑤]如下图所示。

(二)实践逻辑

教育数字化转型的实践逻辑可视为具有价值意图支配的行为选择,在实践活动中深层次的生成原则包括:"问题驱动+理念引领"的原则、"系统进化+创新突破"的原则和"价值评估+迭代优化"的原则。[⑥] 具体而言,第一,教育是面向未来的事业,所以教育技术的哲学就是未来主义取向的,因此用技术赋能教育数字化转型就必须是兼顾理想主义和实用主义的,所以"问题驱动+理念引领"是教育数字化转型的基本原则。在教育数字化转型的实践中,当现实问题出现时,问题驱动被激发,寻找问题解决方案成为实践方向;当没有现实紧迫问题时,理念引领以期望高层次的发展,发展目标和愿景成为实践方向。然而,问题驱动具有现实性,理念引领具有超前性,问题驱动的实践走向需要理念引领,理念引领也会激发问

---

① Wade M. Digital Business Transformation a Conceptual Framework[EB/OL]. [2022-01-10]. https://www.huffpost.com/entry/accenture-digital-7-digitalbussiness-transformation-lessons_b_6622648.
② 祝智庭,胡姣.教育数字化转型的实践逻辑与发展机遇[J].电化教育研究,2022,43(01):5-15.
③ Reis J, Amorim M, NFR Melao, et al. Digital Transformation: A Literature Review and Guidelines for Future Research[A]. World Conference on Information Systems and Technologies[C].Naples: Springer, Cham, 2018: 411-421.
④ Maria L, Benavides C, Alexander J, et al. Digital Transformation in Higher Education Institutions: A Systematic Literature Review[J].Sensors, 2020, 20(11): 1-22.
⑤ 祝智庭,胡姣.教育数字化转型的本质探析与研究展望[J].中国电化教育,2022(04):1-8+25.
⑥ 祝智庭,胡姣.教育数字化转型的实践逻辑与发展机遇[J].电化教育研究,2022,43(01):5-15.

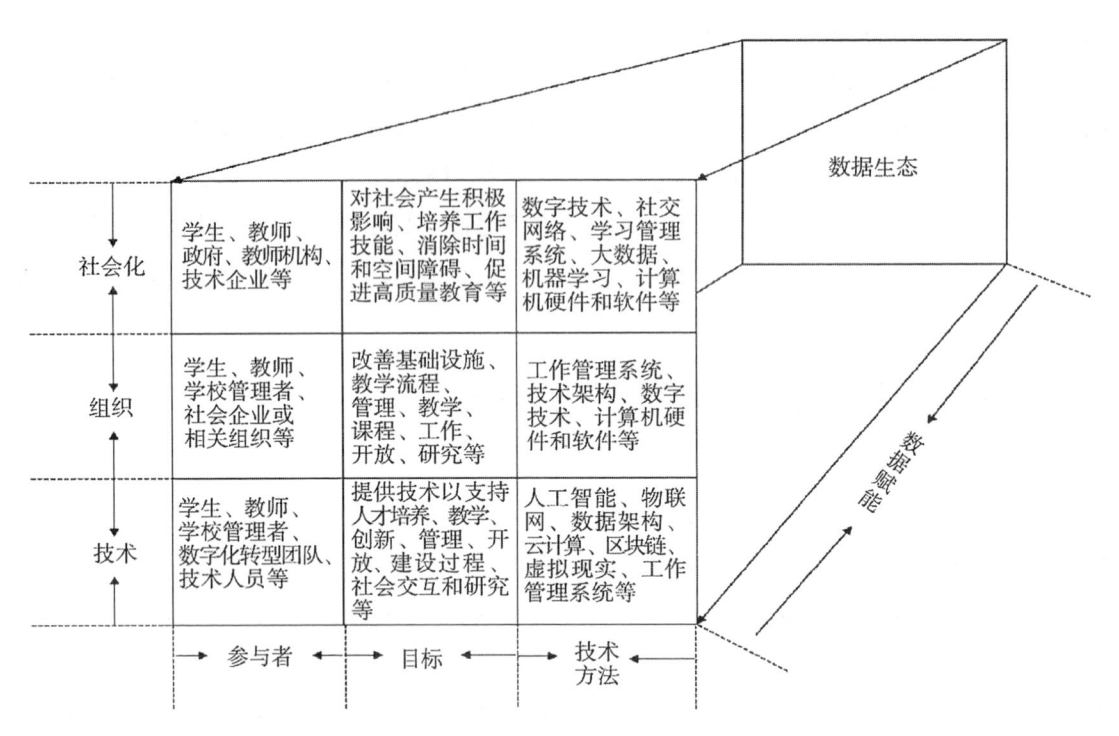

图 5-1 教育数字化转型的要素框架①

题认识,问题驱动和理念引领往往相互交织,共同决定教育组织和个体的实践轨迹。第二,教育本身是一个复杂的生态系统,其内部各子系统处于彼此联系之中,这些子系统及其内部要素之间具有相互依赖性,完成任务或实现目标时往往需要统筹布局所需的各种资源,同时牵动多个子系统和要素,各部分共同作用的同时也相互影响,换言之,通过"系统进化"的方式促进系统性发展。此外,也会通过追求创新突破的"创变"的方式来适应变化。第三,决定教育数字化转型的实践本身并非无控制、无目的和自组织的活动,需要通过评估确定当下实践活动的价值,也用于诊断实践的效果,比较实际效果和目标效果之间的差异,从而塑造策略和决策,推进实践过程。同时,价值评估的结果为迭代优化提供了两种反馈机制:一是强化教育数字化转型实践,通过迭代实践来保持、加速和放大实践效果;二是平衡教育数字化转型实践,通过调整改进来抑制、减缓或纠正实践活动。

基于上述认识,数字化转型是多重原则共同作用下的结果,一般情况下,环境条件触发转型实践,实践过程需要基于一定的意图,在实践场域进行策略性的整体规划,意图可以是客观的现实问题或先进理念、模糊的系统或创新探索。需要强调的是,这条实践路径是不断变化和发展的,而非单一的线性事件。

---

① 祝智庭,胡姣.教育数字化转型的本质探析与研究展望[J].中国电化教育,2022(04):1-8+25.

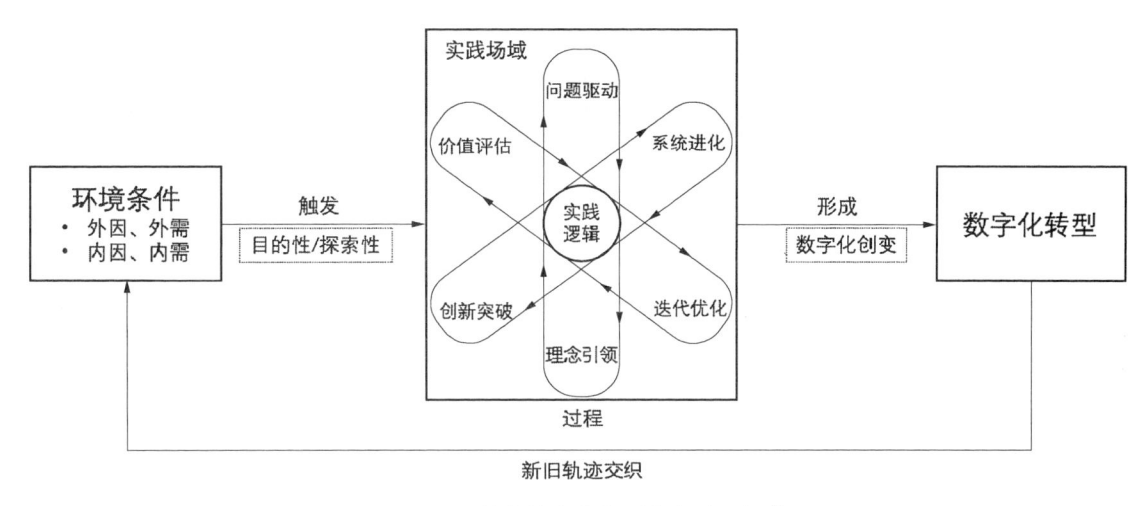

图 5-2　教育数字化转型的实践逻辑①

（三）实践场域

在教育数字化转型实践中，在特定时空的框定下，教育参与者之间的关系、组织目标事件与相关事件之间的关系、组织目标事件与教育参与者目标之间、技术与组织目标之间、技术与相关事件之间的关系等构成的关系网就是教育数字化转型要面临的实践场域，具体可包括教学维度、基础设施维度、管理维度、外延维度等四个基础性的部分，如下图所示。

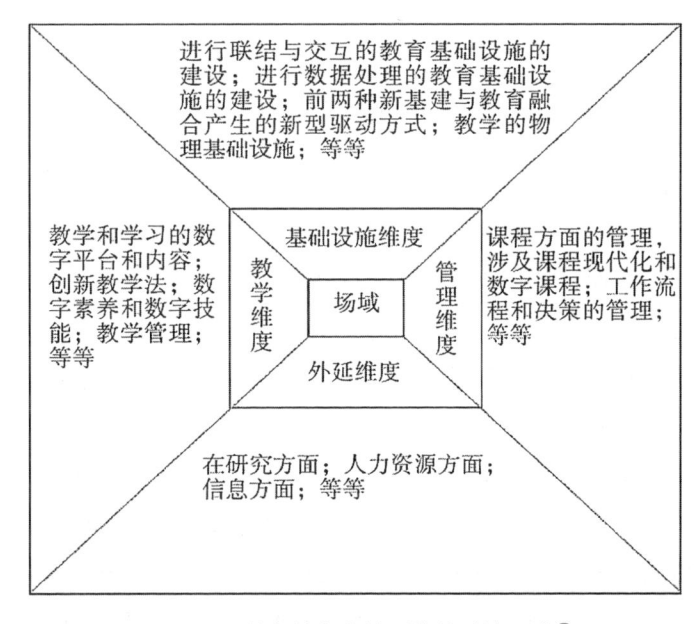

图 5-3　教育数字化转型的基础性场域②

---

① 祝智庭,胡姣.教育数字化转型的实践逻辑与发展机遇[J].电化教育研究,2022,43(01)：5-15.
② 祝智庭,胡姣.教育数字化转型的本质探析与研究展望[J].中国电化教育,2022(04)：1-8+25.

其中,教学在学习的整个系统中处于中心地位,主要指的是教师和学生作为教育主体,以课堂环境为依托,通过双方协同促进教学目标达成和满足师生发展需要的活动。一般而言,教育数字化转型在教学维度上主要包括教学和学习的数字平台和内容,创新教学法,数字素养和数字技能,以及教学管理等。基础设施维度主要包括进行联结与交互的教育基础设施的建设,进行数据处理的教育基础设施的建设,上述两种新基建与教育融合产生的新型驱动方式,教学的物理基础设施,数据和安全基础设施等。管理维度就是通过实施计划、组织、领导、协调、控制等智能来协调教育系统的活动,从而实现既定目标的活动过程,主要包括课程方面的管理,以及工作流程与决策的管理。除此之外,教育数字化转型的实践场域还可能衍生出其他许多新的场域,可以将之统称为外延维度。诸如,在研究方面,科学研究需要和教育数字化转型一致,以满足参与研究过程的参与者的要求和期望;在信息方面,教育数字化转型可以精简来自各种来源的数据,以实现更精简、更有效的计划业务等。

(四)理论框架

祝智庭等研究构建一个整合性的理论框架,从社会数字化转型的基本原理、教育数字化转型国际现象及其内涵的概念论层面锚定转型支点和价值基点;从进化论、催化论、应变论、嬗变论、智慧教育论的变因论层面解析教育数字化转型的机理逻辑;从教育数字化转型的实践原则、框架、领导力发展、成熟度测评和敏捷法的基本性方法论层面勾勒教育数字化转型的实用方略,以期引发教育共同体共同致力于教育数字化转型的思考和研究,从而实现教育的变革与创新突破。[1]

三、教育数字化转型的发展机遇与趋势分析

袁振国提出,教育数字化不仅是对教育的赋能,更是对教育的变革和重塑。教育数字化与其他领域数字化的根本不同在于,教育活动不是物与物的联系,而是人与人的联系,教育数字化不仅不能替代人,而且要以人的发展为目的,是通过人、依靠人、为了人,以是否促进了人的发展为衡量标准。基于此,当前教育数字化转型的重点任务是创新教育场景,开发数字资源,提升教师数字素养,提升国家数字教育平台能级,以数字化思维治理教育数字化。[2]祝智庭等认为,在目前构建智能社会新生态、构建高质量教育体系和COVID-19外部压力催化的背景下,教育数字化转型面临难得的发展机遇,需要研发教育数字化成熟度模型或框架,开展全国性的教育数字化就绪行动,做好各级各类教育数字化转型试点,重视教育数字化转型的相关教育理论研究等,以更主动的姿态迎接世界教育变革的浪潮。[3]除此之外,祝智庭等还围绕"新范式:教育范式从供给驱动向需求驱动的系统创新研究""新思维:发展

---

[1] 祝智庭,胡姣.教育数字化转型的理论框架[J].中国教育学刊,2022(04):41-49.
[2] 袁振国.教育数字化转型:转什么,怎么转[J].华东师范大学学报(教育科学版),2023,41(03):1-11.
[3] 祝智庭,胡姣.教育数字化转型的实践逻辑与发展机遇[J].电化教育研究,2022,43(01):5-15.

数据赋能的创新设计模式研究""新能力：教育数字化转型能力建设研究""新环境：数字化教育生态系统架构研究""新资源：新型数字教育资源建设与共享机制研究""新应用：教育创新实践的新样式研究""新文化：培植教育数字化转型的健康'数字文化'基因""新蓝图：制订推进教育数字化转型的就绪行动计划"等方面阐述了教育数字化转型的未来研究方向。[①]

第二节　教育数字化转型背景下的学校实践

一、立足"优"字，优化信息化基础设施设备

为了体现"学习场"的泛在性、嵌入性和体验性特点，高桥校区在2019年完成校园整新工程基础上，重点加快老校区学校信息化基础设施建设。探索现代信息化技术与学生德育、课程教学、教育科研、服务管理等的深度融合之路。加强学校信息化管理和应用队伍建设，构建服务于学生、服务于教师、服务于教育教学的校园网络平台。围绕育人模式和学习方式的转变，结合"学习场"实验项目和生态课堂建设，探索构建网络学习空间，创新学习资源供给模式，支持学生创新素养培养。三年来，在校园内布局了流动图书馆、朗读吧、科普站（气象观测站、污水处理治理站和光伏发电站）和研学角（涉及数学、物理和化学），充分展示了老校区的"新活力"。现代、智能的森兰新校区前期方案几经专家组认证，将在年内动工，预计于2025年9月正式启用。

图5-4　高桥老校区信息化基础设施建设

从2019年起学校进行了新一轮校园整新工程，通过对校园网络带宽的提速升级，网络分布节点的优化调整和校园公共场所的视频覆盖，学校的网络、监控、电子围栏、报警系统等

[①] 祝智庭,胡姣.教育数字化转型的本质探析与研究展望[J].中国电化教育,2022(04)：1-8+25.

图5-5 森兰新校区建设方案

图5-6 森兰新校区入口效果图

基础设备设施有了一定程度的提升,改进了学校的教育教学环境。三年来,学校又陆续投入建设了包括阅卷系统、质量分析系统、电子班牌、校园网站、录播教室、图书馆系统、朗读亭、LED、学分制平台、智慧教室等信息化系统及平台。为了保障网络信息安全,维护学校教育教学秩序,学校2021年年初实施了信息系统安全等级保护工作,更新硬件,制定条例,强化日检,并于2021年5月在国家有关专业部门的审核后取得了二级等保备案证明,为学校信息化发展打下了基础。近一年来,学校在智慧校园的整体化构建、系统化推进中,进一步加大了对信息技术赋能教学方面的资金投入,2021年至2022年上半年学校出资90万元更新升级30间教室多媒体设施设备。目前,共计有42间多媒体教室用于教育教学活动。在居家学习期间,学校扩容升级了校园网络,为新疆部每位同学配置了平板电脑,实现了全员的"停课不停学、停课不停教"全覆盖。

二、构建数字化网络学习空间，建设智慧校园

2022年下半年，学校启动了浦东新区第三批"智慧校园"试点学校的工作，我们围绕促进高中学生素养培育的数字化"学习场"构建，围绕育人模式和学习方式的转变，聚焦核心素养，结合"学习场"实验项目和"理趣——原动力课堂"建设，构建数字化网络学习空间。学校的智慧校园建设主要内容表述为"3+3+1"，即主要涵盖三大学习场景构建（"理趣——原动

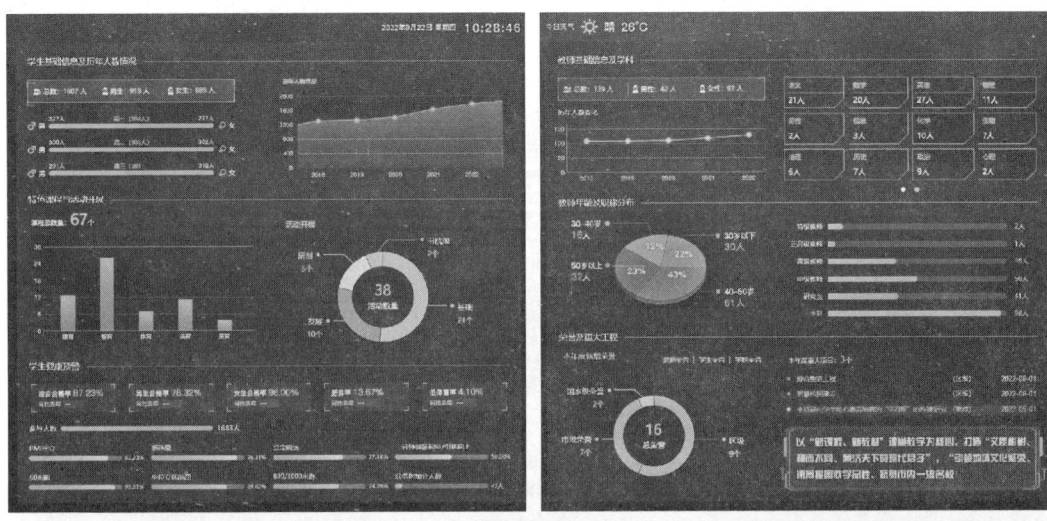

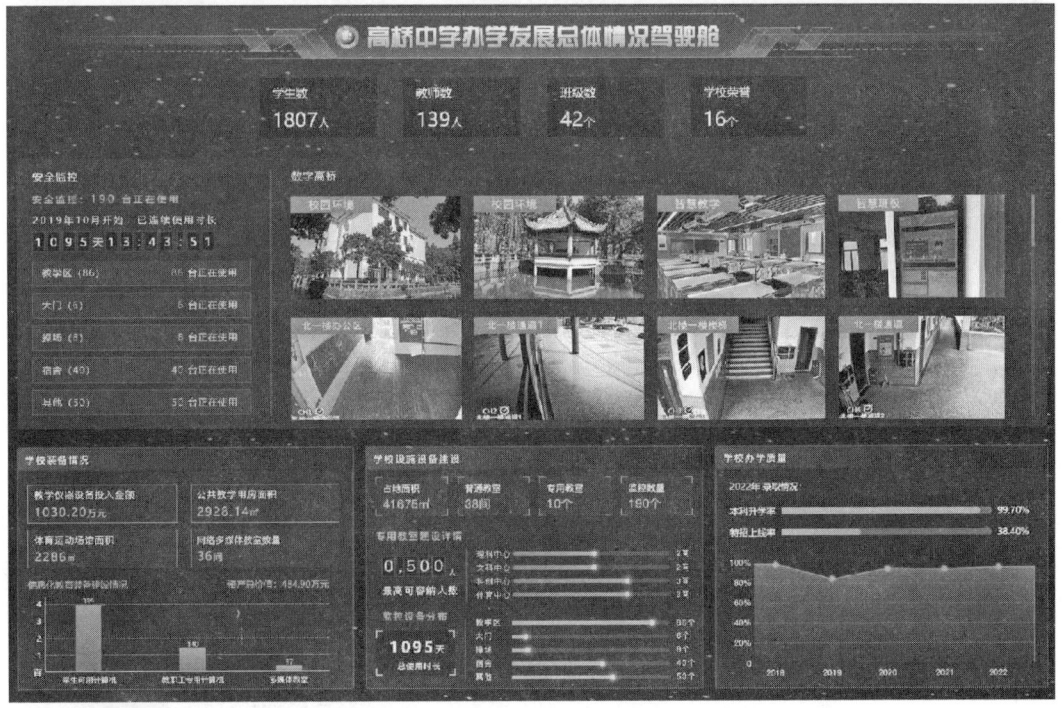

图5-7 智慧校园相关数据一览

力课堂"场景、拓展性研究性学习场景和智慧体育场景)、三类支撑工具打造(数字资源支撑工具、教师发展支撑工具和评价与诊断支撑工具)和一个数字化学习社区创设三个板块,重点培养学生的创造力、意志力、责任感以及问题解决能力,为其终身学习打下基础。居家学习期间,线上教学、教研、班会、家长会、升旗仪式、体育与健康、网上祭英烈等各项活动常态化开展,效果良好。新疆部通过思政大课堂,还有丰富多彩的人文、艺术、体育类拓展课程及城市景观研学、自然教育拓展、文化古迹探寻等主题实践活动,打造适合新疆部学生特点的学习场,让学生的学习随时随地真实发生,把其所学的学科知识转化为解决实际问题的能力和责任意识,促进学生形成真实的生命感悟。

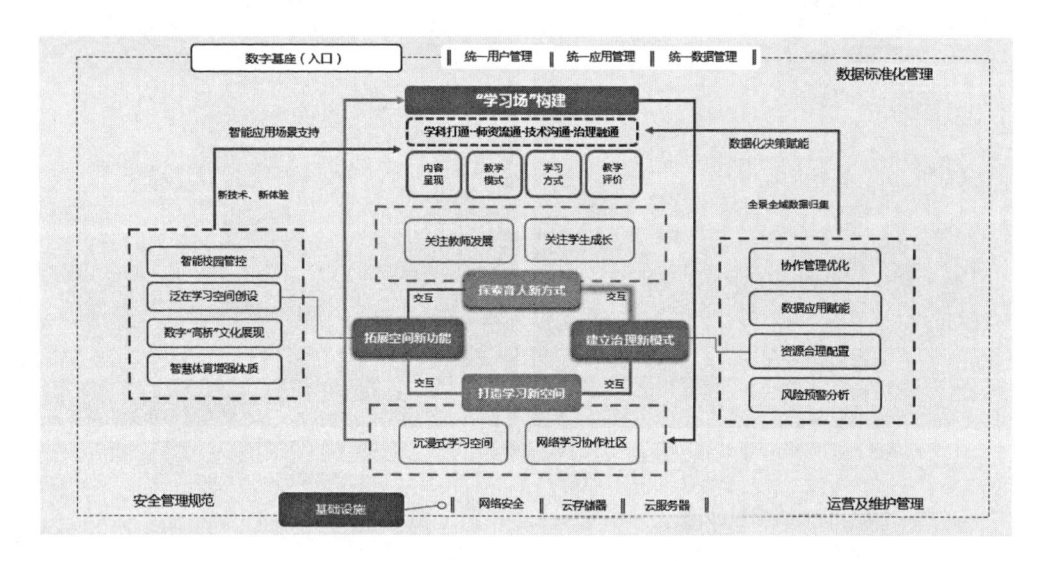

图5-8 "1+4+N"融合构建高中素养"学习场"

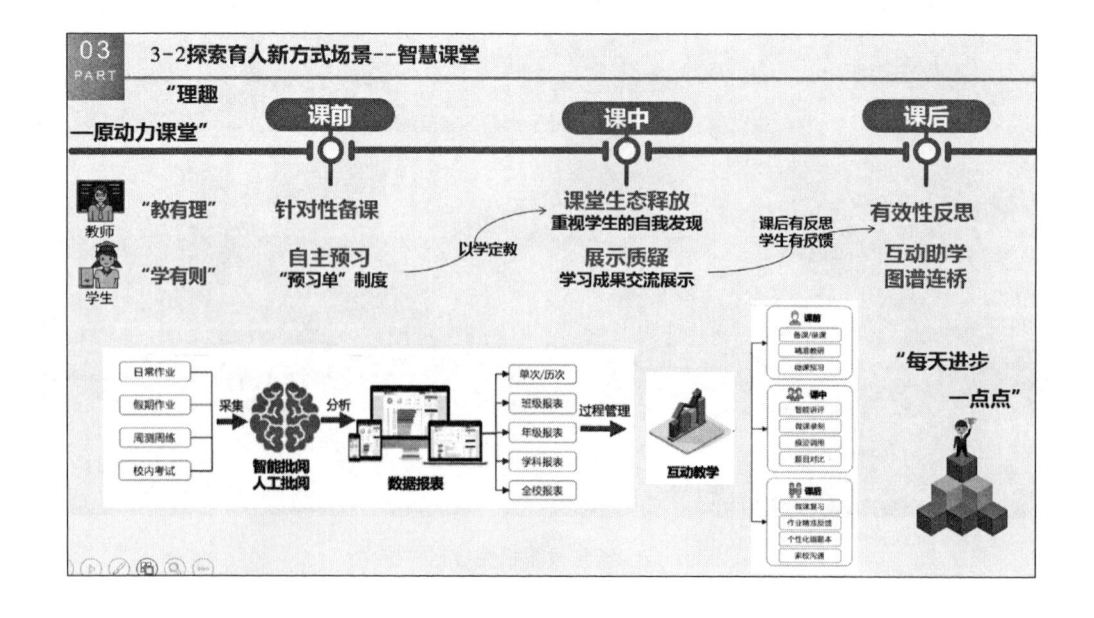

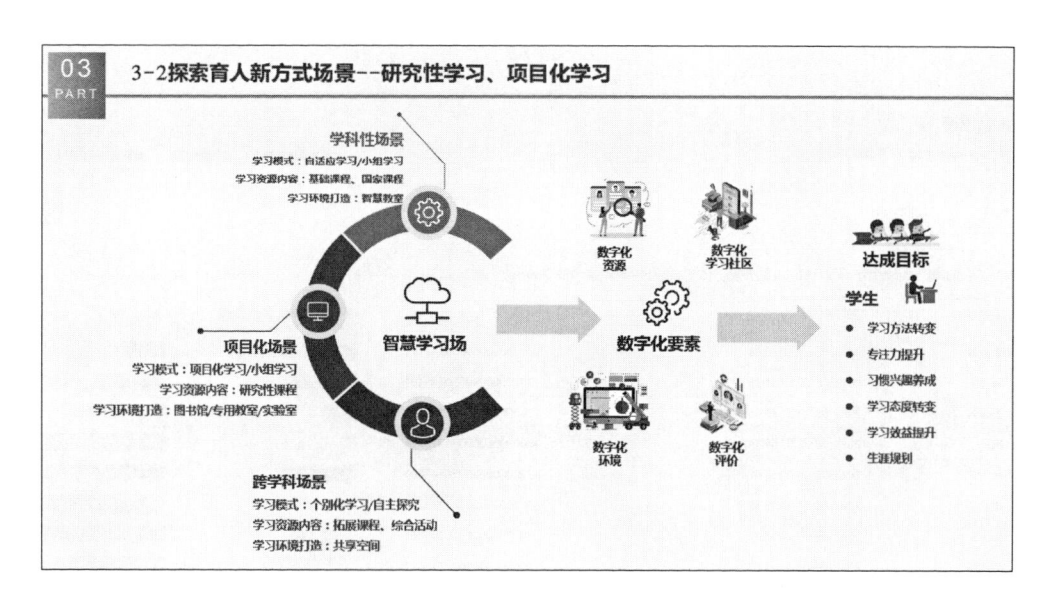

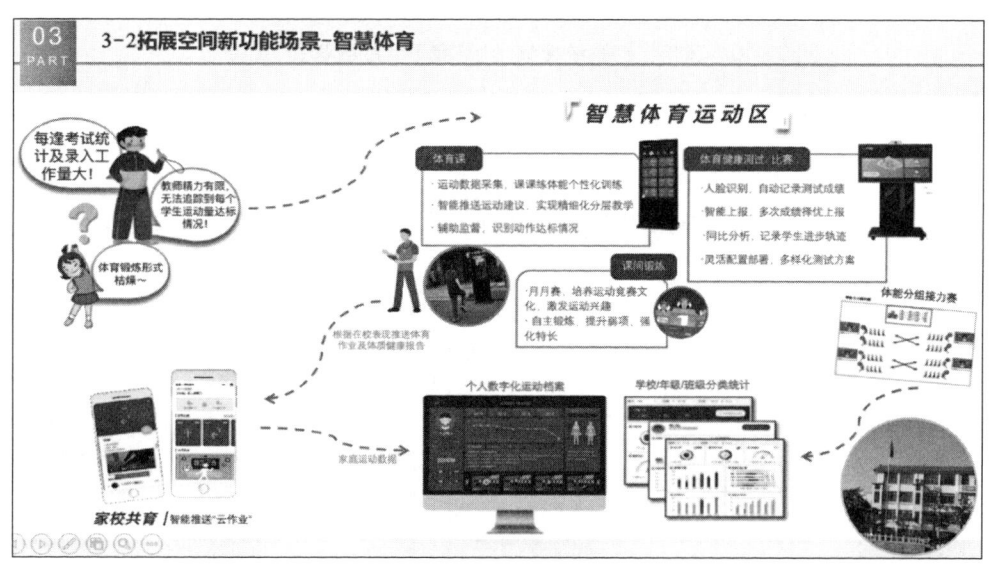

图 5-9 学校智慧校园建设

三、开展基于大数据的学校管理和深度教研,推进技术深度融合

(一)钉钉家校系统

高桥中学较早开展了钉钉家校系统的引入,已经建立了比较完整的校级钉钉架构,在学生的教育教学上发挥了较大作用,具体体现在:

1. 常规教学工作

常规教学期间,钉钉系统是开展针对性辅导、学生个别答疑、竞赛辅导的有效工具。居

家学习期间,所有教学均通过钉钉系统开展,视频会议、作业提交、课程录播功能比较完善。

图5-10 运用钉钉系统搜集学生"我不会的数学题"相关信息

2. 教育管理工作

居家学习期间大量的线上体育、艺术课程、心理课程、校班会课程借由钉钉平台得以常态化开展。此外,钉钉系统也能完成对学生参加教育教学活动的统计考勤、数据反馈等常规管理工作。

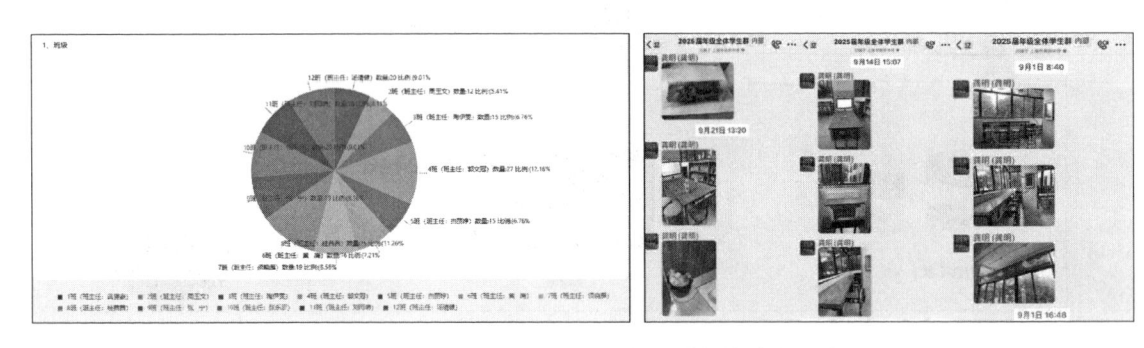

图5-11 运用钉钉系统开展相关数据或信息统计

3. 师生评价工作

借由钉钉系统,帮助教师完成对学生学习、生活的各项评价,了解学生的全面发展状况,学生可以在课后或课程结束前对教师教学质量、教学态度、课程内容和教学效果等方面进行评价,帮助学校和教师及时了解和改进教学质量。此外,还可以拓展以班级和年级为单位的评价功能。通过这些评价,可以全面了解学生的学习情况和教师的教学质量,进而为学校制订教学计划和提高教学质量提供参考。钉钉系统在师生评价工作方面提供了方便快捷的评价工具和数据支持,帮助学校及时了解和改进教学质量,促进学生的全面发展。

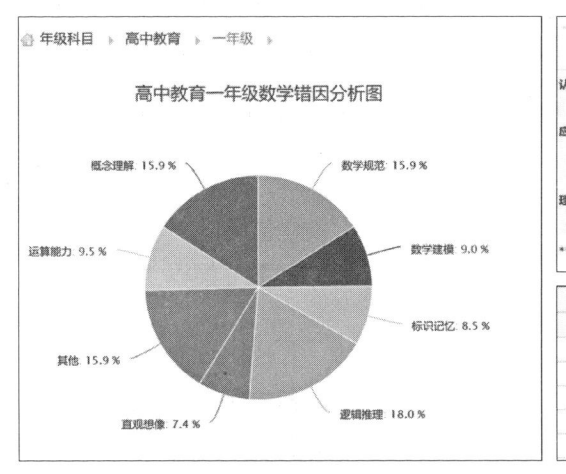

图 5-12　学生作业智能化评价

4. 家校沟通工作

钉钉系统帮助学校搭建一个便捷的家长沟通平台，促进学校与家长之间的交流和互动。家长可以实时了解学生的学习情况、校园动态等信息，还可以为学校的建设和发展提出意见和建议。

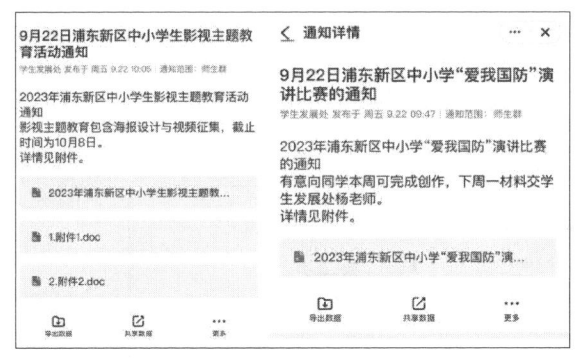

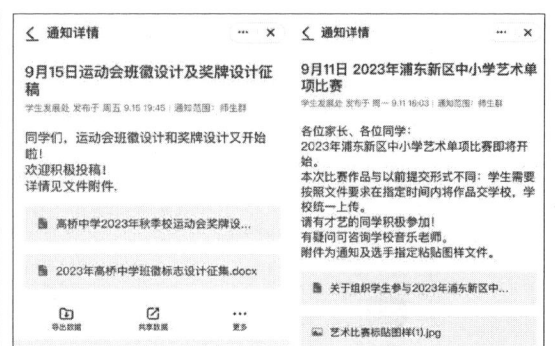

图 5-13　借用钉钉系统进行家校沟通

（二）全员导师资源库

孩子的成长离不开家校双方的努力，为了他们的成长，学校实行全员导师制，每个孩子都有一位结对导师，导师通过陪伴、倾听、服务，对学生进行思想、学业、心理、生活、生涯方面的指导。为了更好地推进导师工作，学校建立了导师资源库系统，在新高一已做到师生结对双向选择，在全校实行导师指导的全过程电子记录。通过导师资源库的建立，致力于系统解决以下难点问题：

1. 师生匹配方式

传统的匹配方式有以下几种：学校直接指定；学生填写申请表，学校再人工进行分配调整;学生提供第一志愿和第二志愿,学校再根据志愿进行分配。以上方式或不考虑学生的意愿,或考虑到学生的意愿但不能考虑到导师的意愿。为解决上述瓶颈问题,高桥中学建立导师资源库系统,学生可同时选择几名导师,导师可以确定是否选择该学生,且通过钉钉客户端完成,最大可能地做到双向选择,在 2023 年新高一的选择过程中,双向选择成功率达到 90% 以上。

第一步

进入学校钉钉工作台
点击【全员导师】
在出现的提示页面
点击【立即登录】

第二步

进入个信息填写
让导师对您有一定的了解

信息越完善
师生匹配度越高

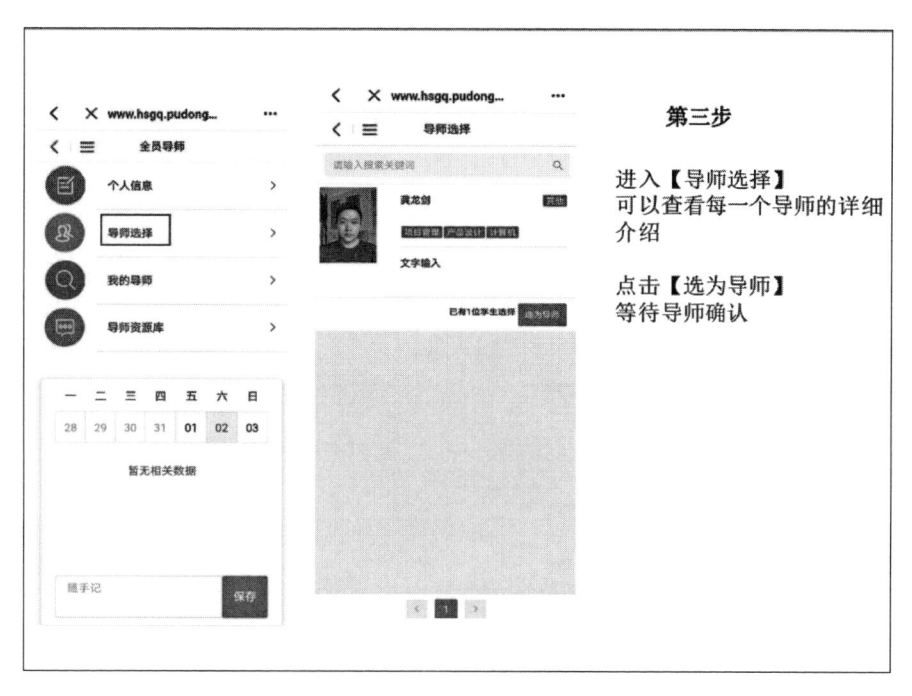

图 5-14　学生操作说明

2. 指导记录分析

导师的指导记录除常规的记录存档、导师考核、学生评价之外,系统对学生多维评价也会自动丰富评价系统,意味着该系统是一个成长性的系统,通过 AI 技术,学校将会从整体上把握学生的整体发展情况。

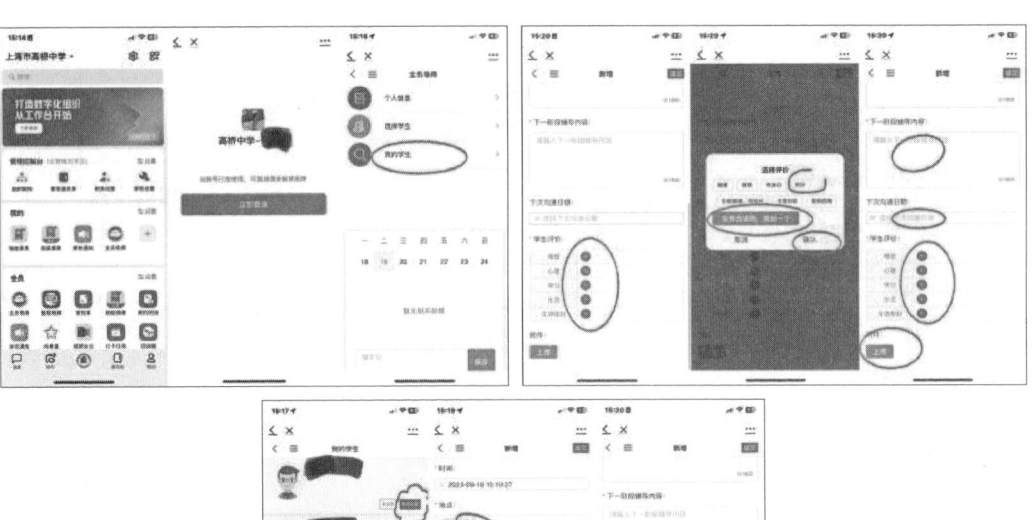

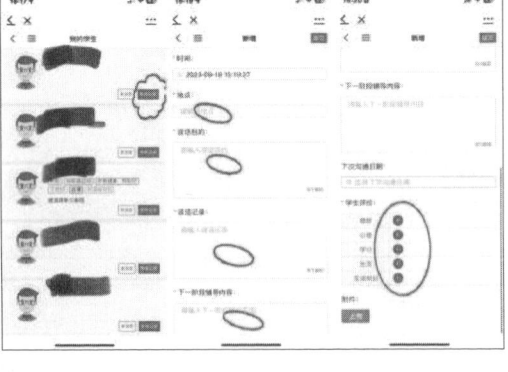

图 5-15 指导记录存档

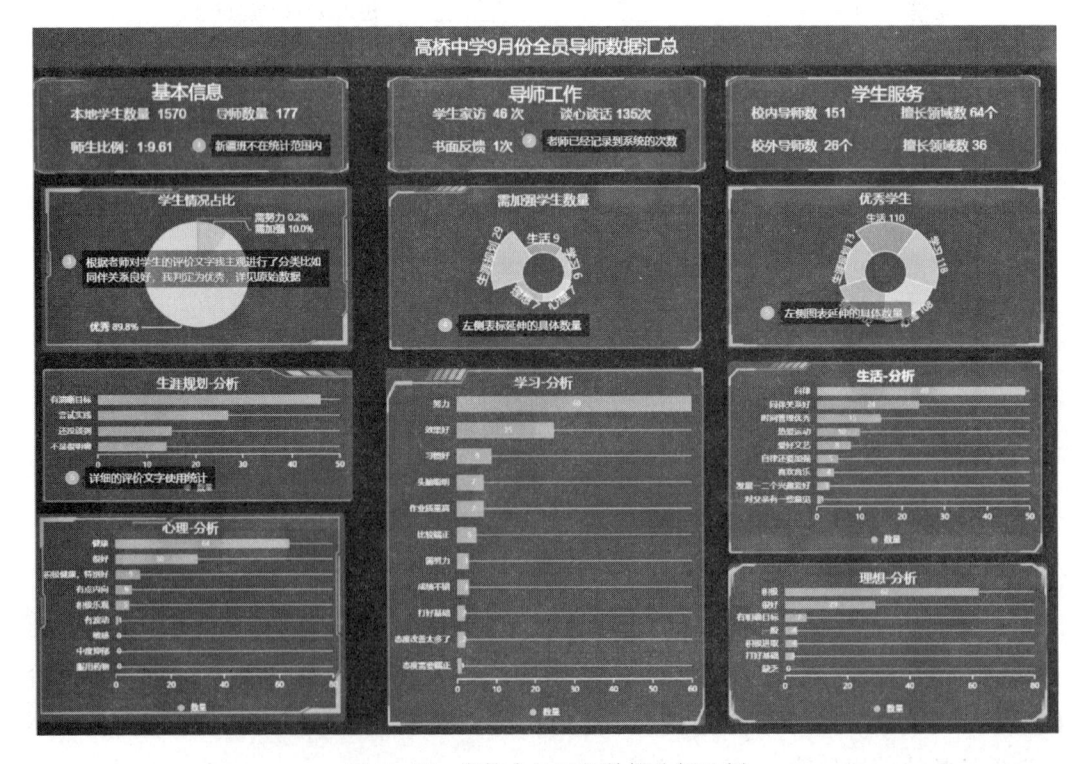

图 5-16 学校全员导师数据分析示例

3. 导师资源整合

每一个导师个体的能力、资源都是有限的，但是整个系统对所有导师专业领域、擅长领域进行系统建档，将个体的能力整合到系统，并且随着导师资源的加入不断更新扩展，高桥中学的每一个学生都能从中搜索，找到适合的指导教师。

图 5-17　导师资源库校内导师简介

图 5-18　导师资源库生成性标签

4. 校外资源融合

系统加入校外导师的角色，邀请家长、校外专业人士进入资源库，提供"专业""职业"的资源支持，让校外资源和校内学生有更畅通的连接渠道。

高桥中学家长导师资源征求

尊敬的家长导师：

感谢您一直对学校工作的支持，对孩子的关心关爱。

为了进一步丰富导师资源，为孩子们提供"专业知识"支持和"职业知识"支持，学校希望进一步拓展资源库，引入家长导师资源和校外导师资源。在此诚邀您将信息登录进资源库，如您同意，请您在个人信息介绍中重点介绍您的专业擅长领域和职业擅长领域，以便能给有该方面需要的孩子提供针对性帮助。具体操作方法见说明。真诚感谢您的支持！

高桥中学　学生发展处
2023 年 9 月 20 日

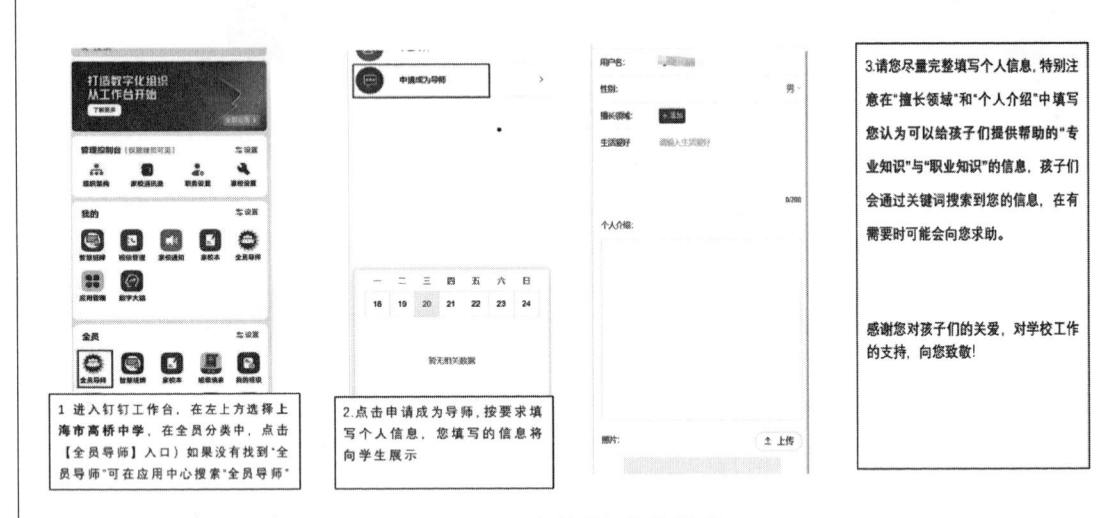

图 5-19　家长导师操作说明

---

5. 加深家校联系

通过导师资源库的建立，学生、家长可以与导师、校外导师进行直接的沟通，加深家校社的联系。

（三）学校综合管理平台

2022 届学生进校以来，学校综合管理成绩平台就开始了学生学习质量的跟踪工作，以便学生、家长、任课老师、班主任、年级组更全面的了解学生的学习能力、学习习惯、学习方

图 5-20 导师资源库界面

法。如若能好好利用这个平台,确实会对各方面人员有积极的指导意义。

对任课教师而言,可以通过平台查询种种成绩,除了年级组大考,还可以自己录入平时班级成绩,分析学生的变化,从而找出薄弱点以及分析可能的情况。教师还可以有针对性地了解每位学生的情况,横向分析学生的得失。

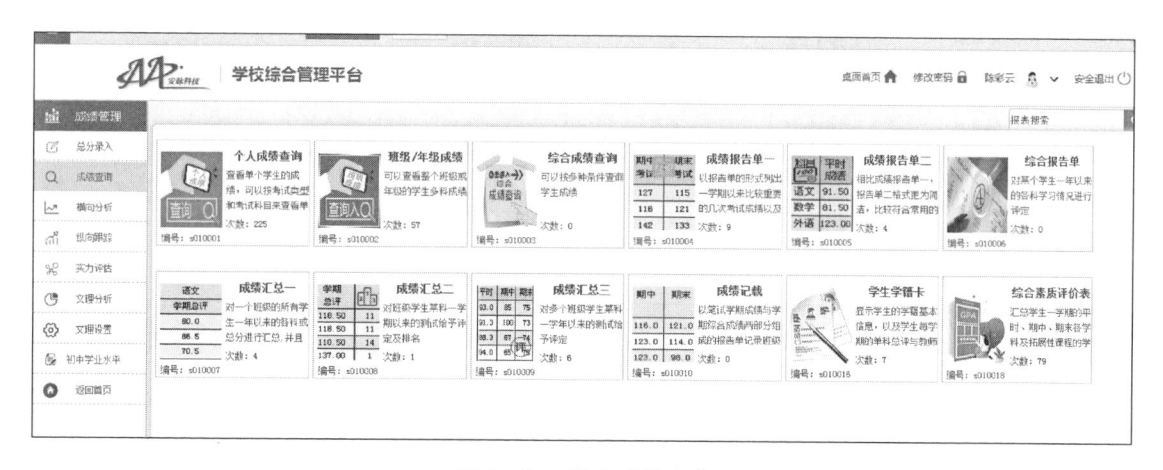

图 5-21 学生成绩查询

对于学生和家长,意义更大,学生自己可以纵向分析每次成绩的个体情况以及和原来成绩相比较的异同,包括每个知识点的得失。雷达图能更清晰直观地看出学生一直以来的成绩波动情况。

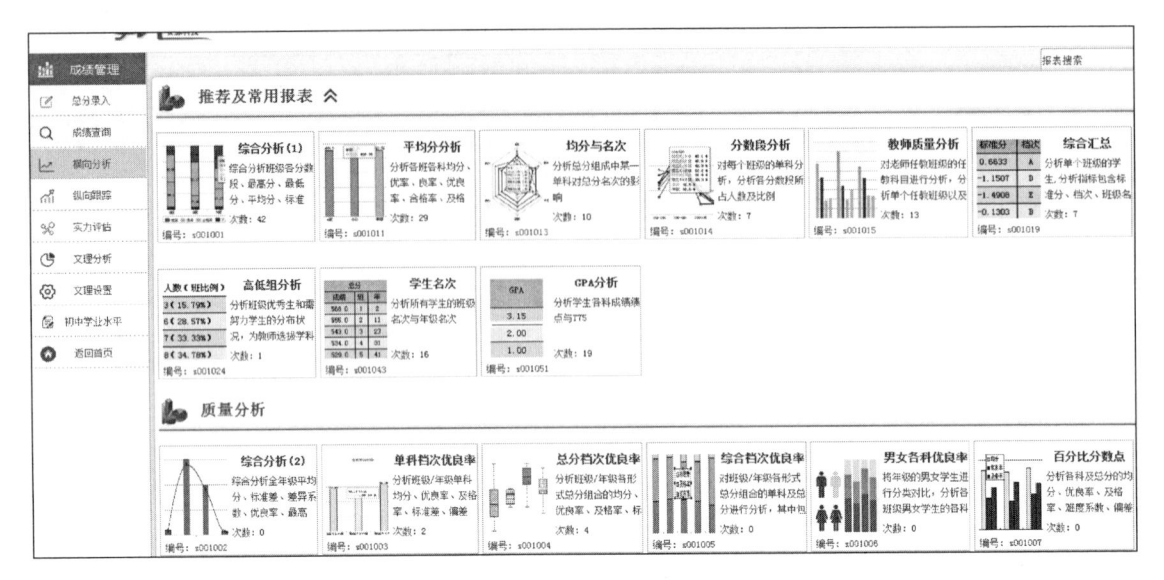

图 5-22　学生成绩横向分析

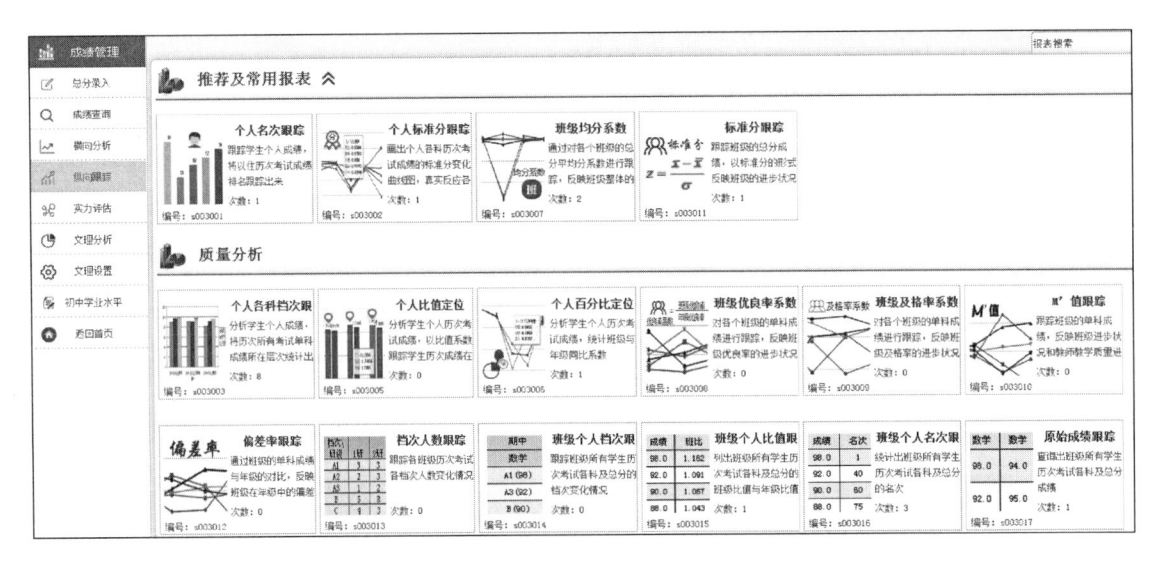

图 5-23　学生成绩纵向跟踪

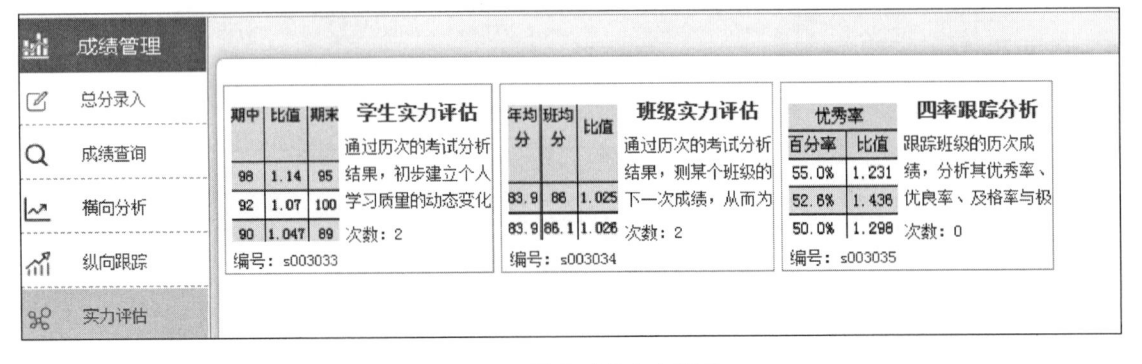

图 5-24　学生成绩实力评估

需要注意的是,在使用过程中也发现了本平台的不足之处:一方面,加三成绩的分析在这个平台很难体现,一定要录入者先换算成等级分,不能系统自己由原始分换算。另一方面,缺考一门或几门的学生,是当零分处理进入总分排名比较,这一点对本人最后总分评估的客观性是不合适的。对其他同学来说,这种情况一多,其实也影响其他学生的准确性。这就需要成绩录入者事先考虑好这一点,采取相应的措施,以便对个体和总体水平的分析更客观。

(四)智慧班牌

全校42个班级各有智慧班牌,与班级绑定,可由学校、部门、班级进行操作,现已经与校园网及钉钉软件进行整合。学校智慧班牌主要承担了以下功能:

1. 通知发布功能

与学生相关的重要信息、校内通知发布,诸如校内新闻、教育宣传、食堂菜单、学生活动、课程安排等。

图5-25 宣传"校园歌手大赛"智慧班牌　　图5-26 发布《告学生及学生家长书》智慧班牌

2. 课程发布功能

发布时事教育、思政教育、心理健康教育、安全教育、法治教育、禁毒教育等视频课程。

3. 文化展示功能

学校文化、校园资讯、学校活动展示,班级可发布班级文化、班级活动、班级制度等,展示班级风貌。

图 5-27　宣传"创建食品安全示范城市"智慧班牌　　　图 5-28　宣传"保护眼睛　预防近视"智慧班牌

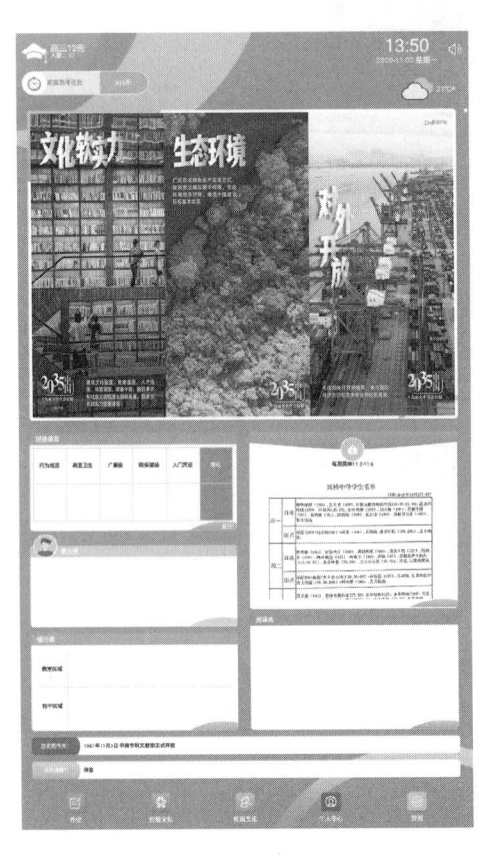

图 5-29　宣传"2035 中国"智慧班牌

4. 教育管理功能

生态文明班创建过程中的日常检查数据的输入、展示、统计，班级值日、课表、通知、作业发布功能。

高桥中学生态教室智慧班牌管理制度

一、班牌意义

智慧班牌是学校校园文化建设、智慧校园、生态班级的系统之一，是学校日常工作、班级文化展示和课堂教学管理等实现智慧校园的应用载体。

二、硬件管理

电子班牌的硬件维修、软件更新由校总务处与相关公司负责。

三、内容发布

一级功能	二级功能	功能简介	发布权限	管理权限（审核）
信息发布	学校通知	发布后会在所有班牌设备上显示	管理员	管理员
	校园文化	包含校园明星、校园资讯、校园活动；师生可触控点击查看	管理员	管理员
	班级工作	班级值日、班级通知、班级学科作业、班级相册等发布后可在班牌设备上查看	班主任	班主任
	媒体发布	可以将视频、图片后台发布，所有班牌上都可以播放	管理员	管理员
	倒计时	全校统一倒计时设置	管理员	管理员
课表管理	教师课表	查看教师本学期课表	课程教学处	课程教学处
	班级课表	查看各班级每周课表	课程教学处	课程教学处
	课表调整	在线调整全校课表	课程教学处	课程教学处
	课表导入	将全校课表导入	课程教学处	课程教学处
	课节设置	设置上课时间	课程教学处	课程教学处
德育管理	班级检查	登记各班德育检查结果、公示	学生发展处	学生发展处
	学生获奖	登记学生获奖、审核	学生发展处	学生发展处
	学生行规	对违反校规的学生进行登记	学生发展处	学生发展处

续表

一级功能	二级功能	功能简介	发布权限	管理权限（审核）
成绩管理	考试设置	设置考试要求、考场安排等	课程教学处	课程教学处
	成绩录入	学生成绩录入	课程教学处	课程教学处
	成绩报表	学生成绩分析结果	课程教学处	课程教学处
	成绩查询	查询学生所有成绩(含历史成绩)	课程教学处	课程教学处
硬件管理	班牌设备	远程管理学校的班牌设备（时间调整、定时开关机、音量调整等）	管理员	管理员
基础管理	基础设置	学校组织架构、年级班级管理	管理员	管理员
	用户管理	全校师生账号管理	管理员	管理员
	权限管理	自主设置学校师生在平台中具有的功能	管理员	管理员
	学期升级	数据存档、学生升届等操作	管理员	管理员

截至目前，学校的创新实验室、智慧教室的周使用率保持在80%以上，学校的校园广播电视系统、电子班牌等信息设施，成为师生沟通交流、资讯传递的有效媒介和手段，促进了和谐校园建设。

（五）基于大数据的深度教研

积极开展"基于大数据的深度教研活动"，精准分析学情，理性分析教情，分类实施教法，

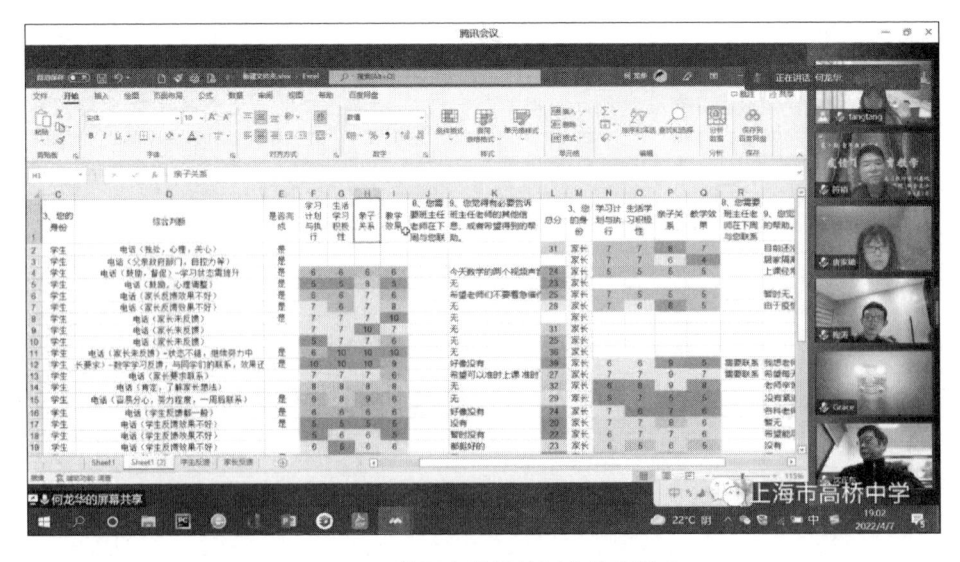

图5-30 基于大数据的深度教研活动

以满足学生全面而有个性的发展需求,满足教师专业化发展需求。2020年起,学校先后组织开展了线上说课比赛、网课心得交流、"百花奖"青年教师教学技能比赛等活动,进一步提高了学校教师的信息技术素养和专业能力。

  回顾本章内容,围绕教育数字化转型的发展溯源与内涵辨析、理论与实践框架建构、发展机遇与趋势分析等维度系统呈现目前学界关于教育数字化转型的历史、现状与未来,再由理论落地实践,从学校已有实践出发,围绕信息化基础设施设备优化、数字化网络空间建设、基于大数据的学校管理和深度教研等内容切入,探索智能化的"学习场"空间打造。

第六章 保障"学习场"活力,建立治理新模式

多年来,学校始终坚持科学民主管理,探寻历史名校的高质量现代化发展之路,以理为纲,以文化人,在"传承"和"创新"中"寻点",激活内驱力,赋能新发展。学校从"制度治校"走向"文化管理""共同治理",支持高中生素养培育的"学习场"凸显,学校发展渐入佳境。

第一节 以"理"为纲,形成高桥特色的管理治理机制

中小学开展现代学校制度建设是主动适应教育现代化,提升学校办学水平,践行国家人才培养战略的重要内容。《国家中长期教育改革和发展规划纲要(2010—2020年)》提出"推进政校分开管办分离","建设依法办学、自主管理、民主监督、社会参与的现代学校制度"。党的十八届三中全会通过的《中共中央关于全面深化改革若干重大问题的决定》中明确强调,要深入推进"管办评"分离,扩大学校办学自主权,完善学校内部治理结构,构建"政府管教育,学校办教育,社会评教育"的教育发展格局。[1] 有学者提出,教育从管理走向治理是教育转型发展的必由之路,而要实现教育管理走向治理,就是要从单一的行政管理走向多元主体依法参与办学活动共同治理,从而逐步走向"善治"。[2] 高桥中学根据新时代教育综合改革的要求,不断丰富"为学以理,积学精业"办学理念的新内涵,不断探索具有高桥校本特色的管理治理机制创新。

一、完善治理结构,科学办学

学校新的校务委员领导班子高站位、抢先机,从"理"出发,调整管理职能部门,率先将学校行政管理结构全方位优化和调整为"一室"(校务办公室)、"一部"(新疆部)、"三处"(学生发展处、课程教学处和学校发展处),明确各条块职责要求,优化中层管理机制,突出学校管理层的执行力和高效率。将学校重点、难点和教职工关心的热点问题作为校务公开内容。深化民主管理,在制定教职工职称评聘方案、考核方案、绩效考核办法、教学质量管理、干部提拔、评优评先等内部管理中,坚持文件公开、评选办法公开、结果公开的原则,遵从办学"法理"。

学期伊始,学校办公室、学生发展处、课程教学处、学校发展处、新疆部等制订周密工作计划,通过教代会讨论、审议、论证和通过,确保学校各项工作在学校办学理念的指引下稳步推进,将学校教育教学和学校管理工作统一纳入"三全育人"的育人"生态圈",群策群力,厘清"条理",分项目合作式构建育人合力。

围绕"理"字,健全完善科学民主管理机制。根据新时代教育综合改革的新形势、新要求,不断丰富办学理念内涵,创新管理模式,健全学校治理结构,加强队伍建设。进一步落实校长负责制、分管领导条线负责制、项目管理负责制、岗位责任制,建立责任清单,确保责任

---

[1] 钟灵.关于学校现代治理结构的构想[J].基础教育参考,2015(07):10-13.
[2] 黎波.学校治理优化的机制探索与思考[J].中国教育学刊,2017(S2):23-25+52.

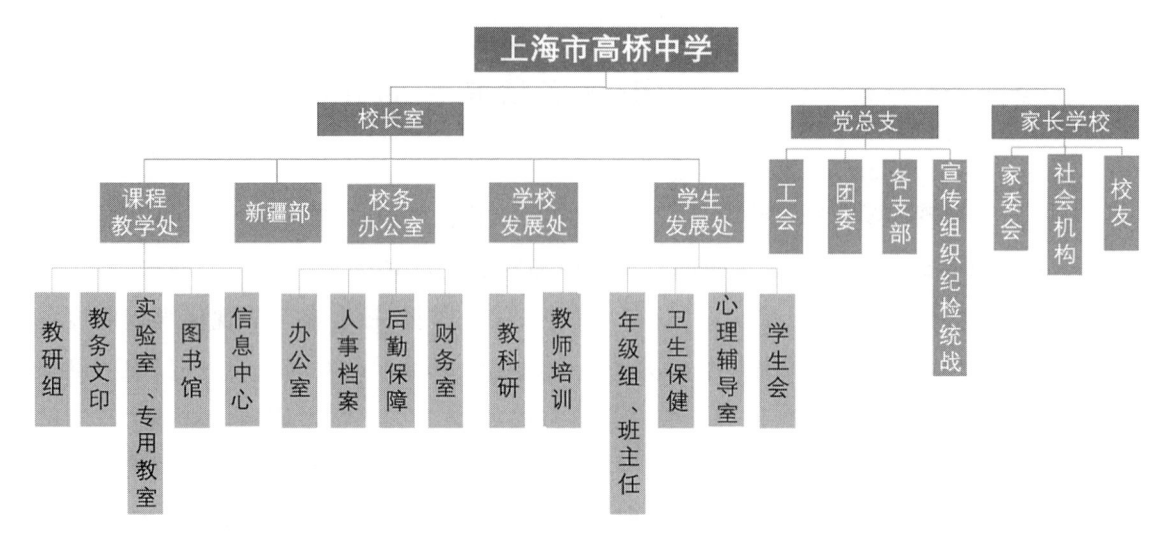

图 6-1　高桥中学管理机构设置

到岗到位到人，权责一致统一。公正、公开、公平选聘干部，中层管理岗位任用严格执行个人自荐、群众推荐、专家组面试、组织考核程序。学校实施校务委员联系年级制度，减少管理层级中的信息差，提高管理实效。积极搭建人才成长平台和通道，加快人才培养：完善干部聘任制度，2011年12月，完成了学校11个中层岗位的调整和聘任工作，2022年，两位中层干部走上副校长岗位；推进干部梯队建设，2022年9月，高桥中学教育集团后备干部培训开班，2023年集团学校干部、后备干部"走出去，请进来"系列化培训，受到学员们的高度好评；打造"雁阵团队"，激发自主发展潜能。成立"九个学科与班主任工作室"，发挥领军作用，孵化更多优秀教研组和班主任团队；"清溪书院"引领青年教师在"自组织"平台上自主互动、同频共振、共同提高，成为高桥中学教育集团的青年教师在"双新"背景下，课堂理念转变、教研新意萌发的聚集地。

二、坚持科学管理，依法办学

学校遵循"法理、道理、情理"，探索学校发展、师生发展的规律，完善学校"人、财、物"管理制度，细化学校管理流程。修改《学校章程》并经教代会无记名表决通过，汇编《现代学校管理手册》《新疆班管理手册》《学生发展管理手册》等，形成"全员导师制""党员责任区建设""学生生涯实践""新疆部学生全息化管理"等有特色的管理实践项目品牌。对标实验性示范性高中创建的目标，全面梳理队伍建设和青年教师培养、课程师资、校务管理等方面现行管理制度，新修订和完善了后备干部工作细则、信访管理细则、教职工社团管理办法、校史馆管理规定、学生管理手册、新疆班管理手册等制度。2022年作为区教育系统党组织领导的校长负责制第一批试点单位，顺利完成各项评估和验收。

高桥中学教师常规考核细则(讨论稿)

依照教师职业规范,立足"为学以理、积学精业"的学校办学指导思想,为充分调动和激发教师从事教育教学工作的积极性、主动性和创造性,正确评价教师的教学工作表现和工作业绩,激励、督促教师提高业务素质,认真履行工作职责,本着客观公正、民主、公开、注重实绩的原则,结合学校实际,特制定《高桥中学教师常规考核细则》。内容如下:

一、考核办法

1. 采取期中和期末考核相结合的办法,每学期末汇总1次。考核满分为100分。相关部门平时认真负责积累资料、数据,为考核做好基础准备。

2. 在学校统筹安排下,由教导处牵头组织,分考试学科和非考试学科分别测评。

二、考核内容

(一)德(30分)

1. 拥护党的领导,坚持四项基本原则。(10分)

2. 为人师表,遵守教师职业道德规范,遵纪守法。(10分)

3. 敬业爱岗,乐于奉献,顾全大局,服从安排。(10分)

(二)能(20分)

1. 本岗位专业知识及基本功扎实过硬,能胜任学校安排的工作。(5分)

2. 胜任本岗位的职责,具有教改实践、教学评价、教学科研的能力。(5分)

3. 有较强的对学校、班级、学科的组织能力与协调能力。(5分)

4. 工作中具有独立思考、不断创新的能力,与时俱进,知识更新,不断汲取新知识、新信息。(5分)

(三)勤(20分)

1. 工作态度端正,对工作有高度的事业心和责任感,工作满量。(5分)

2. 认真履行自己的职责,工作积极主动。(10分)

3. 严格遵守学校的规章制度,作息时间和劳动纪律。(5分)

(四)绩(30分)

1. 教学常规(10分)

① 备课

● 教学进度计划:计划应结合本班实际,以学生的能力发展为目标,运用有效的以学生为中心的教学技能,依据目标开展学业评价,管理学生和调动学生的积极性的策略是成功的,做到环节考虑周全,目标具体,重难点突出,措施得力,时间安排合理,按时完成。

● 教案备课:单元分析的备课环节要齐全,做到目标具体,重难点突出;每单元的整体教学目标应做到目标具体，重难点突出，教师能够结合学生实际采用合适的教学方法，反映出教学准备及教师查阅相关资料的预备情况，要有相关文字材料收集；分课时备课中也应做到目标具体，重难点突出，教学过程的设计要充分体现教法，教学板书应清晰明了。

● 课后反思：能真实反映某一节课、某一环节的得失，针对不足还应改进的措施，有自己的真实思想反映；记录要做到字迹工整，签阅要及时。

● 积极参加备课组活动。

② 公开课

以《课堂评价标准》为依据，根据课后各位教师打分情况算平均分。上课必须提前两分钟进教室组织学生，听课教师把手机调成静音或关机以免干扰上课教师；上课教师必须提前告知教研组长，听课教师调好课不得无故不参加。

③ 作业批改

以教学大纲和教材为依据，有明确的目标并与课堂教学密切配合。形式多样，注重有效性，重视作业指导。学生作业格式规范，书写认真，正确率高，符合作业规范要求。分量要适当，作业批改及时、认真、规范，及时反馈矫正。

备注：优：符合作业布置批改要求，好作业85%以上。

良：比较符合作业布置批改要求，好作业75%以上。

一般：基本符合作业布置批改要求，好作业60%以上。

④ 听课

听课、评课记录要翔实，否则视情节扣分。每次听评课结束后，听课教师及时上交课堂教学评价表。

教研组长，每学期至少12节；备课组长，每学期至少10节；教师，每学期至少8节。

⑤ 监考工作

认真参加学校组织的各类型监考工作，严格按照监考规定完成监考工作，不得擅自调换监考工作。在监考过程中勿做与监考无关的事情(看书报或试卷、批改作业等)。

⑥ 质量监控

每位教师每学年出好一份试卷。认真及时做好单元检测、期中、期末等考试的分析，肯定成绩，查找问题，寻找对策。

⑦ 学困生辅导

教师应指导学生自学，解决疑难问题。教师在辅导课上应进行错题评讲，因人而异地对后进生、优等生、特长生进行分别辅导。积极开展竞赛辅导和兴趣小组辅导，做到有目的、有计划、有考核；定对象、定内容、定时间、定地点，培养学生兴趣，发展学生特长。

优：3分；良：2.5分；中：2分。视情节扣分。

⑧ 杜绝教学事故（如出现教学事故，教学常规一票否决）

【备注】

① 教师调课一律由本人提出申请后由教导处统一安排。未经教导处同意调课，私自调课、上课迟到五分钟以上、擅自取消已安排的教学活动，均按教学事故处理。② 教师以任何方式体罚学生，按教学事故处理。③ 体育课、学生实验课，教师擅离岗位造成学生伤害事故，按教学事故处理。④ 教辅资料学校统一规定，并用足用好，不得私自征订教辅材料。

2. 教学质量（5分）

认真学习课程标准，并将课程理念贯彻于教学活动中，教学效果好。

3. 教学科研（5分）

① 教研活动：出席次数不得低于30%，区教研活动不参加必须向教导处请假，并由备课组长做好统计。校级教研活动向教研组长请假，并由教研组长做好统计。

② 课题研究：积极参加各级课题研究，承担校级以上课题研究，根据研究计划按时完成研究任务；校本课程开发。

4. 专业发展（5分）

① 指导学生获得学科竞赛奖。

② 获得班团队集体获综合表彰。

③ 教师在参加的教学基本功、评优课等竞赛评比中获奖。

④ 教师教学科研成果获奖。

⑤ 校本课程开发与获奖。

5. 获得荣誉（5分）

获校级以上表彰与奖励。

表6-1 高桥中学教师常规考核表

20__学年 第__学期 学科_____（教研组）教师姓名_____

序号	一级指标	二级指标	分值	得分	备注
1	德(30)	履行职责	10		
2		品行修养	10		
3		团队精神	10		

续 表

序号	一级指标	二级指标	分值	得分	备注
4	能(20)	专业能力	5		
5		岗位技能	5		
6		工作协调	5		
7		创新能力	5		
8	勤(20)	工作负荷	10		
9		工作责任	10		
10		活动出勤	10		
11	绩(30)	教学常规	10		
12		教学质量	5		
13		教学科研	5		
14		专业发展	5		
15		获得荣誉	5		

高桥中学教研组工作与活动条例

教研组是学校教学管理的重要组成部分，是学校学科教学研究活动的重要组织。教研组工作是学校落实课程实施、全面提高教学质量和促进教师专业发展的关键。

一、组织学科教师从事教学业务学习与教学研究是教研组的基本职能。教研组成员必须准时参加区级教研活动，每两周进行一次常态化的教研组活动。

二、教研组活动一项重要使命是组织好教师的日常教学。教研组活动侧重总结与交流学科教师的教学经验，不断改进教学以提高本学科的教学效率与教学质量。

三、协同教导处等部门组织本学科教师开展业务进修，现代化教学手段研究，教学基本功训练等工作，做好青年教师及教学骨干教师的培养。

四、教研组要认真搞好本学科各种形式的公开课。公开课纳入教研组工作计划。本学科教师要经常在组内外组织听课、评课活动，切磋教学技艺，提高学科教师课堂教学能力。

五、统筹教学进度、教改方案，不断提高、改进课堂教学方法，提高课堂教学效果。

六、加强相应学科专用教室的管理,不断提高专用教室的使用效益,达到或超过市、区对专用教室使用的要求。

七、督促教师有计划地了解学生的学习情况、作业负担情况,听取学生对本学科教学的意见。做好两头抓,既要做好学困生的辅导工作,更要组织好尖子生的培优工作,刻意提高优秀大学的录取率。

八、加强教研组思想建设,讲正气、讲团结、讲合作,树立忠诚党的教育事业的信念,努力做到为党育人、为党育才。

高桥中学语言文字规范化工作管理制度(2019年修订稿)

一、指导思想

根据《中华人民共和国国家通用语言文字法》,为贯彻落实教育部、国家语言文字工作委员会《关于进一步加强学校普通话和用字规范化工作的通知》和市、区教育局语言文字工作会议精神,结合学校具体情况,积极稳妥、循序渐进地推进学校语言文字规范化工作,加大语言文字工作的宣传力度,进一步抓好普通话的推广活动,切实提高全校师生的语言文字规范意识和语言文字应用能力,使语言文字工作与校园文化、精神文明建设、学生文化素质教育和学校的各项教育工作结合起来,更好地为学校的教育事业服务。

二、组织架构

(一)学校语言文字工作领导小组

校长任组长,教学副校长为副组长,教导处主任为负责人,语文教师担任语言文字工作专管。领导小组全面负责语言文字规范化工作。建立学校推普三级网络,由分管领导、教师推普员、学生推普员(兼监督员)组成。

(二)管理职责

为确保学校语言文字工作的正常开展,各相关人员应履行的职责:

语言文字工作领导小组职责	1. 贯彻落实《国家语言文字法》,执行国家语言文字工作方针及各种规范标准,负责学校"创建迎检"的整体工作,管理学校通用语言文字的应用。 2. 制定学校语言文字工作中长期规划、年度计划、推普周活动计划。 3. 制定各级目标,实行分级目标责任制,建立学校推广普通话,规范用字检查制度,督导、检查各年级组语言文字的应用情况,做好学校用字规范化工作。 4. 指导推广普通话工作以及组织教师参加普通话培训、测试工作。 5. 指导学校文字规范化建设,对学生进行必要的文字规范化、标准化知识教育和用字规范基本功训练。 6. 布置校园"推普"宣传环境,创设推普宣传氛围,开展推普周宣传活动。

续 表

语言文字工作领导小组职责	7. 强化校园用语,把普通话作为教学、工作、交流和交际用语。 8. 做好学校年度语言文字工作总结、推普周活动总结、表彰工作。 9. 做好学校网站语言文字的栏目。
语言文字工作专管人员职责	1. 宣传贯彻落实《中华人民共和国通用语言文字法》,提高师生员工语言文字规范化的国家意识、法律意识、现代意识。 2. 切实采取形成长效管理机制,对组室、班级加强语言文字工作的管理。 3. 对推普工作和用字规范的办公室、个人进行推荐表扬。 4. 督促普通话尚未达标的老师积极自培,争取早日达标。 5. 认真组织积极开展"全国推广普通话周"活动。 6. 积极完成学校语言文字工作领导小组布置的各项工作。 7. 做好各项档案资料整理工作。
推普员职责	1. 落实学校语言文字工作领导小组的安排任务。 2. 认真组织积极开展"全国推广普通话周"活动。 3. 组织好班级语言文字工作的各项活动。 4. 监督执行校园文明语言的实施。 5. 组织安排班级各项普通话比赛活动。 6. 协助老师检查学生作业,及时纠正学生作业中用字不规范现象。 7. 及时向上级反映班级语言文字工作中的问题。 8. 严格要求自己,以身作则。

三、管理实施

（一）常规管理

1. 将语言文字工作列入学校常规管理工作中,分管领导每学期至少召开2次会议。

2. 将语言文字工作纳入学校精神文明创建活动内容,营造语言文字规范化氛围,主管领导认真检查落实。

3. 校园设警示标语牌、永久性标语牌;在学校走廊等张贴有关于讲普通话的宣传标语,时时提醒学生养成加强说普通话的意识;在教学楼、图书室等公共场所设"请说普通话,请用规范字"的提示牌,使校园内形成人人都说普通话,都使用规范汉字的氛围。

4. 对校内所有公示牌、上墙的制度、办法及所发文件、所写文字材料负责监督审查,对不规范用字现象要立即纠正、整改。

5. 校名牌、楼名牌、室名牌及校徽,学校的公文、文件文头和校刊校报的刊头报头学校的公章、印鉴、图章,自编自印的各类印刷品等几个方面的用字必须规范化、标准化。

（二）教学管理

1. 教师在课堂教学和日常教育中应使用普通话,在板书、批改作业、家庭联系册、科研论文、案例等中写规范汉字;每学期对教师教案、板书、论文、科研材料等进行一次抽样检查。

2. 在听课、评课等教研活动中将用语用字规范作为考核指标之一。

3. 加强对各类教材、教辅读物、讲义、试卷、教案、等用语用词的规范审核把关。

4. 把普通话口语课作为拓展型课程，纳入教学计划，固定任课教师，使用统一教材，着重提高学生口语表达能力。

（三）师资管理

1. 将普通话合格作为录用教师条件，新教师上岗条件，教师继续教育内容。

2. 把语言文字应用能力作为对教师业务考核和职务评聘的一项重要内容。

3. 将普通话和规范汉字使用能力纳入教师业务学习、职后培训、教学基本功训练的基本内容。

（四）学生管理

1. 各科教学都应加强对学生规范意识和能力进行培养：课堂中与教师和同学交流必须使用普通话，语言力求清晰明了。作业书写工整，不写繁体字、异体字、错别字。

2. 学生在校园内讲普通话，写规范字是学生行为规范的基本要求。

3. 将语言文字规范意识、语文综合能力等纳入学生评优评先的基本条件。

（五）德育教育

1. 开展多层次的普通话演讲、朗诵、书法及规范字知识竞赛、口语表达争章活动，提高学生的语言文字水平；每年9月开展"推普宣传周"活动，力求形式多样，内容丰富。

2. 开展形式多样的推普活动；开展普及普通话专题宣传活动，提高师生语言文字水平；开展综合性社会实践活动，参与社会语言文字工作，促进语言文字规范化。

（六）课题研究

教师应积极开展语言文字规范的课题研究工作，积极探索学校语言文字的工作途径和方法。

四、监督检查

1. 学校用语用字规范化监督检查，采取平时监督检查和集中检查相结合的办法。

2. 语言文字办公室、教务处负责教师的语言文字监督检查，教导处、政教处负责学生规范用语用字情况的监督检查。

3. 教研组长和各班主任对其所负责年级、教研组和班级用语用字情况负有监督检查责任。

4. 学校语言文字工作领导小组加强对各部门用语用字情况的监督检查。

五、奖惩制度

1. 教师要积极参与普通话培训和测试，不断提高自身规范用语水平，语言文字规范的要求纳入教师业务考核和教学基本功能力考核中，考核结果作为聘用、晋级和评优的条件之一。

2. 学校拨出一定的活动经费,用于对本校师生开展各类常规活动竞赛的奖励。

3. 在语言文字规范化活动中,对于做得好的个人和班级作为评选优秀个人和优秀集体的依据之一。

4. 在语言文字规范化活动中工作不力,不规范用语、用字的个人,一经查实,将予以通报批评,取消当年度的评先、评优资格。

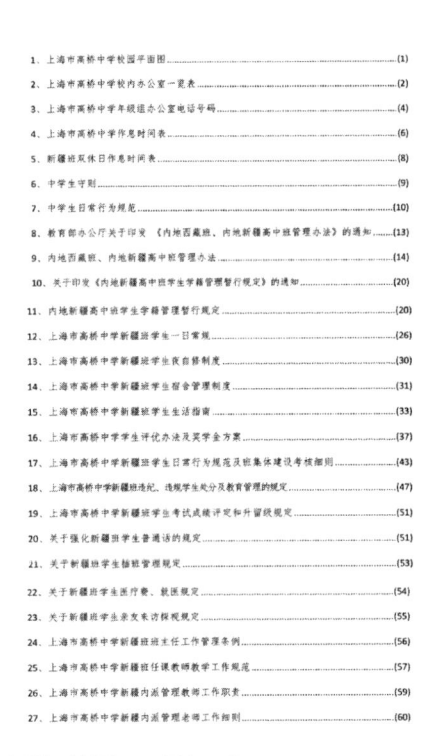

图6-2 《新疆高中班师生手册》(封面+目录)

为了增强学校教科研的实用性、科学性和可行性,实现教科研工作常规化、普及化和制度化,修订了《高桥中学校本研修教育科研课题管理办法》和《上海市高桥中学教科研成果奖励办法》,制定《上海市高桥中学教师自主开展小微课题行动研究实施方案》,进一步加强学校教育科研工作的规章制度建设,加强学校科研管理。

学校将学校发展处、教研组、备课组连线建设成了学校教育教学的研究和实践基地。成立了"书院式导师团队",针对不同教师群体,"一人一策,一对一帮助",将学校教科研工作和教育教学、教师专业成长、教师研修、职称晋升、教师进修基地建设、教育集团共建等融为一体,将教师的学习和工作行为纳入研究的轨道,实现教研管理工作系列化、规范化和制度化,实现"科研强师,科研强教,科研强校",合力提升教师教科研水平,提升教育教学质量,实现

高桥中学
校本研修教育科研课题管理办法
(2019年9月修订)

为了全面规范我校的校本研修课题研究管理，促进校本研修教育科学研究工作的开展，发展教师的专业水平，特拟订我校校本研修教育科研课题管理办法。

一、市、区级校本研修教育科研课题管理办法

1、学校鼓励教师积极承担或参与上海市级和浦东新区校本研修教育科研课题的研究，并可以在校本研修科研课题的立项、实验、评审等方面根据需要进行审核提供一定的经费支持。

2、承担或参与市级和浦东新区校本研修教育科研课题的教师在课题立项之初应在学校教育科研处和教导处同时备案，提供课题级别、内容等证明或材料，并及时提交课题中期评审报告、结题报告和相关论文。

二、学校校本研修教育科研课题的立项、中期检查与结题评审

（一）立项

立项时间：每年3、4月份。

立项单位：学校各部门及其成员，可以个人立项，也可以集体立项， 集体立项可以吸收能够对校本研修课题研究起重要作用的外单位人员参与，但必须是经过学校行政办公会议的批准。

立项办法：立项申请者填写并提交立项申请表，学校教育科研处集中评议，对意义重大的课题可以召开立项答辩会。通过立项评议或答辩的课题即正式成为校级立项校本研修课题，并同时在教育科研处备案。

立项申请表中包括以下几部分内容：

1、基本数据：课题名称、负责人、主要参加人员、部门单位、职称等。

2、课题论证报告：阐述课题研究的基本内容、重点和难点；国内外同类研究的现状，课题研究的意义等。

3、课题研究方法：说明校本研修课题研究所使用的主要方法，以及采用这些方法的理由。

4、课题研究计划：包括课题研究的时间（学校课题时间以年为单位计算，校级课题一般不超过两年），人员分工，分阶段研究的目标、实施办法、检测手段和研究成果（要求具体到以月或季度为单位）、以及研究成果的呈现形式等。

图6-3 《高桥中学校本研修教育科研课题管理办法》(节选)

上海市高桥中学教科研成果奖励办法

教科研工作是学校教育教学管理不可或缺的重要组成部分，重视教科研，对提高教师的素质，促进教师专业化发展，提升学校办学品位具有重要意义。为充分调动教师的教科研积极性和创造性，以科研促教学，提高我校教育教学水平和科研水平，结合学校发展的实际，特制定本办法。

一、奖励范围：

1、凡本校教师主持或参与的校级以上（含校级）教育科研课题取得进展和成果者，可获得学校奖励。

2、凡本校教师撰写的教育教学论文在区级以上（含区级）正式出版物及校刊校报上发表，在省市区教育行政部门（不含单一的省市教育学会专业委员会）或其它权威机构组织的有重大影响的各项论文大赛获奖或出版个人教育教学专著、合著，可获得学校奖励。

二、奖励方案：

（一）学校对在各级别立项的教科研课题进行成果奖励。

凡通过鉴定的科研课题，主持人或课题组长须向教科室提供课题申请书（原件）、立项批复书（原件）、结题报告 （研究报告）、发表或获奖论文等材料。只有结题证书者按获奖论文处理。

1、各级课题的奖励标准如下：

（1）分三次给予奖励课题组

A. 批准立项并通过鉴定的课题按下列标准奖励：

	重点课题	一般课题	规划课题
国家级	5000	4000	3000
市级	4000	3000	2000
区级	2000	1500	1000
校级	500	300	200

B. 中期评估奖励标准：

	重点课题	一般课题	规划课题
国家级	5000	4000	3000
市级	4000	3000	2000

图6-4 《上海市高桥中学教科研成果奖励办法》(节选)

上海市高桥中学小微课题行动研究实施方案
（代为序）

为促进教师的教科研能力提升，引领教师的专业发展，努力提高教育教学质量，保证学生的全面发展，全力推进上海市高桥中学市实验性示范性学校创建工作，紧密围绕学校中心工作和重点工作，积极探索基于素养培育的“学习场”构建的行动研究，实现学校跨越式发展。经研究，决定在全体教师中开展“小微课题”研究活动，并制定实施方案如下：

一、研究的背景意义

1. 积极创建市实验性示范性高中，大力推进课程改革

随着我校市实验性示范性高中创建工作的进一步推进，面对“理趣立交桥课程”和“原动力课堂”，有很多新的问题不断涌现。“小微课题”研究正是顺应课程改革推进的需要，将教育教学过程中遇到的困惑和问题，以课题化的形式呈现并予以探讨实践，使得“学习场”构建这一中心课题得到深入研究，实现学校跨越发展。

2. 聚焦“双新”背景，促进教师专业发展，提高教育教学质量

“双新”教育改革背景下，高中教育面临许多新的发展机遇和困惑。“小微课题”研究的课题来源于当下真实的学校教育实际，来自教育教学中急需解决的问题，或制约各学科教学质量提高的“瓶颈”，研究的主题可以由教师个人或教研组、年级组教师共同确立，研究成果直接能反作用于教育教学实践的应用性课题，以提升观念改进方法，提高教学质量，实现课题研究价值。同时，教师积极参与“小微课题”的研究，对提高教师研究能力和专业水平，促进教师专业发展具有较大的促进作用。

二、“小微课题”的概念内涵

“小微课题”研究是一种来源于实践、落地于学校、扎根于教师的研究，具有鲜明的“校本化”特征。“小微课题”研究就是从自己开始，从自己的课堂和教育教学实践中，以敏锐的眼光和前瞻的视角发现需要解决的制约教育教学质量提高和学生发展成长的问题，并在教育教学实践探索解决问题的策略和方法。

三、开展“小微课题”研究的总体思路、基本原则和步骤

（一）总体思路

1

图6-5 《上海市高桥中学教师自主开展小微课题行动研究实施方案》(节选)

学校跨越式发展。学校从人力、物力和财力等方面积极帮助教师开展课题研究、发表论文、出版专著，锻造出了一支以行政管理干部、学科带头人、骨干教师、优秀青年教师为核心的复合型的教育科研骨干队伍，广大教师的教科研热情和能力从而得到极大的激发和提升，获得了丰硕的研究成果。2022年9月15日，在浦东新区教育局的亲切关怀下，开展了高桥中学校外导师团聘任仪式，聘请了涵盖语文、数学、英语、地理、化学、物理、生物、政治、历史和体育各学科的10名知名一线特级、正高级教师作为校外指导专家。2023年，学校首次成立了"九个学科与班主任工作室"。内外结合，充分发挥骨干教师的研究引领作用，让教学与研究更加紧密地结合起来，在教中研，在研中教，创新了教学研究一体化的新方式、新途径。

图6-6　高桥中学"学科与班主任工作室"授牌仪式

图6-7　高桥中学校外指导专家聘任仪式

三年来,全体教师聚焦"学习场",初步建成学校实验总课题研究系统,形成学校总课题、部门条线一级子课题、教研组年级组二级子课题、教师微课题的四级系统网络,开展学校、教研组和个人层面市、区级课题的开题及研究工作,并与实验总课题中学生德育、课程建设、课堂教学等有效对接。深化学校德育、课程建设、课堂教学改革,加快培养创新型人才,推动教师队伍建设,引领学校实现创新、转型发展。学校不断加强理论研究,坚持理论先行,课程引领。区级重点课题"构建特色课程群,培育高中生生态素养的实践研究"于2021年顺利结题,市级课题"支持生态素养培育的高中书院式学习环境建设实践研究"于2022年顺利结题。在此两项课题结题基础上,迭代升级的"支持高中学生核心素养培育的'学习场'构建研究"课题已立项为2022年区重点课题,已经开题,研究进展顺利。2023年,学校成功立项了上海市第四轮课程领导力项目种子校和"双新"实验校项目,两个实验项目均已通过专家论证。通过课程的高位领导和"双新"项目的贴地研究,结合学校人人参与的"小微课题"研究,创新了课程领导力的全方位立体式导航、引领和落地方式。

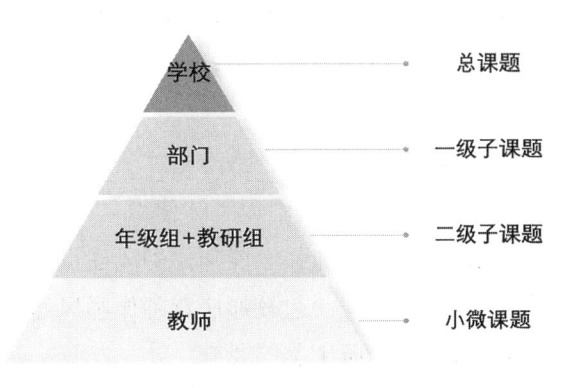

图6-8 高桥中学四级课题研究系统

近几年来,有36人次参加了市、区级的教学展示活动,32人次在区级以上刊物上发表46篇论文,完成市级课题结题1项、区重点课题结题1项。以2022年为例,学校立项区重点课题1项、普通课题2项,立项校级教师小微课题56项,出版《高中化学教育新论——化学教育中的人文素质培养》《中学物理(力学)核心学习》2本学术专著,编纂《世界优秀遗产》《行走中的语文课堂》《生活中的数学》《中西生活习俗异同》《红色高桥园》《高桥诗词》等若干成果集;结集《清溪书院2021年教师教育沙龙合集》;成立《清溪揽萃》编辑团队,结集五期《清溪揽萃》;校史馆主编《清溪书院》《星星之火》《高桥石语》等系列文化丛书;2023年主编《高桥石语》《清溪杏坛》等。1项本校教师参与研究的成果获华东师范大学基础教育研究成果一等奖。多名教师在市、区级教育教学论文、征文评比中获奖。

三、坚持强师兴校,活力办学

学校建立了健全的教师队伍建设领导小组和管理团队。由校长亲自牵头总负责,由分管副校长负责常规常务工作,学校党总支书记负责师德师风、干部队伍与人才队伍建设,通力合作,齐抓共管。制定了《高桥中学教师发展三年行动方案(2021—2023年)》和《高桥中学教师个人发展规划实施方案》,成立了"校学术委员会",加强对教师专业发展的咨询、指导、评定、审议工作,确立了"校级行政管理—课程教学、学校发展处统筹安排—教研组(备课组)组织落实—教师积极配合"校本研修四级管理模式。除教师专业发展常规工作外,学校大力支持中、青年骨干教师接受高一层次的学历进修(硕士研究生学位或研究生课程),境内外短期的高级研修班和学术活动,到高等学校和科研机构跟随专家教授开展短期访学研修活动,鼓励并资助教师出版教育教学专著,进一步促进教师的专业发展水平。

(一)提高育德素质

立德树人是教育的使命,德才兼备、以德为先是学校对教师的要求。高桥中学在教师专业发展中特别关注师德师风的建设,注重对教师育德能力的培养。定期邀请专家对全校教师开展德育讲座,加强学校师德师风建设。学校教师识大体、讲大局、乐奉献已经蔚然成风。多年来,从未出现一起教师违背师德师风违规违纪案例。三年来,有多名教师获得市区级优秀教师、上海市园丁奖等荣誉。

(二)坚持分层分类培养

对于青年教师,以清溪书院为依托,根据教师成长规律开展书院讲会、学术研究等活动,设计五大类活动:开设讲堂、举办论坛、"清溪杯"系列比赛、青年教师专项课题研究、"走出去"系列活动;创新"书院学长制"模式,实现对青年教师"后师范"梯度培养,形成了青年教师骨干教师校本化培养的长效机制。青年教师在书院共同研修活动中学习、实践、展示、提升,促进处于不同职业生涯期的教师在问题解决、同伴互助、展示交流和个体反思中成长。"格物致知,正心修身"的书院文化让青年教师得到修炼。2020年高桥中学清溪书院发展升级为"高桥中学教育集团清溪书院",受众更多,辐射面更广。结集了《清溪书院2021年教师教育沙龙合集》《清溪览萃》5期,开展了"协变共生——2019年高桥中学百花奖命题比赛""'双新'引领、'清溪'践行——2021年高桥中学教育集团百花奖论文比赛""多元融合,寻理达趣——2022年高桥中学教育集团青年教师百花奖拓展性作业比赛"等活动。清溪书院成立至今,青年教师发表论文上百篇,参与课题几十个,跨学科课堂展示十数节。十多位教师获评中学高级教师职称,多位教师成为区骨干教师,多位教师成为学校中层干部及年级组组长、教研组组长。

对于成熟教师和资深教师,制定了《高桥中学高级教师增长方案及教师个人高级职称提升方案》,将推进高级教师增长计划纳入学校年度工作目标。成立了高级教师增长计划工作小组,校长亲自担任组长,学校发展处、课程教学处、校务办、学生发展处深度参与。采用"一人一案,一人一策":在分析培养对象个人能力水平、职业技能素养的基础上为培养对象制定师德修养的提升、课堂教学技能的改进、教科研论文的撰写、教育课题的研究、教学成果的交流等切实可行的培养计划和措施。

充分发挥名师、骨干教师和学校教研组、课题组、年级组的带头引领作用,为培养对象构建培训体系,搭建学术平台,确定"一对一"带教教师,提供系统的、经常性的指导和帮助,鼓励参加名师基地、学科工作坊,提供外出学习和高层次培训进修机会,指明努力的方向和路径。2021—2023 年共有 20 多位教师晋升中、高级职称。2022 年,有 3 位老师被评为 2021—2023 学年浦东新区骨干教师;1 位青年教师被评为 2021—2023 学年浦东新区"青年新秀教师"。

2023 年成立了上海市高桥中学"班主任与学科工作室",形成老中青衔接配套的人才培养体系,为高桥中学的高质量发展提供有力的人才支撑。对工作室主持人制定师德修养的提升、课堂教学技能的改进、教科研论文的撰写、教育课题的研究、教学成果的交流等切实可行的培养计划和措施。

目前,全校教师共计 145 人。近 4 年来,新增特级教师 2 人,正高教师 2 人。教师研究生学历(含在职)提升速度较快,已达 50 人,占比 34.5%。

（三）加强教师见习基地建设

在整个见习教师培训过程中,学校始终坚持围绕"让学员走向成功,让学校走向成熟"这一主线,抓住"课程化研训、团队化实训"两块重点工作,做好聘任学校与基地学校之间、学校和导师之间、导师和学员之间沟通工作,及时了解学员培训情况,充分发挥年级组和教研组、导师和导师团的作用。在培训过程中坚持过程性评价与终期性评价相结合。既要关注新教师考核成绩,又要关注见习教师在培训过程中的综合表现,坚持量化考核与质性评价相结合。既要对教师教学能力进行定量考核,又要兼顾教师师德表现、参训态度、基本素养、专业能力等隐性指标,全面评价,从而确保考评结果能为见习教师专业发展服务。

2020 学年,高桥中学见习基地被评为浦东新区优秀基地。刘洁老师获得 2020 年度见习教师教学设计比赛一等奖,李家欢老师获得 2020 年度"新苗"杯教学评优比赛二等奖,唐家璐老师获得 2022 年度上海市见习教师基本功大赛二等奖,董一老师获得浦东新区第二年教龄教师基本功教学比赛一等奖,管锡雷老师入选 2023 年上海市见习教师基本功大赛种子选手。2022 学年,1 位教师获评浦东新区"青年新秀";3 位见习教师考评课获得"优秀"。2022 年组织参加浦东新区"疫情下的教学一招鲜"比赛,学校刘慧建老师获得优秀奖,多人获得参与奖。

（四）坚持集团化示范辐射

高桥中学教育集团包括高中、初中共 8 所学校,集团校在高桥中学的引领下努力实现优势互补、相互促进、和谐发展、共同提高的目标。我们以项目推进的方式促进各校的内涵建设,以名师带教、教研互动、课程建设研讨等形式,进一步优化地区教育资源,建设优质集团化教育品牌。由高桥中学牵头,成立了《清溪览翠》编辑团队,将教师教学和实践的个体经验转化为可共享资源,将唐燕莉老师的教学讲座在浦东新区中小幼老师中分享,充分发挥了团队优势和高桥中学的辐射示范作用。

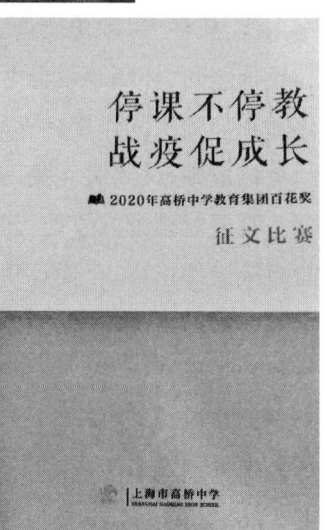

图6-9 部分教师成果一览

四、坚持广开言路,民主办学

学校推行行政值班每周汇报制度,形成行政当班人员发现、解决问题的快速处置机制,反馈问题、交流提升的协同发展机制。组织学校规划、计划制订、计划落实情况听证评议会,广聚民智,通过教代会共商学校发展重大事项,评议干部队伍,广纳民意。2021年、2022年、2023年历次教代会无记名投票,支持率为100%。

五、坚持共同治理,开门办学

学校坚持开门办学,依托家委会、校友联席会议等平台,借家长、校友之智,共谋学校发展之计。积极开展"校社、校企、校医、军民、警民"共建活动,拓展社区、区域渠道,"让专家学者走进校园,让学生走向社会",丰富了学生生涯规划和综合实践资源平台。借助智能信息平台,组织"师生评、校友评、家长评、社区评",构建多元主体、多元内容的评价体系,全方位测评学校办学实际成效。师生、家长、校友对学校发展和管理的满意度高。近四年在区年度绩效考核中,三次为"优秀一等"、一次"优秀二等"。

第二节 以"文"化之,滋养美丽高桥园

百年高桥参天的古树诉说着不一般的历史,"一切听从党的召唤,为祖国为人民"的精神,激励着一代又一代的高桥师生。多年来,高桥好家风成为走出校园,实现家校协同育人的重要举措,传承高桥好家风,成为高桥师生的内心自觉,做兼济天下的"现代君子",成为高桥学子的人生理想。

一、以传承"高桥好家风"为主线,坚持做好学校家园文化系列活动

坚持打造学校家文化"八大"系列活动,以传承"高桥好家风"为主线,让家文化感召人,用身边人讲好身边事,宣传教书育人、服务管理、组室文化建设中的先进人和事,育人育心,营造和谐共生人文家园。学校组织好"遇见高桥、高桥新声、相逢高桥"新教师入职专栏介绍,让新教师有"家的责任感"。坚持"家风传承 身边榜样"优秀党员、优秀教师、优秀年级组、优秀教研组的先进表彰和典型宣传,让广大教职工有"家的荣誉感和归属感"。在学校微信公众号设置"筑梦高桥,存心天下 我和我的母校共成长""问道校友"栏目,让广大校友有"家的依恋感"。通过校园故事、学校史、人物传等,让家文化感召人,润物无声,营造了正气向上、和谐共生的人文家园。

二、以"君子六艺"系列活动为载体,厚实高桥学子传统优秀文化因子

学校开设"雅致进校园,君子行雅道"课程实践活动,设立"君子奖系列奖项",对系列活动组织评审和表彰、奖励。每年组织高桥中学教育集团新春书画作品展,请专家校友当评委,用评选出来的优秀作品布置校园。学生礼仪社依据中国"礼""乐""书法""服饰"组织综合研究和展演,展示中华优秀传统文化的魅力,并把传统优秀文化赋予新的时代解读。2023年被授予高桥镇"非遗传习基地"("一枚绣针绣出心中的美"非遗绒绣),"一把剪刀剪出一方艺术(剪纸)"教案作品汇编成《一方红笺》上下册,成为校本课程。2023年3月,新疆部太极社学生在上海市"高东杯"龙身蛇形太极拳比赛中荣获"金奖"。

三、充分挖掘和发挥红色资源和校友资源，赓续红色血脉

学校借助红色联盟爱国主义教育基地开展共建，走进红色大课堂，认真组织学生当好烈士陵园志愿者，带领学生走访烈士家属，2023年6月，收到浦东新区烈士纪念设施保护中心的感谢信。学校利用百年老校万名校友的资源，开展"上家门访校友，请校友进校门"活动，在高一新生中持续开展"访访老校友、写写老校友、学学老校友"活动，重温百年老校的红色历史，连接新老校友的情谊。开展"校友归来"活动，邀请校友们定期组团回校叙说校园情，给学弟学妹做编外导师，与学弟学妹分享生活和工作的经验，为学弟学妹们的学业、生涯支招。

第三节 以"景"为题，学习场效应凸显

校园是全体师生学习、工作和生活的场所，不仅展现着学校的传统和个性，更凝聚着学校的历史、精神和文化。在全球化、知识化和信息化的时代，校园景观规划也需要顺应时代发展需求不断进行动态调整，高桥中学致力于将百年革命精神融入校景规划，全方位、多视角地用活用好校景资源。

一、"活用""用活"校景资源，传承历史名校文化

校园内"亭台、楼宇、碑石、桥河、古木"等校景校貌，都用"二维码"进行标识，通过扫码即可解读历史渊源。2021年10月14日，上海航海文化地标"宝山烽堠碑"主体邮品首发式在学校举行。2023年3月起，由学生主打的《走进高桥园》校景专题微信栏目开设，永乐御碑申报为上海市级文物，2023年10月发布。2022年校史馆主编的《清溪书院》《流金高桥园》系列文化丛书面世，2023年《高桥石语》《清溪杏坛》付印。

二、弘扬百年高桥光荣革命精神，场致效应不断显现

汇集学校革命历史，校史馆设立《星星之火》专展栏目，浦东新区区党史办捐赠"党史红色读物"专藏书籍书柜，自编《红色高桥园》读本等课程资源。依托学校丰厚的红色资源，开展"学（校史、红色故事学习）、访（访老校友，写老校友，学老校友）、讲（人物故事演讲比赛、'校友归来'讲座、史学专家讲座等）、演（将党史校史故事编成舞台剧）"等系列实践课程。把学校红色资源融合入学教育、主题教育、学生党校培训等，并贯穿于高一新生入学政训至高三毕业班理想励志教育全过程，成为学校思政大课堂特色校本课程。学校原创音乐剧《百年高桥》《红色高桥园》分别在区第十七届、第十九届艺术节上获原创音乐剧一等奖、二等奖。

2021年,学校校史馆被授予"浦东新区党史教育基地"称号。

截至目前,高桥学子在各类实践活动和比赛中彰显"文质彬彬、和而不同、兼济天下的'现代君子'"风范,具体体现在:

第一,学生积极参加各类竞赛与活动。高桥学子在全市或全区高中生的各类竞赛或重大活动中表现优秀。仝峻华同学在2021年上海市高一物理竞赛中荣获市级一等奖。三年来,191人次获市级以上各级各类奖项,354人次获区级各级各类奖项,近900名学生获校内君子奖奖项,近200名学生获校优秀学生称号,其中20余名学生获区市优秀学生称号。在学科方面,在学科、科创、艺体类竞赛中,学校个人与团体获16次国家级奖项,70次市级奖项,215次区级奖项。仅2023年上学期,学生有46项获奖,其中17项国家级和市级奖励。

第二,学生身心健康发展。学校学生身体健康指标达标率92.27%,优良率19.13%,达到全市平均水平以上。每学期根据教学任务,由教师对学生进行踩球、颠球、顶球、传球、运球、射门等项目的测试,测试结果作为学生的体育成绩之一,记入学生素质报告单,并作为评定体育积极分子、三好学生、优秀学生干部的必备条件之一。同时,学校高度重视心理健康教育,构建学校心理健康教育网络体系,建设标准化心理教室、心理健康教育体系(课表、档案)。

第三,学生学业质量频创佳绩。经过三年的学习,学校学生学业质量达到较高水平,并不断创下新高。近三年学校高考本科率均超过99%。2021年综评达线率近25.28%,2022年综评达线率37.38%,2023年综评达线率57.2%。2022届高三毕业生中被复旦大学、同济大学、华东师范大学、北京师范大学、上海科技大学等著名高校录取总数12人,综合评价录取4人,强基计划录取1人,被"985""211""双一流"院校录取122人,综评达线160人。2023届高考,高三毕业生更是创下历史新纪录。高考最高分603分,全市排名第395名;570分以上13人,580分以上5人。综评录取6人,强基1人,被"985"院校录取15人,"211"院校录取70人,"双一流"院校录取41人。在全市同类学校中名列前茅。新疆部更是尽显亮点:参加高考人数68人,总分上海排名第三名,本科率100%。一本录取人数61人,一本率89.7%,其中被"985"院校录取16人,"211"院校录取人数18人。马文惠同学,单列类理工上海位次第1名,全国位次第5名,被清华大学录取。李晓彤同学,普通类文史上海位次第1名,全国位次第2名,被复旦大学社会科学实验班录取。王文娜同学,上海位次第2名,全国位次第3名,被中国人民大学经济学类录取。邓照新同学,普通类理工上海位次第2名,全国位次第9名,被上海交通大学医学院医学实验班录取。热伊莱·玉苏普,单列类文史上海位次第4名,被浙江大学录取。还有多名同学被北京师范大学、南开大学、北京理工大学、华中科技大学、陕西师范大学(国家公费师范生)等著名高校录取。开创了学校的名校录取纪录,在上海市乃至全国同比,名列前茅。

第四，学生兴趣特长得到呵护。 学校开发有充分体现学生自主创意策划、自我风采展示的"君子六艺"实践活动课程群，为有兴趣特长的学生设立有"才艺君子奖""行健君子奖"等，并通过各类校园节、艺术科创活动，为学生发展提供舞台。学校能够在发展学生兴趣爱好和特长方面有多样化平台和有效的载体，并取得相应的成绩。学生在上海市第16届"青中杯"读书节活动"春天诗会"获表演（视频）三等奖，在2021年浦东新区校园足球联盟"中国人寿"杯中小学生足球超级联赛获女子组第三名，在浦东新区"童心逐梦"摄影比赛获优秀奖，学生的兴趣特长得到很好的呵护与展示。

第五，综合实践活动保障到位。 经过几年的实践，我们整理出适合学校学生的综合实践活动流程，可以做到每位学生心里有数、学校管理明确、基地对接到位。学校学生参加综合实践活动的时间得到充分保证，校外实践基地门类多样，组织规范，评价多样，社会反馈良好。三年来，学校有1300多位学生完成了高中60学时的志愿服务工作。学校签订协议的基地也逐渐稳定，从刚开始的16所基地经过双方选择优化，目前稳定的校级基地保持8所。三年来，在对学生的志愿服务基地调查中，超过95%的学生对自己的志愿服务体验表示满意。2022年3月，浦东新区对各学校高中学生社会实践（志愿服务）工作进行专项评估，学校被评为优秀。

长风破浪会有时，高桥中学将主动迎接新时代挑战，继续脚踏实地开展"双新"实践，预期的战略目标一步步得到实现。直挂云帆济沧海，高桥人将以更加饱满的豪情、勇气和信心，继续笃志力行，立足浦东大地，放大示范"场致"效应，助力浦东区域教育综合改革创新示范区建设！

后　记

　　本书在谋篇布局时，笔者在六章的标题中都用了"学习场"三个字作为核心主线贯穿始终，这也是全书的"题眼"，因为本项目是高桥中学创建上海市实验性示范性高中的重点实验项目，也是启发笔者尝试将学校教育改革的系统思考与扎实实践进行通盘梳理、系统凝练进而撰写成书的重要契机。

　　俗话说得好：盘清家底，方可对症施策。因此，本书第一章定位在学校之所以将"学习场"项目作为重点实验项目的缘由思考。有了这一目标指向，便需要全面了解学校在这一领域的已有实践基础，才有可能找到后续发展新的生长点。因此，第二章定位到"学习场"项目的基础溯源。第三章至第六章则围绕树立"学习场"理念、构建"学习场"物质、加注"学习场"智能、保障"学习场"活力四个方面将学校的具体实践有逻辑、成体系地分而述之，试图勾画出高桥中学以"学习场"项目为支点撬动学校整体教育改革的宏伟蓝图与系列做法。

　　一路走来，笔者本人得到了市、区各级领导专家的全力支持与指导鼓励，始终感念于心。高桥中学之所以有现在的发展，更是离不开历任校领导及师生员工的共同努力。在成书过程中，得到了上海市浦东教育发展研究院姜美玲博士和上海市杨浦区教育学院科研员张雅倩老师的专业指导，同时，上海社会科学院出版社的王芳老师也给予笔者很多的专业建议，使得本书有了更好的呈现。还要感谢能够驻足和浏览本书的所有读者朋友，让我们就"学习场"这一话题开展一次心灵的沟通。

　　我们深知教育是一个复杂而又漫长的过程，需要我们不断地探索和实践。在此真诚期望本研究成果能够为广大教育工作者和研究人员带来哪怕只言片语的启示和帮助，也期待未来有更多的教育工作者和研究人员共同参与到"学习场"的擘画与践行这一研究领域来，让学生素养培育能够真实发生，进而为我们的教育改革事业注入更多的智慧和力量。

　　囿于笔者的研究水平所限，稚拙、谬误在所难免，恳请读者不吝指正。如蒙指教，不胜感激。

沈正东

2024年4月